Lecture Notes in
Computer Science

Lecture Notes in Computer Science

Lecture Notes in Computer Science

Edited by G. Goos, Karlsruhe and J. Hartmanis, Ithaca

8

GI-NTG

Gesellschaft für Informatik e.V., Fachausschüsse
„Rechnerorganisation (3)" und „Betriebssysteme (4)"
Nachrichtentechnische Gesellschaft im VDE, Fachausschuß
„Technische Informatik (6)"

Fachtagung
Struktur und Betrieb
von Rechensystemen

Braunschweig, 20.–22. 3. 1974

Herausgegeben im Auftrag der GI und der NTG von H.-O. Leilich

Springer-Verlag
Berlin · Heidelberg · New York 1974

Prof. Dr.-Ing. H.-O. Leilich
(wissenschaftlicher Tagungsleiter)
Institut für Datenverarbeitungsanlagen
Technische Universität Braunschweig
33 Braunschweig
Schleinitzstraße 23

Programmausschuß
H. Billing
Max-Planck-Institut für Astrophysik, München

A. Endres
IBM-Labor Böblingen

H. O. Leilich
Technische Universität Braunschweig

W. E. Proebster
IBM Stuttgart

B. Schlender
Universität Kiel

W. Urich
Technische Universität Braunschweig

H. R. Wiehle
Leibniz-Rechenzentrum München

AMS Subject Classifications (1970): 00 A 10, 68-02, 68 A 05, 68 A 10, 68 A 30, 68 A 35

ISBN 3-540-06677-2 Springer-Verlag Berlin · Heidelberg · New York
ISBN 0-387-06677-2 Springer-Verlag New York · Heidelberg · Berlin

VORWORT

Die Fachausschüsse "Rechnerorganisation" und "Betriebssysteme" der Gesellschaft für Informatik und "Technische Informatik" der Nachrichtentechnischen Gesellschaft im VDE haben bereits zwei gemeinsame Tagungen über ihre weitgehend überlappenden Themenkreise veranstaltet - im Oktober 1970 in Erlangen und im April 1972 in Darmstadt. Bei der Vorbereitung der Fachtagung in Braunschweig, deren Vorträge in diesem Band vorliegen, erschien es nach wie vor zweckmäßig, diese Gebiete, die zwischen eigentlicher hardware - der digitalen Schaltungstechnik - und software - der Programmierungs- und Compilertechnik - liegen, gemeinsam zu behandeln. Es ist geplant, diese Fachtagungsserie fortzusetzen.

Die Beiträge aus Universitäten und Industrielabors wurden ausgesucht, um die Gesichtspunkte und Prinzipien der Effizienz von Rechnersystemen vorzustellen, nicht um spezielle Anlagen und Betriebssysteme anzupreisen. Der Rahmen der Fachtagung (ohne Parallelsitzungen) gebot es, eine ganze Reihe von guten Vortragsanmeldungen über andere Teilgebiete der Rechnerstrukturen und Betriebssysteme zurückzustellen, wie z.B. über Entwurfssysteme, Testung und Zuverlässigkeit, die es verdienten, bei anderer Gelegenheit schwerpunktsmäßig behandelt zu werden.

Bei der Tagung werden für jede Themengruppe ausführlichere Übersichts- und Einleitungsreferate von den Sitzungsleitern gegeben, die hier jedoch nicht abgedruckt wurden. Sie sollen den Teilnehmern, die in den einzelnen Gebieten nicht ganz "zuhause" sind, einen aktuellen Überblick geben, so daß sie die Einzelreferate besser einordnen können und so einen größeren Nutzen von der ganzen Tagung haben. Außerdem konnten wir einige renomierte ausländische Gäste gewinnen, zu diesen Themen beizutragen.

Die Themenkreise der vier Sitzungen, die bei dem Entwurf des "Call for Papers" festgelegt wurden, erscheinen nun nach der Auswahl der Beiträge und dem Vorliegen der vollen Referate etwas willkürlich, da sich die Inhalte doch vielfach überlappen. Wir haben dennoch die Leitworte beibehalten, weil wir es für nützlich halten, wenn dem Hörer und dem Leser die inneren Zusammenhänge von hardware-Strukturen und betriebsmäßigen Strategien von verschiedenen Gesichtspunkten aus vor Augen geführt werden.

In der ersten Sitzung ("Rechnerstrukturen") werden Mikropro-
grammkonzepte - als Übergang von Schaltkreistechnik zum Struk-
turentwurf - vorgetragen, dann Vorschläge zum modularen Systemaufbau und für Strukturen von Multiprozessoren, die im Zeitalter der integrierten Halbleiterschaltung sehr aktuell werden.
Die drei letzten Vorträge behandeln den Assoziativen Speicher
als Systembaustein und neue Aspekte für seine Verwendung.

Der zweite Themenkreis ("Schnittstellen und Leistungskriterien")
behandelt die verschiedenen Entwurfsebenen von der hardware bis
zur Betriebssoftware. Hier wird der Einfluß von Pufferspeichern
wie von Organisationsmethoden auf die Effizienz von Rechenanlagen diskutiert.

In der dritten Sitzung ("Auftragslast, Leistung und Messung")
wird versucht, den Begriff der Arbeitsleistung eines Rechensystems zu objektivieren; ferner werden Jobmixe und Benchmark-
Tests behandelt.

Das letzte Thema ("Betriebsmittelvergabe") behandelt Modelle
und Strategien zur Optimierung des Durchsatzes, ein schwieriges
und wichtiges Gebiet der Betriebssystem-Forschung.

Zur Erleichterung der Kontaktaufnahme sind am Ende dieses
Bandes die Adressen der Autoren zusammengestellt.

Allen, die am Zustandekommen und Gelingen dieser Tagung und
dieses Bandes mitgewirkt haben bzw. noch beitragen werden,
sei herzlich gedankt, insbesondere den Autoren, die diesmal
alle rechtzeitig ihre Beiträge eingereicht haben, sowie dem
Springer-Verlag, der sich Mühe gibt, die Tagungsbände vor
Beginn der Sitzungen zur Verfügung zu stellen.

Braunschweig, im Januar 1974

H.O. Leilich

INHALTSVERZEICHNIS

H A U P T V O R T R A G

PERSPECTIVES ON COMPUTERS: WHAT THEY ARE AND WHAT THEY DO

Robert R. Johnson
Burroughs Corporation
Detroit, Michigan

A   Introduction

For the computer industry this year, 1974, is beginning with issues and
trends that characterize our state of understanding of computers and their
use:

1.   Security and Privacy

2.   Microprogramming

3.   Language-Defined Architecture

4.   Performance Measurement

5.   Parallel Processing

6.   Cost of Programming

These themes thread the papers in this conference, and they have been
interwoven in the papers of many conferences this winter (2) (3).   It is
interesting to note that issues of arithmetic speeds, instruction timing,
circuit speeds and detailed logic designs are not in the forefront of the
discussions at computer conferences today.   Even time-sharing is a bit
passe.

Our industry is attaining a certain adolescent maturity.   We are beginning
to look at the consequences of our past designs.   We have had our fling at
begetting clever things; we are now settling down, evaluating the good and

the bad, and analyzing needs. Simple computers are cheap and plentiful. On one $20 chip today, we can have the equivalent arithmetic power of the LGP-30 computer of twenty years ago; on a few chips, the equivalent of the IBM 1401 computer of 14 years ago. Today, computational horse-power is cheap and available.

As a result, the computer industry has made the transition from a capital-intensive industry to a people-intensive industry; it now costs more to use computers than to buy them. The people around the computers now loom of greater economic importance than do the machines.

At this transition point in our industry, it thus seems appropriate to re-examine what it is that computers do for people. If we are now to use computers to maximize the effectiveness of people, the architectural balances and designs of the past should be re-examined and subjected to our current values. The themes and issues listed initially are all the consequences of this new balance wherein hardware-costs are cheap and people-costs are expensive.

Having asserted that this shift in values has occurred, the outline of this talk is to discuss what it is that computers do for people, and then to show how each of that initial set of current issues is changing what computers are.

B   What Do Computers Do?

Most of us would probably say that computers process information. Fine, but what is information? Shoveling "numbers" from one place to another might be "communication", but we all know that "data processing" also involves masticating "numbers" by some preconceived recipes.

The task of building a theory to answer this question, "What do computers do?" is the area of my personal research and it is also the area of prime interest for two of the other invited speakers here, Drs. Hellerman and Muntz. Each of us has his view on how to answer this question, and this conference should prove to be an interesting forum for debate on these approaches.

My approach to answer this question of what computers do was to examine the problems that machines solve for people; and to find out what "information" is, I went back to the classical definition of information (5). Shannon's work in 1948 established the science of information theory and provided a way to represent and measure information. The representation of an information system that Shannon used was a directed graph, and the measure he used was a weighted measure of the probabilities of being at each branch in that graph. The unit of information that he assigned to the normalized, weighted sum of these probabilities was the bit, and the measure he used was the simple sum:

$$H = -\sum_i p_i \log p_i \quad \text{where} \quad \sum_i p_i = 1 \qquad (1)$$

where H is measured in bits.

The bridge between Shannon's work and computers appeared to me with the information system representation provided by Dr. C. A. Petri at the University of Bonn. This representation, Petri Nets, provides a methodology for depicting most of the important properties of information systems. By applying Shannon's measure to Petri Nets we are able to represent the important aspects of information systems and measure them.

Of particular significance is the fact that the information system being represented and measured can be a problem, or a program, or a machine. The representation used to describe the problem that is to be solved is the same representation used to describe the program that solves the problem, and it is also the same representation that can be used to describe the machine that executes that program.

With Shannon's measure applied to the Petri Net descriptions of different programs solving the same problem, it is now possible to apply a numeric method to measure the "information-gain" of these different programming approaches. Similarly, it is now possible to numerically evaluate the "information-gain" of different machine designs for the same program.

The initial assertion of this theory is that it has identified that important parameter which we can identify and measure in information systems. That parameter is the branch in a graph, and the important dimensions of the branch are the number of branches leaving a node, and the transition-probabilities of each branch. If these branch-points are called "decisions", one can say that the one important thing about programs, and the machines that execute programs, is their ability to make these "decisions". It is these "decisions" which produce the "information" which people want as the problem solution.

Thus decision-making is what computers do. The effect of a computer's information-processing can be evaluated by the change in probabilities expected for the output states of the problems that that computer is to solve.

Other parameters of interest are the resources (CPU time, memory space, channel capacity, etc.) used in solving a problem, as well as the response time and execution time required to effect a solution. These other parameters of interest are not yet incorporated into this theory of information-system-performance.

Thus in answer to the question: "What do computers do?" I assert they make "decisions" which give people information. Information is measured by probabilities and the tasks which people give computers are to determine the probable outcomes of those problems that they want analyzed. The information-gain of a computer can now be computed just as the information loss of a communication channel was computed.

This probabilistic answer is not yet proven experimentally nor generally accepted. You will hear other ideas this week on how to represent information systems and how to evaluate what computers do. The exciting thing is that today we have debate and real effort on this problem. The industry has matured to the point where serious theoretical and practical efforts are being directed to characterize that which a computer does, and to make new machines and programs that will do "it" more efficiently.

In addition to the ideas on system representation that you will hear about in this conference, I would like to mention the work of J. B. Johnston (6) on Contour Models; that of C. W. Bachman and J. Bouvard (1) on machine processable function definition algorithms; and that of Kotov (7) on graph-directed program design.

These are other efforts aimed at extracting the structural content of a problem and using that structure as the basis for new systems design.

C   New Things Computers are Expected to Do

The topics of contemporary interest listed at the start of this talk can be

rephrased in terms of the problems that people need solved. The hardware and software solutions to these problems is what computers will
become.

1. Security and Privacy

People want the same information as before, but in addition,
they now want to control its accessibility and dissemination.

2. Microprogramming

The application problems that people want to use computers to
solve have so many different structures that no single set of
machine instructions has been found optimal for mapping all
problem solutions into one machine. People want a better
means to match problem structure with machine structure.
Microprogramming is a means to give people the ability to
create different virtual machines whose structures are intended
to be better matches to their applicational problems.

3. Language-Defined Architecture

Compiler languages have achieved widespread use for describing problem solutions. Programs written in these languages
utilize structures characteristic of each such language. Thus
a machine's architecture can be specialized to handle the
information structures typically encountered when using a
particular compiler language. The people-problem thus is to
provide a machine better able to handle the languages that
people use in describing problem solutions.

4. **Performance Measurement**

> The basic problem people have with computers is predicting
> the time and resources needed for any computer to solve any
> given problem.   Subsets of this basic problem are:

> a)   Tuning an existing machine solution to obtain
>   better performance.

> b)   Measuring computer performance and analyzing
>   application structure to determine what parameters
>   are important when characterizing performance.

> c)   Developing theories that depict computer performance.

> d)   Designing new computers based on these theories
>   that will be better performers and designing computers
>   whose performance will be more predictable.

5. **Parallel Processing**

> The people-problems here are, first, to devise practical
> means to solve big problems whose structures are somehow
> made up of parallel elements which offer the prospect of
> concurrent processing; and second, to devise means to
> utilize all the resources in a system "in parallel" so that
> optimal time utilization is made of all those resources.

3. **Cost of Programming**

> The issue of greatest importance to people trying to solve
> problems using computers to assist them in those solutions

is the difficulty of mapping a solution to the problem onto a real computer. This difficulty is measured in:

a) The economic costs of paying people to effect this mapping, i.e., "to program" the computer.

b) The time it takes to get a correct program.

c) The errors and misinterpretations that occur due to the opaqueness of programs which obscures their purpose and obscures the structures intended to achieve that purpose.

d) The problems that aren't solved because of these "costs" of programming.

D   The Computers That Are Evolving To Solve These Problems

1.   Privacy and Security

The two principle aspects here are, first, legal-social: what do people want to keep private; and second, technical: how to provide the security controls to assure that privacy. Only the second, technical, aspect will be discussed here.

The principle factors comprising security are:

a) User Identification.

b) System access control stratagems as a function of user identity.

c) System access-device control.

d) Audit records of accesses exercised.

e)   Maintenance-access controls and audit records.

f)   Certification of access control and audit recording

       systems.

g)   Access security under hardware and software fault

       conditions.

h)   Disposal procedures for obsolete records.

i)   Encryption techniques for records and intra-and inter-

       system communications.

Computers of the future will provide their managers, users,

and maintenance people specific means to exercise whatever

level of security control desired.

Today, there are several levels of user identification

employed (passwords and secure identification cards) and

two types of system access control stratagems (hardware

access control registers that provide "rings of control" and

software stratagems that provide file and language barriers).

Multics is an example of the hardware rings of control

approach and Burroughs B6700 is an example of the language

barrier system.

Weaknesses in all present systems are that the console

operators and the maintenance people have access to all

information and can therefore violate system security, and

there is so far no good means to insure that a user with the

correct password is who he says he is.

2.   Microprogramming

Microprogramming has been characterized as that which re-
sulted when logic designers discovered programming.

Microprogramming techniques are popular today.   And because memory devices continue their historic trends to become
perpetually cheaper, soft-microprogrammed systems are
certainly the trend.

Needed for these systems however are high level microprogramming languages, means to represent the application problem
structure to be synthesized, means to analyze that application
structure to obtain the optimal microprogrammed architecture
and micro-instruction set, and means to predict the execution,
time, and resource requirements of the consequent virtual
machines.

Perhaps the ultimate symbiosis will be the combination of some-
thing like Illife's Basic Language Machine for the minimal
micro-hardware, combined with proper high level microprogramming languages and tools to build interpreters for the
universal intermediate level language being sought by Ershov.

But today we do not know these primitive building blocks and
so we continue to design soft systems in which new micro-
operators can be readily defined and used to make new virtual
machines to fit each new application problem.   One kind of
machine appears when the programmers select micro-
operators and a structure to compile them, for example,

Burroughs B1700; and a different kind of machine appears
when the logic designers make this selection, for example,
Burroughs B700. Each machine can generate new virtual
machines; the B1700 does it by high level language means,
and the B700 does it by individual construct means.

3. Language-Defined Architecture

Architecture is said to have been discovered when the
programmers discovered hardware. Architecture in this
sense is the structure of a hardware and software system viewed together and viewed from the perspective of seeing how well
that structure matches the programming structures used by a
programmer. A good language-defined architecture is then
one whose structure itself fits the structure of the language
used to program that system. A system is good by this
criterion when it manipulates the language structures naturally
and has all the parameters and values present when they are
desired or expected by the language.

Professor Y. Chu, University of Maryland, has described this
concept in noting that the syntax of the system should match the
syntax of its programming languages. He also has provided
me the best understanding of the term "descriptor" which we
use in Burroughs and which many people think is just a compli-
cated machine instruction. His description of a descriptor is
that it is a syntax defined machine operator that has structure
intended to match the syntax of the language being used to
program the machine. Hardware instructions in the usual
sense have no syntactic structure.

Research is needed on organized methods to describe and manipulate architectural structure. Simple examples are frequently given to illustrate ideas of structure (recursion, late binding, interpretation, etc.); but a means to depict the whole structure of a system is not yet known. For example, Prof. Elliott Organick has used J. Johnston's contour model methodology to present one facet of the structure of the Burroughs B5500 and B6700 (8). In essence, this gives the language-context of each of a sequence of machine states. Missing is a profile of that sequence. A Petri Net description used in conjunction with each contour model might give a more complete view of the static and dynamic structure of a machine running a program.

And more information about dynamic structure is provided when each Petri Net description is enriched with the probability of being in each state of the network.

But still needed with all of this is a means to represent the resources required at each system state to effect the next event transition of a Petri Net. Further, a means is needed to convey the structural effects of time when queues are built and processed or even when random or periodic time events are incorporated into these systems.

The trigger function technique used by Kotov (7) is an example of the kind of thing being contemplated here even though it does not yet include resource considerations. He uses a directed graph to describe the problem(s) to be solved by his future system, and he uses the graph to derive the parameters for his trigger function which is the functional control directing all the events and concurrent processes in the system. This Russian work is influential in the design of the new system effort being undertaken now in the Soviet Union.

4. Performance Measurement

All work on new features, new machines and new programming structures should contain an introspective and quantitative evaluation of its impact on performance. In Burroughs, we have a term we use to describe the opinion of an inventor about the value of his ideas - we call it his powerful intuition. Great inventions are probably the result of powerful intuition, but so are a great many useless ideas. The trick is to select the great ideas, build them, and then convey the essence of their greatness to the customer prospect who will buy them.

"Performance Measurement" is the set of things that one does to quantitatively evaluate and convey ideas and systems. The state of this art is rudimentary. Most of the practical work in this field is aimed at tuning existing systems to optimize their performance on predetermined hardware and software. Much of the theoretical work has been aimed at mathematical models selected on the basis of the mathematics we know how to manipulate.

It will be interesting to see how much, if any, quantitative performance evaluation is presented in the papers at this conference.

A good measure on the professional completeness of an idea is the degree of incorporation in it of its quantitative impact on performance. "One doesn't know it if one can't measure it."

Similarly, a good measure on the professional excellence of future computers will be how well they represent, measure, and convey back to their operators and users that information about their performance which is most helpful to these people.

5. **Parallel Processing**

The history of attempts to process information "in parallel" is a beautiful example of successive interactions between hardware and software designers.

Probably the first "parallel processing" was the result of the logic designers' construction of a parallel binary adder to speed up bit serial addition. This trend to wide word lengths was interrupted when the programmers discovered that they manipulated data primary in small packets. Long word lengths necessitated cumbersome bit extraction instructions or subroutines, and the result was digit or character serial machines.

This evolution continued through multi-programming and multiprocessing with varying hardware inventions interspersed as the hardware and software designers iteratively solved one problem and introduced another problem for their counterparts to resolve.

Current systems employ array processors, pipe-line processors, and associative processors to take advantage of all the inherent concurrencies possible. Research has been directed to languages which facilitate maximal parallelism, and hardware systems are stretching to take advantage of the potentials opened up with each level of understanding.

Some of the lessons learned to date are that the rigidities imposed by array and pipe-line systems preclude their practical use for certain classes of applications and yet strengthen their competitive advantages for other types of problems.

One specific lesson learned from the experience with array processors is that each processor in the array must be able to communicate with all other processors in the array. This software need immediately reflects a need for a new hardware invention: An exchange capable of connecting any processor to any other processor within tens of nanoseconds, establishing data transfers of at least 10^8 bits/second per channel, and sustaining perhaps several hundred such data interchanges concurrently. The expectation now that we will be able to interconnect such arrays of fast hardware shifts the bottleneck back to the software designers: What problems do they have that need (or can benefit from) such large degrees of parallelism, and what scheduling schema do the programmers have that can direct hundreds of interrelated yet concurrently processable parameters?

The inventions that solve these hardware and software problems are the computers of tomorrow.

6. Cost of Programming

In the early days of logic design, the hardware engineers discovered they should use "safe logic building blocks" interconnected by carefully pre-analyzed and tested "wiring rules". If they did not follow this procedure, they found their machine designs unreliable and unmaintainable.

In recent times, the programmers are discovering this same effect. The methodology of structured programming introduced by Dijkstra (4) has some intellectual parallels with these "safe" stratagems still employed by the hardware engineers.

The rationale of structured programming is that a careful initial description of the application task, followed by its programmatic solution constructed from safe building blocks, interconnected in known safe ways, and proven analytically to produce "correct" results, represents the fastest and most economical route to bug-free application programs that do only what people want.

One real trend for new machines therefore is the development of hardware and software structure to facilitate structured programming. Such machines should minimize all the "costs" of programming cited above.

E Summary

To avoid getting lost in chemistry and physics, things "are" what they "do". In this talk I have been depicting the set of tasks which seem evident to me to be general descriptions of what people now want computers to do for them.

Computers, of course, are machines, and the programs that direct the actions of these machines are algorithmic schemata.

But the new idea in the industry is the recognition that machines and programs "are" their representation, and with a common representation for both the machine and its program, we can concentrate our research attention on the objectives desired of this system, analyze the structures needed to accomplish those objectives, and supply only that hardware and software required.

An example of this arises when one asks the question - "What is the purpose of memory in a computer?" If decision-making is what computers do, then the only purposes of memory in that process are to store the permanent data in its data base and to provide only that temporary storage necessary to effect its decision-making stratagems. Thus future, well designed computers, should be expected to use less working storage memory, and this memory is likely to be distributed throughout the decision-making apparatus. The first trend is counter to current operating experience in which we find that with contemporary machines we obtain better performance if we use more main memory concentrated at the center of a system, but the second trend prediction is supported by the growth of cache memories and buffer memories being distributed throughout all new system designs. It will be interesting to see how this prediction of the role of memory will work out in future system designs.

In summary then, it is my belief that the purpose of computers is to help people make decisions, that the computers and their programs achieve this purpose by making a series of interconnected decisions, and that our best understanding of what computers and programs are is achieved by studying what they do.

Reference:

(1) Bachman, C. W., and Bouvard, J., "Architecture Definition Techique: Its Objectives, Theory, Process, Facilities, and Practice", Proc. ACM SIGFIDET Workshop, Data Description, Access and Control, Nov. 29- Dec. 1, 1972.

(2) Chu, Y., ACM-IEEE Symposium on High Level Language Computer Architecture, University of Maryland, November 7-8, 1973.

(3) Computer Architecture Conference, December 9-11, 1973, Gainsville, Florida (IEEE, ACM).

(4) Dijkstra, E., Dahl, O., Hoare, C., Structured Programming, Academic Press, 1972.

(5) Johnson, R. R., "Some Steps Toward an Information System Performance Theory," Proc. First USA-Japan Computer Conference, AFIPS, 1972.

(6) Johnston, J. B., "The Contour Model of Block Structured Processes", DSIPL, (1971).

(7) Kotov, V.E., "Practical Realization of Asychronous Parallel Computations", Review of Systems and Theoretical Program Siberian Academy of Science, Novosibersk, 1972, page 110 (in Russian).

(8)   Organick, E., _Computer System Organization, The B5700/B6700 Series_, Academic Press, 1973.

RECHNERSTRUKTUREN

Konzepte der Mikroprogrammierung
Reiner W. Hartenstein

Einleitung:

Die Bedeutung der Mikroprogrammierung in der Entwurfspraxis bei Problemen der Maschinen-Organisation und auch der Rechner-Architektur war und ist sehr stark von technologischen Randbedingungen abhängig, die sich vor allem aus dem jeweiligen Entwicklungsstand der Halbleiter-Technologie ergeben. Es erscheint deshalb zweckmäßig, die Konzepte der Mikroprogrammierung nebst dazugehöriger Strukturen der Maschinenorganisation durch einen Überblick über die historische Entwicklung zu beleuchten. Ein solcher Überblick läßt zunächst mehr Klärung erwarten als etwa der Versuch einer exakten Definition des Begriffes "Mikroprogrammierung".

Im Rahmen des zur Zeit üblichen Sprachgebrauchs hat die Bezeichnung "Mikroprogrammierung" den Charakter eines Schlagwortes. Eine allgemein anerkannt scharfe Begriffsdefinition existiert hierzu noch nicht. Eine Antwort auf die Frage "Was ist Mikroprogrammierung?" wird demnach stark vom Tätigkeitsbereich des Befragten abhängen. Aus der Sicht des "software engineering" ist Mikroprogrammierung eine Anwendung von Programmier-Techniken bei der Definition von Rechnerarchitekturen. Unter Rechnerarchitektur wird die Gesamtheit der Eigenschaften einer Maschine an derjenigen Schnittstelle verstanden, die dem Programmierer zugewandt ist ("Fassade"). Mit anderen Worten ausgedrückt: Mikroprogrammierung ist ein Mittel zur Festlegung eines Maschinenbefehlsrepertoires. Für den Hardware-Spezialisten ist Mikroprogrammierung ein Konzept zur Realisierung eines Hardware-Subsystems, das die für das System bestimmte Software interpretieren kann. Manchmal ist "Mikroprogrammierung" als Schlagwort eine Art Sammelbegriff für bestimmte Rechnerarchitekturen neuerer Art, für die bestimmte Methoden der Implementierung von Steuerwerken oder Steuerungshierarchien typisch sind.

Mikro-Operationen und ihre Steuerung

Somit ergibt sich die Zwischenfrage, was ist ein Steuerwerk und welche Rolle spielt es in einem Prozessor? Dies läßt sich relativ einfach erklären am Beispiel einer Maschine mit klassischem Maschinen-Befehlssatz. Wenn man die Hierarchie der Algorithmen des Software-Bereiches ausklammert, so läßt sich ein Prozessor zur Ausführung von Maschinenbefehlen gliedern in einen steuernden und einen gesteuerten Teil (s. Bild 1, Behandlung dieses Modells u.a. in [27,28]). Das gesteuerte Werk ist das eigentliche Trägermedium für den vorliegenden Prozeß, bestehend aus einem Fluß von Objekten von ("Eingabe") und nach ("Ausgabe") der Außenwelt. Im Falle eines Prozesses digitaler Datenverarbeitung liegt ein Fluß von Datenobjekten ("Datenworten") vor, von und nach einer äußeren Datenstruktur. Wenn es sich beim vorliegenden Prozeß um die Ausführung eines Maschinenbefehls handelt, ist das Operationswerk ein System von Speicherzellen ("Register") und Transportmitteln ("Datenpfade") für Datenworte, während der Arbeitsspeicher (z.B. der Kernspeicher) und periphere Medien zur "Außenwelt" rechnen. Die Datenwege lassen sich in folgende Typen gliedern: Ein einfacher Datenweg dient nur dem Transfer eines Datenwortes von einem (Quellen)-Register zu einem der (Ziel-)Register. Ein transformierender oder verknüpfender Datenweg (Beispiel: Addierer) dient der Realisierung von Operatoren. Einzelne Transport- oder Transformationsschritte innerhalb eines solchen Systems von Registern und Wegen werden "Register-Transfer-Operationen" oder auch "Mikro-Operationen" genannt, wobei das System selbst auch als "Register-Transfer-System" bezeichnet wird.

Die Aufgabe eines Steuerwerks ist in diesem Zusammenhang die Auslösung einer geeigneten Folge von Mikro-Operationen, welche den gerade vorliegenden Maschinenbefehl realisiert. Die Auslösung eines entsprechenden "Mikro-Schrittes" (d.h. einer Mikrooperation oder einer Kombination gleichzeitiger Mikrooperationen) erfolgt durch Selektion und Aktivierung einer Untermenge aus der Menge aller im Operationswerk verfügbaren Datenwege. (Bild 4 zeigt solche Untermengen aus Bild 3). Aufgrund des Typs ihrer Aktivierbarkeit lassen sich Datenwege wie folgt gliedern (vgl. Bild 2):

1. Verbindungsweg (feste Verbindung zweier Anschlüsse, wie z.B. Steckerleiste, Register- oder Schaltnetz-Ein- oder Ausgang): Die Variable an A liegt ständig auch an B, weshalb stets B = A gilt. Bild 2a zeigt eine Darstellungsform für Verbindungen zum Gebrauch in Blockdiagrammen. Zu den Verbindungswegen gehören neben dieser "einfachen" Verbindung auch "transformierende" oder "verknüpfende" Verbindungen. Bild 2b veranschaulicht dies am Beispiel der einstelligen Operation B = f(A). Bei mehrstelligen Operationen sind anstelle eines einzigen Eingangs (A in Bild 2b) mehrere ankommende Datenwege vorhanden.

2. Durchschaltungsweg (schaltbare Verbindung zweier Anschlüsse, wie Steckerleiste, Registerausgang, Schaltnetzausgang, o.ä. als statischer Träger eines Datenwortes): Die Variable an A liegt nur dann an B, wenn die Bedingung $y1$ (binäre Steuervariable) erfüllt ist mit $y1$ = "wahr", weshalb gilt: <u>while</u> $y1$ <u>do</u> B = A. Bild 2c zeigt die Blockdiagramm-Notation hierzu. Das Kreuz ist die Kurzdarstellung einer statischen Torschaltung.

3. Kopierweg (Durchschaltung von einem Anschluß zu einem Register nebst Ladeoperator): Bei Voraussetzung diskreter Taktzeitpunkte bedeutet dies (s. Bild 2d): Der Inhalt von R wird substituiert durch Q immer dann, wenn zum vorliegenden Taktzeitpunkt die Bedingung $y2$ erfüllt ist, d.h. Q wird nach R kopiert und dann dort gespeichert, gemäß der Mikroanweisung: <u>on</u> $y2$ <u>do</u> R:= Q. Bild 2d zeigt eine Blockdiagramm-Notation hierzu. Das Kreuz in Verbindung mit einem Register als Ziel dient als Kurzdarstellung für die Realisierung durch Torschaltung (nach (2.)) <u>und</u> Abtastschaltung des getakteten Registereinganges (m.a.W.: Kurzdarstellung einer dynamischen Torschaltung).

Bild 3 zeigt ein fiktives Demonstrationsbeispiel eines Operationswerkes. Die Steuergrößen y_0 bis y_{12} zur Selektion von Wegen sind dort deutlich sichtbar zu einem binären "Steuervektor" Y zusammengefaßt. Tabelle 1 zeigt ein hierzu passendes "Mikroprogramm" zur Realisierung des Maschinenbefehls (M[OPi] = Zelle mit der Adresse OPi des Arbeitsspeichers M):

$$M[OP2] := M[OP1] + M[OP2].$$

Bild 4 zeigt "Schnappschüsse" des Operationswerkes, welche die jeweilige Untermenge
selektierter Datenwege für jeden Mikroschritt gemäß Tafel 1 wiedergeben. Die ALGOL-
ähnlichen Notationen der Transfer-Anweisungen in Tafel 1 sind Phrasen einer "Register-
Transfer-Sprache" (höhere Sprache zur Beschreibung von Struktur und Verhalten in der
Maschinen-Organisations-Ebene).

Klassische Methoden des Steuerwerks-Entwurfes

Die Aufgabe eines Steuerwerkes besteht in der Lieferung einer geeigneten Folge von
Steuervektoren Y für die Auslösung der gewünschten Folge von Mikroschritten im Operationswerk. Eine Folge von Steuerschritten Y wird über eine Folge von inneren Zuständen des Steuerwerkes erzeugt. Bis fast zur Mitte der 60er Jahre wurden Steuerwerke
meist nach Methoden des klassischen Schaltwerksentwurfes entwickelt, welche eine
Struktur nach Bild 5 ergaben. Der Binärcode in Register Z verkörpert die Nummer des
jeweiligen Steuerwerkszustandes. Der Steuervektor Y und der nächste Zustand wird durch
ein maßgeschneidertes und minimisiertes Schaltnetz bestimmt, das mit Methoden des logischen Entwurfs entwickelt wurde. Wegen der sehr hohen Kosten elektrischer Schaltkreise war in früheren Zeiten die mit diesem Entwurfsverfahren verbundene Schaltnetz-
Minimisierung ein wichtiger Kostenfaktor. Minimisierung, Prototyperstellung und Aus-
testen sind langwierig. So entworfene Systeme zeigen sehr wenig Flexibilität: Eine
Folge des sehr schwierigen Steuerwerksentwurfes war ein relativ frühes "Einfrieren"
der Rechnerarchitektur im Zuge der Entwicklung einer Datenverarbeitungsanlage. "Einfrieren" bedeutet hier, daß nachträgliche Änderungen der Hardware-Spezifikationen
strikt abgelehnt wurden. Dies erschwerte die Zusammenarbeit von Hardware- und Soft-
ware-teams bei der Systementwicklung erheblich. Ein typisches Symptom für diese man-
gelhafte Zusammenarbeit bestand darin, daß das Betriebssystem häufig nur einen Teil
des Befehlsvorrates anwendet und den Rest des Befehlsrepertoires ignoriert. Andererseits sind wiederum meist einzelne Befehle nicht vorhanden, die sich Systemprogram-
mierer dringend gewünscht hätten.

Bei Maschinen mit einem solchen konventionellen Steuerwerk spricht man von einer "in
Hardware realisierten" Maschinen-Architektur - im Gegensatz zur im folgenden behandel-
ten "durch Mikroprogramme realisierten" oder mikroprogrammierten" Architektur. Der
Vollständigkeit halber sei neben der oben erwähnten "Code-Steuerung" (die Zustands-
variable des Steuerwerkes ist binär codiert) auch die decodierte Form der Hardware-
realisierten Steuerung erwähnt. Diese beruht auf verzweigten Schieberegistern, wobei
Zustandsübergänge durch das Verschieben einzelner Markierungs-Bit realisiert sind
(Erklärung des Prinzips u.a. in [10], Beschreibung einer Realisierung in [7]).

Die Verwendung von "Steuerspeichern"

Vor mehr als zwei Jahrzehnten schlug M.V. WILKES [29] eine andere Form der Steuer-
werks-Realisierung vor, die das maßgeschneiderte Schaltnetz (vgl. Bild 5) fast völlig

(bis auf einen Rest, z.B. "Steuerschaltnetz" in Bild 6) ersetzt durch einen Wort-organisierten Speicher, auch "Steuerspeicher" oder"Mikroprogramm-Speicher" genannt. Die Grundidee: an die Stelle des logischen Entwurfs tritt ein "Programmieren", ähnlich wie bei Maschinenprogrammen, nämlich die "Mikroprogrammierung". Durch spätere Weiterentwicklung dieser Idee entstanden Steuerwerksstrukturen entsprechend dem allgemeinen Schema in Bild 6. Das Zustandsregister Z (vgl. Bild 5) wird zum "Mikrobefehlszähler" (MBZ), welcher das Adreßregister des Steuerspeichers ist. Ein Puffer am Steuerspeicher-Ausgang wird zum "Mikrobefehlsregister" MBR. Das Restschaltnetz "Steuerschaltnetz" enthält 3 Teile: den Modifikations-Operator MOD für die Fortschaltung und Voreinstellung von Z, den"Decoder" für die Entschlüsselung des Inhaltes von MBR und die Entscheidungslogik EL zur Erzeugung der Steuervariablen für MOD (s. Bild 8).

Die Operation eines "Mikroprogramm-Steuerwerkes" dieser Art sei mit Hilfe eines einfachen fiktiven Beispieles demonstriert. Bild 7 zeigt vier Mikrowort-Format-Beispiele, die ähnlich Maschinenwortformaten in einen (Mikro-)Befehlscode MBC und einen Operandenteil zerfallen. Bild 7 a/b zeigen 2 Formate für "unbedingte" ($\bar{\text{b}}$) Mikrobefehle, wie Operationsbefehl (Bild 7a, Feld Y: Codierte Mikroanweisungen),MikroSprungbefehl (Bild 7b, Feld Z: Mikro-Sprungadresse) und 2 Formate für "bedingte" (b) Mikrobefehle. Bild 7 c/d zeigen Format und Exekutionsbeispiele für einen Mikrobefehl mit bedingtem Überspringen (Bild 7c) und einen bedingten Mikrosprungbefehl (Bild 7d). Bild 8 zeigt die zur Implementierung der Steueroperationen erforderlichen HardwareStrukturen. Aus den binären Variablen b ("bedingt"), m ("mit Sprung") aus MBC, s ("Status-Bit") aus dem gesteuerten Werk, und a ("Aufruf") durch Dekodierung des Mikrobefehls "Mikroprogramm-Ende" (für Aufruf des nächsten Mikroprogrammes), generiert die "Entscheidungslogik" EL den Hilfs-Steuervektor Y' für MOD, gemäß Tabelle in Bild 8.

Hohe Flexibilität beim Entwurf der Zentraleinheit

Das Steuerspeicher-Konzept setzte sich aus Gründen des speichertechnologischen Entwicklungsstandes zunächst nicht durch. Die üblichen Arbeitsspeichermedien waren etwa 1 bis 2 Größenordnungen langsamer als das klassische Schaltwerk, wohingegen schnellere Speichermedien entweder zu teuer oder in den erforderlichen Kapazitäten nicht verfügbar waren. Erst in den 60er Jahren wurde das Steuerspeicherkonzept von der Industrie in ernstzunehmendem Umfang aufgegriffen. Der Hauptgrund hierfür war die bequeme Lösung von Kompatibilitätsproblemen durch Anwendung der Mikroprogrammierung. Einsparungen auf der Software-Seite durch Kompatibilität ganzer Rechnerfamilien einer Systemgeneration rechtfertigen den finanziellen Aufwand für Steuerspeicher. Ein weiterer wichtiger Grund ist bei völliger Kompatibilität das Angebot verschiedenster Zentraleinheiten für ein sehr breites Preis- bzw. Leistungsspektrum und somit für einen möglichst großen Markt. Man verwendete zunächst hauptsächlich Festspeicher (ROM = read only memory). Einige ROM-Hersteller liefern fertig programmierte ROM-Bausteine gegen Vorlage von Mikrocode per Lochstreifen oder Magnetband heute schnell und preisgünstig.

Ein weiterer wichtiger Beweggrund war die Erzielung von Kompatibilität nicht nur innerhalb einer Rechnerfamilie, sondern auch von "Aufwärts"- oder "Abwärts"-Kompatibilität. Hierdurch wurde es möglich, ohne Entwertung vorhandener Software (wie etwa Assemblerprogramme des Anwenders) eine alte Rechenanlage durch ein neueres Modell zu ersetzen. Unter Anwendung von Mikroprogrammierungstechniken schuf man hierzu die Möglichkeit des Betriebes in einem "Emulations"-Modus ("Emulation" ist nach [13] die Fähigkeit einer Maschine zur direkten Ausführung von Maschinenprogrammen, die für eine andere Maschine geschrieben wurden). Die emulierte Maschine heißt hierbei "Zielmaschine" bzw. "target machine", und die benützte Maschine "Wirtsmaschine" bzw. "host machine". Das Mikroprogrammpaket und evtl. Hardware-Zusätze für den Emulationsbetrieb wird "Emulator" genannt (s.a. [24,25]). Beispiele aus den 60er Jahren für Maschinen mit Emulationsfähigkeiten sind die IBM-Maschinen der 360er-Familie, die RCA Spectra 70/Modell 45 und Honeywell H 4200/H 8200 (ausführliche Beschreibungen in [13]). Bild 11 veranschaulicht die Position der Emulation innerhalb der Skala der Lösungen des Kompatibilitätsproblems. Bei Emulation tritt häufig der angenehme Nebeneffekt auf, daß Programme auf der Wirtsmaschine erheblich schneller ausgeführt werden, als dies zuvor auf der Zielmaschine der Fall war.

Mikrowort-Format und Flexibilität

Der Entwurf eines mikroprogrammierbaren Steuerwerkes der geschilderten Art erfolgt in 2 Etappen: (1) Entwurf des Steuerwortformates, und (2) Entwurf des Mikroprogramm-Vorrates. Die 1. Etappe umfaßt die Wahl der Steuerspeicher-Wortlänge, der Anzahl verschiedener Wortformate, sowie der Feldeinteilung und -Codierungen hierzu. Die verschiedenen Möglichkeiten des Entwurfes in der 1. Etappe sind angedeutet durch die Schlagworte "horizontale Mikroprogrammierung" und "vertikale Mikroprogrammierung". Beides sind Extremfälle, wobei letzteres etwa dem Beispiel nach Bild 3 entspricht, wenn das Feld Y des Steuerwortes unverändert an das Operationswerk übertragen wird, ohne Zwischenschaltung eines in Bild 8 angedeuteten Decoders, also jedem Datentor des Operationswerkes ein separates Bit des Steuerwortes zugeordnet ist.

Hierbei ergibt sich ein langes Steuerwort (vgl. Bild 9). Darüber hinaus ermöglicht dieses Steuerwortformat bei entsprechend reichhaltig ausgestattetem Operationswerk ein hohes Maß von Parallelität der Mikrooperationen. Parallelität bedeutet also kurze Mikroprogramme. Wenn wir den Steuerspeicherraum für 1 Mikroprogramm darstellen im Koordinatensystem nach Bild 6 (Wortachse: vertikal, Bit-Achse: horizontal), wird die Bildung des Begriffes "horizontale Mikroprogrammierung" klar.

Bild 9 c zeigt ein Wortformat-Beispiel für reine "vertikale Mikroprogrammierung". Hierbei existiert nur ein einziges binär codiertes Feld zur komprimierten Darstellung des Steuervektors Y, was extrem kurze Steuerworte ergibt. Der Inhalt des Y-Feldes im Steuerwort muß hierbei vor der Übertragung an das Operationswerk decodiert werden (vgl. Bild 8). Dies hat zur Folge, daß für den Mikroprogrammierer die Menge der wählbaren Steuervektoren sehr stark eingeschränkt ist auf Vektoren mit nur einem oder sehr wenigen markierten Bit (im Gegensatz zu beliebig wählbaren Kombinationen im horizontalen Fall). Dadurch ist nur ein geringes Maß an Parallelität erreichbar (Parallelität geht hier nur auf interne Verdrahtung im Operationswerk zurück und ist nicht beeinflußbar durch das Steuerwerk), was relativ lange Mikroprogramme notwendig macht. In Analogie zum horizontalen Fall wird die Begriffsbildung "vertikale Mikroprogrammierung" klar. Kompromisse auf der Skala (vgl. Bild 10) zwischen den beiden Extremen beruhen auf der Verwendung mehrerer getrennt codierter Felder, eventuell unter zusätzlicher Verwendung einiger einzelner Steuerbits. Bild 9b zeigt ein Formatbeispiel hierzu.

Durchsatz-optimale Mikrowort-Formate

Durch die in der ersten Entwurfsphase festgelegten Steuerwortformate werden die Eigenschaften der Basis-Maschine bestimmt, auf welcher dann in der 2. Entwurfsphase mit Mitteln der Mikroprogrammierung die Architektur, d.h. die eigentliche "Maschine" definiert wird. (Unter "Basis-Maschine" sei die "architekturlose" Maschine verstanden, welche das Ergebnis der ersten Entwurfsphase ist.) Die Lösung der ersten Phase beeinflußt die Möglichkeiten für die zweite Entwurfsphase erheblich. Sie bestimmt die Flexibilität der Basismaschine während der 2. Entwurfsphase, sowie den erzielbaren Durchsatz. Es ist sofort einzusehen, daß bei horizontaler Mikroprogrammierung zwischen einer sehr viel größeren Zahl von Möglichkeiten gewählt werden kann, das Maß an Parallelität wählbar ist, und somit eine wesentlich größere Flexibilität bei der Mikroprogrammierung gegeben ist, als beim "vertikalen Fall". Der Durchsatz ist dann von der Wahl des Mikrowortformates stark abhängig, wenn die Zykluszeiten von Arbeitsspeicher (z.B. Kernspeicher) und Steuerspeicher sehr verschieden sind. Beim heutigen Stand der Technologie liegt das Verhältnis zwischen Zykluszeit t_k des Kernspeichers und t_s des Steuerspeichers meist zwischen 1 : 1 und 12 : 1 (vgl. Tafel 2). Ein maximaler Durchsatz liegt dann vor, wenn für ein Mikroprogramm und alle seine Teile ein Quotient aus der Zahl der Steuerspeicherzugriffe und der Zahl der Kernspeicherzugriffe gleich dem Quotienten t_k/t_s ist. Anderenfalls muß jeweils einer der beiden Speicher auf den anderen warten. Bei zunehmender Verwendung von Halbleiter-Arbeitsspeichern verlieren diese Probleme allerdings an Bedeutung wegen der geringen Zykluszeit-Unterschiede.

Entwicklungstendenzen in der Mikroprogrammierung

Obige Ausführungen gingen davon aus, daß die Technik der Mikroprogrammierung lediglich als alternative Entwurfs-Methode für konventionelle Architekturen mit konventionellen Befehlsrepertoires dient. Neuere Tendenzen gehen jedoch weit darüber hinaus auf eine Ausnützung der großen Flexibilität dieser Methode aus. Eine Tendenz beispielsweise stellt die konventionelle Grenze zwischen Maschinen-Programmen und Mikroprogrammen völlig in Frage dadurch, daß Mikroprogramm-Realisierung nicht nur bei einzelnen Maschinenbefehlen, sondern auch bei Macros vorgeschlagen wird, die sonst als Maschinenprogramme realisiert würden. Wenn diese Macros häufig benutzt werden (z.B. in Betriebssystemen) oder in hohem Grade iterativ arbeiten, erbringt dies bei hohem t_k/t_s-

Quotienten oft erhebliche Durchsatzsteigerungen [23].

Einige Vorschläge laufen sogar auf einen völligen Fortfall der Maschinensprach-Ebene hinaus. Bei einer Implementierung der Programmiersprache EULER [26] wird eine auf polnischer Notation basierende Zwischensprache vollständig durch Mikroprogramme interpretiert. Weitergehende Vorschläge verzichten sogar auf eine Übersetzung in eine solche Zwischensprache durch direkte Ausführung von Quellen-Programmen. Hierbei entfällt die Abspeicherung einer codierten Zwischendarstellung. Eine hierdurch erzielte Ersparnis an Arbeitsspeicher-Kapazität wird z.B. in |14| für FORTRAN mit ca. 1 : 4 geschätzt.

Diese wenigen Beispiele geben nur ausschnittweise die Fülle neuer Möglichkeiten wieder, die über die Anwendung der Mikroprogrammierung geradezu eine Revolutionierung der Rechnerarchitektur bedeuten (s. auch |5,13,20-23,30,31|). Im folgenden seien diese nochmals tabellarisch zusammengefaßt:

- schnellerer und einfacherer Entwurf von Architekturen;
- späteres "Einfrieren" der Architektur bei System-Neuentwicklungen;
- leichte nachträgliche Änderungen (Verbesserungen, Erfüllung von Kundensonderwünschen) durch Austausch von Festspeichermoduln;
- Entwurfshilfen durch zwischenzeitliche Verwendung von Schreib/Lese-Steuerspeichern (schnelleres "debugging" von Mikroprogrammen durch "patches" und "Neuladen");
- leichtere Wartung durch Diagnose-Mikroprogramme (effektiver als Diagnose-Maschinenprogramme);
- Mechanisierung des Mikroprogrammentwurfes durch Mikro-Assemblierer und -Kompiler;
- Emulation aus Kompatibilitätsgründen;
- Emulation als effektivere Alternative zur Simulation von Architekturentwürfen;
- adaptive Maschinen durch "dynamische Mikroprogrammierung";
- Typenreduktion bei Hardwarebausteinen durch regelmäßigere Struktur (Verbilligung);
- leichte Integration von LSI-Hardware-Zusatzeinrichtungen in eine Architektur;
- Hardware-Realisierung von Unterprogrammen durch mikroprogrammierte Unterprogramme;
- Hardware-Unterprogramme durch mikroprogrammierte LSI-Hilfsprozessoren (z.B. zur Unterstützung des Betriebssystems);
- bequeme Lösung von Schnittstellenproblemen bei Erstellung gemischter OEM-Installationen.

Einige der hier angedeuteten Möglichkeiten werden in den folgenden Abschnitten näher erläutert und diskutiert.

Hardware-Unterstützung von System-Software

Bei der Entwicklung größerer Datenverarbeitungssysteme traten seit mehr als 10 Jahren zwei Phänomene immer mehr in den Vordergrund: der stark steigende Kostenanteil der Software gegenüber der Hardware und die Ineffizienz von System-Software. Es wurden Fälle bekannt, bei denen die Zentraleinheit bis zu 95% mit "Verwaltungsaufgaben" des Betriebssystems ausgelastet wurde, so daß nur 5% der Kapazität für die eigentliche Nutzrechnung verblieb. (Ein Journalist kommentierte: Das Parkinson'sche Gesetz gelte offenbar auch für DV-Anlagen.) Es ist naheliegend, diesem Phänomen hoher Kosten für

ineffiziente Software dadurch zu begegnen, daß möglichst weitgehender Ersatz von
Software-Komponenten durch Hardware angestrebt wird. Fallende Preise bei steigendem
Integrationsgrad von integrierten Bausteinen kommen solchen Bestrebungen sehr ent-
gegen. Neben der bereits erwähnten Verwendung mikroprogrammierter Macros und Proze-
duren, die ja keine echten Hardware-Lösungen sind, kommt die Verwendung zusätzlicher
LSI-Hardware-Einrichtungen in Frage für Operationswerk-Erweiterungen oder die Ein-
fügung von Hilfsprozessoren mit rigenem Steuerwerk.

Operationswerk-Erweiterungsoptionen lassen sich über modulare Operationswerk-Konzep-
te nach dem Baukastenprinzip realisieren. Bei geeigneter Wahl der Mikrowortformate
bietet hierbei die Mikroprogrammiertechnik genügend Flexibilität zur kurzfristigen
Entwicklung von Prozessoren, die bis zu einem gewissen Grad "maßgeschneidert" sind
bei voller Kompatibilität. Auf diesem Wege läßt sich wahlweise eine beträchtliche
Durchsatzsteigerung erzielen bei: Listenverarbeitungs-Operationen, Interpretier-
Operationen, Kompilierer-Operationen, Such- und Sortierprozessen, Format- und Code-
Transformation, oder Betriebsmittelverwaltung.

Weitergehende Möglichkeiten bietet die Eingliederung von Hilfsprozessoren mit eigenem
(mikroprogrammierten) Steuerwerken als eigenständige Hardware-Unterprogramme. Beispiele hierzu sind: Zugriffsprozessoren zur Realisierung spezieller Speicherkonzepte
(z.B. die unten behandelte f.i.u. der Burroughs B 17oo [31,32]), separate Ein/Ausga-
be-Prozessoren (weniger problematische Verarbeitung von Programmunterbrechungen),
separate Prozessoren für Betriebsmittelzuweisungs-Algorithmen. Der Autor ist der An-
sicht, daß durch kleine LSI-Hilfsprozessoren auf ein Mindestmaß reduzierte "vertikale Mehrfachausnützung" von Hardwarekomponenten die Transparenz von Systemen stark
verbessert und damit die Aktivitäten des "Software-engineering" sehr stark erleichtert. ("Strukturierter Hardware-Entwurf" durch Verminderung "vertikaler Mehrfachausnützung" wird in [11] diskutiert.)

Minicomputer und Mikroprogrammierung

Bei Großrechenanlagen ist die Hardware der Zentraleinheit heute kein interessanter
Kostenfaktor mehr. Stattdessen ist meist eine möglichst hohe Operationsgeschwindigkeit
der Hardware von Interesse, da hiermit Ineffektivität von Software ausgeglichen und
somit die Leistung des Gesamtsystems gesteigert werden kann. Dies ist vor allem meist
bei Rechenzentrums-Anwendungen sinnvoll. Für andere Einsatzarten, wie etwa bei Prozeßrechnern und ähnlichen Anwendungen, bei Hilfsprozessoren (z.B. wie oben angedeutet), Satellitenrechnern, oder Tastatur-orientierten Rechnern wird vielfach eine relativ geringe Verarbeitungskapazität benötigt. Hier hängt es in der Praxis oft von
den Hardware-Kosten ab, ob ein Rechnereinsatz überhaupt in Frage kommt. Dies erklärt
auch die rapide Marktexpansion bei Minicomputern und der "mittleren Datentechnik"
über die Erschließung neuer Anwendungsgebiete durch Kostensenkung. Auch hier ist die
Technik der Mikroprogrammierung eine wichtige Hilfe bei der Senkung von Entwicklungs-
kosten. Da häufig anstelle einer Fülle stets neu zu ladender Anwendungsprogramme nur

ein beschränkter Vorrat langfristig resident er Routinen vorkommt, wird meist die
vertikale Form der Mikroprogrammierung bevorzugt. Dies ist zwar nicht durchsatzoptimal, jedoch mit geringeren Hardware-Kosten verbunden, insbesondere bei hoch integrierten Systemen, bei denen die Anzahl der Anschlußfahnen der chips die Kosten sehr stark
beeinflußt. In diese Kategorie gehören von Halbleiter-Herstellern angebotene "Mikro-
prozessor"-Bausteine. Ein Beispiel ist ein Bausatz für einen 8-Bit-Prozessor auf nur
2 chips bei einer ROM-Kapazität von 256 Worten à 8 Bit (ausbaufähig auf 2048 ROM-Wor-
te mit insgesamt 9 chips). Ein anderes Beispiel ist ein Bausatz für einen 16-Bit-Pro-
zessor mit 12 Universalregistern, und einen 32-Worte-Registerkeller auf 4 chips bei
512 ROM-Worten zu je 24 Bit (Einzelheiten in [15]).

Nicht nur programmgesteuerte Minirechner sind ein wichtiges Anwendungsgebiet der
Mikroprogramm-Technik. Zunehmendes Interesse gilt solchen Miniprozessoren, oder Sub-
systemen, die keinerlei Software besitzen und nur in der Mikroschritt-Ebene programmierbar sind. Beispiele mit ROM-Steuerspeicher sind u.a. Taschenrechner, Tischrech-
ner, problemorientierte Datenerfassungs-Terminals, z.B. Fakturiermaschinen, Peri-
pherie-Steuergeräte, Schnittstellen-Anpaßgeräte, und Hilfsprozessoren für größere
digitale Systeme. Dieser Typ von Prozessor ermöglicht es bei Vorliegen eines modularen Bausteinsystems, das auch Gehäuse-, Steckerleisten- und Verdrahtungs-Normen ein-
schließt (z.B. [20]), die kurzfristige Erstellung von OEM-Gemischt-Installationen.
"Computer-Architektur-Büros" könnten dies leisten dank der durch Mikroprogrammtech-
nik gegebenen Flexibilität der Hardware. Weitere denkbare Anwendungen für solche
"reinen Mikroprozessoren" sind Fließbandsysteme aus vielen solcher Prozessoren, wie
etwa für die digitale Verarbeitung analoger Signale, schnelle Fourier-Transformation,
oder Bilderzeugung bei graphischer Datenausgabe (z.B. [8]), um nur wenige Beispiele
zu nennen. Als Formen der Mikroprogrammsteuerung sind hierbei denkbar: zentrale, de-
zentrale, oder gemischte Steuerung mit oder ohne Voreinstellung von Steuerparametern.

Schreib-/Lese-Speicher als Steuerspeicher

Ein Teil dieser neuen Möglichkeiten durch Mikroprogrammierung beruht darauf, daß die
Hardware nicht als "Architektur" angesehen wird, sondern als sehr flexibles Basis-
Medium, das über Mikroprogramme die Realisierung einer Fülle verschiedenster Architekturen ermöglicht. Insbesondere macht sich eine Forschungsrichtung diese Betrach-
tungsweise zu eigen, welche die Konzipierung einer "optimsl universal host machine"
(universelle Wirtsmaschine) zum Ziel hat. Eine solche Maschine muß im semantischen
Überschneidungsgebiet vieler höherer Programmiersprachen eine möglichst gute Hardware-Unterstützung bieten und eine große Flexibilität der Mikroprogrammierung erlauben. Ein entsprechendes Beispiel für ein hohes Maß an Flexibilität durch Hardware-
unterstützung ist der Kernspeicher-Adressierungs-Mechanismus der Burroughs B 1700
[32], der frei wählbare Wortlängen zwischen 1 Bit und 64 k Bit ermöglicht.Die Hardware-Unterstützung besteht in einem f.i.u.-("field isolation unit") Zugriffsprozessor
zwischen Zentraleinheit und Hauptspeicher.

Bei Verwendung von Schreib/Lesespeichern als Steuerspeicher ergibt sich hierbei die

Möglichkeit, einen Mikroprogrammvorrat wie Software kurzfristig zu laden, was das Schlagwort "soft machine" andeutet. Ein Beispiel für eine solche "soft machine" ist die Burroughs B 17oo [31] (s. auch: [32]). Eine Erweiterung des "soft machine"-Konzeptes führt über verschiebbaren ("reentrant".) Mikrocode dahin, daß Mikroprogramme nicht resident sein müssen, sondern notfalls durch Mechanismen eines modifizierten virtuellen Speicher-Konzepts bei Bedarf schnell geladen werden. Dieses Konzept eines "virtuellen Steuerspeichers" legt es nahe, den üblichen Begriff der "virtuellen Maschine" zu verallgemeinern und auf das "soft machine"-Konzept auszudehnen. Dieses Konzept erlaubt die Anwendung eines Systemes, in welchem unter Hilfestellung durch das Betriebssystem eine große Zahl verschiedener virtueller Maschinen jederzeit aufrufbar sind. Vorschläge zur Durchsatzverbesserung durch problemorientierte virtuelle Maschinen sind beispielsweise: Verwendung unterschiedlicher Maschinen zur Kompilationszeit und zur Objektzeit [21], spezielle Maschinen für bestimmte Programmiersprachen (Übersicht: [4], s.a. [1,7,13,17,26]). Im Zusammenhang mit der Verwendung von Schreib/Lese-Steuerspeichern wird gelegentlich die Frage diskutiert, ob die Erstellung von Mikroprogrammen auch von Anwendern betrieben werden sollte. Hiervor muß jedoch gewarnt werden. Dies kann ohne Schutzmaßnahmen für Architektur-relevante Steuerspeicherbereiche sehr leicht zu einem Chaos führen.

Verlagerung der Kompetenzbereiche beim Systementwurf

Die Problemstellungen beim Entwurf komplexer Systeme lassen sich methodologisch/ technologisch nach Bild 13 in Ebenen gliedern, ähnlich wie in Kapitel I in [2] angegeben. Die Zuordnung dieser Ebenen zu Kompetenzbereichen verschiedener Spezialistengruppen zeigt im Zuge der Rechnergenerationen folgende Entwicklungstendenz, wie Bild 13 zeigt. Neben der Expansion des Tätigkeitsbereiches der Bauteile-Hersteller (C) durch SSI-Bausteine (in Generation 3), durch MSI- und LSI-Bausteine (in Generation 4) nach unten, ist ein Vordringen des Implementierungsbereiches (S) nach oben zu beobachten (durch Einführung der software-artigen Mikroprogrammierung (μ) in Generation 3). Für Generation 4 ist zu erwarten, daß sich der Hardware-Entwurf (aus fertigen Bauteilen) fast ausschließlich in der methodologischen Ebene (Nr. 4) der Maschinenorganisation bewegen wird. Augenscheinlich ist hier bei Generation 4 die gegenüber früheren Generationen ausgewogene Arbeitsstellung innerhalb der Ebenen 4 bis 6 unter den 3 verschiedenen Personengruppen H, μ, und S, und der damit verbundene Abbau der Überforderung der teams des Hardware-Bereiches.

Durch Ausklammerung der Ebenen bis Nr. 3 einschließlich aus dem Hardware-Entwurf ist dessen Formalisierung völlig auf der Basis höherer Entwurfssprachen (Register-Transfer-Sprachen) möglich, falls seitens des Bereiches C vernünftige Bausteinfamilien angeboten werden (vgl. [9,10]). Wegen der großen Ähnlichkeit dieser Sprachen mit höheren Programmiersprachen bedeutet dies eine Annäherung zwischen Hardware- und Software-Bereich hinsichtlich der Methoden formaler Beschreibung, der Denkweise und Modellbildung. (Äquivalenzen zwischen Struktur- und Verhaltensbeschreibung begünstigen dies: |11,18,19|.) Diese Entwicklung ließe eine Überwindung der traditionellen

Kooperationsschwierigkeiten zwischen den Bereichen des Hardware- und Software-Entwurfes erwarten. Die prinzipielle Möglichkeit einer solchen Annäherung der Denkweisen läßt sich über die Anwendung des (verallgemeinerten) Interpretierer-Begriffes auf Hardware-Strukturen demonstrieren (vgl. hierzu [11,16,22]).

Die Mikroprogrammierung als Glied einer Hierarchie

Zwecks Anwendung auf die Mikroprogrammierung sei von den verschiedenen Varianten der Definition des Begriffes "Interpretierer" die am günstigsten erscheinende ausgewählt [12]:

> Interpreter: a program used to allow the execution, instruction by instruction, of a program stored in a source language, that is, of a program not previosly compiled or assembled in a whole.

Ein Interpretationsprozeß läßt sich in Zyklen zerlegen mit den folgenden Unterzyklen ([16], s.a. Bild 14): Selektions-Subzyklus (fetch subcycle), Erkennungszyklus (recognition subcycle), und semantischen Unterzyklus (execution cycle). Ein Interpretierer INT_h, der auf einer Maschine A_m (mit der Maschinensprache L_m) betrieben wird zwecks Interpretation eines Programmes P_h in der Sprache L_h, läßt sich entsprechend in folgende 3 Teile gliedern:

- Einen Zugriffs-Algorithmus (bzw. -Mechanismus) C_h, welcher die jeweils nächste Anweisung (bzw. den nächsten Befehl) aus P_h auswählt, adressiert, und kopiert in einen Arbeitspuffer (bzw. in ein Befehlsregister) in C_h. Für den Start des Interpretationsprozesses ist zusätzlich noch ein Initialisierungs-Algorithmus (bzw. -Mechanismus) in C_h vorhanden.
- Einen ausreichenden Vorrat P_m semantischer Unterprogramme (geschrieben in L_m) zur Realisierung der Semantik aller Sprachelemente von L_h über eine Ausführung auf der Maschine A_m (vgl. Bild 15).
- Einen Zuordner R_h zur Erkennung des jeweils durch C_h aktivierten Elementes aus P_h und dessen Zuordnung zur passenden semantischen Routine in P_m. Die Software-Realisierung hierzu (vgl. Bild 16) besteht aus einer Tabelle (branch table) nebst Zugriffs-Algorithmus (setup routines). Ein Beispiel hierzu zeigt |16|.

Eine Verallgemeinerung des Interpretierer-Begriffes (u.a. vorgeschlagen in [22]) erlaubt es, auch dann von "Interpretierer" zu sprechen, wenn er teilweise (wie bei einer Mikroprogramm-Realisierung) oder gänzlich in Hardware realisiert ist. Entsprechende Analogien zwischen Software- Mikroprogramm- und Hardware-Realisierung werden deutlich, wenn eine geeignete Zerlegung in Submoduln vorgenommen wird. Zu diesem Zweck sei das Blockdiagramm in Bild 12, welches mehr der Hardware-Tradition nahekommt, umgeformt in das äquivalente Blockdiagramm nach Bild 17. Im Rahmen einer solchen Interpretierer-Hierarchie läßt sich der Begriff "Mikroprogrammierung" relativ einfach definieren (ähnlich in [3]), nämlich als "Programmierung der Mikro-Schritte" oder als Programmierung der untersten Ebene in der Hierarchie der Sprachen eines Prozessors. Ein "Mikro-Schritt" ist eine Kombination gleichzeitiger Register-Transfer-Operationen, die sich mit formalen Methoden der Register-Transfer-Ebene zeitlich nicht weiter in Unterschritte zerlegen lassen. (Die Zerlegung der Operation eines Master-Slave-Registers in Master- und Slave-Operation sei hierbei nicht der Register-Transfer-Ebene, sondern der logischen Ebene zugeordnet (vgl. Bild 13).)

Zusammenfassung

Nach einer vielfältig technologisch beeinflußten stürmischen Entwicklung machte das allgemeine Bild von der Mikroprogrammierung und deren Einbettung in komplexe Gesamtsysteme mehrere Wandlungen durch. Inzwischen ist eine gewisse Ernüchterung eingetreten, welche die Mikroprogrammierung schlicht als ein Hilfsmittel beim Entwurf von Interpretierern für die untersten Ebenen innerhalb einer Hierarchie von Sprachen erscheinen läßt. Ein Verdienst der Mikroprogrammierung und der vielen Forschungs- und Entwicklungs-Aktivitäten auf diesem Gebiet besteht darin, daß die traditionelle Demarkationslinie zwischen Hardware und Software in Bewegung geraten ist, und darüber hinaus mehr und mehr zur "offenen Grenze" wird.

Literatur:

1. Balzer, R.M., "An Overview of the ISPL Computer System Design", CACM 16 ('73), 2(Febr.) S. 117-122.
2. Bell, C.G., Newell, A., "Computer Structures: Readings and Examples", McGraw-Hill, New York 1971.
3. Chroust, G., "A Hardware Definition of Microprogramming", IBM Laboratorium, unveröffentl. Bericht, Okt. 1973.
4. Chu, Y.: Introducing to High-level-language Computer Architecture, TR-227, Univ. of Maryld., Comp. Sc. Center, Febr. 1973.
5. Davies, P.M., "Readings in microprogramming", IBM Syst. J. 1972, no. 1, S. 16-40.
6. Flynn, M.J., Rosin, R.F., IEEE Transactions on Computers - Special issue on Microprogramming, IEEE-TC 20 (1971), 7(Juli)
7. Frick, A., Bürkle, H.J., Schlier, Ch., "Ein Rechner mit der höheren Maschinensprache BASIC in: GI 3. Jahrestagung, Hamburg 8.-10. Okt. 1973 (Rd. W. Brauer)", Lecture Notes in Computer Science 1, Springer-Verlag, Berlin/Heidelberg/New York 1973.
8. Hartenstein, R.W., Müller, K.D., "A Micorprogrammed Display Processor Concept for 3-D Dynamic Interactive Computer Graphics", SIGMICRO Newsletter 4 (1973) no. 1.
9. Hartenstein, R.W., "A Halfbaked Idea on a Set of Register Transfer Primitives", SIGMICRO Newsletter vol. 4, no. 2 (1973).
10. Hartenstein, R.W., "Towards a Language for the Description of IC Chips", SIGMICRO Newsletter vol. 4, no. 3 (1973).
11. Hartenstein, R.W., "Increased Hardware Complexity - Challenge to Computer Architecture Education", preprints of the First International Symposium on Computer Architecture, Gainesville, Florida, Dec. 1973.
12. Gould, I.H., "IFIP guide to Concepts and Terms in Data Processing", North Holland Publ. Co., Amsterdam/London 1971.
13. Husson, S.S., "Microprogramming - Practices and Principles", Prentice Hall, Engelwood Cliffs, N.J. 1970.
14. Kerner, H., L. Gellman, "Memory Reduction Through Higher Level Language Hardware", AIAA J. 8 (1970) 12 (Dez.) S. 2258-2264.
15. Lapidus, G., "MOS/LSI launches the low-cost processor", IEEE-Spectrum 9 (1972), 11 (Nov.), S. 33-40.
16. Lawson jr., H.W., "An Introduction to Interpretive Translation Techniques as used in the PLAGO System" in: "The Changing Role of Microprogramming (ed.:H.W. Lawson jr.)" ACM Professional Development Seminar Readings, New York 1972.
17. Lawson jr., H.W., Smith, B.K., "Functional Characteristics of a Multilingual Processor", IEEE Trans-C-20 (1971), no. 7.
18. Lipovski, "A course in Top-Down Modular Design of Digital Processors", Workshop on Education and Computer Architecture, Atlanta, Ga. Aug. 1973.
19. Lipovski, G.I., On designing with grey Boxes", Workshop on Computer Description Languages, Rutgers Univ., New Brunswick, N.J., Sept. 6/7, 1973.
20. N.N., "ATRON 601 Controllers - Hardware Reference Manual", Atron Corporation, St. Paul, Minn. 1971 (Document 711 HM 101).
21. Rosin, R.F., "Contemporary Concepts of Microprogramming and Emulation", Computing Surveys, 1 (1969), 4 (Dez.), S. 197-212.
22. Rosin, R.F., "The Significance of Microprogramming", proc. 3rd Intl. Computing

Symposium, Davos, Sept. 1973.

23. Tucker, A.B., Flynn, M.J., "Dynamic Microprogramming: Processor Organization and Microprogramming", C.ACM 14 (1971), 4.

24. Tucker, S.G., "Emulation of Large Systems", C.ACM 8,12 (Dec. 1965).

25. Tucker, S.G., "Emulation Techniques" in: "International Advanced Summer Institute on Microprogramming (ed: G. Boulaye, J. Mermet), Herman, Paris 1972.

26. Weber, H., "A Microprogrammed implementation of EULER on IBM 360/30" CACM 10 ('67), S. 549-558.

27. Wendt, S., "Eine Methode zum Entwurf komplexer Schaltwerke unter Verwendung spezieller Ablaufdiagramme", Elektron. Rechenanl. 12 (1970), 6 (Dez.).

28. Wendt, S., "Entwurf komplexer Schaltwerke", Springer-Verlag, Berlin/Heidelberg/New York 1973.

29. Wilkes, M.V., "The Best Way to Design an Automatic Calculating Machine", Report of Manchester University Computer Inaugural Conference, Juli 1951.

30. Wilkes, M.V., "The growth of Interest in Microprogramming: A Literature Survey", Computing Surveys 1 (1969), 3 (Sept.), S. 139-145.

31. Wilner, W.T., "Design of the Burroughs B 17oo", Proc. AFIPS 1972 FJCC, vol. 41, AFIPS-press, Montvale, N.J., S. 489-497.

32. Wilner, W.T., "Burroughs B 17oo memory utilization", proc. AFIPS 1972 FJCC, vol. 41, AFIPS Press, Montvale, N.J. S. 597-586.

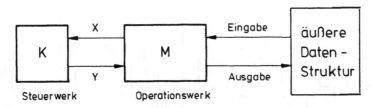

Bild 1. klassische Aufteilung eines Prozessors

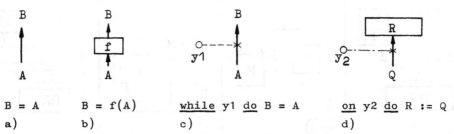

B = A   B = f(A)   while y1 do B = A   on y2 do R := Q
a)   b)   c)   d)

Bild 2. Typen von Register-Transfer-Elementen

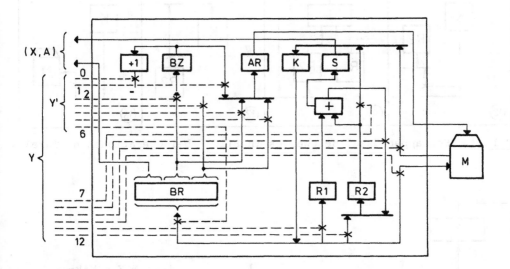

Abkürzungen:

AR	Adress-Register
BR	Befehls-Register
BR [BC]	Befehlscode-Subreg.
BR [OP1]	Operand 1-Subreg.
BR [OP2]	Operand 2-Subreg.
K	Kommunikations-Reg.
M	Hauptspeicher
R1	Universal-Register 1
R2	Universal-Register 2
S	Status-Register

‐ ‐ ‐ ‐ ▶ Weg für Steuervariable

────────▶ Datenweg

Subregister des Befehlsregisters:

BR

BC	OP1	OP2

Bild 3. Beispiel eines Operationswerkes

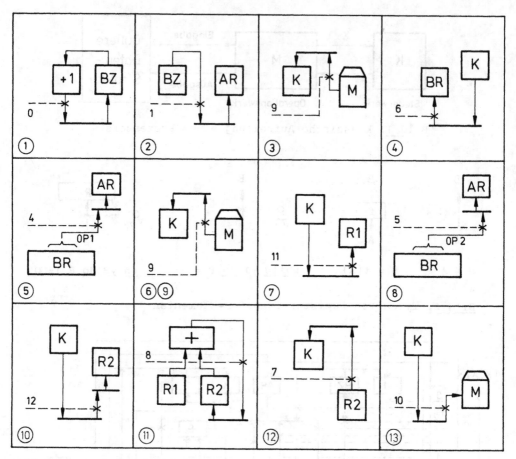

Bild 4. "Schnappschüsse" des Werkes in Bild 3 bei Operationen n. Tafel 1

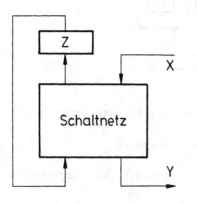

Bild 5. klass. Schaltwerk

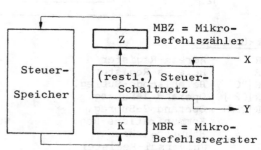

MBZ = Mikro-Befehlszähler

MBR = Mikro-Befehlsregister

Bild 6. Mikroprogrammwerk

Format	Steuer-Operation	Daten-Op.	Steuer-Operation	Daten-Op.
MBC　Y	a) Z:=Z+1;	<u>do</u> Y;	c) Z := <u>if</u> s <u>then</u> Z+1 <u>else</u> Z+2;	<u>do</u> Y;
MBC　Z'	b) Z:=Z';	keine	d) Z := <u>if</u> s <u>then</u> Z+1 <u>else</u> Z';	keine

Bild 7. Einfaches Beispiel eines Mikrowort-Formates

Steuerbedingungen				Steuerwerks-Operationen				
a	b	m	s	1	2	3	4	5
Start	Bedingg.	m.Sprung	Status	Z:=Z+1	Z:=Z+2	Z:=Y'	Y:=Y'	Z:=A
0	0	0	x	1	0	0	1	0
0	0	1	x	0	0	1	0	0
0	1	0	0	0	1	0	1	0
0	1	0	0	1	0	0	1	0
0	1	1	0	0	0	1	0	0
0	1	1	1	1	0	0	0	0
1	x	x	x	0	0	0	0	1

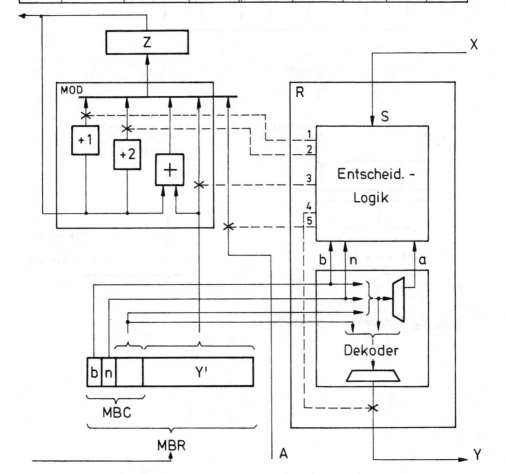

Bild 8. Register-Transfer-Struktur eines Mikroprogrammwerkes

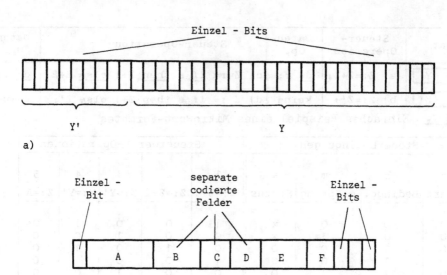

Einzel - Bits

Y'

Y

a)

Einzel -
Bit

separate
codierte
Felder

Einzel -
Bits

| A | B | C | D | E | F | | | |

Y'

Y

b)

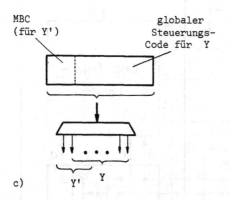

MBC
(für Y')

globaler
Steuerungs-
Code für Y

Y'

Y

c)

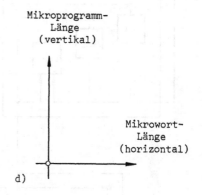

Mikroprogramm-
Länge
(vertikal)

Mikrowort-
Länge
(horizontal)

d)

Bild 9. Mikrowort-Format-Typen

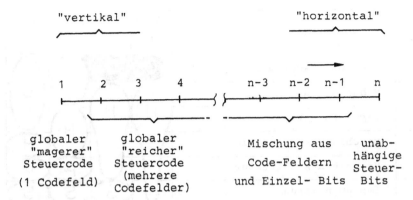

"vertikal"   "horizontal"

1   2   3   4   n-3 n-2 n-1   n

| globaler "magerer" Steuercode (1 Codefeld) | globaler "reicher" Steuercode (mehrere Codefelder) | Mischung aus Code-Feldern und Einzel- Bits | unab- hängige Steuer- Bits |

Bild 10 Steuerspeicher-Wortformate

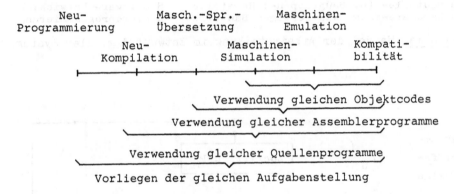

Neu-
Programmierung   Masch.-Spr.-   Maschinen-
                        Übersetzung   Emulation

            Neu-   Maschinen-   Kompati-
         Kompilation   Simulation   bilität

                  Verwendung gleichen Objektcodes
              Verwendung gleicher Assemblerprogramme
                Verwendung gleicher Quellenprogramme
              Vorliegen der gleichen Aufgabenstellung

Bild 11. Lösungsmöglichkeiten für Kompatibilitätsprobleme

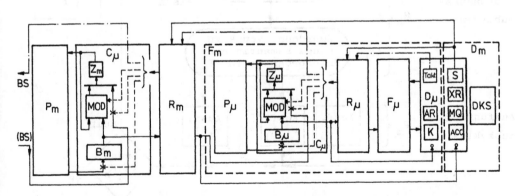

Bild 12. Allg. Blockdiagramm für mikroprogrammierte Prozessoren

Ebene Nr.	Entwurfs-Aktivität	System-Generation Nr.			
		1	2	3	4
1	diskrete Bauelemente	C	C	C	C
2	Schaltungen				
3	Logik-Entwurf	H	H	H	
4	Maschinen-Organisation				H
5	Maschinen-Architektur			μ	μ
6	Implementierung		S	S	S

Zuständigkeits-Bereiche:

B Bauteile- (u. Baugruppen-) Hersteller   S Software-Entwicklung
H Hardware-Entw. aus fertigen Bauteilen   μ Mikroprogrammierung

<u>Bild 13.</u> Wandel der Arbeitsteilung im Entwurf digitaler Systeme

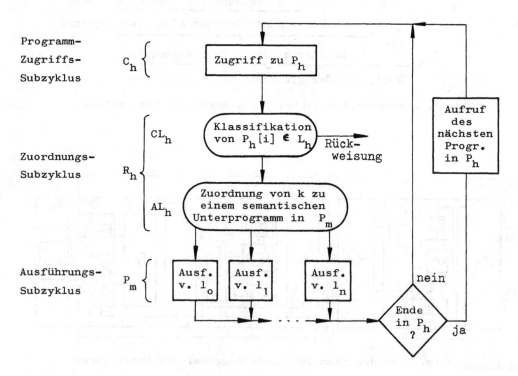

<u>Bild 14.</u> Ablauf eines Interpretations-Zyklus

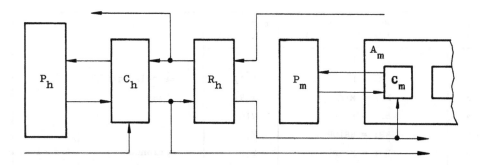

Bild 15. Moduln zur Interpretation von P_h für Maschine A_m

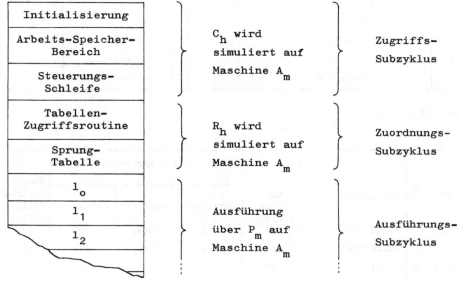

Bild 16. Interpretierer für Programm P_h, betrieben auf Maschine A_m

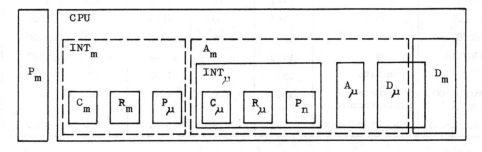

Bild 17. Interpretierer-Hierarchie bei Mikroprogrammgest. Rechnern

Lfd. Nr.	Mikroschritt (Mikro-Anweisung)	markiertes Bit von Y	Kommentar
1	BZ: = BZ + 1	Y[0]	Befehlszugriffsphase
2	AR: = BZ	Y[1]	
3	K : = M|AR|	Y[9]	
4	BR: = K	Y[6]	
5	AR: = BR|OP 1|	Y[4]	Operanden-Transfer
6	K : = M|AR|	Y[9]	
7	R1: = K	Y[11]	
8	AR: = BR|OP 2|	Y[5]	
9	K : = M|AR|	Y[9]	
10	R2: = K	Y[12]	
11	R2: = R1 + R2	Y[8]	Operation selbst
12	K : = R2	Y[7]	Ergebnis-Transfer
13	M|AR|: = K	Y[10]	

Kommentar rechts: Befehlszugriffsphase; Operanden-Transfer / Operation selbst / Ergebnis-Transfer = Befehls-Ausführungsphase

Tabelle 1

Rechner	Hersteller	Datum der Einführung	Steuerspeicher			Hauptspeicher Zykluszeit (ns)
			Wortlänge (Bit)	Kapazität (Worte)	Zykluszeit (ns)	
B 1712	Burroughs	1972	16	(2048)	666	666
B 1726	Burroughs	1972	16	2048	167	666
Mitra 15/30	CII	1971	16	1024	60	800
Meta-4	Digital Scientific	1970	32	2048	85	900
2100	Hewlett-Packard	1971	24	2048	196	980
360/25	IBM	1967	16	8192	900	1800
360/30	IBM	1965	60	4096	750	1500
360/85	IBM	1967	128	2500	80	1000
370/145	IBM	1970	32	16384	80	540
5	Interdata	1970	16	1700	370	980
Micro 800 (Multi-8)	Microdata (Intertechnique)	1969	16	1024	220	1100
(Multi-20)	(Intertechnique)	1972	16	16384	80	1000

Tafel 2

Parallelverarbeitung und modularer Systemaufbau

V.KUDIELKA, IBM Laboratorium Wien

1. ZIELSETZUNG FÜR MODULARE SYSTEME

Die Gründe, die funktionellen Einheiten eines Rechners zu vervielfälti-
gen und in ein System zusammenzufassen, sind verschiedener Natur. Zu
einem Teil sind es dieselben Anforderungen, die wir im Prinzip an jede
Rechenanlage stellen, die aber rein grössenordnungsmässig von einem
einzigen Rechner nicht mehr erfüllt werden können. Zum anderen sind es
wirtschaftliche Überlegungen und technologische Fortschritte auf dem
Gebiet der Massenfertigung hochintegrierter Schaltkreise, die uns die
Benutzung grösserer Mengen identischer Einheiten nahelegen. Das führt
notwendigerweise zu neuen, komplizierten Strukturen der Rechner und
ebensolchen Aufgaben der Programmierung. Was kann uns im einzelnen
bewegen, von der klassischen von Neumann-Maschine mit einer einzigen
Zentraleinheit, einem Arbeitsspeicher und Massenspeichern mit im wesentlichen sequentiellem Zugriff abzugehen und uns neuen System-Strukturen zuzuwenden?

Der Durchsatz ist nach wie vor das Mass aller Rechner und seine Erhöhung ist das Ziel jeder neuen Entwicklung. Zu unterscheiden ist hier,
ob der Durchsatz bezüglich eines einzelnen Auftrages, der in entsprechende, parallel bearbeitbare Teilaufgaben (Prozesse) zu zerlegen ist
(Parallel processing), definiert ist oder sich auf eine Menge voneinander unabhängiger Aufträge bezieht (Multiprogramming). Weiters ist es
wesentlich, ob alle Anwendungsbereiche gleichermassen Berücksichtigung
finden oder ob ganz spezielle Anwendungen (z.B. Vektor- und Matrizen-
rechnung, Fouriertransformation) bevorzugt werden. Für Echtzeit-Anwen-
dungen sowie für Teilnehmer-Rechensysteme ist die Antwortzeit das
kritische Element. Wenn dabei auch noch grössere Dateien zu bearbeiten
sind, ist eine parallele Vorgangsweise die einzig mögliche. Um die
Zuverlässigkeit über die technologisch gegebenen Grenzen zu heben, hat
man auch schon früher auf redundante Systeme zurückgegriffen. Fehler-
freiheit und dauernde Verfügbarkeit können damit erzielt werden. Ebenso kann die Wartung auf grössere und regelmässige Intervalle beschränkt
werden.

Die Ausnützung der Betriebsmittel, zu denen jetzt nicht nur Arbeitsspeicher und Ein- und Ausgabekanäle sondern u.U. auch ganze "Zentraleinheiten" gehören, wird bei Berücksichtigung der anderen Zielsetzungen nicht mehr im Mittelpunkt stehen können. Im Hinblick auf das gesamte System hat die Vermeidung von Engpässen Vorrang.Von der technologischen Seite ist letztlich der Anstoß zu einer systematischen Mo-
dularisierung ausgegangen. Hier waren der Fortschritt in der Verklei-
nerung der Schaltelemente und deren Integration in komplexe Produk-
tionseinheiten sowie die Vorteile einer automatischen Massenfertigung
ausschlaggebend. Ein geeigneter Entwurf wird nicht zuletzt auch eine
Erweiterungsfähigkeit des Systems berücksichtigen.

2. SYSTEM-STRUKTUREN

Die funktionellen Einheiten
eines Rechners (Bild 1) sind
Speicher, Leit- und Rechenwerk
und die entsprechenden Daten-
und Steuerleitungen. (Ein- und
Ausgabe wird bei den folgenden
Betrachtungen nicht berücksichtigt, um die Strukturen
nicht zu sehr zu komplizieren).
Der im Speicher vorhandene
Programmtext wird Anweisung
für Anweisung ins Leitwerk
gebracht und dort interpretiert. Das Leitwerk seiner-
seits übernimmt die Steuerung
des Programmablaufes, die
Steuerung der Operationen

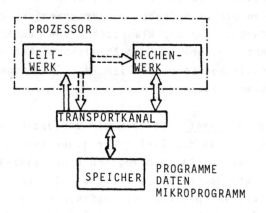

Bild 1: Funktionelle Einheiten eines
Rechnerkernes. (Befehls- und
Datenstrom über einen Transportkanal im Zeitteilverfahren)

im Rechenwerk und die Steuerung des Transports der Operanden und Resultate zum bzw. vom Rechenwerk. Das Leitwerk hat eine fixe Interpretation für die einzelnen Anweisungen. Zur Erhöhung der Flexibilität
kann eine zusätzliche Ebene eingeführt werden. Die Anweisungen werden
dann nicht direkt vom Leitwerk, sondern von einem Mikroprogramm interpretiert und das Leitwerk interpretiert nur die Mikroprogramm-Anweisungen. Der Mikroprogrammtext muss ebenfalls in einem Speicher zugriffsbereit sein. Ähnliches ist auch im Rechenwerk möglich. Je einfacher die Mikroprogramm-Anweisungen sind, desto leichter lassen sich

die verschiedensten Funktionen durch ein und dieselbe Einheit mittels Mikroprogrammen realisieren. Die Tendenz ist unverkennbar, Speicher- und Logik-Funktionen rücken einander näher und sind z.B. in den assoziativen Speichern schon beinahe ineinander verschmolzen. Doch verfolgen wir zunächst die Möglichkeiten, mehrere Prozessoren, aus Leit- und Rechenwerk bestehend, und einen in mehrere Moduln aufgeteilten Speicher in einem System zu vereinen. Ein im Zeitteilverfahren benutzter gemeinsamer Transportkanal (Bild 2) wird mit zunehmender Zahl der angeschlossenen Elemente sehr bald zu einem Engpass. Zur Erweiterung stehen alle Möglichkeiten offen, die wir eigentlich schon lange aus der Vermittlungstechnik kennen. Beispiele (/13/) sind Kreuzschienenverteiler (Bild 3), vollständige (Bild 4) oder auch unvollständige Netzwerke (Bild 5).

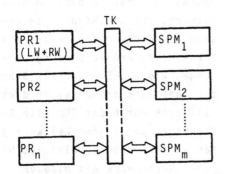

Bild 2: Vervielfachung von Prozessoren und Speichermoduln. (Mehrere Befehls- und Datenströme über einen Transportkanal im Zeitteilverfahren) /13/.

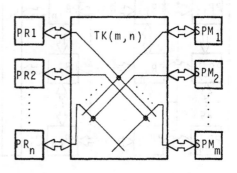

Bild 3: Als Kreuzschienenschalter ausgebildeter Transportkanal. MIN(n,m) Befehls- und Datenströme gleichzeitig möglich.

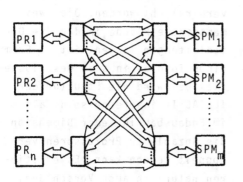

Bild 4: Transportkanäle jedem Prozessor und jedem Speichermodul zugeordnet.

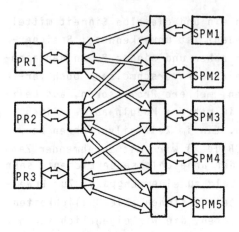

Bild 5: Verringerung der Zahl der
Datenleitungen durch Ein-
schränkung der direkten
Zugriffsmöglichkeiten /6/.

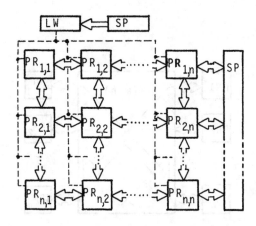

Bild 6: SOLOMON 32x32 Elemente
(Rechenwerk und Speicher
2 k Bits) von einem Leit-
werk gesteuert (/12/).

Je grösser die Anzahl der Prozessoren und Speichermoduln wird,
desto grösser wird das Problem
der Verbindungen untereinander.
In Systemen, die speziell für
zweidimensionale Feldoperationen
gedacht sind, wie z.B. beim
SOLOMON Rechner (Simultaneous
Operation Linked Ordinal MOdular
Network, /12/, s.Bild 6), spiegelt
sich genau diese spezielle Daten-
Struktur in den Verbindungslei-
tungen wieder. Ein grosser Schritt
zur Spezialisierung ist in diesem
Fall auch durch das für alle Rechenwerke gemeinsame Leitwerk getan worden. Andererseits ist hier
jedem Rechenwerk ein eigener
Speicher zugeteilt worden.

Das gleiche Grundkonzept, Datenleitungen orthogonal zueinander
anzuordnen, ist auch bei der
ILLIAC IV (University of Illinois Array Computer, /3/, Bild 7)
verwirklicht worden. Die zweidimensionale Fläche, in der die Datenleitungen liegen, ist in Form
eines Toroids in sich geschlossen.
Flexibel wird die Struktur der
ILLIAC IV insoferne sein, als
im Endausbau in jeder Dimension
die Anzahl der Prozessoren ver-
doppelt werden kann. Es existieren natürlich auch Vorschläge,

die Elemente in drei orthogonalen Richtungen miteinander zu verbinden
/2/. Gehen wir zurück zu den Möglichkeiten in einer Ebene. Eine in
zwei Stufen sternförmige Struktur kombiniert mit ringförmigen Verbindungen ist im "distributed processor" zu sehen (/8/, Bild 8), der für
langdauernde Weltraummissionen entworfen wurde. Vielstufige stern-

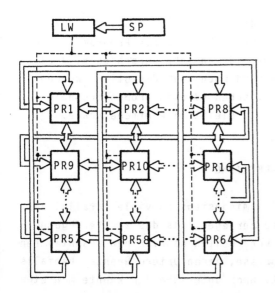

Bild 7: ILLIAC IV (1 Quadrant) 8x8
Elemente (Rechenwerk und
Speicher 128 k Bits) mit
gemeinsamem Leitwerk /3/.

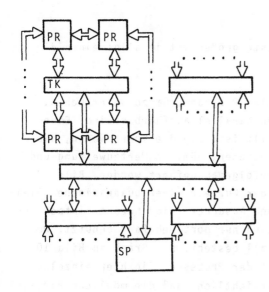

Bild 8: "Distributed processor":
4 Gruppen zu je 20 Zellen
(Leitwerk, Rechenwerk,
Speicher 8 k Bits) /8/.

förmige Strukturen mit nicht
notwendigerweise gleichartigen Systemen und Knotenpunkten
sind als "polyzentrisches"
System (/5/, Bild 9) vorgeschlagen worden. Fast allen
diesen Strukturen ist gemein,
dass sie im wesentlichen starr
und unveränderlich sind. Nur
dort, wo die Einheiten völlig
autonom arbeiten können und
bei den Verbindungen genügend
Redundanz vorhanden ist (wie
z.B. beim "distributed processor", Bild 8),können im
regulären Betrieb alle Einheiten parallel und unabhängig arbeiten bzw. bei der Erkennung von Fehlern beliebige
Teile still gelegt werden.
Auch eine flexible Organisation von Teilsystemen, die
den jeweiligen Auftragslasten
angepasst sind, ist hier möglich. Die dynamische Steuerung
der Konfiguration durch das
System selbst ist als höchste
Stufe der informatorischen
Steuerung bezeichnet worden
/7/.

Eine grosse Zahl von Vorschlägen für Systemstrukturen befasst
sich mit wesentlich kleineren
Einheiten als ganze Prozessoren,
z. B. eine oder nur wenige
Operationen.

In diesen Vorschlägen finden wir wieder vorwiegend zweidimensionale, orthogonale Netzwerke. Schon für diese Fälle sind die Programmiermöglichkeiten von den üblichen Programmabläufen sehr verschieden. Vieldimensionale Verbindungsstrukturen sind noch kaum diskutiert worden. Ob der Grund hiefür in zu großen logischen oder zu großen technologischen Schwierigkeiten zu suchen ist, bleibt eine offene Frage.

3. PROGRAMMIERUNG FÜR PARALLELVERARBEITUNG

Das Problem ist hier, den Auftrag in mindestens so viele parallel ausführbare Teilaufträge (Prozesse) zu zerlegen, als das zur Verfügung stehende System wirklich parallel verarbeiten kann. Einen wesentlichen Einfluß hat auch die Größe der Prozesse, deren untere Grenze ebenfalls vom vorhandenen System gegeben ist. Grob unterscheiden könnte man etwa wie folgt:

a) Unterprogramme, Blöcke von Anweisungen
b) Einzelne Anweisungen
c) Ausdrücke
d) Einzelne Operationen

Je weiter wir ins Detail gehen, desto größer ist im allgemeinen die mögliche Parallelität.

Nehmen wir zunächst ein sequentielles Programm, um zu untersuchen, welche Anweisungen bzw. Operationen parallel ausführbar sind. Eine Lösung haben wir, wenn sichergestellt ist, daß die Operationen, die sich auf eine bestimmte Variable beziehen, nämlich Wertzuweisung und Bezug, in der ursprünglichen Reihenfolge ausgeführt werden. Bild 10 zeigt ein Programm zur Berechnung der Wurzeln einer quadratischen Gleichung. Die einzelnen Anweisungen und Ausdrücke sind bewußt einfach gehalten und die lokalen Variablen sind nur dort mehrfach benutzt, wo eine Datenabhängigkeit auf jeden Fall besteht. Der Graph in Bild 10 zeigt die gegenseitige Abhängigkeit der Prozesse, die hier einzelne Anweisungen sind. Am Graphen ist ersichtlich, daß die mögliche Parallelität während des Programmablaufes sehr variiert. Diese Eigenschaft haben praktisch alle Programme. Wir könnten nach der Untersuchung auf die gegenseitigen Abhängigkeiten der Anweisungen das Programm mit Verzweigungs- und Vereinigungsanweisungen versehen. Jedoch die Mehrzahl unserer heutigen Programmiersprachen gibt uns gar keine Möglichkeiten, einen etwaigen Parallelismus explizit auszudrücken. Außerdem

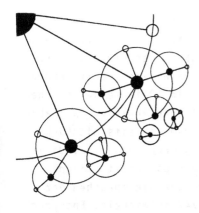

```
          begin real X1,Y1,X2,Y2;
            proc WURZELN (A,B,C);
            real A,B,C;
            begin real D,E,F;
              if A+0
0             then begin
1               E:=C/A;
2               D:=-0.5 * B/A;
3               F:=D*D-E;
4               if F>0
6                 then begin
7                   E:SQRT(F);
8                   X1:=D-E;
9                   X2:=D+E    end
5                 else;
10              if F≥0
12                then begin
13                  Y1:=0;
14                  Y2:=0     end
11                else;
15              if F<0
17                then begin
20                  Y1:=SQRT(-F);
21                  Y2:=-Y1   end
16                else;
23              if F≤0
25                then begin
18                  X1:=D;
19                  X2:=D     end
24                else
22            end
              else ...
            end
          end
```

Bild 9: Polyzentrisches System
/5/.

$$AZ^2+BZ+C=0$$

$$Z_{1,2}=X_{1,2}+jY_{1,2}$$

$$=-B/2A\pm\sqrt{(B/2A)^2-C/A}$$

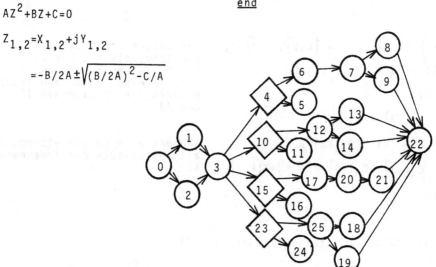

Bild 10: Programm zur Berechnung des Wurzeln einer quadratischen Gleichung mit graphischer Darstellung der gegenseitigen Abhängigkeiten der Anweisungen /11/.

gibt es Programme, deren Parallelität nicht von vornherein gegeben ist
oder sich erst während des Programmablaufes ergibt. Die Analyse eines
sequentiellen Programms bezüglich der Abhängigkeit der einzelnen Prozesse kann auch automatisch erfolgen und eine Reihe von Arbeitsgruppen
hat sich damit beschäftigt. Das Beispiel von Bild 10 ist einer solchen
Arbeit entnommen /11/. Der Erfolg der automatischen Analyse hängt aber
wesentlich davon ab, daß das sequentielle Programm bereits mit Rücksicht auf die Zerlegung in parallele Prozesse geschrieben wird. Damit
bleibt aber dem Programmierer nach wie vor die Hauptarbeit. Einen
Schritt zur Unterstützung stellen spezielle Programmiersprachen dar.
Für ILLIAC IV wurden TRANQUIL /1/ und IVTRAN /4/ entwickelt. Entsprechend
der Systemstruktur sind in ihnen spezielle Laufanweisungen enthalten,
die eine parallele Ausführung des Wiederholungsteiles der Anweisung
mit Hilfe von definierten Indexmengen erlauben. Bild 11 zeigt ein
TRANQUIL Programm für die Matrixmultiplikation mit parallelen und
sequentiellen Laufanweisungen. Ein weiterer Schritt sind die "Single
Assignment" Sprachen. Wenn in der Programmiersprache sichergestellt
ist, daß jede Variable im Programm nur ein einziges Mal eine Wertzuweisung erhält, so ist für jede Anweisung getrennt entscheidbar, ob sie
ausgeführt werden kann. Dann nämlich, wenn alle Variablen auf die in
dieser Anweisung Bezug genommen wurde, ihre Wertzuweisung erhalten
haben.

```
MONOSET II [L,L], JJ[L,L], KK[L,L]        Definition der Indexmengen,
                                          monotone Folgen 1 bis L.
    FOR (I,J) SIM (II,✕JJ) DO             Parallele Laufanweisung, für
                                          alle Indexpaare aus dem Kreuz-
        BEGIN                             produkt der Indexmengen II
                                          und JJ
            C[I,J] ← 0;

            FOR (K) SEQ (KK) DO           Sequentielle Laufanweisung, für
                                          alle Mitglieder der Indexmenge
            C[I,J] ← C[I,J]+A[I,K]*B[K,J] KK

        END
```

Bild 11: TRANQUIL Matrixmultiplikation /1/.

Bild 12 zeigt ein Programm für die Matrixmultiplikation in "SAMPLE" codiert /4/.

Abgesehen von den offensichtlichen Parallelismen in Algorithmen können manche numerische Lösungsverfahren auf eine parallele Berechnung erweitert werden. Eine gute Übersicht gibt W. L. Miranker in /10/. Vor allem können Iterationsverfahren in dieser Richtung verallgemeinert werden. Allerdings nimmt die Genauigkeit pro Iterationsschritt nicht so rasch zu wie bei einer sequentiellen Bearbeitung. Andere Verfahren (z.B. Auffindung der Wurzeln eines Polynoms) lassen sich nur um einen Faktor beschleunigen, der proportional dem Logarithmus der Anzahl der beteiligten Prozessoren ist. Besonders erwähnenswert sind Verfahren, die mit völlig asynchronen Prozessen arbeiten können und trotzdem immer konvergieren ("chaotic relaxation" /10/).

```
BEGIN
    L ←LAST A;                          Abfrage der Größe der Matrix

    I ← ⟨1 TO L⟩ ;

    J ← ⟨1 TO L⟩ ;                      Definition der Indexmengen

    K ← ⟨1 TO L⟩ ;

    T ↓ 'I' OF L↓ 'J' OF L↓ 'K' OF L←   Parallele Ausführung aller
                                        Multiplikationen
        A ↓ 'I'↓ 'K' * B ↓'K'↓ 'J' ;

    C ↓ 'I' OF L↓ 'J' OF L←+T↓ 'I'↓ 'J'; Aufsummierung aller Teilpro-
                                        dukte und Resultatzuweisung
END
```

Bild 12: SAMPLE Matrixmultiplikation /4/.

4. PROBLEME DER BETRIEBSSYSTEME.

Angesichts der Vielfalt der Systemstrukturen und der Möglichkeiten, einzelne Aufträge in eine Menge von zumindest teilweise parallel ausführbaren Prozessen zu zerlegen, sind die Aufgaben eines Betriebssystems nicht zu unterschätzen. Primär ist die Zuordnung von Prozessen zu Prozessoren sowie von Prozessbeschreibungen und Daten zu Speichermoduln unter Berücksichtigung der vorhandenen Datenkanäle zu erledigen. Zwei verschiedene Konzepte bieten sich an. Ein zentralistisches Konzept, bei dem die Zuordnungen mit Hilfe eines Maximums an Information über

die einzelnen Prozesse, wie Ausführungszeit, Datenzugriff, Nachfolge-
prozesse usw., bestimmt werden. Als Alternative sind auch Organisationen
denkbar, bei denen jeder Prozeß sozusagen sein eigener Manager ist,
selbständig Betriebsmittel erwirbt, mit anderen Prozessen über Sema-
phore oder Warteschlangen kommuniziert und auch selbst neue Prozesse
startet oder existierende stillegt. In jedem Fall ist ein Verwaltungs-
aufwand vorhanden, der desto mehr ins Gewicht fällt, je kleiner und
kürzer ein Prozeß ist. Noch dazu sind die in der Einleitung erwähnten
Zielsetzungen, wie maximaler Durchsatz, garantierte Antwortzeit, optimale Ausnützung der Betriebsmittel usw. nicht unabhängig voneinander
erfüllbar und ein Kompromiß wird immer notwendig sein. Die Möglichkeiten eines Systems, die eigenen Betriebszustände zu beobachten und
zu analysieren, Engpässe zu entdecken und entsprechende Korrekturen
vorzunehmen, wie z.B. eine Umverteilung der Betriebsmittel, sind bisher nur zu einem geringen Teil ausgeschöpft worden.

5. ZUSAMMENFASSUNG

Die Fortschritte der Halbleitertechnologie ermöglichen heute die Herstellung von komplexen logischen Bauelementen und großen Speichern.
Doch sind die abschätzbaren Grenzen noch lange nicht erreicht und
größere Konzentrationen von Schaltkreisen zu erwarten. Wirtschaftlich
ist die Herstellung jedoch nur in Serienfertigung. Die Vereinheitlichung
ist für reine Speicher ideal, bei logischen Bauelementen von der Komplexität eines ganzen Rechnerkerns üblicher Bauart wird sie zu einer
Herausforderung der Systemarchitekten und Programmierer. Doch auch die
Technologen bekommen neue Aufgaben. Die Verbindungen zwischen den Bauelementen werden die neuen kritischen Stellen in einem System. Ein
System, das dynamisch veränderbar und beliebig erweiterungsfähig sein
soll, wird möglicherweise mit starren mechanischen Informationsleitungen
nicht das Auslangen finden. Wir verwenden bereits jetzt gerichtete
elektromagnetische Strahlung, um Daten aus holographischen und magneti-
schen Speichern abzulesen. Es könnte der nächste Schritt sein, auf
ähnliche Art Verbindungen zwischen Baugruppen aus Prozessoren und
Speichern aufzubauen.

LITERATURVERZEICHNIS

/1/   ABEL, N.E. et al: TRANQUIL: A language for an array processing
      computer.-
      AFIPS Conference Proceedings, Vol.34, Spring Joint Computer
      Conference, Boston, 57-73, (May 1969).

/2/   ANDREWS, D.H.: An array processor using large scale integration.-
      Computer Design, 34-43, (Jan.1969).

/3/   BARNES, G.H. et al: The ILLIAC IV computer.-
      IEEE Transactions on Computers, Vol.C-17, Nr.8, 746-757,
      (Aug.1968).

/4/   CHAMBERLIN, D.D.: The "single-assignment" approach to parallel
      processing.-
      AFIPS Conference Proceedings, Vol.39, Fall Joint Computer
      Conference, Las Vegas, 263-269, (Nov.1971).

/5/   CHEN, T.C.: Distributed intelligence for user-oriented compu-
      ting.-
      AFIPS Fall Joint Computer Conference, 1049-1056, (1972).

/6/   FABRY, R.S.: Dynamic Verification of Operating System Decisions.-
      Communications of the ACM, Vol.16, Nr.11, 659-668, (Nov.1973).

/7/   GANZHORN, K.: Prinzipien in Rechnerstrukturen.-
      Elektronische Rechenanlagen, Bd.15, H.6 (1973)

/8/   KOCZELA, L.J., WANG, G.Y.: The design of a highly parallel com-
      puter organization.-
      IEEE Transactions on Computers, Vol.C-18, Nr.6, 520-529,
      (Jun.1969).

/9/   MILLSTEIN, R.E.: Control structures in ILLIAC IV FORTRAN.-
      Communications of the ACM, Vol.16, Nr.10, 621-627, (Oct.1973).

/10/ MIRANKER, W.L.: A survey of parallelism in numerical analysis.-
      Research Report RC2871, IBM Res.Center Yorktown Heights,
      (May 1970).

/11/ REIGEL, E.W.: Parallelism Exposure and Exploitation in Digital
      Computing Systems.-
      Dissertation, University of Pennsylvania, 174-182, (1969).

/12/ SLOTNICK, D.L. et al: The SOLOMON computer.-
      Proceedings AFIPS Fall Joint Computer Conference, 97-107,
      (1962).

/13/ THURBER, K.J. et al: A systematic approach to the design of di-
      gital bussing structures.-
      AFIPS Fall Joint Computer Conference, 719-740, (1972).

EIN MULTI-MINI-PROZESSOR-KONZEPT MIT HARDWARE-MULTITASKING

E.-L. Bohnen, Deutsches Elektronen-Synchrotron DESY, Hamburg

1. Einleitung

1.1. Allgemeine Motivation

Bei Experimenten im Bereich der Hochenergiephysik werden in zunehmendem Maße große
Datenmengen produziert, die von Datenverarbeitungsanlagen aufgenommen und von Redun-
danz befreit werden müssen (z. B. Spurenerkennung bei Funkenkammer-Experimenten oder
Auswertung von Blasenkammerbildern). Um die Datenraten zum Rechenzentrum und den
Zeitaufwand für die anschließenden Rechnungen auf erträgliche Größenordnungen zu reduzieren, sind sehr schnelle Voranalysen der Rohdaten direkt am Experiment nötig. Dazu werden bisher spezielle Hardware-Einrichtungen entwickelt, die auf den jeweiligen
Anwendungsfall zugeschnitten sind. Daraus resultieren zum Teil schwerwiegende Nachteile, wie schlechte Anpassungsfähigkeit der Systeme gegenüber experimentebedingten
Änderungen oder unzureichende Möglichkeiten bei der Fehlerdiagnose. Außerdem kann
häufig bei geplanten Experimenten keine genaue Vorhersage über die spezifischen "Ei-
genarten" der zu erwartenden Daten gemacht werden, so daß die Hardwareentwicklung erst
in einer sehr späten Phase begonnen werden kann. Nicht selten werden am Ende Neuauf-
lagen ganzer Elektronikeinheiten nötig.

1.2. Zielsetzung

Der Wunsch nach Verallgemeinerung führt zu einem frei programmierbaren Multiprozessorsystem, wobei der problemorientierte Teil in Software verlagert wird. Das Ziel
ist, den Experimentatoren ein bezüglich Leistung qualitativ und quantitativ variier-
bares System zur Verfügung zu stellen, welches Basishardwareprobleme von den Problemen der Anwender und "Algorithmenmacher" zu trennen gestattet. Es ist nicht an gleichzeitige Verarbeitung mehrerer Jobströme wie etwa im Rechenzentrumsbetrieb gedacht,
wo z. B. Systemeinrichtungen verhindern müssen, daß fehlerhaft ablaufende Jobs den
übrigen Betrieb stören, sondern an die Abwicklung eines Prozesses, der sich seiner-
seits aus vielen parallel ablaufenden Unterprozessen zusammensetzen kann. Einfache
und übersichtliche Handhabung und leichte Testbarkeit des Systems sollen dem Benutzer
schnelles Arbeiten ermöglichen. Von ihm sollen lediglich Kenntnisse vorausgesetzt werden, die auch beim Betrieb von konventionellen Prozeßrechnern mit den bekannten Spiel-
regeln für Multitasking nötig sind.

1.3. Alternative

Eine Alternative wäre z. B. eine ILLIAC-IV ähnliche Konzeption, bei der Voraussetzung
ist, daß die typischen Anwenderprobleme durch sequentielle Operationen auf viele Operanden gleichzeitig lösbar sind. Diese Konzeption scheint jedoch nicht den nötigen
Freiheitsgrad für die geplanten Anwendungen zu bieten.

2. Strukturprobleme

Der Übergang von Einprozessor- auf Multiprozessorsysteme bringt drei wesentliche Probleme mit sich:

- Breitbandigkeit des Speicherzugriffs
- Determiniertheit von Prozessen
- Prozessorkommunikation

Da alle Prozessoren zum gleichen Speicher Zugang haben, können Stauungen und Zugriffskonflikte auftreten, die durch einen hohen Grad an Überlappung und Pufferung im Speicher vermieden werden müssen. Dabei darf der deterministische Ablauf von Prozessen nicht verloren gehen, was z. B. Überholvorgänge von Signalaustausch zwischen Prozessoren und Datenaustausch zwischen Speicher und Prozessoren verbietet.

Um annähernd n-fache Leistung bei n Prozessen zu erhalten, sollte der zusätzlich nötige Zeitaufwand für Prozessorkommunikation und -verwaltung klein gegen die Prozessornutzleistung sein. Diese Forderung gewinnt um so mehr an Bedeutung, je heftiger die Wechselwirkung zwischen Prozessoren ist. Dieser Aspekt bedingt besonders bei Anwendungen in Experimenten im Bereich der Hochenergiephysik besondere Hardwareeinrichtungen. Von den Experimenten werden extrem kleine Reaktionszeiten verlangt, z. B. Erzeugung eines von redundanten Daten abhängenden zeitkritischen Triggersignals, so daß etwa Parallelarbeit durch Starten mehrerer Tasks, die softwareverwaltet langfristig in Wechselwirkung treten, nicht möglich ist. Die Analyse typischer Algorithmen zur Koordinatengewinnung in Funkenkammern oder Spurrekonstruktion zeigt, daß eine Wechselwirkung der Prozesse in kurzen Zeitabständen möglich sein muß, da nicht parallelisierbare und vollständig oder teilweise parallelisierbare Prozessabschnitte in kurzen Zeitintervallen aufeinander folgen (SPLIT und JOIN).

Das vorgeschlagene Multi-Mini-Prozessorsystem enthält aus diesem Grund einen vollständig in Hardware realisierten Multitasksupervisor, der die explizit und implizit auftretenden Abhängigkeiten der Einzelprozesse koordiniert, die Prozessorvergabe an lauffähige Prozesse vornimmt und die Verbindung zu externen Signalen (INTERRUPT) herstellt. Dabei wurden im wesentlichen die seit langem bewährten Software-Multitask-Funktionen von konventionellen Mini-Prozessorsystemen übernommen.

3. Realisation

3.1. Speicherorganisation

Durch konstruktive Maßnahmen an Speicher, Prozessor und deren Verbindungswegen kann das Bandbreitenproblem gelöst werden (Bild 1). Zentraleinheiten und Speicher sind für beide Übertragungsrichtungen über zwei getrennte Buskomplexe verbunden die jeweils einen "Kreuzschienenverteiler" für 4 einlaufende und 4 auslaufende Leitungsbündel enthalten. Der Speicher besteht je nach Ausbau aus 4, 8 oder 16 unabhängig arbeitenden Blöcken mit verschränkten Adressen. Es werden pro Lesezyklus und Block 4 16-bit Prozessorworte parallel gelesen und auf einem der 4 64-bit breiten Datenbusse zu den Prozessoren gesandt. Speicher verändernde Operationen erfolgen 16-bit wortweise. Jeder Block besitzt eine eigene Arithmetikeinheit, mit der Speicherinhalte relativ zum alten Inhalt geändert werden können. Um Zugriffskonflikte an den Speichern zu glätten, verfügt jeder Block ein- und ausgangsseitig über Auftragspuffer nach dem first-in-first-out Prinzip. Wegen der Forderung nach der Determiniertheit von Programmen sind

Überholvorgänge bei Speicherzugriffen ausgeschlossen.

3.2. "Cache-memory"

Eine weitere Maßnahme zur Bewältigung der Bandbreite ist ein lokales "Cache-memory" in jedem Prozessor. Es kann bis zu 16 vier Worte umfassende Blöcke aufnehmen, die Kopien von beliebigen Hauptspeicherzellen darstellen. Assoziativ prüfen die Prozessoren vor jedem Speicherzugriff, ob eine Eintragung in ihrem "Cache-memory" vorliegt. Dadurch werden Zugriffskonflikte am Bus und in den Speichern reduziert und insbesondere loopintensive Programme wesentlich beschleunigt. Speicherverändernde Instruktionen und Supervisoraufrufe löschen die Eintragungen im "Cache-memory", damit reihenfolgeinvariante Hauptspeicheroperationen wie z. B. ADD TO MEMORY von mehreren Prozessoren auf gleiche Speicherzellen möglich bleiben und Kommunikation auf der Taskebene stattfinden kann. Es ist durchaus möglich, daß zeitweise "Cache-memory" und Hauptspeicher nicht mehr übereinstimmen. Die Determiniertheit von Prozessen z. B. bei Datenbewegungen zwischen Tasks erfordert deshalb unbedingt die Absprache durch Supervisoraufrufe.

3.3. Multitaskhardware

Wesentlich ist, daß nicht die physikalischen Prozessoren untereinander kommunizieren, sondern Prozesse oder Tasks, die sich durch Aussenden und Empfangen von Signalen (POST-WAIT) gegenseitig über eingetretene Zustände informieren wollen oder sich bei der Benutzung von alternativ benutzbaren allgemeinen Hilfsmitteln in Warteschlangen stellen müssen (ENQUEUE-DEQUEUE). Konventionelle Prozessoren repräsentieren in ihren Registern den gegenwärtigen Zustand eines Programmes. Die Schlüsselinformation liegt im Programm-Status-Wort, das eindeutig über den nächsten auszuführenden Programmbefehl Aussage macht. In dem hier beschriebenen Multiprozessorsystem wird die Funktion der Prozessoren von der Programmebene auf die Taskebene angehoben. Die Schlüsselinformation für das richtige Fortschreiten des Prozesses liegt hier im Task-Status-Wort. Es enthält einen Zeiger auf den Task-Kontroll-Block (TCB), den gegenwärtigen Task-Status, die Softwarepriorität und einen Schlüssel zur Identifikation von Warteursachen.

Das Task-Status-Wort kann vom Hardwaresupervisor aus einem Prozessor - nach automatischer Auslagerung des programmspezifischen Teiles des Prozessors (alle Register, Programmzähler, Bedingungsschlüssel) in den Task-Kontroll-Block im Hauptspeicher - in einen sogenannten Dormant-Taks-Modul bewegt werden, wo es in Assoziativspeichern weiterhin an allen Multitaskaktionen teilnimmt. Damit wird es möglich, nicht exekutionsfähige Prozesse oder solche mit geringer Priorität aus den relativ "teuren" Prozessoren in die in größerer Anzahl zur Verfügung stehenden "billigen" Dormant-Task-Moduln zu verdrängen und die Prozessoren mit exekutionsfähigen Prozessen ausreichend hoher Priorität zu beschäftigen.

Alle Prozessoren, Dormant-Taks-Moduln und externe Signale aufnehmenden Interruptmoduln sind über den Supervisorbus mit dem Supervisormodul verbunden, der über den Zustand von Signalen und Hilfsmitteln Buch führt. Neben der einfachen Übertragungsfunktion hat dieser Bus auch die für viele Supervisoraufrufe fundamental wichtige Funktion der "zeitlichen Nadelöhrwirkung" und der Ununterbrechbarkeit.

3.3.1. Allgemeines

Die von der Hardware ausführbaren Multitask-Funktionen lassen sich in fünf Gruppen unterteilen:

- Erzeugen und Löschen von Tasks
- Signalkommunikation zwischen Tasks
- Hilfsmittelverwaltung
- Verwaltung der Taskträger
  (Prozessoren und Dormant-Task-Moduln)
- Test- und Meßeinrichtungen

Das Flußdiagramm in Bild 2 zeigt in der ersten Zeile den von einem Prozessor über den Supervisorbus ausgesandten Befehl. Die zweite und letzte Zeile enthalten die Aktionen des Supervisormoduls. Die Statusänderungen des befehlserzeugenden Prozessors zeigt Zeile 3 und die aller anderen Zeile 4, wobei die Auswahl per Assoziation und ggf. nach maximaler oder/und lokaler Priorität vorgenommen wird. An keiner Stelle findet eine gezielte physikalische Adressierung von Moduln statt. Damit ist vom Konzept her eine beliebige Erweiterbarkeit des Systems durch zusätzliche gleichartige Moduln möglich. Lediglich technische Gründe, wie Bandbreiten- und Fanout-Probleme oder anwendungsbedingte Probleme, wie Parallelisierbarkeit der Algorithmen begrenzen das System auf einen sinnvollen Maximalausbau.

Zum Verständnis des Flußdiagrammes muß noch einiges zum Task-Status-Wort (TSW) gesagt werden. Der Zeiger zum Task-Kontroll-Block (TCB) weist auf den Rettebereich der Registersubstanz im Hauptspeicher. Das Statusregister (STATE) gibt Auskunft darüber, ob die Task exekutierfähig (RUN) oder im Wartezustand ist, der weiter aufgeschlüsselt ist nach Warten auf das Eintreten (WE) oder Verschwinden ($\overline{WE}$) eines Zustandes und nach Warten auf das Freiwerden eines Hilfsmittels (WR). Im Wartezustand gibt ein weiterer Schlüssel die Ereignis- oder Hilfsmittelnummer an. Sind ein Prozessor oder Dormant-Task-Modul, beide können Taskträger sein, zur Zeit nicht mit einer Task betraut, ist im Statusregister IDLE vermerkt. Das Prioritätsregister (PTY) enthält die von der Software gewünschte Wichtigkeit der Task.

3.3.2. Erzeugen und Löschen von Tasks

Das Generieren einer neuen Task geschieht mit dem ATTACH durch Übergabe des Zeigers zu deren TCB und einer Priorität (P). Assoziativ sucht der Supervisor einen Taskträger im IDLE-Zustand und setzt den gefundenen auf RUN. Werden mehrere freie Taskträger gefunden, entscheidet lokale Priorität; wird keiner gefunden, erfährt dieses die rufende Task durch den Bedingungsschlüssel. RETURN ist der zum ATTACH komplementäre Befehl. Er löscht eine Task, der Status wird IDLE gesetzt. Es ist nur passives Löschen möglich, ein Kompromiß, der auch in vielen Multitasksystemen auf Kleinrechnern gemacht wird.

3.3.3. Signalkommunikation

Zur Signalkommunikation sind mehrere Möglichkeiten vorgesehen. Auf die Wirkungsweise
des Befehlspaares POST-WAIT soll hier näher eingegangen werden. Als Argument wird
die Ereignisnummer (E) angegeben. Bei einem POST macht der Supervisor zunächst eine
Eintragung in seine interne Signalliste, um möglicherweise später WAIT produzieren-
den Tasks zu signalisieren, daß das entsprechende Signal bereits gegeben war. Dann
werden assoziativ alle die Taskträger in den Zustand RUN gebracht, die sich im Wartezustand auf das Eintreten genau diesen Ereignisses befanden (M.WE). Die Suche nach
zwei oder mehr Kriterien ist mit Assoziativspeichern besonders einfach, da durch geeignetes Ansteuern des Maskierungswortes beliebige Bitpositionen im Deskriptor ein-
oder ausgeblendet werden können. Die Ausführung des POST benötigt wegen der Parallelarbeit in den Assoziativspeichern unabhängig von der aktuellen Ausbaustufe des Systems
lediglich zwei Hardware-Takte. Bei dem zum POST komplementären WAIT-Befehl prüft der
Supervisor in seiner Signalliste, ob bereits eine Eintragung stattgefunden hatte; wenn
ja, brauchen keine Statusänderungen vorgenommen werden, die rufende Task kann ohne
Halt fortfahren; anderenfalls muß sie in den Zustand Warten auf das entsprechende Ereignis gesetzt werden (WE).

3.3.4. Hilfsmittelverwaltung

Für die dynamische Benutzung von nur alternativ benutzbaren Hilfsmitteln wie nicht
reentrant geschriebenen Programmen, Ein-Ausgabegeräten usw. dient das Befehlspaar ENQ
und DEQ mit der Hilfsmittelnummer (R) als Parameter. Der Supervisor prüft beim ENQ,
ob das gewünschte Hilfsmittel bereits an einen anderen Prozeß vergeben wurde. Ist es
frei, wird es der rufenden Task übergeben und als "besetzt" gemeldet; war es nicht
frei, muß die anfordernde Task in den Wartezustand auf dieses Hilfsmittel versetzt
werden (WR). Das ein Hilfsmittel freigebende DEQ veranlaßt den Supervisor per Assoziation zu prüfen, ob noch weitere Anforderungen vorliegen; ist dieses nicht der Fall,
genügt einfaches Freimelden, anderenfalls wird nach maximaler Softwarepriorität und
danach im Zweifelsfall nach lokaler Priorität entschieden, welche Task fortsetzen
darf.

3.3.5. Taskträgerverwaltung

Die Anweisung (REC) in der letzten Zeile in Bild 2 erinnert den Supervisor daran, daß
möglicherweise die Prozessoren nicht mehr optimal ausgelastet sind. Dazu bringt er
sich selbst in Bus-Kontrolle und sucht assoziativ nach lauffähigen Prozessen (RUN) in
den Dormant-Task-Moduln und bestimmt aus den gefundenen denjenigen mit maximaler und
lokaler Priorität. In einem zweiten Schritt wird in den Prozessoren der Prozeß mit
kleinster Gesamtpriorität gesucht, die aus den n Bits der Softwarepriorität mit den
Gewichten 2^0 bis 2^{n-1} und zwei aus dem Statusregister erzeugten Bits mit den Gewichten
2^n und 2^{n+1} gebildet wird. Die beiden Task-Status-Worte werden ausgetauscht, wenn der
im Dormant-Task-modul gefundene Prozeß eine höhere Priorität hatte als der in den Prozessoren gefundene. Aus dem Prozessorstatus wird entschieden, ob zuvor eine Auslage-

rung der Registersubstanz in den TCB nötig ist. Die beiden oben erwähnten Bits sind
so gewählt, daß sich in der Reihenfolge IDLE, WAIT, RUN steigende arithmetische Werte ergeben. Dadurch werden auf einfache Weise zuerst die unbenutzten Prozessoren herangezogen, erst, falls alle Prozessoren lauffähige Tasks tragen, wird derjenige mit
der kleinsten Priorität unterbrochen. Die Bewichtung der Bits n und n+1 kann unter
Programmkontrolle geändert werden, wodurch sich andere Prozessorvergabestrategien
ergeben (um z. B. all zu häufiges Laden und Entladen zu vermeiden). Die Minimum- und
Maximumsuche erfolgt wort-parallel und bit-sequentiell. Interessanterweise sind auch
für diesen Zweck Assoziativspeicher einsetzbar. Der Zeitverbrauch ist unabhängig von
der Ausbaustufe n+1 Hardwaretakte (<1 µs).

3.4. Betrieb, Test, Meßverfahren

Das Multiprozessorsystem ist fest mit einem käuflichen Miniprozessor verbunden, der
im Betrieb Lade-, Start- und weitere Kontrollfunktionen übernimmt und für Entwicklung
und Test als intelligentes Meß- und Hilfsgerät dient. Jeder Prozessormodul ist durch
den Kontrollrechner individuell abschaltbar und die Speichermoduln in der Adressense-
lektion rekonfigurierbar, so daß bei Verdacht auf Fehlfunktionen eine automatische
Fehlerdiagnose starten kann. Ggf. kann der Betrieb mit reduzierter Gesamt-Prozessor-
Leistung fortgesetzt werden. Über eine spezielle in Hardware realisierte Histogram-
miereinrichtung ist der Nutzungsgrad der Prozessoren und damit der Einfluß verschiedener Programmiertechniken meßbar. Messungen dieser Art spielen auch eine wichtige
Rolle bei der Wahl der optimalen Prozessorvergabestrategie.

4. Programmbeispiel

Bild 3a zeigt die Struktur eines iterativen Programmes, das aus den Teilstücken A, B,
C, D, E und F besteht. C, D und E können vollständig parallel ablaufen, nachdem B beendet ist. F ist eine nicht parallelisierbare Programmsequenz und darf erst beginnen,
wenn die Vorgänge A, C, D und E beendet sind. Weiterhin ist angenommen, daß innerhalb
der Teilstücke A und E ein Auftrag an einen nur einmal im System vorhandenen und nur
alternativ benutzbaren Modul für die Berechnung trigonometrischer Funktionen erfolgt
(als Ein-/Ausgabegerät ausgebildetes Read-Only-Memory). Zu Beginn an der Stelle MAIN-
TASK ist der Prozeß im Besitz eines Prozessors; zur Ausführung der Programmschleife
sollen soviele Prozessoren wie nötig hinzugezogen werden und nach Beendigung wieder
freigegeben werden. In Bild 3b ist die programmtechnische Realisierung wiedergegeben.
Es werden zunächst drei Hilfstasks generiert, die sich dann durch Aussenden und Empfangen von Signalen untereinander und mit der Haupttask synchronisieren. Da die Programmstücke A und E überlappt ablaufen können, muß die Benutzung des Hilfsmittels SIN durch
das Befehlspaar ENQ SIN und DEQ SIN eingeschlossen werden. Das Terminieren der drei
Hilfstasks nach Beendigung der Programmschleife erfolgt durch Setzen des Schalters (S)
von der Haupttask und Abfrage durch die Hilfstasks, die sich ihrerseits durch RET löschen.

60

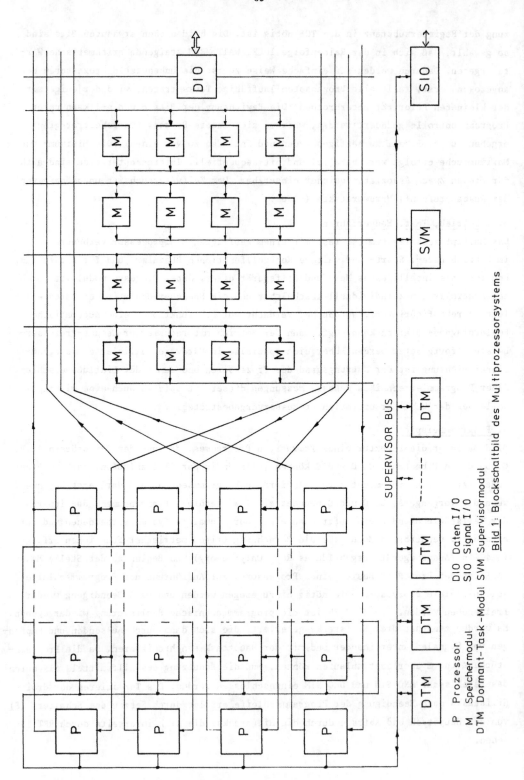

P Prozessor
M Speichermodul
DTM Dormant-Task-Modul

DIO Daten I/O
SIO Signal I/O
SVM Supervisormodul

SUPERVISOR BUS

Bild 1: Blockschaltbild des Multiprozessorsystems

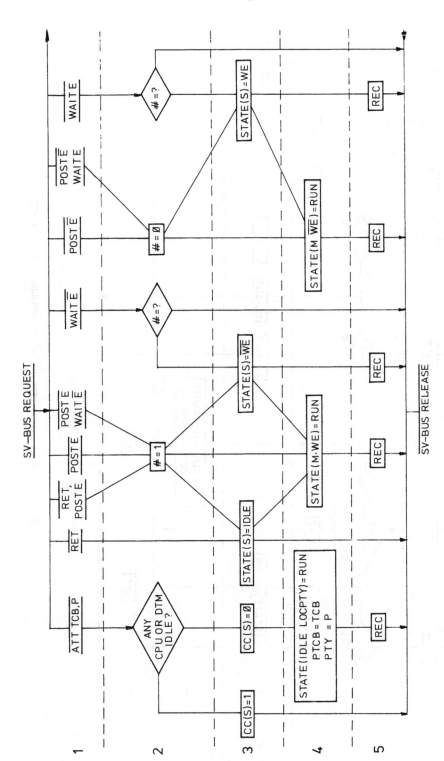

Bild 2: Flussdiagramm der Supervisoraktionen

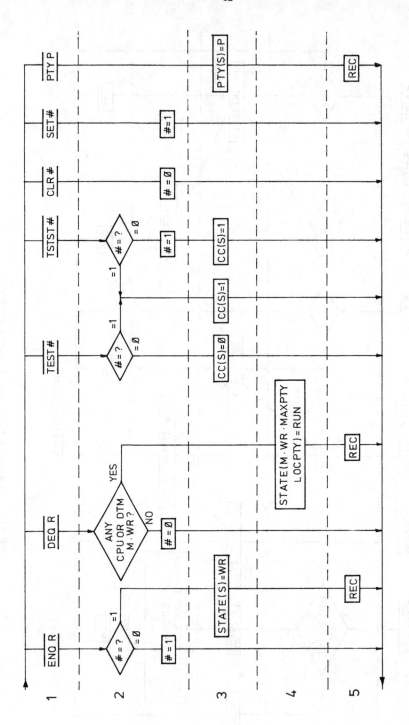

Bild 2: Flußdiagramm der Supervisoraktionen (Fortsetzung)

63

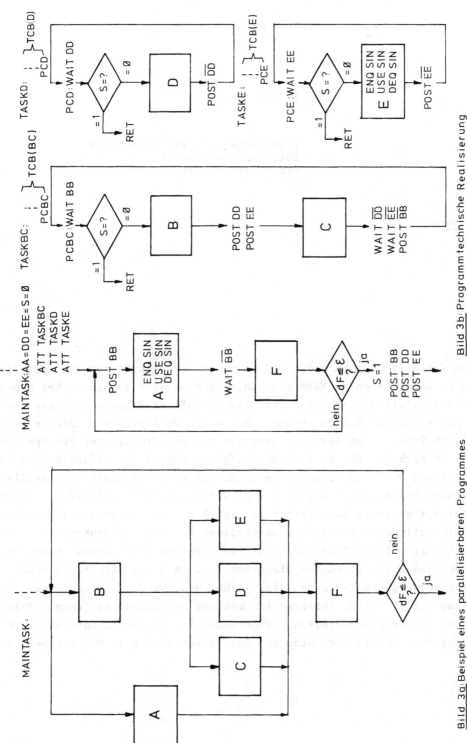

Bild 3b: Programmtechnische Realisierung

Bild 3a: Beispiel eines parallelisierbaren Programmes

Vorschläge für die Organisation
einer flexiblen Multiprozessoranlage

H. Schecher

Technische Universität München
Abteilung Mathematik
Gruppe Informatik

Einführung

Durch die Fortschritte auf dem Gebiet der Großintegration von Bauteilen
wird es in zunehmendem Maße möglich, Rechenanlagen zu bauen, bei denen
es wirtschaftlich vertretbar ist, die Anzahl der Prozessoren weit über
das heute übliche Maß zu erhöhen. Bei allen Multiprozessoranlagen ergeben sich Probleme an der Schnittstelle von den Prozessoren zum Speicherwerk. Je nach Art der zu lösenden Aufgaben können die Maßnahmen zur Lösung dieser Probleme verschieden sein. Bei einem Großteil von parallel
laufenden Programmen kommt es nur darauf an, einen möglichst flüssigen
Ablauf mit geringen Wartezeiten zu erzielen. Jedoch kann, insbesondere
bei Simulationsproblemen, eine zusätzliche Forderung hinzukommen. Es muß
hier häufig gefordert werden, daß die einzelnen Prozessoren untereinander gewisse Zeitbedingungen einhalten. Die an der Speicherwerksschnitt-
stelle notwendigen Maßnahmen sind je nachdem, ob das Speichergebiet, auf
das zugegriffen wird, mehreren Prozessoren gemeinsam ist (common-Bereich)
oder ob es nur einem Prozessor zugeordnet ist (prozessorinterner Bereich),
verschieden. Schließlich sind sie noch davon abhängig, von welcher Art

der Speicherzugriff ist. Wir müssen 3 Arten von Speicherzugriffen unter=
scheiden:

        1) Lesender Zugriff auf Daten
        2) Lesender Zugriff auf Befehle
        3) Schreibender Zugriff.

Problemlos sind die drei Zugriffsarten, ob spezielle zeitliche Forderungen gestellt werden oder nicht, wenn sie auf prozessorinterne Speichergebiete erfolgen, falls sich diese in elektronisch autonom steuerbaren
Moduln befinden. Bei ausgeführten Anlagen hat man daher jedem Prozessor
einen eigenen Speicher zugeordnet. [1] Dies führt jedoch zu starr vorgegebenen Maschinen, die nur für eine gewisse Klasse von Aufgaben optimal
arbeiten. Es soll ein Ziel dieser Arbeit sein, die Größe des den einzelnen Prozessoren zugeordneten Speichers variabel zu halten.
Bei den common-Bereichen treten bei allen drei Zugriffsarten einige Probleme auf, gleichgültig ob man einen möglichst wartezeitarmen Betrieb
anstrebt,oder ob man auf Zeitbedingungen Rücksicht nehmen muß. Zur Lösung dieser Probleme sind einige hardware-Vorkehrungen notwendig, mit
denen sich die folgende Arbeit im wesentlichen befasst.
Bei einer flexiblen Multiprozessoranlage sollte es möglich sein , den
jeweiligen Betrieb optimal den anstehenden Aufgaben anzupassen. Es muß
z.B. erlaubt sein, daß eine Gruppe von Prozessoren z.B. zeitoptimal zu-
sammenarbeiten,während eine andere auf bestimmte Zeitbedingungen Rücksicht nimmt. Der jeweilige Modus in dem ein bestimmter Prozessor zu arbeiten hat sowie die Einteilung des Speichers in prozessorinterne- und
common-Gebiete muß von einem speziellen Bestriebssystem her erfolgen.

Auf dieses Betriebssystem soll in dieser Arbeit jedoch nicht eingegangen werden. Wir wenden uns zunächst der Organisation des Arbeitsspeichers zu.

Organisation des Arbeitsspeichers

Für eine Rechenanlage mit n Prozessoren wäre ein multi-access-Speicher, bei dem gleichzeitig n Zellen aufgerufen werden können, am idealsten. Solche Speicher lassen sich trotz der Fortschritte auf dem Gebiet der Elektronik für größere Kapazitäten nicht mit vertretbarem Aufwand realisieren. Sie scheiden daher für die weiteren Betrachtungen aus. Nun ergeben sich aber bei Halbleiterspeichern aus thermischen und fertigungstechnischen Gründen wesentlich kleinere Modulgrößen wie etwa beim Kernspeicher. Bei schnelleren Halbleiterspeichern liegen die heute gängigen Modulgrößen zwischen einem Viertel bis etwa 4 k, das ist etwa eine Zehnerpotenz kleiner als bei Kernspeichern. Werden diese Moduln zum unabhängigen Arbeiten eingerichtet, und verteilt man die Programme und Datensätze in geeigneter Weise auf diese, so arbeitet der Speicher in gewisser Weise im Multiaccessmodus. Die Verteilung der Information in einem aus mehreren Moduln aufgebauten Speicher kann grundsätzlich nach zwei verschiedenen Wegen erfolgen. Bearbeiten die einzelnen Prozessoren verschiedene Programme, die sich auf Datenmengen beziehen, deren Durchschnitt Null ist, so ordnet man die Kacheln so an wie dies in der Abb. 1 für das Gebiet I gezeigt ist. Da die einzelnen Moduln unabhängig arbeiten können, stören sich die parallel arbeitenden Programme in keiner Weise. Allerdings muß dafür gesorgt werden, daß die Adressierungsleitungen und die an- bzw. die abgehenden Informationsleitungen auf die jeweils richtigen Prozessoren geschaltet werden. Treten bei der parallelen Abarbeitung entweder im Instruktionsraum oder im Datenraum auch common-Bereiche auf, so wäre es nicht sehr vorteilhaft, diese in der gleichen Weise abzuspeichern, denn bei Zugriffen auf diese common-Bereichs-Kacheln von mehreren Prozessoren entstünden empfindliche Wartezeiten. Hier ist es besser, die Kachel auf möglichst viele oder alle Moduln des Speichers zu verteilen wie dies die Abb. 1 im Gebiet II zeigt. Da man bei einer Multiprozessoranlage, die universell eingesetzt werden soll, nicht sagen kann, wieviel Speicherplatz bei einem bestimmten Lauf für common-Bereiche bereitgestellt werden muß, wäre es zweckmäßig, wenn die Grenze, die die beiden Speichergebiete trennt, vom Betriebssystem also durch Software einstellbar wäre. Natürlich sollte es auch möglich sein, die Programme und Daten für eine bestimmte Aufgabe, je nach Zweckmäßigkeit teils im Gebiet I oder auch II, abzulegen.

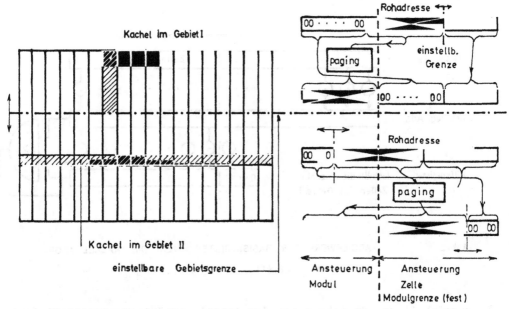

Abb.1   EINTEILUNG DES SPEICHERS UND ADRESSTRANSFORMATION

Einfluß der Speicherorganisation auf die Adresstransformation

Durch die veränderliche Gebietsgrenze ergibt sich natürlich eine variable
Kachellänge im Gebiet I. Läßt man zu, daß diese Grenze beliebig festgelegt werden kann, so ist eine Aufbereitung der Adressen bei den Programmen notwendig, die in das Gebiet I einlaufen. Die Aufbereitung besteht
darin, daß die Relativadressen durch die Kachellänge des Gebiets I zu
dividieren sind. Die Seitennummern sind dann die grenzzahligen Quotienten, während die Reste die Zellennummern in der Seite bedeuten. Werden
die Konstanten, die in Index- oder Basisregistern für Adressmodifika-
tionen gebraucht werden, genauso in Seiten- und Zellennummern aufgespalten, so braucht die Umrechnung der Adressteile nur einmal, etwa
beim Laden der Programme zu erfolgen. Nach jeder Adressmodifikation mittels Index oder Basisregister und bei einer Veränderung des Inhalts
dieser Register muß allerdings die Zellennummer des Ergebnisses überprüft werden, ob sie nicht größer als die Zellenzahl der Kacheln im
Gebiet I ist. Trifft dieses zu, so muß das Ergebnis korrigiert werden.
(Vergl. Abb.2). Läßt man als Kachelgrößen nur Zweierpotenzen zu, so zerfallen die Divisionen in einfache Trennungen der Registerinhalte in Sei-
ten- und Zellennummern. Vergleichs- und Korrekturoperationen bei Adress-

modifikationen entfallen.

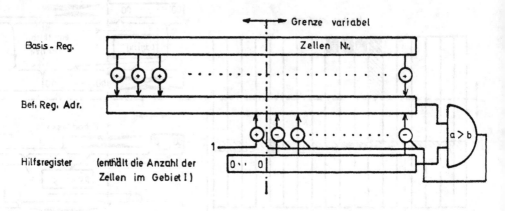

Abb. 2   ADDIERWERK FÜR BASISREGISTER, WENN DIE KACHELLÄNGE
IM GEBIET I $\neq 2^k$ (k ganzzahlig)

Im Bereich II des Speichers ist die Anzahl der Zellen pro Kachel für
jede Lage der variablen Gebietsgrenze konstant. Im Speicher der Abb. 1
wurde sie so groß wie die Anzahl der Moduln desselben gewählt. Durch die
Zweiteilung des Speichers wird hier nur die maximale Anzahl der verfügbaren Kacheln bestimmt. Die Abb. 1 zeigt auch wie die in Seiten- und Zellennummern gespaltenen Rohadressen (= Durch Index und Basisregister modifizierte Relativadressen) in das Adressregister des Speichers zu bringen sind, wenn sie sich auf Zellen des Gebietes I bzw. auf solche des
Gebietes II beziehen. Welches Gebiet jeweils angesprochen wird, kann
das Leitwerk aus einem Kennzeichnungsbit des Befehlswortes entnehmen.
Im allgemeinen wird man eine Multiprozessoranlage für das paging -
bzw. für das Segmentierungsverfahren einrichten. Dann ist prozessorin-
tern die Seiten- bzw. die Seiten-Segment-Nummer in die jeweilige Kachel-
nummer zu transformieren. Dies kann auf die übliche Weise mittels Assoziativspeicher innerhalb der einzelnen Prozessoren geschehen.

Das Auslesen von Daten aus dem common-Bereich

Durch die Aufteilung der Kacheln des common-Bereichs auf alle Speichermoduln wird die Wahrscheinlichkeit geringer, daß zwei Prozessoren gleichzeitig auf denselben Modul zugreifen. Für die verbleibenden gleichzeitige
Zugreifer müssen jedoch Vorkehrungen getroffen werden, die es ermöglichen, die Zuteilung des Speichermoduls auf diese mit möglichst wenig zusätzlichen Zeitbedarf zu lösen. Deshalb kommen dafür nur Hardware-Lösungen in Frage.

Dazu müssen wir für jeden Speichermodul soviele Auffangregister für die
Zellenadressen zur Verfügung stellen wie Prozessoren an dem Speicher
angeschlossen sind. Immer wenn eine Zellennummer von einem Prozessor ankommt, wird die Nummer des betreffenden Auffangregisters in einen first
in first out - Speicher (FIFO) geschrieben und das Auffangregister als
besetzt gekennzeichnet. Nach Beendigung eines Speicherzyklus wird der
FIFO abgefragt. Dabei wird die Nummer des Auffangregisters abgelesen in
dem die Zellennummer steht, die am längsten auf einen Zugriff wartet.
Diese wird nun in das modulinterne Adressregister des Speichers übernommen und das Besetztzeichen in der Auffangzelle gelöscht. Gleichzeitig
wird ein Schaltflipflop gesetzt, welches dafür sorgt, daß die aus dem
Speichermodul ausgelesene Information dem richtigen Prozessor zufließt.
Will ein Prozessor eine neue Adresse in ein noch besetztes Auffangregister schreiben , so wird dieser solange gestoppt, bis die ihm zugeordnete
Auffangzelle wieder frei ist. Manchmal kommt es vor, daß parallel laufende
Programme nahezu gleichzeitig auf dieselbe Zelle eines Speichermoduls
zugreifen wollen. Wir werden im nächsten Abschnitt sehen, daß dieser Fall
beim Lesen von Instruktionen bei einer großen Klasse von Problemen sehr
häufig auftreten kann. Deshalb sollten für ihn besondere Vorkehrungen
getroffen werden. Unsere bisherigen Zusatzeinrichtungen für den Verkehr
mit einem Speichermodul würden diesen Fall wie jeden anderen behandeln.
Je nach Eintreffen der jetzt gleichen Zellennummern würde nacheinander dieselbe Zelle mehrfach aufgerufen werden, es würden sich nur die Schaltflipflops verändern, durch die die gelesene Information auf die Prozessoren verteilt wird. Diese Mehrfachaufrufe kann man auf wenige, meist
sogar einen reduzieren, wenn man folgende Einbauten vorzieht:
Das Adressregister des Moduls soll mit allen Auffangregistern einen
Assoziativspeicher in der Weise bilden, daß ersteres als Suchwort wirkt.
Wird nun, durch den FIFO gesteuert, eine neue Adresse in das Adressregister gebracht und steht diese Adresse nochmals oder mehrfach in weiteren
Auffangregistern, so entsteht dort eine Treffermeldung. Diese veranlaßt,
daß nun die Schaltflipflops der jeweiligen Prozessoren zusätzlich gesetzt
werden. Außerdem werden alle Auffangregister, in denen Treffermeldungen
erzeugt wurden, gelöscht. Die ausgelesene Information verzweigt sich nun
und wird mehreren Prozessoren gleichzeitig zugeführt. Nun kommt der Inhalt des nächsten durch den FIFO bestimmten Auffangregisters in das Adressregister und das Spiel wiederholt sich. Bei einem Lesevorgang können
auch noch solche Adressen in den Auffangregistern berücksichtigt werden,
die erst nach dem Start des Lesevorgangs im Speicher eintreffen. Die Ver-
gleichsoperation des Assoziativspeichers braucht erst kurz vor Eintreffen der gelesenen Information an den Schaltgliedern zu den einzelnen
Prozessoren abgeschaltet werden.

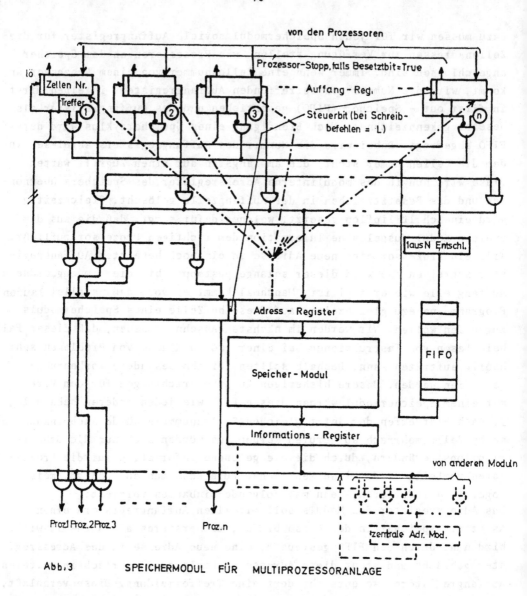

von den Prozessoren

Prozessor-Stopp, falls Besetztbit = True

Zellen Nr.

Treffer ①　②　③

Auffang - Reg.

Steuerbit (bei Schreib-
befehlen = L)

lö

ⓝ

1ausN Entschl.

Adress - Register

Speicher - Modul

FIFO

Informations - Register

von anderen Moduln

Proz.1 Proz.2 Proz.3　　Proz.n

zentrale Adr. Mod.

Abb. 3　　SPEICHERMODUL FÜR MULTIPROZESSORANLAGE

Das Auslesen von Befehlen aus dem common-Bereich

Programme werden dann im common-Bereich stehen, wenn sie von mehreren
Prozessoren gleichzeitig verwendet werden. Beispiele bei denen dies zutrifft, treten etwa in der linearen Algebra auf. So könnte etwa das
Produkt zweier Matrizen schneller berechnet werden, indem n Prozessoren
gleichzeitig n Skalarprodukte der Ergebnismatrix berechnen, oder bei par-
tiellen Differentialgleichungen könnten gewisse Gitterpunkte gleichzeitig
durch mehrere Prozessoren bestimmt werden. Als letztes Beispiel sei an
Probleme im kommerziellen Bereich erinnert. Hier kann etwa bei der Lohn-

berechnung dieselbe Rechenvorschrift gleichzeitig auf die Daten mehrerer
Personen angewendet werden.

Hier gehört der im vorigen Abschnitt genannte Fall, daß eine Zelle des
Speichers gleichzeitig von mehreren Prozessoren aufgerufen wird, zum
Regelfall. Erfolgt die Abarbeitung der Befehle in den einzelnen Prozessoren assynchron, so ist die Ausführungszeit bestimmter Befehle keine
Konstante. Sie wird z.B. von auftretenden bzw. nicht auftretenden Über-
trägen, Normalisierungen, Wartezeiten beim Bringen der Operanden usw.
bestimmt. Der Gleichlauf der einzelnen Prozessoren würde also ziemlich
schnell soweit gestört, daß sich innerhalb eines Lesezyklus nur noch
wenige parallel arbeitenden Prozessoren auf den gleichen Befehl beziehen.
Durch den nunmehr stattfindenden sequentiellen Aufruf der einzelnen Auffangregister entstünden merkliche Wartezeiten. Hier gewinnt man beträcht-
lich an Zeit, wenn man einen besonderen Ablaufmodus vorzieht, bei dem die
Prozessoren, die ein Programm parallel abarbeiten,besonders gekennzeichnet
werden können. Diese Kennzeichnung bewirkt, daß diese solange synchron
arbeiten, also erst dann zum nächsten Befehl schalten, wenn der langsamste
Prozessor mit dem Anstehenden fertig ist, solange die Befehlszähler derselben gleichen Inhalt haben. Die Zeitverluste, die aus den Differenzzeiten
schnellster Prozessor - langsamster Prozessor entstehen, werden durch
den Zeitgewinn, der jetzt durch den Mehrfachzugriff auf die Zelle des nächsten Befehls hereingeholt wird, mehrfach ausgeglichen.

Natürlich wäre die beschriebene Parallelarbeit der Prozessoren sinnlos,
wenn die Befehle aus dem common-Bereich bei der zugrunde gelegten Spei-
cherorganisation unmodifiziert zur Ausführung kämen. Erst durch die Einführung prozessorinterner Basisregister wird es möglich, daß jeder der
Prozessoren mit dem ihm eigenen Datensatz rechnet.

Bei der Abarbeitung von Arrays sind neben den Basisregistern, noch Indexregister notwendig. Natürlich können auch dafür prozessorinterne Register
verwendet werden. Bei Multiprozessoranlagen bietet sich auch die Möglichkeit an, dafür nur wenige zentrale Register zu verwenden. Sie müßten etwa
nach Abb. 3 mit den Moduln verbunden werden. Wegen der vielen Schaltglie-
der, die außer den eigentlichen Modifikationseinrichtungen zusätzlich
gebraucht werden und da man keinen zeitlichen Vorteil erzielt, dürfte
die Verwendung prozessorinterner Indexregister im allgemeinen vorzuziehen sein.

Das Einschreiben in den common-Bereich

Führen parallel arbeitende Prozessoren Abspeicherungsanweisungen in
common-Bereiche aus, so müssen Vorkehrungen getroffen werden, die die
Lese- und Schreibeoperationen, die sich auf solche common-Bereiche beziehen, in der richtigen Reihenfolge ablaufen zu lassen. Parallel laufende

Prozessoren können von verschiedenen Programmen, teilweise oder auch
ganz, vom gleichen nur einmal abgespeicherten Programm gesteuert werden.
(Abb.4) Die Synchronisationseinrichtungen, die die richtige Folge der
Lese- und Schreiboperationen gewährleisten, müssen unabhängig davon sein

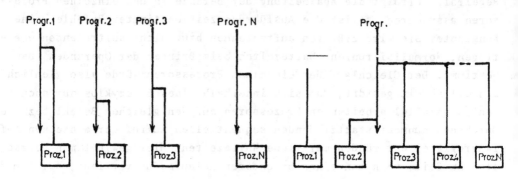

Abb.4 ZWEI ALTERNATIVEN ZUR PROZESSORSTEUERUNG

wie die parallel arbeitenden Prozessoren gesteuert werden. Sie müssen aber
noch eine weitere Forderung erfüllen, deren Problematik aus der Abb. 5
zu erkennen ist. Die Bilder 5a und 5b zeigen zwei Prozessoren A und B,die
parallel arbeiten sollen. Soll nun A eine Größe aus dem common-Bereich
lesen, die erst nach dem Schreibbefehl S von B dort verfügbar ist oder
soll A in den common-Bereich einschreiben, nachdem B dort ausgelesen hat,
so muß für A eine Wartezeit eingeführt werden, falls A zeitlich voraus
ist. Wir wollen eine Synchronisation von Prozessoren,aus welchem Grund
sie auch immer zu erfolgen hat, durch symbolische Skizzen der Abb. 5 an-
deuten. Diese Synchronisation kann etwa dadurch erfolgen, daß man an geeigneter Stelle im Programm angibt, welche Prozessoren synchron laufen
sollen. Dann wird vor der Stelle im Programm oder den Programmen an der
die Synchronisation gefordert wird, ein entsprechender oder entsprechende
Befehle geschrieben. Diese haben zur Wirkung, daß die Prozessoren erst
dann fortfahren, wenn alle Beteiligten diese Stelle erreicht haben. Sie
müssen aber auch, wenn die Fortschaltfront so liegt (Gestr. in Abb. 5 A),
daß die Operationen in der vorgeschriebenen Reihenfolge ausgeführt werden,
die Bedingung für die Ausführung des Stoppbefehls aufheben, bevor dieser
aufgerufen wird. Dies kann etwa dadurch geschehen, daß man bedingte
Stoppbefehle einführt, die durch Befehle der parallel geschalteten Prozessoren außer Kraft gesetzt werden, wenn diese bis zu den entsprechenden
Stellen fortgeschritten sind. Wir wollen die bedingten Befehle zum Stoppe
eines Prozessors und die dazugehörigen Befehle zum Aufheben der Stopp-
bedingung eine Synchronisationsgruppe nennen. In den symbolischen Skizzen

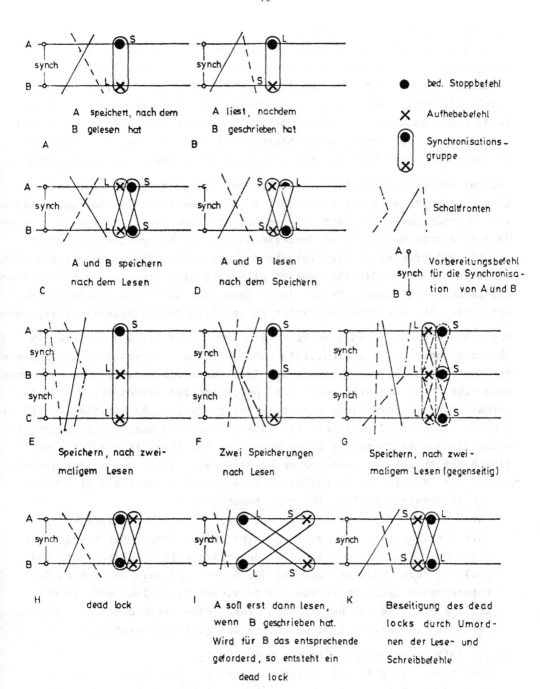

Abb. 5   SYNCHRONISATION VON LESE- UND SCHREIBBEFEHLEN

der Abb. 5 sind die Synchronisationsgruppen durch eine geschlossene
Kurve zusammengefasst. Synchronisieren sich zwei Programme gegenseitig,
so muß man darauf achten, daß gegenseitige Blockierungen (dead-locks)
vermieden werden. Dazu muß man folgende Regel beachten: Treten an einer
Synchronisierungsstelle mehrere Synchronisationsgruppen auf, so dürfen
keine Überkreuzungen dieser Gruppen in der Weise auftreten, daß in zwei
oder mehreren Prozessoren die Stoppbefehle für den jeweiligen Prozessor vor den Aufhebebefehlen für den Stopp der anderen Prozessoren stehen.

Wie aus den Bildern 5 E bis 5 G zu erkennen ist, können Synchronisationsgruppen Stoppbefehle für einen oder auch für mehrere Prozessoren enthalte
Das Aufheben derselben kann entweder durch einen Prozessor oder auch erst
dann erfolgen, wenn mehrere Prozessoren auf die entsprechenden Aufhebe-
Befehle gelaufen sind. Die Freigabe des gestoppten Prozessors ergibt sich
in diesem Fall aus der Konjunktion aller Signale, die von den beteiligten
Aufhebebefehlen kommen. Es sei jetzt noch kurz auf die Realisierung der
speziellen für die Synchronisation notwendigen Spezialbefehle eingegangen

Wie schon erwähnt, können an einer Synchronisationsstelle mehrere Synchronisationsgruppen gleichzeitig auftreten. Da andererseits auch mehrere
Prozessorengruppen gleichzeitig auf Synchronisationsstellen laufen können
sind eine Reihe Register oder auch Speicherzellen notwendig, um die Information der Informationsgruppen zu speichern (Synchronisationsspeicher)
Den einzelnen Bit dieser Register oder Zellen wird zweckmäßigerweise jeweils ein fester Prozessor zugeordnet. Die Wortlänge in Bit ist also
gleich der Anzahl der vorhandenen Prozessoren. Mit diesen Hilfsregistern
werden die Befehle zur Durchführung einer Synchronisation sehr einfach.

a) Der Vorbereitungsbefehl für eine Synchronisation

Durch diesen Befehl werden die Prozessoren, die bei folgenden Syn-
chronisationsprozessen beteiligt sind, einer Synchronisationsgruppe
zugeordnet. Dazu wird eine Zelle des Synchronisationsspeichers ausgewählt, deren Adresse dann bei den Stopp- und Aufhebebefehlen der
zugeordneten Synchronisationsgruppe wieder erscheinen muß. In die
Zelle werden die den beteiligten Prozessoren zugeordneten Bit gekennzeichnet. (Es werden z.B. nur diese Bit gleich L gesetzt)

b) Der Aufhebe-Befehl für die Stopp-Bedingung

Dieser Befehl erhält als Adressteil die der Synchronisationsgruppe
zugeordnete Zelle im Synchronisationsspeicher. Wird dieser im Prozessor Nr. γ abgearbeitet, so wird durch ihn der Eintrag im γ. Bit
der Zelle gelöscht. Dadurch verliert der jeweilige Prozessor seinen
Beitrag, die Stoppbedingung für die zur Synchronisationsgruppe gehörenden Stoppbefehle aufrecht zu erhalten.

c) Der bedingte Stoppbefehl

Dieser Befehl erhält den gleichen Adressteil wie die Aufhebe-Befehle derselben Synchronisationsgruppe. Er bringt den Inhalt der der Gruppe zugeordneten Zelle in ein prozessorinternes Register. Wird hier als Zelleninhalt z.B. Null festgestellt, so wird der Stoppbefehl ignoriert. Ist dies nicht der Fall, sind also Bit in der Zelle gesetzt, so haben noch nicht alle Prozessoren die Aufhebe-Befehle ausgeführt, es muß also noch gewartet werden. Der Stoppbefehl liest nun periodisch immer wieder die durch seinen Adressteil bestimmte Zelle und prüft, ob deren Inhalt inzwischen den Wert angenommen hat, der durch das Löschen aller, den beteiligten Prozessoren zugeordneten Bit, entsteht.

Wir hatten Mehrfachzugriffe bei Leseoperationen ausdrücklich gestattet und dafür auch ein besonderes Netzwerk vorgesehen (Abb. 3). Solche Mehrfachzugriffe dürfen wir aber nicht zulassen, wenn eine Speicherzelle teilweise von Lese- und Schreiboperationen oder nur von Schreiboperationen aufgerufen wird. Sie werden größtenteils durch die besprochenen Synchronisations-Operationen verhindert. Damit sie aber auch nicht an solchen Stellen auftreten können, wo eine Synchronisation überflüssig erscheint, kann folgender einfacher Zusatz bei der Speicheranwahl eingebaut werden: Wir vergrößern die Auffangregister (Abb. 3) um jeweils ein Bit. Dieses Bit wird immer dann mit L besetzt, wenn die Adresse eines Abspeicherungsbefehls im betreffenden Register erscheint. Diesem zusätzlichen Bit der Auffangregister steht im Adressregister ein festes 0 gegenüber. Deshalb kann die Koinzidenzschaltung zwischen dem Adressregister und den Auffangregistern keine Übereinstimmung feststellen und ein Mehrfachzugriff unterbleibt. Bei einem speziellen Schreibbefehl könnte man eine Ausnahme machen, nämlich bei den Aufhebe-Befehlen in den Synchronisationsgruppen. Da hier die einzuschreibende Information (Löschinformation) bei einer Parallelabarbeitung von verschiedenen Prozessoren kommt, gibt es keine Überlappung der einzelnen Teilinformationen.

Parallelarbeit unter Berücksichtigung gewisser Zeitbedingungen

Auf der Mikroprogrammebene hat man die Möglichkeit mit einem Mikrobefehl gleichzeitig mehrere Operationen anzustoßen, solange die zu steuernden Gruppen voneinander unabhängig sind, bzw. wenn sich vorhandene Abhängigkeiten zeitlich so auf die zu steuernden Einheiten auswirken, daß der verlangte Ablauf nicht gestört wird. Meist ist die zu steuernde Anlage mit vielen Querverbindungen zwischen den einzelnen Gruppen ausgestattet, die sich außerdem noch zeitlich verändern können. Es ist deshalb meist sehr schwierig zu entscheiden, welche Mikrooperationen zu einem Mikrobefehl, unter Berücksichtigung aller möglichen Zustände der

zu steuernden Anlage, zusammengefasst werden können. Hier bietet sich die
Simulation dieser Steuerungen als wichtiges Hilfsmittel an. Da jedoch
von einem Mikrobefehl im allgemeinen mehrere Schaltfronten ausgehen können, ist die Simulation nur dann realistisch, wenn auch hier gleichzeitig
die Wirkungen dieser Fronten simuliert werden können. Ähnliche Probleme
treten auch bei parallelen Abläufen in Industrieanlagen u.a. auf, wenn
während der Abläufe Querbeziehungen wirksam werden. Die Simulation solcher Probleme wird natürlich durch eine Multiprozessoranlage, mit sovielen
Prozessoren wie parallele Zweige im Problem vorhanden sind, stark vereinfacht. Jedoch muß dazu die Anlage in einem anderen Modus betrieben werden,
als dies im letzten Abschnitt beschrieben wurde. Hier wurde durch die besprochenen Maßnahmen dafür gesorgt, daß parallel arbeitende Prozessoren
möglichst schnell unter Berücksichtigung gewisser zeitlicher Folgen bei
Lese- und Speicherbefehlen, durch ein vorgegebens Problem kommen. Bei der
Simulation haben wir ganz andere Forderungen. Hier muß die zeitliche Folge
sämtlicher Ablaufschritte in allen parallel laufenden Prozessoren mit der
Wirklichkeit übereinstimmend bleiben. Das ist überhaupt nur dann möglich,
wenn die Ausführungszeiten der Operationen in den Prozessoren eine angeb-
bare Zeitdauer besitzen. Andererseits müssen aber Wartezeiten wie sie
z.B. beim Speicherverkehr entstehen eliminiert werden können. Mit anderen
Worten, die Abläufe in der Wirklichkeit müssen sich auch zeitlich auf die
Abläufe in den Prozessoren abbilden lassen. Überlappen sich hier Lese-
operation mit Schreiboperationen im Speicher, so dürfen keine Synchronisationseinrichtungen für einen bestimmten Ablauf sorgen. Vielmehr muß
jetzt Alarm gegeben werden, weil dieser Fall ja gerade eine Unzulänglichkei
der simulierten Steuerung darstellt. Es soll nun noch kurz auf die zusätzlichen Einrichtungen in unserer Multiprozessoranlage eingegangen
werden, die diesen Auflaufmodus gestatten.
Zunächst muß dafür gesorgt werden, daß die Operationen des Simulations-
programms um gleichen oder ähnlichen (d.h. im zeitlich gedehnten oder
gerafften) Zeitraster ablaufen. Dafür sind auch schon für den einzeln
laufenden Prozessor Befehle notwendig, die nichts anderes tun, als die
Anlage um eine bestimmte Anzahl von Taktimpulsen zu verzögern. Die Folge-
frequenz der Taktimpulse sollte so hoch wie möglich gewählt werden, um
eine gute Auflösung bei der Simulation zu erreichen.
Der Einfluß der Wartezeiten der einzelnen Prozessoren bei Zugriffen auf
das Speicherwerk auf die zeitliche Folge ihrer Operationen kann wie folgt
eliminiert werden: Wird bei einem Speichermodul eine Wartezeit registriert
kommt also die ausgesandte Adresse nicht direkt vom Auffangregister in
das Adressregister des Moduls (Abb. 3), so wird nicht nur der den Wartevor
gang auslösende Prozessor, sondern alle am Simulationsprozess Beteiligten

gestoppt. Der Stopp betrifft aber nur die Prozessoren. Alle Sekundärwerke
die von ihnen angestoßen wurden, führen ihre Aufgabe zu Ende. In unserem
Fall betrifft dies besonders die Speicherwerke. (Die Überlegungen könnten
auch auf den E-A-Verkehr ausgeweitet werden). Wenn das letzte angestoßene
Speicherwerk seine Aufgabe beendet hat, wird der Stopp aufgehoben und der
Prozessor, der ihn ausgelöst hat, kann seinen Speicherzugriff durchführen.
Jetzt entfällt zwar der zeitliche Nachteil dieses Prozessors gegenüber
denjenigen, die keine Sekundärwerke angestoßen hatten, doch sind solche,
für die in der Wartezeit ein anderes Werk gearbeitet hatte, im Vorteil.
Um diesen unwirksam zu machen, läßt man bei allen gestoppten Prozessoren,
für die aber noch Sekundärwerke arbeiten, vom Stoppzeitpunkt an einen
Taktzähler mitlaufen, der die Takte bis zum jeweiligen Ende des Sekundär-
werks zählt. Nach dem Wiederstart der Prozessoren werden alle Taktzähler,
die nicht auf Null stehen, nach dorthin abgezählt. Auf diese Weise werden
die zeitlichen Vorteile dieser Prozessoren wieder eliminiert (Abb. 6).

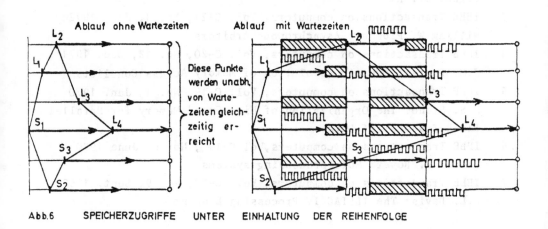

Abb.6   SPEICHERZUGRIFFE   UNTER   EINHALTUNG   DER REIHENFOLGE

Durch diese Maßnahmen wird zwar die Gesamtdauer der Simulation verlängert,
die einzelnen Operationen der beteiligten Prozessoren verbleiben jedoch
in der richtigen zeitlichen Folge. Wie schon erwähnt, muß die Rechenmaschine eine Alarmmeldung abgeben, wenn in der simulierten Anlage an einem
Teilgerät sich widersprechende Operationen ausgeführt werden. In der
simulierenden Rechenmaschine spiegeln sich solche Ereignisse dadurch wieder, daß in einer Speicherzelle oder in einem E-A-Kanal gleichzeitig
eingeschrieben und ausgelesen werden soll. Gleichzeitig heißt hier natürlich, daß die beiden Operationen innerhalb eines bestimmten Zeitrasters
ankommen. Der Eintritt in das betreffende Alarmprogramm, welches von einem
dazu bestimmten Prozessor ausgeführt wird, kann etwa dadurch gesteuert

werden, daß man die ans Speicherwerk ausgesandten Adressen durch ein zusätzliches Bit kennzeichnet, ob es sich um den Adressteil eines Leseoder eines Schreibbefehls handelt. Befinden sich innerhalb einer voreinstellbaren Zeitspanne zwei gleiche Adressen mit verschiedenen Zusatzbits in den Auffangregistern einschließlich des Adressregisters, so geht die Anlage in den Alarmzustand. Ähnliche Überlegungen lassen sich bezüglich der Kanalwerke anstellen.

L I T E R A T U R

1   IEEE Transactions on computers, Vol. C-17, No. 8 Aug. 1968
     G.H. Barnes, R.M. Brown, M. Kato, D.J. Kuck, D.L. Slotnick,
     R.A. Stokes: The ILLIAC IV Computer

2   IEEE Transactions on computers, June 1969 p. 520 - 529
     L.J. Koczela, G.Y. Wang: The Design of a Highly Parallel Computer
     Organization

3   IEEE Transactions on computers, Vol. C-21, No. 1, Jan. 1972
     William W. Plummer: Asynchronous Arbiters

4   IEEE Transactions on computers, Vol. C-20, No. 12, Dec. 1971
     J.M. Daniel: Dynamic Resolution of Memory Access Conflicts

5   IEEE Transactions on computers, Vol. C-19, No. 1, Jan. 1970
     H.S. Stone: The Organization of High-Speed Memory for Parallel
     Block Transfer of Data

6   IEEE Transactions on computers, Vol.C-19 , No. 6, June 1970
     Daniel P. Bovet: Multiprocessing systems

7   IEEE Transactions on computers, Vol. C-18, No. 9, Sept. 1969
     R.L. Davis: The ILLIAC IV Processing Element

EIN RECHNERKONZEPT MIT ASSOZIATIVEM ARBEITSSPEICHER
- PRINZIP UND ORGANISATION -

H.-O. Leilich, I. Karlowsky, W. Lawrenz, H.Ch. Zeidler

Einleitung

Assoziative Speicher haben eine größere logische Leistungsfähigkeit als Adreßspeicher und verlangen normalerweise von jeder ihrer Zellen eine höhere logische Funktionstüchtigkeit. Die Herstellung größerer Einheiten scheiterte bisher daran, daß die Bauteile der üblichen Speicher diese zusätzlichen Funktionen nicht zu leisten vermochten (z.B. Ferritkerne, magnetische Filmspeicher etc.) Der Aufbau der geforderten Zellenstruktur mit einem universalen Schaltkreissystem ist natürlich immer möglich gewesen, erwies sich jedoch bei der großen Zahl der benötigten Speicherzellen als sehr kostspielig. Im Zeitalter der großintegrierten Halbleiterschaltungen ist die technisch-wirtschaftliche Basis auch für größere Einheiten vorhanden, insbesondere wenn es sich um regelmäßige Strukturen und um universell verwendbare logische Einheitsbausteine handelt.

Es schien daher lohnend, die Einsatzmöglichkeiten des Assoziativen Speichers in heutigen und künftigen Rechnersystemen näher zu untersuchen. In den folgenden drei Beiträgen soll zunächst das Prinzip des Assoziativen Speichers erläutert und seine bisher bekannten Anwendungsbereiche gekennzeichnet werden. Danach wird ein neues mögliches Anwendungskonzept vorgestellt [+), das sich durch Einsatz eines teilassoziativen Speichers als Arbeitsspeicher eines Rechners ergibt. Die beiden folgenden Referate diskutieren besonders interessante Aspekte der hier vorgestellten Rechnerkonzeption.

1. Prinzip des Assoziativen Speichers

Zum Verständnis des Assoziativen Speichers sollte man sich vergegenwärtigen, daß eine gespeicherte Aufzeichnung - ein "Speicherobjekt" - aus dem Inhalt und einem Ordnungsmerkmal zum Aufsuchen besteht.

[+) Die Arbeiten werden im Rahmen eines von der DFG geförderten Forschungsprogramms am Institut für Datenverarbeitungsanlagen der TU Braunschweig durchgeführt.

"Ordnungsmerkmal" und "Inhalt" sind also einander zugeordnet und bilden zusammen eine Aufzeichnung.

Beim Adreßspeicher ist das Suchmerkmal die Nummer des Speicherplatzes, die "Adresse". Sie ist physisch und fest einer Speicherzelle zugeordnet, in die ein beliebiger Inhalt geschrieben und später wieder aus ihr gelesen werden kann (Bild 1). Ein Adreßspeicher ist also ein gerichteter Zuordner.

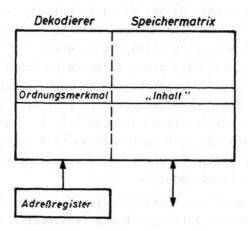

Bild 1 **Struktur des Adreßspeichers**

Würde man in die Speicherzelle sowohl das Ordnungsmerkmal als auch den auszugebenden "Inhalt" einschreiben, so wäre die Platznummer prinzipiell irrelevant. Ordnungsmerkmal und "auszugebender Inhalt" sind dann technisch und logisch von der gleichen Natur, sie bilden gleichzeitig den Inhalt der Speicherzelle. Es ist sogar beim Schreiben des Wortinhalts nicht notwendig, zu bestimmen, welcher Teil später als Ordnungselement benutzt wird.

Der Assoziative Speicher hat nun die logische Fähigkeit, derartige Worte auszuwählen, deren Ordnungsmerkmal mit einem von außen angebotenen Suchwort übereinstimmt. Man bezeichnet Assoziative Speicher daher auch als "Inhaltsadressierte Speicher" (Content-Adressable Memories).

Dazu besitzt jede Speicherzelle eine Koinzidenzschaltung, die bei Übereinstimmung eines von außen bestimmten Teiles seines Inhalts mit

dem entsprechenden Teil des Suchwortes eine Marke setzt. Jedem Wort
ist also ein binäres Speicherelement in der sog. "Wortrandlogik" zugeordnet. Die Gesamtheit dieser Markenelemente bilden das "Assoziationswortregister"(Bild 2).

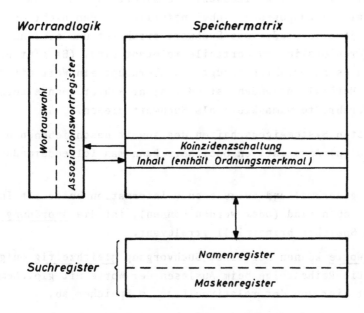

Bild 2 *Struktur des Assoziativen Speichers*

Da mehrere Worte das gleiche Ordnungsmerkmal besitzen können, werden
bei einer Assoziation auf ein entsprechendes Suchwort mehrere Markenelemente gesetzt. Assoziative Speicher sind i.a. in der Schreib- und
Leseelektronik wortorientiert aufgebaut. Dementsprechend ist es notwendig, bei einer "Vielfachkoinzidenz" die markierten Worte seriell
aufzurufen und auszulesen bzw. zu beschreiben. Dazu dient die sog.
Wortauswahl in der Wortrandlogik: sie wählt ein markiertes Wort nach
dem anderen in einer hardwaremäßigen Reihenfolge aus, sie "rippelt"
sie ab, z.B. von "oben nach unten".

Damit sind die wesentlichen logischen Bestandteile des Assoziativen
Speichers erläutert. Ein Auslese-Prozeß verläuft also folgendermaßen:

  Ein Suchwort wird in den "Namensteil" des Suchwortregisters gegeben, im Maskenregister werden die nicht zum Suchwort gehörigen
  Bitfelder gekennzeichnet. Alle gespeicherten Worte werden in den

nicht-maskierten Teilen gleichzeitig durch die einzelnen Koinzidenzschaltungen mit dem Suchwort verglichen. Auf ein Steuersignal "Assoziieren" werden diejenigen Bits des "Assoziationswortregisters" gesetzt, die zu den Worten gehören, deren Ordnungsmerkmal mit dem Suchwort übereinstimmt. Danach wird - durch entsprechende Steuertakte mit Hilfe der Wortauswahl - ein Wort nach dem anderen (bitparallel) ausgegeben, wobei natürlich in dem nicht maskierten Bitfeld jeweils wieder das Suchwort erscheint und i.a. nur die beim Assoziieren maskierten Wortteile relevant sind. (Es gibt Fälle, in denen es zu erfahren genügt, ob überhaupt ein Wort mit dem gesuchten Merkmal vorhanden ist oder nicht - hier könnte auch die ganze Wortbreite unmaskiert als Suchwort dienen.)

Die wichtigsten Systemeigenschaften des soweit beschriebenen allgemeinen (parallelen) Assoziativen Speichers kann man folgendermaßen formulieren:

A) Da Ordnungsmerkmal und auszulesende Information beide als Inhalt eingeschrieben sind (oder werden können), ist die Anordnung der Worte im Speicher prinzipiell irrelevant.

B) Mehrere Worte können bei einem Suchvorgang gleichzeitig aufgerufen werden. Die Reihenfolge beim Auslesen der Worte mit gleichem Merkmal hängt hier von der relativen Lage im Speicher ab.

C) Beliebige Bitfelder der Worte können als Ordnungsmerkmal benutzt werden. Dies setzt eine entsprechende Formatierung der gespeicherten Information voraus.

D) Der Suchraum ist nicht identisch mit dem Speicherraum. Die Suchwortlänge ist variabel und die Zahl der jeweilig möglichen Kombinationen ist unabhängig von der Zahl der im Speicher zur Verfügung stehenden Worte. Es gibt also i.a. Suchworte, die zu keiner Koinzidenz führen.

2. Logische und technische Realisierung des Assoziativen Speichers

Jede Zelle des Assoziativen Speichers muß außer den üblichen Funktionen "Speichern", "Lesen" und "Schreiben" auch noch die Funktion "Vergleichen" ausführen können. Bild 3 zeigt ein explizites logisches Schaltbild der assoziativen Zelle. Die Vergleichsschaltung realisiert dabei die Funktion

$$a_{\nu\mu} = m_\mu \vee (q_{\nu\mu} \equiv n_\mu)$$

Dabei ist $a_{\nu\mu}$ das Assoziationsergebnis des μ-ten Bit eines ν-ten Speicherwortes, $q_{\nu\mu}$ der betreffende Speicherbitinhalt und n_μ bzw. m_μ

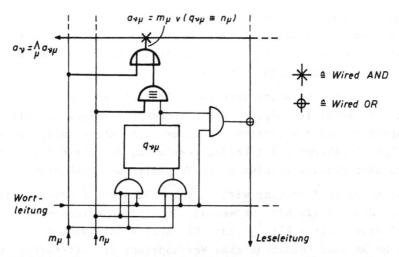

Bild 3 Logisches Schaltbild einer assoziativen Speicherzelle

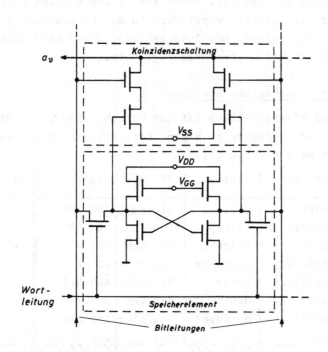

Bild 4 Elektrisches Schaltbild einer assoziativen Speicherzelle
(MOS - Technik)

das entsprechende Bit von Namen- und Maskenregister. Die Konjunktion
aller $a_{\nu\mu}$ eines Speicherwortes ergibt das Assoziationsergebnis a_ν.
Eine Maskierung wird durch das zusätzliche Oder-Gatter und die Zu-
leitung vom Maskenregister ermöglicht.

Bild 4 zeigt eine bekannte technische Realisierung in MOS-Technik und
bietet eine Vergleichsmöglichkeit zwischen einer Speicherzelle bei
Adreßspeicher und Assoziativem Speicher. Der untere Teil, das eigentliche Speicherelement, ist beiden gemeinsam; der obere Teil zeigt den
zusätzlichen Schaltungsaufwand für Vergleich und Maskierung.

Die dargestellte Schaltung wird in einem Baustein (Texas Instruments
TMS 4ooo JC) mit 128 Bits verwendet. Inzwischen wurden schon Chips
mit 512 assoziativen Bits gebaut. Wir dürfen annehmen, daß der elektronische Aufwand höchstens eine Verdoppelung der Bit-Kosten gegenüber
Adreßspeichern bedeutet, wenn man gleiche Technologie und gleichartigen Produktionsumfang voraussetzt. Somit ist es heute nicht mehr irreal,
sich einen Rechner mit Assoziativspeichern in der Größenordnung von
Arbeitsspeichern vorzustellen. Der Zusatzaufwand müßte natürlich durch
entsprechende Systemvorteile gerechtfertigt sein.

3. Anwendungen des Assoziativen Speichers

Weithin bekannt und offensichtlich ist der Wunsch, eine große Datei
inhaltsadressiert zur Verfügung zu haben. Dies soll an folgendem
Beispiel erläutert werden (Bild 5).

Ordnungs-merkmal	Verfasser	Verlag	Thema	Signatur	Marke
	Maier	Hirzel	Filter	ABC 729	
	Müller	Vieweg	Dioden	XBQ 971	
	Maier	Oldenb.	Brücken	LVX 124	x
Katalog	Steinbuch	Springer	Nachr.	SNY 798	
(Speicher)	Schiller	Geest	Wirtsch.	BAB 312	
	Maier	McGraw	Brücken	MMB 7	x
	Müller	Springer	Schiller	SMX 518	
	...	...	...	...	
Auswahl-kriterien (Maske)		///////		///////	
Deskriptoren (Suchwort)	Maier	(beliebig)	Brücken	(beliebig)	

Bild 5: Anwendungsbeispiel für Assoziative Speicher
Suchprozeß aus Bibliothekskatalog

Aus einem Bibliothekskatalog sollen Arbeiten eines Verfassers (Maier)
über ein bestimmtes Thema (Brücken) ausgegeben werden. Jede Eintragung
ist ein "Wort", das nach Kriterien geordnet ist. Die Worte selbst können ungeordnet im Speicher stehen. Die beiden Stichworte werden in das
Namensregister eingegeben, die anderen Kriterien werden maskiert. Auf
einen Assoziationsbefehl werden vom Speicher gleichzeitig bei allen zu-
treffenden Eintragungen Marken gesetzt, ohne daß - wie beim konventionellen Adreßspeicher - alle Eintragungen seriell durchsucht werden müssen.
Anschließend werden die interessierenden Informationen der Reihe nach
ausgegeben. Anfragen an den Katalog können auch nach anderen Auswahl-
Gesichtspunkten (z.B. Signaturen) geschehen, ohne daß die Worte im
Speicher umgeordnet werden müssen.

Leider kann man auch heute noch nicht zu hoffen wagen, daß man mit assoziativen Halbleiterspeichern die hierfür notwendige Größenordnung von
10^9-10^{12} Bit wirtschaftlich realisieren kann. Andere Technologien
(z.B. magnetische Plattenspeicher oder holographische Speicher) erlauben nicht oder nur in kleinen Bereichen die integrierte parallele Aufruflogik. Inwieweit ein Assoziativer Speicher mittlerer Größe mit
adressierbaren Hintergrundspeichern zu einer effektiven Hierarchie verbunden werden kann, dürfte ein lohnendes Forschungsthema für Informa-
tions-Systematiker sein.

Relativ kleine Einheiten von Assoziativen Speichern wurden zum Einsatz
als universelle Schaltnetze (sog. "Functional Memories") vorgeschlagen
(Lit. 1). Aufgrund der oben analysierten Systemeigenschaften eignen
sich Assoziative Speicher hervorragend zur wirtschaftlichen Implementierung von logischen Funktionen, da nur die benutzten Eingangscode-
worte (und nicht alle möglichen) Speicherplätze erfordern. Durch
systematische Maskierung müssen nur die minimisierten Funktionen gespeichert werden.

Vielfache Anwendung finden kleine Assoziative Speicher heute bei der
Verwaltung von Pufferspeichern in Speicherhierarchien. Ebenso eignen
sich Assoziative Speicher für Spezialaufgaben in der Ablaufsteuerung
(Lit. 2,3).

Assoziative Speicher mittlerer Größe (10^6-10^7Bit) werden in sog.
"Assoziativen Rechnern" eingesetzt, die schon vor längerer Zeit in der
Literatur beschrieben wurden und z.T. auch bei Spezialrechnern benutzt
werden (Lit. 4). Hier werden ganze Datenfelder parallel im Speicher
verknüpft (der Befehlsablauf ist grundsätzlich konventionell). Da
keine unmittelbare Kopplung benachbarter Bits möglich ist, benötigt
man zur Ausführung arithmetischer Operationen mehrere Schritte, die

bitsequentiell, aber wortparallel ablaufen. Hier zeigen sich deutlich
Grenzen der logischen Leistungsfähigkeit von Assoziativen Speichern
und damit Grenzen des erhofften Parallelismus.

4. Struktur eines Rechners mit assoziativem Arbeitsspeicher

Im folgenden soll ein neuer Anwendungsbereich untersucht werden, in dem
der Assoziative Speicher als Arbeitsspeicher der Zentraleinheit eines
Rechners eingesetzt wird. Wir gingen von einem Standard - Von Neumann -
Konzept aus, einem Uniprocessor, der Befehl für Befehl vom im Arbeitsspeicher gespeicherten Programm abruft, sie durch ein Befehlswerk
deuten läßt, die Operanden aus dem gleichen Speicher holt und die
Operationen mit Hilfe des Rechenwerks, des Kanalwerks usw. ausführt.

Der Arbeitsspeicher habe assoziative Eigenschaften, jedoch sei nur der
Aufrufmechanismus der Befehle und Daten assoziativ, während der "Inhalt"
der Worte nicht-assoziativ, d.h. wie im Adreßspeicher nur schreib- und
lesbar ist. Diese Version nennt man "teil-assoziativ"; sie ergibt sich
aus dem allgemeinen Assoziativen Speicher, indem man ständig einen
("Inhalts"-) Teil maskiert (Bild 6).

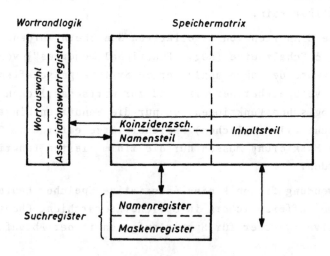

Bild 6 **_Struktur des teilassoziativen Speichers_**

Dies spart einerseits in diesem Teil die Zusatz-Koinzidenzschaltung,
andererseits beschränkt man die Möglichkeiten der assoziativen Auswahl
auf einen Teil der gespeicherten Information, nämlich auf den Ordnungs-

merkmalteil, den wir "Namen" nennen. Es scheint im heute üblichen
Gebrauch des Wortes gerechtfertigt zu sein, diesen Namen "virtuelle
Adresse" zu nennen, obwohl dem Namensraum nicht notwendigerweise ein
Hintergrundspeicherraum entsprechen muß. Jedenfalls ist die "virtuelle
Adresse", der Name jedes Speicherobjekts, schreibbar und die oben er-
läuterten Systemeigenschaften gelten mit der Einschränkung, daß der
Suchraum maximal dem assoziativ zugänglichen Namensraum entspricht.
Die untersuchte Rechnerkonzeption unterscheidet sich von den aus der
Literatur bekannten "Assoziativen Rechnern", in denen im wesentlichen
die assoziativ zugänglichen Datenfelder parallel bearbeitet werden,
während die Befehlssequenz von einem herkömmlichen Rechnersystem mit
Adreßspeicher generiert wird.

Der Einbau eines teil-assoziativen Speichers in den Zentralteil eines
Rechnersystems ergibt nach unseren Untersuchungen die in Bild 7 dargestellte grundsätzliche Struktur, die im folgenden in einigen Punkten
erläutert werden soll.

Für den Befehlsaufruf ergibt sich offensichtlich, daß eine nicht durch
Einsprungstellen unterbrochene Kette von Befehlen, insbesondere ein
"linearer Programmzweig", unter einem Namen in der richtigen Folge abgespeichert werden kann, so daß bei Aufruf dieses Namens alle diese Befehle gleichzeitig markiert und von der Wortrandschaltung "abgerippelt"
werden. Diese Version des "look ahead" erspart sicher den "Programmzähler" (BZ+1-Mechanismus). Das Programm-Zustands-Register erscheint
hier als "Befehlssuchregister" mit Namens- und Maskenteil. Es kann beim
Ablauf des linearen Zweiges auf den "Folgenamen" ("Sprungziel") eingestellt werden, wobei nicht nur eine Sprungbedingung maßgebend sein muß.
Der Folgename kann durch eine Reihe von Bedingungen aus dem aktuellen
Datenstand während der Abarbeitung des linearen Zweiges "zusammengebaut"
werden. Wie aus Lit. 5 und 6 deutlich werden sollte, hat es sich als
zweckmäßig erwiesen, sog. "Einzelumordnungsbefehle" für speziell ausge-
wählte Bits des Folgenamens einzuführen (Bild 8). Zusätzliche "Gesamt-
umordnungsbefehle" entsprechen dem üblichen "bedingten Sprung". Wesentlich ist jedenfalls, daß die Aufstellung des Namens des folgenden Befehlsblocks nicht gleichzeitig mit der Abfrage der Bedingungen erfolgen
muß, sondern daß erst am Ende des "linearen Zweiges" eine Verzweigung
(i.a. Vielfachverzweigung) vorgenommen wird. (In Lit. 5 werden die daraus folgenden Programmstrukturen besprochen, und die Auswirkungen der
Maskierung und weiterer Eigenschaften des assoziativen Prinzips einbezogen).

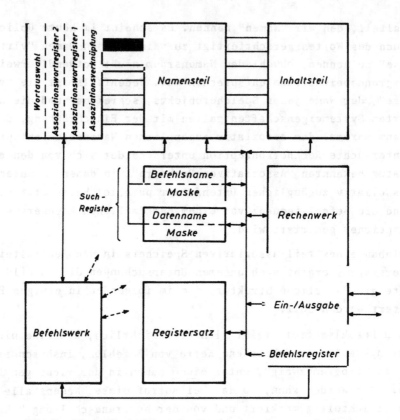

Bild 7 *Blockschaltbild eines Rechners mit assoziativem Arbeitsspeicher*

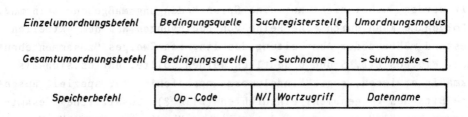

Bild 8 *Grundsätzliche Befehlsstruktur*

Die Möglichkeit der "linearen Befehlskette" legt auch den Gedanken an Mehrwort-Befehle nahe, so daß sich der Aufbau eines optimalen Befehlscodes - mit Befehlen sehr verschiedener Mächtigkeit - vereinfacht.

Beim Datenaufruf kann man ebenfalls die Möglichkeiten des Assoziativen Speichers ausnutzen. So ist z.B. der Aufruf eines ganzen Wortblocks möglich, wobei im Befehl spezifiziert werden muß, ob das erste, letzte oder auch alle Worte gleichzeitig aufgerufen werden sollen ("Wortzugriff" Bild 8). Die Konsequenzen der relativ freizügigen Namenswahl werden u.a. in Lit. 6 diskutiert. Da auch der Name beschrieben, geändert oder Teile davon gelesen werden können, muß ein Bit "N/I" (Name oder Inhalt) spezifiziert werden. Es ist z.B. möglich, gleichzeitig den Namen eines ganzen Daten- oder Befehlsblocks ganz oder teilweise zu ändern. Daher erscheint im Rechnerstrukturbild auch eine Verbindung des Namensteils zur Datensammelschiene.

Da wir - wie beim konventionellen Universalrechner - die übliche Speicheraufruffolge Befehl-Datum-Befehl beibehalten, empfiehlt es sich, zwei Assoziationswortregister vorzusehen, von denen das eine die aufgerufene Befehlskette festhält, während das andere die einzelnen Datenworte oder Datenblöcke markiert. Für mehrere Datenblöcke, die in einer Befehlskette angesprochen werden, empfiehlt sich eine Markierung des Abarbeitungszustandes im assoziativen Namensteil, so daß beim Wiederaufruf das jeweils nächste Datenwort verarbeitet werden kann.

Da der Name praktisch länger ist als die sonst übliche Adresse, zudem öfter auch eine neue Maske angegeben werden muß, machen wir Gebrauch von der auch sonst üblichen Kurznamentechnik und haben ein "Datensuchregister" (ebenfalls mit Namens- und Maskenteil) vorgesehen, von dem innerhalb eines Programmabschnittes meist nur ein Teil durch einen Einzelbefehl geändert wird. Für den mikroprogrammtechnischen Ablauf der Befehle werden auch "Transportmasken" etc. benötigt, die - wie auch bei konventionellen Rechnern - in einem Registersatz (Schnellspeicher) bereitgehalten werden.

Momentan nicht verwendete Speicherworte werden als "Leerworte" bezeichnet, und tragen als Name einen bestimmten Leerwortcode. Man kann z.B. bei Inbetriebnahme des Rechners zunächst alle Namensbits maskieren; dann assoziieren alle Worte und in alle Namensfelder kann gleichzeitig dieser Leerwortcode eingeschrieben werden. Soll im Laufe des Rechnens ein neuer Daten- oder Befehlsblock eingelesen werden, so wird der Leerwortcode in das Datensuchregister eingegeben und auf alle noch vorhandenen Leerworte assoziiert. Dann werden - durch die Ripple-Logik

gesteuert - nacheinander die Informationen eingeschrieben und zwar
jeweils sowohl Name als auch Inhalt. Die Leerworte müssen nicht dicht auf
einanderfolgen und ihre Lage zu anderen Speicherworten ist irrelevant;
beim Auslesen bleibt jedoch die Reihenfolge der Abspeicherung innerhalb der Wortverbunde erhalten.

5. Zusammenfassung

Das Prinzip des Assoziativen Speichers wurde erläutert und auf seine
Realisierbarkeit als großintegrierte Halbleiterschaltung hingewiesen.
Eine neue Anwendungsmöglichkeit, nämlich die eines teilassoziativen
Speichers als Arbeitsspeicher in einem Rechensystem mit den spezifi-
schen Eigenschaften des dazu notwendigen Befehlscodes und den Eigen-
heiten des Adressiermodus und des Programmablaufs, wurde vorgestellt.

Die beiden folgenden Beiträge diskutieren die Auswirkungen eines solchen Rechnerkonzepts auf Datenverwaltung (Lit. 6) und Programmierung
(Lit. 5).

Literatur:

1) M. Flinders, P.L. Gardner, R.J. Llewelyn, J.F. Minshull:
   Functional Memory as a General Purpose Systems Technology,
   Proceedings of the 197o IEEE International Computer Group Confe-
   rence, Washington, D.C.S. 314-324

2) F.H. Sumner: Hardware-Architecture and Computer-Organisation,
   Lecture Notes in Computer Science, 2. GI-Tagung Karlsruhe 1972,
   S. 22-36

3) H. Schecher: Vorschläge für die Organisation einer flexiblen
   Multiprozessoranlage, Lecture Notes in Computer Science, NTG/GI-
   Fachtagung Braunschweig, März 1974

4) J.A. Rudolph: A Production Implementation of an Associative Array
   Processor-STARAN, Proceedings of the 1972 Fall Joint Computer
   Conference S. 229-241

5) W.Lawrenz: Ein Rechnerkonzept mit assoziativem Arbeitsspeicher
   - Programmorganisation , Lecture Notes in Computer Science
   NTG/GI-Fachtagung Braunschweig, März 1974

6) I. Karlowsky: Ein Rechnerkonzept mit assoziativem Arbeitsspeicher
   - Speicher- und Namensverwaltung, Lecture Notes in Computer Science
   NTG/GI-Fachtagung Braunschweig, März 1974

EIN RECHNERKONZEPT MIT ASSOZIATIVEM ARBEITSSPEICHER
- SPEICHER- UND NAMENSVERWALTUNG -

I. Karlowsky

Der teilassoziative Speicher ist eine technische Realisierung eines
virtuellen Speicherkonzepts, das nicht auf einer Speicherhierarchie
aufbaut. Den virtuellen Adressen - hier Namen genannt - wird nicht
notwendigerweise (realer!) Speicher einer nachgeordneten Hierarchie-
ebene zugeordnet, so daß die Anzahl der möglichen Namen nur durch
ihre Länge bestimmt ist und von der Anzahl der realen Speicherplätze
verschieden gewählt werden kann.

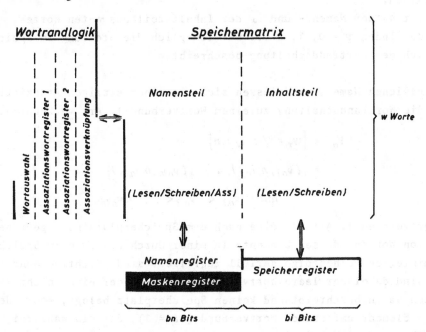

Bild 1: *Die Blockstruktur des teilassoziativen Speichers*

Speicherraum und Namensraum werden dynamisch einander zugeordnet und
getrennt verwaltet, sowohl auf der Compiler- wie auf der Systemebene. Die hardware-gegebenen Randbedingungen des in Bild 1 dargestellten Speichers sind dabei:

1) Jedem Speicherwort ist zu jeder Zeit ein und nur ein Name zugeordnet.

2) Jeder Name kann mehreren Speicherworten zugeordnet sein.

3) Die Zuordnung ist dynamisch änderbar.

4) Es lassen sich aufgrund von Relationen von Namen Mengen von
   Speicherworten bilden, zu denen parallel oder seriell zugegriffen
   werden kann *).

1. Die Grundstrukturen im Speicherraum

Ein Speicherwort $w_\nu \in W$ läßt sich als geordnetes Tripel der Form

$$w_\nu = (\nu, n_\nu, i_\nu)$$

beschreiben.

Dabei ist n_ν der Namens- und i_ν der Inhaltsteil des ν-ten Wortes,
wobei der Index ν = 0, 1, 2 ... w-1 lediglich die Stellung im Speicher
bezüglich der Wortrandschaltung beschreibt.

Worte gleichen Namens $n \in N$ lassen sich mit einer einzigen Assoziation
durch die Wortrandschaltung zu einem Wortverbund 1. Art verknüpfen:

$$V_n' = \left\{ w_\nu \in W : n_\nu = n \right\}$$

$$= \left\{ (\nu_{n,1}, n, i_{n,1}), \ldots, (\nu_{n,ln}, n, i_{n,ln}) \right\}$$

$$mit \quad \nu_{n,1} < \nu_{n,2} < \ldots < \nu_{n,ln}$$

Ein Wortverbund 1. Art ist eine nach dem Speicherplatzindex geordnete
Menge von Worten, dessen Elemente in einer durch die Lage im Speicher
determinierten Reihenfolge seriell zugreifbar sind. Wichtige Sonderfälle sind dabei der leere Wortverbund (l = 0), der einen nicht verwendeten Namen beschreibt und keinen Speicherplatz belegt, sowie der
nur ein Element umfassende Wortverbund (l = 1), der ein wahlfrei
zugreifbares Wort beschreibt.

Die Namen von Worten lassen sich dynamisch parallel oder seriell
ändern. So können ganze Verbunde parallel umbenannt, d.h. im Namens-

---

*) Eine Relation "Nachbarschaft von Worten", wie sie von verschiedenen
Autoren (z.B. Lit. 7 und 8) verwendet wird, ist wegen des zusätzlichen Aufwandes in der Wortrandlogik und der Probleme bei der Speicherbelegung und der Ausschaltung defekter Zellen hier nicht vorgesehen.

raum verschoben werden, und zu einem Verbund können Elemente hinzugefügt oder entfernt werden, die i.a. einem oder dem Leerwortverbund
entnommen oder zugeschlagen werden. Dabei sind nicht alle Leerworte
gleichwertig, wenn der Verbund an einer definierten Position erweitert
werden soll und es wird i.a. auch nicht immer ein geeignetes Leerwort
existieren, so daß Umspeicherungen notwendig werden können. Dieses
Problem ist jedoch weniger gravierend, wenn ein Wortverbund nur am
Ende erweitert wird. Das Hinzufügen und Entfernen von Worten nur am
Ende eines Wortverbundes ergibt eine Kellerstruktur.

Auf den Wortverbund 1. Art kann ein Objekt im Namen-Inhaltsraum

$$o_n = (n, i_{n,1}, i_{n,2}, \ldots, i_{n,ln})$$

abgebildet werden. Es ist nicht an feste Worte im Speicher gebunden und
eignet sich zur Beschreibung von

   a) Befehlsfolgen zwischen zwei Ein- oder Rücksprung-
      stellen
   b) Mehrwortbefehle und -variable
   c) Ein- und Ausgabepuffer und andere Datenfolgen, zu denen
      ein serieller Zugriff ausreichend ist.
   d) Datenfolgen, bei denen die zeitlichen Nachteile eines
      seriellen Zugriffs wegen anderer Vorteile in Kauf ge-
      nommen werden. So kann z.B. der Gesamtbedarf an Namen
      vermindert oder der Überlauf bei einem Hashcode einfach
      gelöst werden.

Wortverbunde 2. Art lassen sich durch eine einzige Assoziation aus
Wortverbunden 1. Art bilden, wenn ihre Namen n_v in den in einer Such-
maske sm gekennzeichneten Bits mit einem vorgegebenen Suchnamen sn übereinstimmen. Diese Namen werden "überdeckend bezüglich (sn,sm)"
genannt.

$$V''_{(sn,sm)} = \left\{ V'_{n_v} : \bigwedge_{\mu} (sm^{\mu} \vee (n_v^{\mu} \equiv sn^{\mu})) = \text{"true"} \right\}$$

$$= \left\{ w_v \in W : n_v \text{ überdeckend bezüglich } (sn,sm) \right\}$$

$$= \left\{ (v_1, n_1, i_1), \ldots, (v_h, n_h, i_h) \right\}$$

$$mit \quad v_1 < v_2 < \ldots < v_h$$

Die Wortverbunde 2. Art sind geordnete Mengen von Speicherwörtern, zu
denen mit steigendem oder fallendem Speicherplatzindex zugegriffen
werden kann. Von besonderer Bedeutung ist der "alle Worte im Speicher"-
Verbund mit $sm = "L"^{bn}$, der es ermöglicht, bei nicht definiertem

Speicherinhalt zur Initialisierung zunächst z.B. alle Worte parallel
zu Leerworten zu erklären.

Über Wortverbunde 2. Art hinaus lassen sich durch die Verknüpfung aufeinanderfolgender Assoziationen kompliziertere Wortverbunde bilden.
So lassen sich durch die in der Literatur häufig beschriebenen bit-
sequentiellen Suchalgorithmen Worte verbinden, deren Namen in einer
bestimmten Relation ψ zueinander stehen, z.B. deren Namen als Dual-
zahl interpretiert größer als ein vorgegebener Name sind:

$$V_\psi''' = \left\{ w_\nu \in W : n_\nu \in \psi(N) \right\}$$

2. Die serielle Wortauswahl

Ein Wortverbund ist eine nach dem Speicherplatzindex ν geordnete Untermenge aus der Menge aller Speicherworte. Die einzelnen Worte eines
Verbundes werden für die Abarbeitung in einem Register (AW-Register)
der Wortrandlogik markiert und seriell zum Ein- oder Auslesen ausgewählt ("abgerippelt"). Dabei geht zu jedem Zeitpunkt aus dem Zustand
der Wortrandlogik hervor, welche Worte des Verbundes noch abzurippeln
sind, und diese Information muß bei einer Unterbrechung des Rippelns
entweder erhalten oder später wieder hergestellt werden können. Eine
Unterbrechung kann nämlich nicht ausgeschlossen werden, sei es weil
ein Interrupt vorliegt, sei es weil abwechselnd Elemente verschiedener
Verbunde ausgelesen werden müssen, die z.B. miteinander verknüpft
werden müssen, und es bieten sich prinzipiell folgende Lösungsmöglichkeiten an:

i) Bei Implementierung einer geeigneten Anzahl von Assoziationswort-
   Registern (mindestens ein AW-Register pro Unterbrechungsebene)
   lassen sich die Unterbrechungen in der Wortrandlogik markieren.
   Marken in AW-Registern sind Marken im Speicherraum, die ver-
   lorengehen, wenn die entsprechenden Worte umgespeichert werden,
   was bei einer Programmunterbrechung z.B. nicht ausgeschlossen
   werden kann. Zwei AW-Register scheinen eine aufwandsmäßig ver-
   tretbare Lösung zu sein, um den wechselseitigen Aufruf von
   Befehlen und Daten schnell zu gestalten.

ii) Es können auch ein oder mehrere Bits der Namen für Unterbre-
   chungsmarken vorgesehen werden. So ergeben sich Marken im
   Namensraum, die bei Umspeicherungen erhalten bleiben. Sie sind
   eine geeignete Lösung, wenn mehr als ein Datenverbund "gleichzeitig" aktuell ist. Da der Name verändert wird, eignet sich
   diese Methode nicht für reentrante Befehlsfolgen.

Das gleiche gilt, wenn die Elemente eines Verbundes bei der
Abarbeitung programmgesteuert im Namensraum verschoben werden
(einen anderen Namen erhalten), auch wenn dies nach der Abarbeitung des letzten Elementes wortparallel rückgängig gemacht
werden kann.

iii) Der Status der Wortrandlogik läßt sich nach einer Unterbrechung
wiederherstellen, wenn die Auswahlalgorithmen der jeweils aktuellen Wortverbunde sowie die Anzahl der bereits erfolgten
Ripplezugriffe noch bekannt sind. Dabei ist zwar bei Verbunden
mit vielen Elementen und komplizierten Auswahlalgorithmen die
Wiederaufnahme relativ langwierig, doch erscheint dies die
einzige Möglichkeit für reentrante Befehlsfolgen zu sein, wenn
innerhalb der in der Regel kurzen linearen Befehlsfolgen eine
Unterbrechung nicht ausgeschlossen werden kann. Zudem lassen
sich alle Wortverbunde 1. und 2. Art durch eine einzige Assoziation bilden.

3. Die Struktur des Namensraumes

Bisher wurde über die Struktur des Namensraumes

$$N = \left\{ n : n \in b^{bn} \wedge b \in \{0,L\} \right\}$$

keine Aussage gemacht. Konventionell wird er zur Erleichterung der
Speicheranordnung meist als zweidimensional angesehen, indem man den
Namen aus einem Seiten- und einem Distanz-Teilnamen zusammensetzt.

In einem teilassoziativen Arbeitsspeicher sollten die Namen jedoch so
vergeben werden, daß Worte, die häufig nach einem bestimmten Kriterium
zusammengefaßt werden müssen, überdeckende Namen haben und so mit
einer einzigen Assoziation einen Wortverbund bilden können. Deshalb
wird hier für die Namensraumverwaltung auf Systemebene von einem
vierdimensionalen Namensraum ausgegangen, so daß sich ein Name als
Konkatenation der Basisvektoren "Worttyp", "Job", "Seite" und "Distanz"
darstellt.

$$n_\nu = t_\nu \cdot j_\nu \cdot s_\nu \cdot d_\nu$$

Dieses Namensformat impliziert eine statische Namensraumverwaltung
auf der Systemebene, wobei der Speicher durchaus dynamisch belegt
wird. Die verschiedenen Jobs werden durch disjunkte, jobeigene Namens-
mengen vor unerlaubtem Zugriff geschützt. Vorgesehen ist eine geeignete Anzahl von Worttypen, wie z.B. Leerwort (L), Befehl (B), Variab-

le (V) und Konstante (K). Weitere Worttypen wären denkbar, z.B. A für
Daten, deren Namen zur Compilierzeit nicht bestimmt werden können,
wie es bei inhaltsbezogenen Namen oder einer Halde (heap) der Fall
ist. So wird eine einfache Trennung von konstantem und variablem
Code als eine Voraussetzung für ablaufinvariante Unterprogramme ermöglicht und das Auslagern von Programmen erleichtert, jedoch führt
diese starre Aufteilung des Namensraumes i.a. zu einer lückenhaften
Belegung desselben. Es kann deshalb u.U. doch günstiger sein, die
Namen nur aus Seite und Distanz zusammenzusetzen. Dann könnte auf
Kosten der Systemzeit die Namensraumverwaltung dynamisiert werden und,
ohne daß Umspeicherungen notwendig werden, kann erreicht werden, daß
die verschiedenen Worttypen eines Jobs stets aufeinanderfolgende
Seiten belegen, da eine Verschiebung im Namensraum durch wortparalle-
les Verändern der Seitennamen erfolgen kann.

Darüberhinaus ist ein einziger Name für alle Leerworte prinzipiell
ausreichend. Dies könnte ein besonderer Name des Betriebssystems sein.
Eine andere Möglichkeit wäre es, einen Leerwortnamen pro Job vorzusehen, so daß das Betriebssystem jedem Job einen Leerwortvorrat zu-
teilen könnte.

Dennoch sollen hier die in Bild 2 dargestellten Namensformate zugrundegelegt werden. So lassen sich die Probleme und Möglichkeiten für
Befehle (siehe Lit. 1o) und Daten leicht voneinander trennen und
die Vorteile der programmierbaren Namensgebung als prinzipielle
Systemeigenschaft der in Bild 1 dargestellten Speicherstruktur ein-

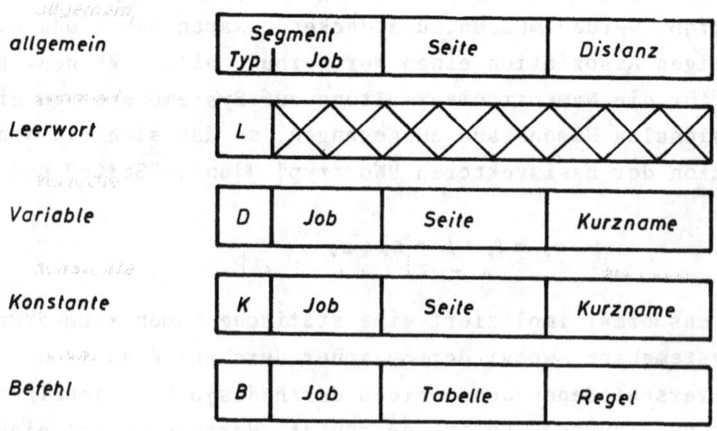

allgemein	Segment Typ | Job	Seite	Distanz
Leerwort	L	//////	//////
Variable	D | Job	Seite	Kurzname
Konstante	K | Job	Seite	Kurzname
Befehl	B | Job	Tabelle	Regel

Bild 2: Die Namensformate

facher aufzeigen. Ein wesentlicher Vorteil ist dabei, daß das Problem
der Lücken im Speicherraum entfällt, denn nur tatsächlich verwendete
Namen müssen geladen werden und können zum Teil bald wieder gelöscht
und dem allen Jobs gemeinsamen Pool an Speicherreserve zugeschlagen,
d.h. zum Leerwort erklärt werden. Das gilt z.B. für nur vorübergehend
benötigte Zwischenergebnisse oder abgearbeitete Programmstücke. Mit
gewissen Einschränkungen ist jedes Leerwort sofort für alle Jobs für
alle Zwecke verwendbar, denn der absoluten Lage eines Wortes im
Speicher ist keine Information zugeordnet. Im Namensraum sind Lücken
zudem weniger störend, da eine Verdoppelung des Namensbedarfs durch
eine weniger ökonomische Belegung des Namensraumes eine Erweiterung
der Speicherworte um ein Bit und nicht eine Verdoppelung der Anzahl
der Speicherworte erfordert. Der Namensraum kann deshalb größer als
der Speicherraum gewählt werden.

4. Der Stapel als Beispiel für eine allgemeine Art der Namens-
verwaltung für Variable auf Compilerebene

Den einzelnen Worttypen der verschiedenen Jobs sind jetzt also fest
- und nicht variabel durch ein Betriebssystem - disjunkte Untermengen
aus der Menge aller voneinander verschiedenen Namen zugeordnet. Dies
erlaubt es, die Verwaltung der Variablennamen getrennt von den für
die anderen Worttypen reservierten Namen auf Effektivität und Eindeutigkeit des Adressierungsmodus und Ökonomie im Speicher- und
Namensraum zu untersuchen.

Als Beispiel soll im folgenden die Namensraumverwaltung für Variable
nach dem Stapelprinzip untersucht werden, das Dijkstra /Lit. 1/ schon
für Rechner mit Adreßspeicher vorgeschlagen hat. Es geht von einer
statischen Blockstruktur des Programms aus, wie sie auch in Algol 60
zu finden ist. Beim Betreten eines Blockes wird der Stapel um die
neu deklarierten Variablen erweitert und entsprechend beim Verlassen
verkleinert. Alle Variablen der aktuellen (Unter-) Programmebene sind
relativ zu einem Basisregister wahlfrei zugreifbar. Die Variablen
übergeordneter UP-Ebenen sind nur indirekt über die Parameter zugreifbar. Beim Betreten einer neuen UP-Ebene wird der Basiszeiger auf die
momentane Stapelspitze gestellt und sein alter Wert als Verweis-
information eingespeichert. Dann können die UP-Parameter, unter ihnen
auch die Rücksprungadresse, "gekellert" werden. Es können die Adressen

der Parameter (relativ zum unteren Grenzregister) oder die Werte der
Parameter ("value") übergeben werden. Umgekehrt wird beim Verlassen
eines Unterprogrammes der Stapel um die Speicherplätze zwischen Stapelspitze und Basiszeiger verkleinert, und der Basiszeiger nimmt seinen
früheren Stand ein. Der Stapel kann unter den völlig allgemeinen Bedingungen z.B. eines ALGOL-60-Programmes angewendet werden und belegt
den Namensraum dynamisch, dicht und zur Ausführungszeit eindeutig. Er
ist die einfachste Möglichkeit, rekursiven Unterprogrammaufruf zu
ermöglichen. Wegen dieser Bedeutung unterstützen viele moderne Rechner
eine Stack-Organisation des Speichers durch Hardwareeinrichtungen und
entsprechende Befehle.

Diese Adreßspeicher-Lösung läßt sich nun direkt auf den Namensraum des
teilassoziativen Speichers übertragen. Ein oberes und ein unteres Grenzregister können dabei entfallen, da allgemein nur ein Variablenstapel
pro Job notwendig ist, so daß diesem alle Variablennamen des Jobs zur
Verfügung stehen dürfen. Darüberhinaus kann prinzipiell bei jedem
Unterprogrammaufruf eine neue Seite betreten werden. Das setzt natürlich voraus, daß die dadurch erzielte Vereinfachung der relativen
Adressierung die weniger ökonomische Belegung des Namensraumes recht-
fertigt.

In jedem Fall wird so aber wirklich eine dynamische Speicherbelegung
erreicht, denn nur die jeweils belegten Namen belegen auch Speicherraum, während beim Adreßspeicher ein Programm anderen Benutzern den
ganzen Speicherraum zwischen oberer und unterer Grenze statisch ent-
zieht. Wählt das Betriebssystem diesen Raum zu klein, werden dort
Umspeicherungen oder Kettungen notwendig.

Im teilassoziativen Speicher kann der Variablenbereich eines Jobs
durch Nachladen von Namen erweitert werden. Diese Namen werden beim
Stapelprinzip bereits zur Compilierzeit bestimmt und sind nicht an
eine bestimmte Lage im Speicher gebunden. Dabei muß aber jeder Name
einzeln nachgeladen werden, doch dies kann ohne Nachteile zusammen
mit der ersten Wertzuweisung geschehen. So wird es möglich, daß selbst
deklarierte Variable keinen Speicherplatz belegen, solange ihnen kein
Wert zugewiesen wird.

Beim Abbau des Variablenstapels ist eine analoge Lösung nicht möglich:
die Namen müssen einzeln oder nach Verwendung eines bitseriellen Auswahlalgorithmus blockweise gelöscht werden. Dies erscheint zeitraubend
gegenüber einer einfachen Veränderung des Stapelspitzenzeigeregisters
bei einer Adreßspeicherrealisierung, so daß es günstiger erscheint,
den Stapel nur abzubauen, wenn der Leerwortvorrat erschöpft ist.

Soweit ergeben sich gegenüber dem Adreßspeicher bei der Realisierung
eines Variablenstapels hauptsächlich Vorteile in der Speicherbelegung.
Das kann auch nicht verwundern, denn wie beim Adreßspeicher beruht die
diskutierte Stapelrealisierung auf Relationen von Namen. Dabei sind
jedoch folgende Unterschiede zu beachten:

1) Anders als beim Adreßspeicher ist ein unter einem Namen aufruf-
   bares Element ein $(ln+1)$-Tupel der Form

$$o_n = (n, i_{n,1}, \ldots, i_{n,ln})$$

   Die einzelnen Informationseinheiten eines Elementes sind in einer
   durch ihre Stellung im Speicher determinierten Reihenfolge seriell
   zugreifbar, und ihre Anzahl ln läßt sich dynamisch ändern, ohne das
   Namensgefüge des Stapels zu beeinflussen.

2) Es lassen sich zur Compilierzeit Reservelücken in den Stapel einbauen, die wohl Namensraum, nicht jedoch Speicherraum belegen,
   solange ihnen kein Inhalt zugewiesen wurde.

3) Zur Ausführungszeit lassen sich durch bitserielle Manipulation der
   Namen Lücken im Stapel schaffen, erweitern, entfernen oder verkleinern, ohne daß wortserielle Umspeicherungen notwendig sind. Es
   muß dann aber ein Teil der stapelspezifischen Verweise im Stapel
   und ein Teil der Operanden in den Befehlen wortseriell korrigiert
   werden.

Auf diese Weise können auch Felder mit flexiblen Indexgrenzen, die
im Zeitpunkt der Vereinbarung noch nicht angegeben werden können,
in den Stapel integriert werden und müssen nicht unbedingt in einem
getrennten Namensbereich, der Halde, realisiert werden. Ebenso lassen
sich anonyme Objekte, die nur durch ein Referenzgeflecht zugänglich
sind, entsprechend ihrem Gültigkeitsbereich in den Stapel einbauen.
So kann eine Halde ganz entfallen oder selbst sehr vereinfacht werden
und das Problem der Speicherbereinigung vermindert sich offensichtlich.
Es tritt jedoch weiterhin auf, wenn der Gültigkeitsbereich einer
Variablen nicht so weit wie möglich eingeengt ist und wenn anonyme

Objekte unzugänglich geworden sind. Während der erste Fall praktisch
nicht lösbar ist, könnte die im zweiten notwendige Durchsuchung der Referenzen erleichtert werden, wenn dafür ein geeigneter Worttyp "Ref"
vorgesehen wäre. Ein vollassoziativer Speicher wäre für dieses Durch-
suchen natürlich besonders geeignet.

Literatur:

1) B.W. Dijkstra: Recursive Programming, Num. Mathematik, Vol.2, No.5,
   Oct. 1960

2) B. Randell, C.J. Kuehner: Dynamic Storage Allocation Systems,
   CACM, Vol. 18, No. 5, May 1968

3) P.L. Wodon: Data Structure and Storage Allocation, Bit 9 (1969),
   pp. 270-282

4) N. Minsky: Rotating Storage Devices as Partially Ass. Mem., Fall
   Joint Computer Conference, 1972

5) E.A. Feustel: On the Advantages of Tagged Architecture, IEEE Trans-
   on Computers, Vol. C-22, No. 7, July 1973

6) C.H. Lindsey: Making the Hardware Suit the Language, Algol 68 Implementation, J.E. Peck (ed.) North Holland Publishing Company

7) H.H. Love, D.A. Savitt: An Iterative-Cell Processor for the ASP
   Language, Ass. Information Techniques, E.L. Jacks (ed.), American
   Elsevier Publishing Comp. Inc.

8) G.J. Lipovski: The Architecture of a large Distributed Logic Associative Memory, Coordinated Science Lab., Univ. of Illinois Report
   R-424 July 1969

9) H.-O. Leilich, I. Karlowsky, W.Lawrenz, H.Ch. Zeidler: Ein Rechner-
   konzept mit assoziativem Arbeitsspeicher - Prinzip und Organisation -
   Lecture Notes in Computer Science, NTG/GI-Fachtagung in Braunschweig,
   März 1974

10) W. Lawrenz: Ein Rechnerkonzept mit assoziativem Arbeitsspeicher
    -Programmorganisation- , Lecture Notes in Computer Science, NTG/GI-
    Fachtagung in Braunschweig, März 1974

EIN RECHNERKONZEPT MIT ASSOZIATIVEM ARBEITSSPEICHER
- PROGRAMMORGANISATION -
W. Lawrenz

In diesem Beitrag wird der Einfluß eines assoziativen Arbeitsspeichers
in der Zentraleinheit eines Universalrechners auf dessen Programmablaufsteuerung analysiert. Daraus ergeben sich spezielle Befehle, Hardware-
Einrichtungen und Programmtechniken, mit denen beliebige Programmstrukturen an die assoziative Arbeitsspeicherstruktur angepaßt werden
können.

Ein Adreßspeicher mit seiner relativ starren Struktur - fest an den
Speicherort gebundene Adressen - erlaubt nur eine günstige Anpassung der
linearen Programmstücke durch Zähloperation im Programmzustandszähler.
Der Assoziativspeicher bietet mit seinen für jeden Speicherort frei
wählbaren Namen und der Linearisierung durch die Wortauswahllogik mehr
Flexibilität zur Anpassung von der Speicherseite her. Daraus resultiert
bei "Assoziativen Programmen" ein geringerer Ablaufsteueraufwand an
Speicherplatz und Ausführungszeit für die Befehlsfortschaltung als bei
konventionellen Programmen.

Im folgenden wird ein vollständiger Satz von elementaren Programmstrukturen aufgezeigt, und es werden Regeln zur systematischen Nutzung der
Flexibilität des assoziativen Speichers entwickelt. Es zeigt sich formal,
daß diese Programmiervorschriften eine der Entscheidungstabellensprache
[4] ähnliche Programmsprache auf Maschinenebene induzieren. Damit stellt
ein Rechner mit assoziativem Arbeitsspeicher eine der Entscheidungstabellensprache angepaßte Struktur dar, in dem solche Programme mit geringem
Ablaufsteueraufwand hinsichtlich Compilation und Ausführungszeit ausgeführt werden können. Bei Rechnern mit Adreßarbeitsspeicher ist z.B. das
sequentielle Durchmustern der Verzweigungstabelle nach der richtigen
Verzweigungsregel sehr aufwendig und daher z.Zt. auf spezielle Anwendungsbereiche beschränkt.

Außer den hier behandelten eigentlichen Ablaufsteuerbefehlen impliziert
dieses Rechnerkonzept eine besondere Darstellung der Datennamen, die
in [1, 2] bereits behandelt wurden. Bei anderen Rechnern mit assoziativen Speichern, den sogenannten "assoziativen Prozessoren" [3], sind die
datenbezogenen Befehle im Vordergrund, weil die Daten im vollassozia-
tiven Speicher verarbeitet werden, während die Befehlsfortschaltung im
wesentlichen konventionell ist.

1. Grundlagen der "Assoziativen Programmierung"

Um die Programmierregeln systematisch entwickeln zu können, sollen zunächst die aneinander anzupassenden Strukturmerkmale von Programmen und Assoziativ-Speichern zusammengestellt werden.

Jede beliebige Programmstruktur läßt sich z.B. aus den folgenden drei Programmstrukturelementen [5] aufbauen (Bild 1):

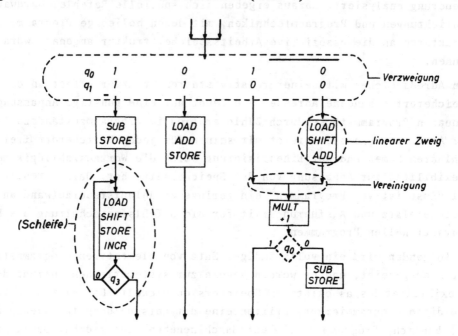

Bild 1: Programmstrukturelemente

a) linearer Zweig (Aktion): lineare Folge von Befehlen ohne innere Verzweigungen und Vereinigungen.

b) Verzweigung: bedingungsabhängige Programmverzweigung in mehrere lineare Zweige.

c) Vereinigung: Zusammenlauf von mehreren linearen Zweigen in einen linearen Zweig.
   (Die "Schleife" setzt sich aus den drei genannten Strukturelementen zusammen. Sie ist damit in diesem Sinne kein Element und wird im weiteren nicht mehr gesondert behandelt.)

Die Struktur des Assoziativspeichers [1] (Bild 2) zeigte folgende Systemeigenschaften:

Der Namensteil des teilassoziativen Speichers ist beliebig beschreibbar. Die Namen sind über den Inhalt des Befehlssuchregisters BS, das sich aus Name (BSN) und Maske (BSM) zusammensetzt, assoziativ aufrufbar. Der nichtassoziative Inhaltsteil des Speichers ist beschreib- und lesbar.

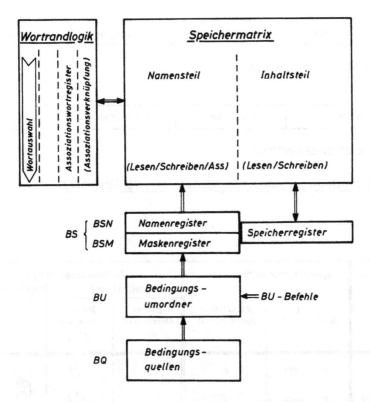

Bild 2: Assoziativer Arbeitsspeicher mit Bedingungsmanipulation

Die Wortrandlogik des Assoziativspeichers enthält (mindestens) ein
Assoziationswortregister zur Aufnahme der Assoziationsergebnisse und
eine Wortauswahllogik, die die markierten Speicherworte seriell in fest-
gelegter Reihenfolge (in Bild 2 von "oben" nach "unten") auswählt. Darüberhinaus ist eine Verknüpfungslogik vorgesehen, die es gestattet
- z.B. disjunktiv - alte und neue Assoziationsergebnisse miteinander
zu verknüpfen. Außerdem enthält der Rechner einen Bedingungsumordner BU,
der die Werte von verzweigungssteuernden Bedingungsquellen BQ (z.B.
aus dem Rechenwerk) bestimmten Stellen im BS-Register zuweist. Die Bedingungsumordnung wird durch "BU-Befehle" gesteuert, die die Bedingungs-
quellennummer, die Ziel-Suchregisterstelle und den "Umordnungsmodus"
angeben (Bilder 3 und 4).

Diese Hardwaremittel ergeben die folgenden drei Freiheitsgrade für die
Realisierung der Programmstrukturelemente:

a) <u>Abspeicherordnung:</u> Speicherort und Speichername sind voneinander
   unabhängig; also ist der Speicherort wählbar.
b) <u>Speichername:</u> Die Namen der Befehle im Speicher sind frei wählbar.
c) <u>Suchwort:</u> Das Suchwort muß so erzeugt werden, daß es die gewünschten
   Speichernamen mit den entsprechenden Speicherinhalten auswählt.

Bedingungsquelle i	Suchregisterstelle j	Umordnungsmodus	Assoziation

(a) Einzelumordnungsbefehl

Bedingungsquelle	> Suchname <	> Suchmaske <	Assoziation

(b) Gesamtumordnungsbefehl

Bild 3: Bedingungsumordnungsbefehle (BU – Befehle)

Umordnungs-modus	Speichernamenerzeugung		Suchwortzuordnung (Tabellenform)		(algebraische Form)
	Logischer Speicherwert	Assoziativer Speicherinhalt	Logischer Abfragewert q_i	Suchwort-belegung $\binom{n_j}{m_j}$	
I (Einzelbit)	0 $(\bar{q_i})$ 1 (q_i)	0 1	0 1	$\binom{0}{0}$ $\binom{1}{0}$	$\binom{n_j}{m_j} := \binom{q_i}{0}$
II (Einzelbit)	0 $(\bar{q_i})$ X $(\overset{x}{q_i})$	0 1	0 1	$\binom{0}{1}$ $\binom{1}{0}$	$\binom{n_j}{m_j} := \binom{q_i}{\bar{q_i}}$
III (Einzelbit)	X $(\overset{x}{q_i})$ 1 (q_i)	0 1	0 1	$\binom{0}{0}$ $\binom{1}{1}$	$\binom{n_j}{m_j} := \binom{q_i}{q_i}$
IV (Doppelbit)	0 $(\bar{q_i})$ 1 (q_i) X $(\overset{x}{q_i})$	00 11 01	0 1	$\binom{0\,0}{0\,1}$ $\binom{1\,1}{1\,0}$	$\binom{n_j\,n_k}{m_j\,m_k} := \binom{q_i\,q_i}{q_i\,\bar{q_i}}$

Bild 4: Bedingungsumordnungsmodi

($m_j = 0$ heißt: unmaskiert assoziieren)

Das Anpassungsproblem von Programm- und Speicherstruktur konkretisiert sich also auf die Aufgabe, Vorschriften für die Festlegung von Abspeicherordnung, Speichername und Suchwort zur Realisierung der Programmstrukturelemente linearer Zweig, Verzweigung, Vereinigung anzugeben.

1.1 Implementierung des linearen Zweiges

Ein linearer Zweig besteht aus einer linearen Befehlsfolge ohne innere Verzweigungen und Vereinigungen (Bild 5).

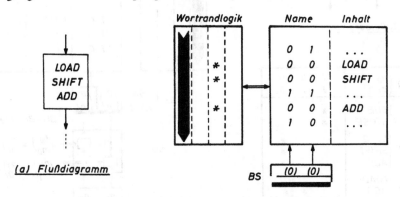

(a) Flußdiagramm

(b) Speicherbelegung/Suchname

Bild 5: Beispiel: Implementierung des linearen Zweiges

a) <u>Abspeicherordnung:</u> Die Befehle werden ihrer programmäßigen Abarbeitungsreihenfolge nach und der Wortauswahllogik angepaßt abgespeichert. Die Befehle brauchen nicht dicht zu stehen.

b) <u>Speichername:</u> Jedem Befehl des linearen Zweiges wird derselbe assoziative Speichername - z.B. 00 - zugeordnet.

c) <u>Suchwort:</u> Um diese Aktion aufzurufen, muß das Befehlssuchwort (00) nach BSN gebracht werden. Eine Assoziation markiert im Assoziationswortregister alle Befehle mit dem Speichernamen (00), die dann durch die Wortauswahllogik seriell ausgewählt werden können.

1.2 Implementierung der Verzweigung

Abhängig von den Werten der verzweigungsrelevanten Bedingungsquellen q_i verzweigt sich das Programm auf einen von mehreren möglichen Nachfolgezweigen (Bild 6).

a) <u>Abspeicherordnung:</u> Die Abspeicherreihenfolge der Aktionen ist beliebig. Die Aktionen können sich "durchdringen".

b) <u>Speichername:</u> Jeder Aktion wird ein Name zugewiesen, dessen einzelne Bits sich aus den entsprechenden, verzweigungssteuernden Bedingungsquellen ergeben; z.B. die Befehle der Aktion A^1 erhalten den Namen 11, die der Aktionen A^2 und A^3 die Namen 00 und 10.

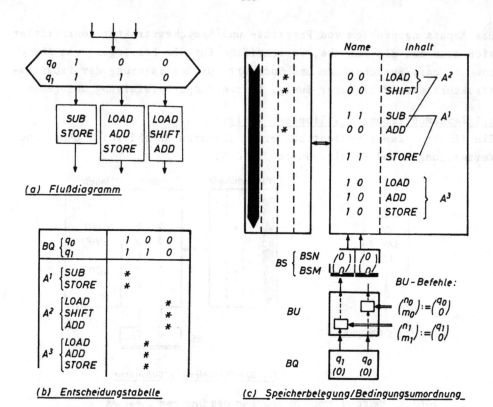

(a) Flußdiagramm

(b) Entscheidungstabelle

(c) Speicherbelegung/Bedingungsumordnung

Bild 6: Beispiel Implementierung der Verzweigung

c) <u>Suchwort:</u> Das Suchwort wird im linearen Zweig vor der Verzweigung aus den verzweigungssteuernden Bedingungsquellen komponiert. Sobald solch eine Bedingungsquelle q_i verzweigungsrelevant wird, muß ihr Wert durch einen Bedingungsumordnungsbefehl ("BU-Befehl") einer Stelle j im Befehlssuchregister zugewiesen werden. Der BU-Befehl (Bild 3) enthält die Informationen i und j, sowie den Umordnungsmodus (Bild 4), der in diesem Falle von Typ I ist, da nur das Suchnamensbit (n_j) und nicht das Maskenbit ($m_j = 0$) beeinflußt wird. Im Beispiel Bild 6 ergeben sich damit BU-Befehle:

$$\binom{n_0}{m_0} := \binom{q_0}{0} \quad \text{und} \quad \binom{n_1}{m_1} := \binom{q_1}{0}$$

Sind mit Hilfe der BU-Befehle alle für die Verzweigung relevanten Bedingungsquellenwerte dem Befehlssuchregister zugewiesen und alle anderen Befehle des Vorgängerzweiges abgearbeitet, dann erst wird automatisch der Verzweigungssprung durch eine Assoziation ausgelöst. Diese Assoziation markiert im Assoziationswortregister die Worte der Folgeaktion, die dann wieder mit Hilfe der Wortauswahllogik seriell angewählt werden können.

Mit der im nächsten Abschnitt erläuterten "Zwischenvereinigung" entsteht neben der beschriebenen "Eingangsverzweigung" auch die sog.
"Wiederverzweigung".

1.3 Implementierung der Vereinigung

Eine Vereinigung läßt mehrere Vorgängerzweige in einen Nachfolgezweig
münden, dabei sind auch leere Vorgängeraktionen - also solche, die
keinen Befehl enthalten - zugelassen (Bild 7).

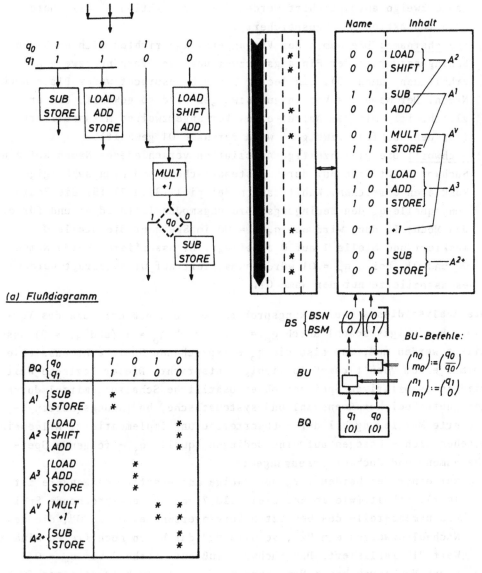

(a) Flußdiagramm

(b) Entscheidungstabelle

(c) Speicherbelegung/Bedingungsumordnung

Bild 7: Beispiel: Implementierung der Vereinigung (u. Wiederverzweigung)

Eine Realisierung ergibt sich beim assoziativen wie auch beim konventionellen Programmieren dadurch, daß verschiedene Vorgängerzweige durch
Assoziation auf denselben Verzweigungskopf vereinigt werden (Sprung von
verschiedenen Stellen auf einen Befehl).

Außer dieser "Eingangsvereinigung" vor dem Verzweigungskopf ergibt sich
beim assoziativen Programmieren die Möglichkeit, nach dem Kopf eine
"Zwischenvereinigung" folgendermaßen zu realisieren:

a) Abspeicherordnung: Die Vereinigungsaktion muß "unterhalb" der Vorgängerzweige abgespeichert werden (Bild 7c: Aktion A^V wird unterhalb von Aktion A^2 abgespeichert).

b) Speichername: Die Namen der Vorgängerzweige richten sich nach den
Bedingungswerten der Eingangsverzweigung (der Vorgängerzweig A^2
erhält den Namen 00). Ein leerer Zweig beansprucht weder Platz noch
Namen. Der Name des Vereinigungszweiges wird so gewählt, daß er
gleichzeitig mit dem Aufruf eines Vorgängerzweiges mitassoziiert
(für den Nachfolgerzweig A^V wird der Name 01 gewählt).

c) Suchwort: Die gleichzeitige Assoziation verschiedener Namen auf ein
Suchwort läßt sich nur durch systematisches, bedingungsabhängiges
Maskieren erreichen. Wählt man im Beispiel (Bild 7) für die Bedingungsquelle q_0 den Bedingungsumordnungsmodus II (Bild 4) und für q_1
den Modus I, dann wird bei $q_1 q_0$ = 00 im Speicher die Stelle 0
maskiert und Stelle 1 auf 0 abgefragt. Es assoziieren beide Namen
00 und 01. Bei $q_1 q_0$ = 01 würde unmaskiert auf 01 abgefragt werden;
es assoziierte nur der Name 01.

Die Analyse dieses Überdeckungsproblems ergibt, daß der Name des Vereinigungszweiges sowohl durch q_0 = 0 als auch q_0 = 1 (und q_1 = 0) assoziiert werden muß, daß also die q_0 entsprechende Speichernamensstelle
formal einem "don't care" (beliebig) entspricht. Dieser logische Wert x
wird im assoziativen Speicher ohne zusätzliche Schaltungsmittel durch
geeignete Speichernamenswahl und systematische, bedingungsquellenge-
steuerte Maskierung bei der Suchworterzeugung implementiert. Allgemein
ergeben sich - bezogen auf eine Bedingungsquelle q_i - folgende Spei-
chernamen- und Suchworterzeugungen:

(1) Nur einer der beiden Vorgängerzweige ist besetzt (der andere ist
leer). Erhält (wie im Beispiel Bild 7) die q_i entsprechende Speichernamensstelle des besetzten Vorgängerzweiges eine "0", die des
Nachfolgezweiges ein "x", so wird "x" durch den noch freien binären
Wert "1" realisiert. Das Suchwort muß entsprechend bei q_i = 0
durch Maskieren beide Namen und bei q_i = 1 durch Identitätsabfrage

auf "1" nur den Vereinigungsnamen assoziieren. Damit ergibt sich
der Umordnungsmodus II, für den anderen Fall (1, x)Modus III
(Bild 4).

(2) Beide Vorgängerzweige sind besetzt. Dabei müssen für die Vorgänger-
zweignamen die Werte "0" und "1" und für den Vereinigungszweignamen
der Wert "x" realisiert werden. Zur binären Darstellung dieser drei
Namenswerte werden 2 assoziative Speicherbits zu einem Doppelbit
gedanklich zusammengefaßt. BU-Modus IV (Bild 4) zeigt eine für
dieses Problem mögliche Speichernamens- und Suchwortzuordnung.

In vielen Fällen sind die Vorgängernamen im Boole'schen Sinne antiva-
lent und gestatten - mit Rücksicht auf weitere Namen, die nicht überdeckt werden dürfen - nicht die Konstruktion eines gemeinsamen Nach-
folgernamens. In solch einem Fall muß die Verzweigungsaktion mehrfach
unter den verschiedenen, sich ergebenden Nachfolgernamen abgespeichert
werden. Aus Gründen der Speicherplatzersparnis empfiehlt es sich häufig,
die Verzweigungsaktion nur einmal unter einem freien Namen abzuspeichern
und unter den Nachfolgernamen Verweise darauf anzugeben. Diese Verweise
erfordern eine zusätzliche Assoziation auf ein teilweise oder vollständig auszuwechselndes Suchwort (Name und Maske). Solch ein "Verweis-
sprung" wird durch einen sog. "Gesamtumordnungsbefehl" (Bild 3b) ausgeführt. Für andere Verwendungen ist es sinnvoll, diesen GU-Befehl auch
bedingt auszuführen, seine Wirkungsweise ist dann ähnlich der eines
konventionellen bedingten Sprunges.

Nach einer Zwischenvereinigung ist eine "Wiederverzweigung" möglich,
die keinen Organisationsaufwand an Befehlen und Ablaufzeit erfordert
(Bild 7, Aktion A^{2+}).Bei der Eingangsverzweigung wird bereits der
ganze "Pfad" (A^2, A^V, A^{2+}) markiert, d.h. die Entscheidungsbedingungen
für die Wiederverzweigung (q_o = 0) sind bereits bei der Eingangsverzweigung festgelegt. (Die Wiederverzweigung ist durch ein gestrichel-
tes Verzweigungssymbol dargestellt.)

2. Ein assoziatives Programmierverfahren

Im vorangegangenen wurde gezeigt, wie im Prinzip der assoziative Speicher - durch Abspeicherordnung, die Speichernamen- und Suchworterzeugung - an die abzuspeichernden Programmstrukturelemente angepaßt werden kann. Durch die Implementierbarkeit der drei Programmstrukturelemente ist nachgewiesen, daß alle Programmstrukturen realisiert werden
können. Im folgenden wird gezeigt, wie aus diesen Elementen "Programm-
komplexe" entstehen und wie man diese systematisch implementiert.

2.1 Programmkomplexe

Aus der Rechnerkonzeption ergibt sich, daß jedes Programm als ein "Komplex" aufgefaßt werden kann, der mit einer Eingangsvereinigung und -verzweigung beginnt. Daran schließen sich lineare Zweige, Zwischenvereinigungen und Wiederverzweigungen an. Die Eingangsassoziation wählt einen "Komplexpfad" aus, eine vollständige Kette von durch Zwischenvereinigungen und Wiederverzweigungen verbundenen linearen Zweigen, die sich bis zu einem Ausgang erstreckt. Beim Abarbeiten der Befehle eines Pfades wird das Folgesuchwort mit den darin enthaltenen BU-Befehlen aus den jeweils aktuellen Bedingungsquellen zusammengestellt. Am Ausgang des Pfades (alle markierten Befehle ausgeführt) wird automatisch durch eine Assoziation auf das neue Suchwort ein neuer Pfad ausgewählt. Innerhalb solcher Pfade können auch lineare Zweige durch Verweise eingebaut werden, was natürlich jeweils eine Zusatzassoziation erfordert.

Dieser Gesamtkomplex kann als eine große Entscheidungstabelle aufgefaßt werden. Solch eine Tabelle ist bei großen Programmen zwar denkbar, aber sehr unübersichtlich, und sie beansprucht - wie man zeigen kann - unnütz viel Namensraum. Deshalb teilt man sie in kleinere Tabellen auf. Die entsprechenden Teilkomplexe wählt man nach der problemorientierten Kopplung der Bedingungen aus, wodurch sich praktisch ein modulares Programmieren ergibt. Eindeutigkeit der Namen bzw. Pfade wird durch "Tabellennamen" erzwungen, die jeweils jedem Aktionsnamen zugefügt werden. Beim Komplexwechsel (Tabellenwechsel) muß der Folgetabellenname durch einen GU-Befehl mit angegeben werden.

2.2 Komplex-Implementierung

Bei der Vereinigungs- und Verzweigungsprogrammierung zeigte sich, daß die Erzeugung von Speicherwort und Suchname aufgrund der Assoziationseigenschaften des Speichers gekoppelt sind. Im folgenden soll dafür ein systematisches Boole'sches Verfahren angegeben werden, das darauf basiert, daß im assoziativen Speicher die logischen Werte o, 1, x realisiert werden können. Das Verfahren bestimmt Speicherort, Speichername und Bedingungsumordnung nicht getrennt für jedes Programmstrukturelement, sondern jeweils für einen "Komplex".

Die Speichernamen- und Suchworterzeugung soll am Beispiel des einfachen Komplexes Bild 8 verdeutlicht werden:

(1) Aufstellung einer Entscheidungstabelle (Bild 8b) zum gegebenen Komplex (Bild 8a).

Diese Tabelle wird als Boole'scher Zuordner mit den Bedingungsquellen q_1, q_2 als Eingangsvariable und den Aufrufen der Aktionen A^1, ..., A^6 als Ausgangsvariable aufgefaßt.

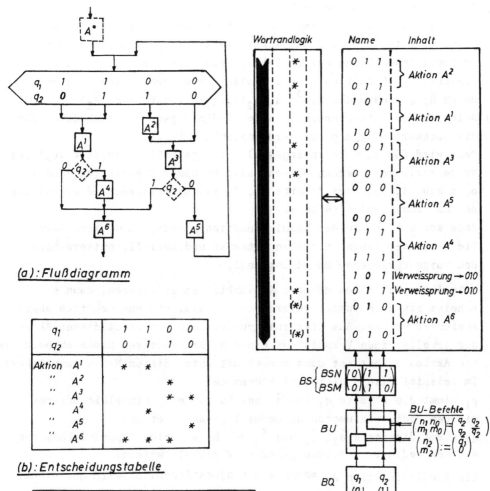

(a): Flußdiagramm

(b): Entscheidungstabelle

q_1	1	1	0	0
q_2	0	1	1	0
Aktion A^1	*	*		
" A^2			*	
" A^3			*	*
" A^4		*		
" A^5				*
" A^6	*	*	*	

(c): Komplexfunktionen/Speichernamen

Aktion	Bedingungsquellen-kombination	Speicher-Name
A^1	$\overline{q_1}\ \overset{x}{q_2}$	101
A^2	$\overline{q_1}\ q_2$	011
A^3	$\overline{q_1}\ \overset{x}{q_2}$	001
A^4	$q_1\ q_2$	111
A^5	$\overline{q_1}\ \overline{q_2}$	000
A^6	$\left\{ \begin{array}{l} q_1\ \overset{x}{q_2} \\ V\ \overline{q_1}\ q_2 \end{array} \right.$	$\begin{array}{l} 101 \\ 011 \end{array}$
A^{6*}	Verweis	010

(d): Speicherbelegung/Bedingungsumordnung

BU-Befehle
$$\left(\begin{array}{c} n_1\ n_0 \\ m_1\ m_0 \end{array} \right) = \left(\begin{array}{c} \overline{q_2}\ q_2 \\ q_2\ \overline{q_2} \end{array} \right)$$
$$\left(\begin{array}{c} n_2 \\ m_2 \end{array} \right) := \left(\begin{array}{c} q_1 \\ 0 \end{array} \right)$$

Bild 8: Assoziative Programmierung eines Komplexes

(2) Aufstellung der Komplexfunktionen (Bild 8c).

Die Komplexfunktionen sind Boole'sche Funktionen mit den oben angegebenen Eingangs- und Ausgangsvariablen in disjunktiver Form. Im Boole'schen Sinne herausminimisierte Variable q_i, die hier im Speicher als "don't care" = x realisiert werden müssen, werden durch $\overset{x}{\bar{q}}_i$ gekennzeichnet (A^3: $\bar{q}_1 \cdot q_2 \vee \bar{q}_1 \cdot \bar{q}_2 = \bar{q}_1 \cdot (q_2 \vee \bar{q}_2) = \bar{q}_1 \cdot \overset{x}{\bar{q}}_2$)

(3) Ableiten des Aktionsnamens und der Bedingungsumordnungsbefehle für die Suchworterzeugung aus der Komplexfunktion.

Dazu wird für jede Bedingungsquelle festgestellt, wieviele logische Werte realisiert werden müssen, also entweder 2 Werte (o, 1 oder o, x bzw. 1, x), oder 3 Werte (o, 1, x). Dementsprechend ergibt sich der Umordnungsmodus (Bild 4).

Jede Konjunktion in den Komplexfunktionen entspricht einem Namen. Die Werte der Namen entstehen bitweise und seriell, entsprechend den vorgeschriebenen Umordnungsmodi.

Wenn für eine Aktion mehrere Konjunktionen existieren, dann erscheint sie auch unter mehreren Namen, d.h. sie muß mehrfach abgespeichert werden. Aus Ersparnisgründen kann man statt dieser Aktion nur jeweils einen Verweis auf einen nicht benutzten Namen abspeichern. Die Aktion selbst ist dann nur einmal unter diesem Namen gespeichert. Im Beispiel Bild 8 ergibt sich demnach:

q_1 nimmt die 2 Werte q_1 und $\bar{q}_1$ an. Es muß eine Einzelbitkodierung mit dem Bedingungsumordnungsmodus I gewählt werden.

q_2 nimmt die Werte q_2, $\bar{q}_2$ und $\overset{x}{\bar{q}}_2$ an. Es muß eine Doppelbitkodierung mit dem Bedingungsumordnungsmodus IV gewählt werden.

Die Komplexfunktion A^6 enthält 2 Konjunktionen. A^6 wird nur einmal unter dem eindeutigen (bisher nicht benutzten) Namen 010 abgespeichert und über die beiden Namen 101 und 011 indirekt aufgerufen.

(4) Abspeicherordnung: Nach dem Flußdiagramm (Bild 8a) bzw. der Entscheidungstabelle (Bild 8b) sind die Aktionen in folgender relativer Reihenfolge abzuspeichern: A^1 vor A^4 und A^2 vor A^3 vor A^5 und A^6. In Bild 8d ist aus Übersichtlichkeitsgründen eine einfache Lösung gezeichnet, in der sich die Aktionen nicht durchdringen und der ganze Komplex "dicht" gespeichert ist.

2.3 Komplexschachtelung und Kaskadierung

Die einfache Verknüpfung alter und neuer Assoziationsergebnisse in der Wortrandlogik eröffnet weitere Möglichkeiten für die modulare Programmierung, die Verringerung des Ablaufsteueraufwandes und Namensraumes. Als Beispiele sollen im folgenden die Komplexkaskadierung und die

Komplexschachtelung angedeutet werden. Dazu sind neben der automatischen "löschenden Assoziation" weitere spezielle Assoziationsbefehle, die "bedingte Assoziation" und die "disjunktive Assoziation" nötig. Art und Zeitpunkt der Assoziation müssen explizit im Programm durch einen Befehl angegeben werden. Aus ökonomischen Gründen ist dazu in allen Befehlen Platz vorgesehen *); vgl. z.B. die Wortstruktur der BU-Befehle (Bild 3).

(1) Bedingte Assoziation: Der Befehlscodezusatz "bedingte Assoziation" bedeutet, daß eine Assoziation dann und nur dann ausgeführt wird, wenn sich BS nach dem letzten Assoziationsbefehl geändert hat. Dadurch läßt sich eine Kaskade von Komplexen mit gleichen Tabellennamen realisieren, und man vermeidet, daß Verzweigungsbedingungen unnötig bereitgestellt werden müssen.

(2) Disjunktive Assoziation: Eine Komplexschachtelung bedeutet, daß ein Teil eines Pfades im äußeren Komplex durch einen vollständigen Komplex gebildet wird. (Der Verweis ist ein einfacher Sonderfall davon.) Stößt man auf solch einen inneren Komplex, dann wird durch eine Assoziation ein neuer Pfad markiert. Dieser Pfad muß - mit Hilfe der Wortrandverknüpfungslogik - disjunktiv zum äußeren Pfad hinzugefügt werden. Innerer und äußerer Komplex müssen, bezogen auf die Wortauswahllogik, ähnlich wie bei der Vereinigung, in der richtigen Reihenfolge abgespeichert werden.

In dem Beispiel (Bild 8) ergibt sich auf folgende Weise eine Einsparung beim Steueraufwand: Die Aktionen A^o und A^6 werden als äußerer Komplex angesehen, A^1, ..., A^5 mit der gezeichneten Vielfachverzweigung als innerer Komplex. Dann entfällt das Problem der Mehrfachabspeicherung bei Aktion A^6 bzw. ihr indirekter Aufruf über spezielle Verweisnamen.

Eine übliche Unterprogrammanschlußtechnik mit Abspeicherung der Rücksprungadresse etc. ist in der Rechnerkonzeption ebenfalls vorgesehen, soll aber hier nicht besprochen werden.

3. Verzweigungsaufwand

Aufgrund der inneren logischen Fähigkeiten des assoziativen Speichers kann man erwarten, daß assoziative Programme einen kleineren Ablaufsteueraufwand erfordern als konventionelle Programme: Die Befehlsfortschaltung zum Lesen der linearen Befehlsfolgen wird bei beiden Verfah-

---

*) Nach [6] ist im Mittel jeder 4.-5. Befehl ein bedingter Sprungbefehl.

ren den gleichen Aufwand haben. Das Abarbeiten eines Pfades mit komplizierten Vereinigungen und Wiederverzweigungen braucht bei assoziativen Programmen nur den gleichen Aufwand wie das Abarbeiten eines linearen Zweiges; bei konventionellen Programmen wächst dabei der Steueraufwand mit der Anzahl der Vereinigungen und (Wieder)-Verzweigungen in einem Pfad durch zusätzliche Sprungbefehle und das Abspeichern von Verzweigungsbedingungen.

Die quantitative Ersparnis an Speicherraum und Ausführungszeit hängen stark von der Struktur der Programme ab. Um einen allgemeinen Richtwert für die prozentuale Ersparnis anzugeben, müßten die Erfahrungen umfangreicher Programmuntersuchungen und Simulationen vorliegen, die erst in Angriff genommen wurden. Es werden dabei die Probleme der richtigen "Programm-Mixe" auftreten, die auch bei der Messung der Effektivität von Anlagen und Programmsystemen bekannt sind.

Im folgenden werden daher nur einige Ergebnisse unserer Untersuchungen zweier Extremfälle von Verzweigungsstrukturen beschrieben, nämlich der Aufwand an Speicherworten und Ablaufzeit für den vollständigen Binär-Verzweigungsbaum und für den "minimalen Baum" (Bild 9a und b), deren

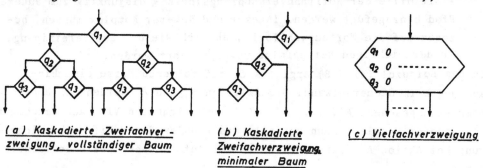

(a) Kaskadierte Zweifachverzweigung, vollständiger Baum

(b) Kaskadierte Zweifachverzweigung, minimaler Baum

(c) Vielfachverzweigung

Bild 9 : Verzweigungsstrukturen

Äste von n Bedingungen bestimmt werden [7, 8]. Für Rechner mit Adreßspeicher wurde sowohl das übliche Verfahren mit kaskadiertem Binärverzweigungsbaum als auch das mit "indiziertem Sprung" zugrunde gelegt und der Vielfachverzweigung beim assoziativen Programmieren gegenübergestellt.

Zur Normierung des Zeitvergleichs wurde als Einheit ein Adreßspeicherzyklus gewählt und angenommen, daß zum "Abrippeln" eines Befehls sowie zum Assoziieren je eine solche Einheit verbraucht werden.

Aus den in Bild 1o dargestellten Ergebnissen lassen sich folgende Trends ablesen, obwohl meist nur Aufwandsbereiche angebbar sind, da der Platz-

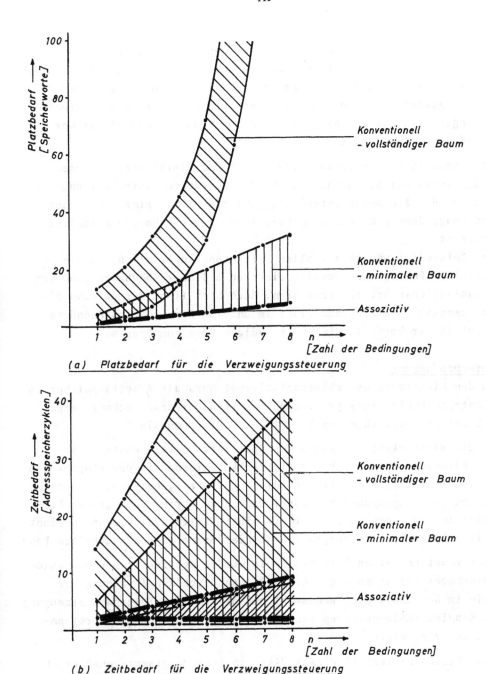

(a) Platzbedarf für die Verzweigungssteuerung

(b) Zeitbedarf für die Verzweigungssteuerung

Bild 10: Verzweigungssteueraufwand : Adress - Assoziativ - Speicher

und Zeitbedarf auch von der Art der Bedingungsentstehung und beim
minimalen Baum der Zeitbedarf vom Aussprungpunkt abhängig sind:

a) Der Platzbedarf wächst beim Adreßspeicher exponentiell mit n, da beim
kaskadierten Verfahren für den vollständigen Baum die Zahl der Ver-
zweigungsknoten und beim indizierten Sprung die Größe der Verweis-
sprungtabelle mit 2^n ansteigt. Beim "minimalen Baum" wächst der
Platzbedarf linear mit n.

Beim assoziativen Programmieren wächst der Platzbedarf in jedem
Fall linear mit n, unabhängig von der Verzweigungsstruktur und von
der Art der Bedingungsentstehung, und zwar mit minimal möglicher
Steigung; denn pro Bedingung wird immer nur ein Umordnungsbefehl
benötigt.

b) Der Zeitbedarf wächst bei allen Verfahren linear mit n, da die
einzelnen Bedingungen jeweils eine von n linear abhängige Zahl von
Organisationsschritten erfordern. Auch hier liegt der Aufwand für
den assoziativen Programmablauf im unteren Bereich. Insbesondere
kommt dieser Vorteil beim vollständigen Baum zum Tragen.

4. Zusammenfassung

Durch den Einsatz eines Teilassoziativspeichers als Arbeitsspeicher in
der Zentraleinheit eines programmgesteuerten Universalrechners ergeben
sich besondere Möglichkeiten beim inneren Programmablauf.

Durch die Wählbarkeit der Namen der Speicherobjekte - anstatt der
festen Adressen - und durch die Vielfachkoinzidenz mit der eingebauten
seriellen Aufruflogik ergibt sich die Möglichkeit, bei vorliegenden
Verzweigungsbedingungen einen bestimmten Pfad durch einen ganzen Pro-
grammkomplex zu durchlaufen, der mit einer Vielfachverzweigung beginnt
und viele innere Vereinigungen und "Wiederverzweigungen" enthalten kann.

Die programmtechnischen Entwurfsregeln wurden entwickelt und ein auto-
matisierbares Verfahren angegeben, wie man durch die Anordnung der
Befehle im Speicher, die Namenswahl und die Art der Folgenamenerzeugung
einen Komplex implementieren kann, um dadurch ein modulares Programm-
mieren zu erleichtern.

Als unmittelbarer Vorteil dieses "Assoziativen Programmierens" ergeben
sich u.U. erhebliche Einsparungen an Speicherplatz und Ablaufzeit gegenüber konventionellen Programmen mit vielen Verzweigungen. Es wurde
auch gezeigt, daß ein "Komplex" als "Tabelle" aufgefaßt werden kann,
so daß es nahe liegt, mit dieser Maschinenstruktur auf effiziente
Weise Entscheidungstabellentechniken zu implementieren, ohne daß ein
komplizierter Compiler benötigt wird und der Ablauf durch lange Durch-
musterungen stark verlangsamt wird.

Inwieweit die hier erwähnten Vorteile und die Möglichkeiten bei der
Datenverwaltung [2] des vorgestellten Rechnerkonzeptes [1] den technischen Mehraufwand für den Assoziativspeicher rechtfertigen, soll in weiteren Studien untersucht werden. Es scheint den Autoren jedoch sehr
wohl möglich, daß zumindest Teilaspekte der in diesen drei Referaten
dargelegten Anwendungsmöglichkeiten des Assoziativ-Speichers - z.B.
bei der Mikroprogrammierung, bei Spezialrechnern oder für hardware-
unterstützte Compiler - einen Beitrag zur Ausnutzung moderner techno-
logischer Möglichkeiten für neue Wege in der Rechnerarchitektur bilden.

Literatur

[1] H.O. Leilich, I. Karlowsky, W. Lawrenz, H.Ch. Zeidler: Ein-
     Rechnerkonzept mit assoziativem Arbeitsspeicher - Prinzip und
     Organisation; Lecture Notes in Computer Science, NTG/GI-Fach-
     tagung in Braunschweig, März 1974

[2] I.Karlowsky: Ein Rechnerkonzept mit assoziativem Arbeitsspeicher
     - Speicher- und Namensverwaltung - ; Lecture Notes in Computer
     Science, NTG/GI-Fachtagung in Braunschweig, März 1974

[3] G.J. Lipovski: The Architecture of a Large Associative Processor,
     AFIPS Conf. Proc. Volume 36, 197o, pp. 385-396

[4] R. Thurner, K. Bauknecht: Procedural Decision Tables and their
     Implementation; International Computing Symposium 1973, North-
     Holland Publishing Company, 1974, pp. 259-263

[5] L. A. Kaloujnine: Über die Algorithmierung mathematischer Auf-
     gaben; Probleme der Kybernetik, Band 2, Erscheinungsort Berlin,
     1963, pp. 54-74

[6] F.H. Sumner: Operand Accessing in the MU 5 Computer; interner
     Bericht, Manchester University

[7] W. Lawrenz: Programmablaufsteuerung in einem Rechner mit asso-
     ziativem Arbeitsspeicher; Bericht TM-73/7, Institut für Daten-
     verarbeitungsanlagen der TU Braunschweig, 1973

[8] W. Lawrenz: Implementierungsaufwand bei Vielfachverzweigungen
     in Programmen; Bericht TM-73/33, Institut für Datenverarbeitungs-
     anlagen der TU Braunschweig, 1973

SCHNITTSTELLEN UND
LEISTUNGSKRITERIEN

HIGHER LEVEL SYSTEM INTERFACES

J.K. Iliffe

ICL Stevenage, England

ABSTRACT

A synopsis of computer system structure is presented. It is suggested that the current user interfaces should not be regarded as ends in themselves, but as steps towards more intelligent interaction with machines. The importance of understanding the present levels of engineering is stressed: the potential impact of new technologies such as "computer on a chip" or "microprogramming" can best be judged by reference to the well established framework of design.

The conflict between software performance and system growth is examined. Some examples are given of how user interfaces are affected by limitations of the lower level engineering. A method of controlling software structures without loss of performance is described briefly, opening the way to more flexible and responsive language and data interfaces.

CONTENTS

An invited paper to be presented at the NTG/GI Technical Conference on "Structure and Operation of Computer Systems" at Braunschweig on 21st March 1974.

1. OBJECTIVES

In this lecture I will offer a condensed view of computer engineering and suggest some major design objectives that have rarely been achieved.

Computers are perhaps unique engineering products in the sense that it is extremely difficult to assess their effectiveness. Aircraft, power stations, even opera houses more or less successfully satisfy obvious social requirements. Many of us feel that the need for computers is no less real, that their sudden removal from the scene would lead to no less discomfort, but being so involved with human thought and organization it is difficult to formulate the requirement once one leaves the mathematical sciences.

Not surprisingly, there is no social measure of "success" or performance of a computer system comparable with that of an aircraft or power station. I venture to suggest that computers will only achieve "social" recognition when they accurately model social institutions such as hospitals, armies or insurance companies, sensibly recording and answering questions about their behaviour. They have certainly not reached that state in any general sense: it is only comparatively recently that we have begun to see ways of achieving it.

Feelings of comfort to be derived from the inner workings of a computer must therefore be tempered by philosophical doubt. I am not in a position to alleviate the uncertainty, but I can point to an encouraging aspect of the present situation: that freedom of choice of overall objectives still exists and can be used to influence system structure. It is true that the choice has been exercised very little in recent years. On the other hand, the basic technology has changed so distinctly that consequential change is inevitable, making a careful rethinking of objectives essential. It would clearly be absurd to waste the opportunity.

Computer design is itself a social event of some magnitude, and any proposed change must take account of the recognised stages of manufacture, in the ways they interact, as well as the nature of the final product. In the first part of the lecture I will therefore characterise the design hierarchy, giving illustrations of the interfaces and performance measures. I will then return to higher level aspects of design.

2. PARTITIONING

Before deciding what the system _is_, it is important to consider the form of definition and how it might be realised. In fact, the latter requirement strongly determines the form.

Any complex system can be classified in two ways: by type of component (the

<u>level</u> of description) and the inter-relationship of components within a level (the <u>structure</u>). In computer systems one can recognise two levels immediately: (i) physical components : transistors, resistors, and diodes; (ii) logical components : elementary logic circuits and storage elements.

There is also a fairly widely recognised logical sublevel known as "register transfer", in which the basic components are parts of registers, logic arrays, data paths, etc., reflecting the recent increase in complexity of the logic packages out of which computers are built. It will no doubt increase in importance.

Let us be quite clear what is meant by a change of level: components at the lowest level (i) can be structured to form logical circuits according to the will of the circuit designer, and as soon as he has "frozen" a circuit family they can be passed over to the logic designer with a minimal set of rules to guarantee their electrical behaviour. The logic designer can probably still use a resistor, but it is classified as one of the "family" and must follow the same rules. A change of level therefore saves the need to think at a certain level of detail, at the cost of formalizing one's construction techniques. It is a well known and accepted engineering method.

Turning to higher system levels the choice is less obvious, but two steps might be recognised fairly readily: (iii) programmed device : microorder, memory cycle, and device command; (iv) functional component : storage module, processor, highway system, and device controller.

Structuring at the programmed device level leads immediately to consideration of control conventions. It is easy to see at the lower level (ii) how the logical designer has organized his material to present the behaviour patterns typical of a von Neumann machine in (iii). Though the latter may be criticised on various counts the most important property it has is to establish a new level of design. It was of historic importance to establish the basic structure at a point when the underlying components were there to sustain it.

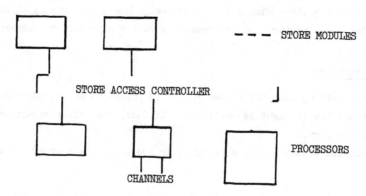

FIG.1 : <u>FUNCTIONAL COMPONENTS</u>

Figure 1 illustrates the type of structuring that occurs at level (iv).   Here
we are concerned with the balance of resources, recovery from failure or partial
failure of components, physical distribution and maintenance of terminals, etc.
Structuring leads to I-O subsystem design, memory hierarchies, and orientation to
particular problem areas - real time, interactive, scientific, etc.   The latter
categories are analogous to different circuit families at the physical level, in that
they are chosen to satisfy certain user requirements for speed, power, loading, or
physical distribution.

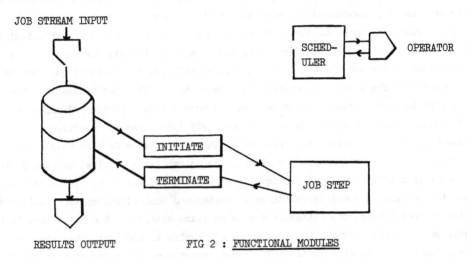

FIG 2 : <u>FUNCTIONAL MODULES</u>

Evidently there is yet another system level at which such properties are ab-
stracted.   Figure 2 shows a typical progression to that level of description.   The
boxes are not "hardware", though the designer often feels obliged to say what hardware he had in mind - a drum or disc, for example.   Nor are they programmed devices.
There are, in fact, units of software or <u>modules</u> that perform certain functions or
hold information in communication with other modules.

We therefore propose a final level of design:

(v) operating environment: functional modules, user interfaces, operating system.

The object of high level definition is to say what the functional modules are, and
how they communicate with one another: they constitute the "program structure" as
seen by a user.

The advantage gained in moving the description from one level to another,
"higher" or "more abstract", is freedom of implementation at the lower levels, hence
greater cost/performance trade-off.   To the extent that irrelevant details are concealed by the higher level components the definition <u>should</u> be simpler: in fact, it
is not so if the details are only partially concealed, or if the eventual field of
application is indeed complex.

Even the simplest device illustrates some of the effects of moving through the design hierarchy. At the physical component level a simple "OR" gate produces its output after a delay of (say) 6 nanoseconds; placed in an integrated circuit package it performs the same function in 10 nsec, and as part of a logical network the average delay may be 15 nsec. Even that is short compared with the instruction step in a programmed device, approaching 100 nsec, or the instruction time accounting for operand accesses at level (iv). The final result, seen by the user as a "statement execution time" is about 100 times the physical "gate" time.

The ratio in performance of perhaps 3:1 found between levels, attributable to the process of standardization which brings the higher level into existence, is characteristic of only the simplest operations. Much more often the structuring within a level - circuit or subroutine, for example - presents far more complex operations to the next level. It would be unrealistic to expect to gain performance by redefining the levels, especially the lower ones. What has tended to happen in the past is that increased power has lead to more general interface design: the use of standard peripheral interfaces from the early 1960's onwards provides a good example. Here the physical connection to the processor is defined to provide a certain number of data and control lines, the actual lines required by each device being mapped into these. The etiquette of sending and receiving status information, and to some extent the interpretation of status and command information could also be standardised (though the latter is more a software matter). The net effect is to provide a flexible structure at the level of functional modules: the actual device performance is generally unaffected, though interfacing costs may be high enough to prevent their use in small machines.

Sustaining the hardware interfaces leading up to level (iii) is relatively easy. The main defect of a conventional programmed device, however, is that it cannot sustain functional and user interfaces in a rigorous way. The need for formalization of program structures was recognised at an early date with the invention of subroutine conventions and matrix interpretive systems. Subsequently, the operating environment has been extended into particular areas where a restricted set of data structures is acceptable. Some examples are:

(a) allocation of space by means of key register or base register techniques, allowing a single programmed device to provide the functional modules at level (iv) by multiprogramming;

(b) introduction of more general address remapping techniques in the form of slave, cache, and paged memories to sustain a high processor performance in spite of relatively long paths between functional modules;

(c) increasing the apparent addressing and functional complexity by using high level languages.

It would be mistaken, however, to regard the major programming languages such as

FORTRAN and COBOL as making a permanent contribution to higher level structures. For reasons of efficiency their definition is constrained by the requirement to compile into machine code, so it would be more correct to treat them as disguises for conventional hardware than as definitions of the problem-solving "market". Anyone who has received an error message from a compiled program will realize that no high-level definition has been sustained; only the more sophisticated interpretive systems achieve a true change in level, but a penalty of 30 - 40 machine instructions is paid for each operation performed.

3.   GROWTH DYNAMICS

Once interfaces have been fixed at any level attention centres on making the connections required to form higher level components. Inevitably the first attempts contain errors and it is a non-trivial matter to control the progression of a system of several hundred components towards a reliable final product. The term growth dynamics is used by M.M. Lehman (1) to describe this aspect of system behaviour, as distinct from execution dynamics which characterises the 'speed' in a conventional sense.

The fact that the presence of an electrical connection is (almost) essential for propagation of a signal enormously helps control the growth dynamics at hardware levels (i) - (iii). The use of simulation and automated documentation aids has practically extended the power of control beyond the capability of design: no doubt further improvements will be made in these fields, stemming from the fact that the interfaces can be specified exactly and seen to be used correctly.

In software the interfaces are seldom specified exactly, and cannot be seen to be used correctly. The consequences are quite well known. Dr. Lehman has reported the progression of major systems from one "release" to another, taking as a measure of work the proportion of modules that had to be updated in one way or another. The observed result is that the effort expended increases at each release in an exponential fashion: at some point all the existing modules would have to be updated in order to make significant progress. Some might say it is better to start again when the system reaches this "critical mass". A similar result has been observed when relating programmer output to size of the final product : one would expect the output to decrease as some inverse power of the number of people involved, but when it shows signs of reaching zero there is cause for alarm.

How can one avert or postpone the final decay of a software system? There are some well known palliatives: use of high level languages or structured programming techniques for example, which define software interfaces that can be checked by a translator. However, they do not normally carry out the crucial function of checking the use of interfaces dynamically. (Recall that in a conventional programmed device there is nothing to prevent the formation of an address by index arithmetic or indirect addressing that allows any part of the store to be accessed.)

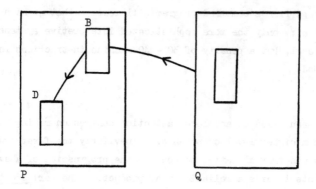

FIG 3 : <u>COMMUNICATION BETWEEN PROCESSES</u>

Consider, for example, the use of a control block^B describing a data buffer^D, its mode of transfer and error actions, intended as a software interface between a program P and I-0 supervisor Q.   In most systems a crude division of address space is made between independent programs.   However, for P and Q to <u>share</u> B there must be some overlap, and for Q to access the data buffer itself there must be a means of accessing the entire store of P from Q.   (In some special cases the control block and even the data itself can be "encapsulated" and transferred between programs by highly privileged routines).   Consequently, the integrity of P depends on the correct functioning of Q, a state of affairs which necessarily limits the complexity of the I-0 subsystem.   To overcome this difficulty one would have to ensure that Q could only access B by explicit request of P, and that the only other reference to P it could derive would be the address of D;   to do so is not difficult in principle, but it entails significant increase in computation to perform the necessary checks.

Maintenance of software interfaces as required by consideration of growth dynamics is therefore in direct conflict with processor performance.   The consequences are manifest in various ways: overheads in duplicate code, in-store data transfers, subscript bound checking, etc.   The question arises of whether a change at the programmed device level can be used to secure the software interfaces without loss of performance.   To answer this it is necessary to specify the requirements more exactly.

4.   <u>MODULARITY IN PROGRAMS</u>

Confusion is caused by "drawing" the operating environment, as in Figure 2. The connection between modules is not only far more specific than a drawing suggests, but constantly changes as new connections are established by parameter mechanisms.

Program decay arises from the misuse of interfaces, either by accident (because they are poorly defined) or deliberately (because they are inefficient). The definition is essentially linguistic, and a step towards precision can be taken as follows:

Let the program modules be denoted by M_i, $0 < i < n$, to include both instructions and data. Then a **necessary** requirement of a software interface is that when control passes to a particular module the connections it can make are entirely determined by the **calling** module.

It will be seen that the above requirement falls mainly on the addressing system, the reason being that this is the most critical area from the point of view of performance: the requirements of growth and execution dynamics are in direct conflict. The structuring of other components such as device managers is normally interpretive and it need not follow the technique used in storage management.

The basic requirement is to control the formation of pointers from one module to any other. The control may be in the module itself, or implicit in the environment in which it is used, but if we make the environment explicit the two amount to the same thing. The mechanisms are derived from software (compile time checks) or hardware (run-time checks). The latter are further divided into segment structured and language-oriented mechanisms.

Let us suppose that by one means or another the area of module space accessible at any instant is determined by a set of modules $\{M_i\}$, and ask how the necessary control can be established.

Linguistic Control

In compile-time schemes the compiler assumes control over a certain set of local stores containing descriptions of $\{M_i\}$. It ensures that the user does not access them explicitly, but it can generate addresses in the form [module, displacement] to be used at execution time.

e.g.   a variable A may be addressed as $[M_i, a]$

      or   a variable B(k)   as $[[M_j, b], k]$

Strict interpretation of these operations is slow: one has to check at least for modification overflow and presence, and if the checks are carried out at compile time, or at procedure boundaries, the language is correspondingly restrictive. Linguistic schemes are therefore important but limited in use. The main argument against relying on them exclusively is that they give poor protection against hardware failures or other exceptional events such as undefined or irregular data.

Hardware Control

In run-time schemes the modules are commonly identified with segments, thereby interacting with the storage management system. Separate instruction streams can be given different sets $\{M_i\}$, but it is generally agreed that further structuring is necessary within the stream. In segment schemes this takes one of the forms:

(a) Zones of protection

Here the segment set is divided into subsets of distinct modules:

$$\left\{M_i\right\} \equiv \left\{M_i^{(1)}\right\} \cup \left\{M_i^{(2)}\right\} \cup \quad \cdots \cup \left\{M_i^{(P)}\right\}$$

where each subset has a corresponding access code, which for the module supplying instructions at any instant determines a level of privilege q. The latter indicates that only subsets $\{M_i^{(j)}\}$ for which the access code j is greater than or equal to q may be accessed as data by that module. Control can branch to any other module, at which point the privilege code may change. The assumption of such a scheme is that the modules can be so divided that the instruction stream has access to just the modules it needs: in general it has access to more than it needs, so there is a further implication that code with low privilege is "more reliable" than that with high q value. Attempts have been made to turn this obvious limitation into an a priori system requirement (2).

(b) Capability Schemes

In capability schemes (3) the set of segments accessible at any instant is determined from the process state vector; it takes the form of a group of special-ised registers addressing the M_i, called the "capability registers". Each segment contains either program information (data, instructions) or further "capabilities". Access to a capability segment implies access to further segments whose addresses it contains. The user then has a finer degree of control over the information passed across from one module to the next because he can load the capability registers by program. Formal exchange of capabilities is often implied at procedure boundaries. Capability schemes have the attraction of localising the amount of control infor-mation, which can then be subject to intensive checking in logic. They have the disadvantage that programming tends to be rather clumsy, since in addition to selecting working registers the program has to select a capability register when addressing the store.

(c) Controlled address formation

Although (b) meets the necessary condition for interface control it is barely sufficient because it equates the logical unit of protection with the physical unit of store management. It is far more satisfactory if the working environment of a procedure or section of code can be resolved to the precision of a byte or word. The way to do this is to combine the role of general purpose register with capa-bility register. In practice this means that the central registers of the machine must be tagged to indicate whether they contain addresses, and the formation of addresses must be controlled by a set of simple hardware functions.   The effects of such an arrangement are quite far-reaching.   In particular, they achieve the secure software interface required by growth dynamics without loss of performance.   In my view this technique is the only one worth considering in the design of systems supporting complex operating environments (4).

5.   USER INTERFACES

Outward evidence of performance has naturally received the greatest attention of engineers and programmers.   In my view it is strongly influenced by considerations of modularity, and the ability to support it, but often in subtle or indirect ways. For example, the existence of many user "languages" for programming, job control, file management, data description, etc. is very rarely questioned, yet the only real semantic difference between (say) program and job control is in the type of operand they deal with.   A conventional programming language cannot support the type of dynamically varying data and control structure required by job control: hence an interpretive system is introduced to manipulate programs.   Once the essential structural control appears in the programming language the need for two languages disappears (speaking in terms of semantics: there may still be a need for different syntactic forms).   I will explore this theme a little further, first in relation to languages, then to data interfaces.

High level language performance is measured by statement execution time, rate of compilation, diagnostic aids, and many other parameters.   An injunction to design a machine that is "good at high level languages" invites attention to constructs that may for historical or practical reasons be very little used.   The observations made by D. Knuth (5) show that although assignments account for about two out of three FORTRAN statements most of them are of the simple forms A=B, A=A+B, and nine out of ten expressions contain only one or two operators.   Elaborate arrangements are not required in the machine or compiler to handle such patterns of use: there is a danger that attempts to "raise the level" of machine code to handle languages will have negligible effect on performance, at the same time rendering the machine code unusable.   The only situations I know of where some cautious restructuring is worthwhile is in providing address control and basic procedure entry and exit mechanisms.

However, orientation of the compiler target code to one language or another can produce significant savings in program space.   Several designers claim a reduction of $\frac{2}{3}$ for COBOL programs in comparison with the IBM 360.   It is fairly easy to see how in a particular target code the rules of selecting operands can be made implicit, and how field sizes can be chosen to fit the limits of the language.   The required adaptation varies from one language to another.

The technical advance which allows such adaptation to be considered is of course the use of writable microprogram store.   Accepting that high code compression,

and in some cases high speed, can be obtained by microcoding, there is still an
impediment in the shape of the growth dynamics of variable microprogram systems.
Microcode is machine sensitive, rather difficult to write, and insecure.   It has yet
to be shown how to overcome these defects, but I think that will be done in the near
future.   At that point we will regard the idea of a fixed compiler target code as
archaic, and be able to offer adaptability, excellent diagnostics, and relatively
simple and fast compilers.

Turning finally to the treatment of data, recall that formally defined access
methods provide the essential software interface between program and file space.
Provided physical data access and transfer remain the major components of the
function the time taken to elaborate an I-O request is unimportant.   However, the
flexibility of the I-O system is dependent on the considerations of security discussed earlier.

Increasing importance is attached to the ability not only to interpret a file
request (allowing assumed file organisations to be simulated on actual files) but
also to interpret the record structure.   The broad system requirement is to be able
to change both file and record structures without requiring programs to be recom-
piled.   For example, if a program assumes a record consists of three fields A, B, C
when in fact it contains D, C, B, A (in that order) then the interface should be
established at the time of opening the file (or even of reading the record) and not
at the time of compiling the program.

Achieving such an effect depends on two techniques.   Firstly, access to data
records within the program must be via some form of descriptor or data qualifier: in
other words the position and type of a field should not be absorbed into code in
places where it is difficult to alter.   Secondly, the I-O subsystem must be able to
assign values to the data qualifiers when a record is input, or interpret data
qualifiers on output.

The fact that neither technique has been widely used in the past may account
for the slow realization of an obvious system requirement.   We may see more rapid
progress in future, since both interpretation and control of interaction between
processes are central themes of many current research projects.

6.   <u>REFERENCES</u>

1. M.M. Lehman and L.A. Belady, "Programming System Dynamics" IBM Research
            Report RC 3456.

2. R.M. Graham, "Protection in an information Processing Utility", Comm. A.C.M.
            11 (1968) pp 365-369.

3. M.V. Wilkes, "Time-Sharing Computer Systems", Chapter 4 (Elsevier 1972).

4. J.K. Iliffe, "Basic Machine Principles", 2nd Ed. (Elsevier 1972).

5. D.E. Knuth, "An Empirical Study of Fortran Programs", Stanford University
            Computer Science Department Report No. CS-186 (1970)

DER EINFLUSS EINES PUFFERSPEICHERS AUF DIE OPERATIONSGESCHWINDIGKEIT
KOMMERZIELLER DATENVERARBEITUNGSANLAGEN

Wolfgang Feißel
Siemens Aktiengesellschaft
Zentrallaboratorium für Datentechnik
München

Zusammenfassung:

Pufferspeicher wurden zuerst bei Datenverarbeitungsanlagen hoher Leistung benutzt, um dem bei Einsatz großer Arbeitsspeicher unvermeidlichen Geschwindigkeitsverlust zu begegnen. Heute werden sie auch in der mittleren und unteren Leistungsklasse eingesetzt, weil sich mit ihrer Hilfe ein für den Zentralprozessor gestecktes Leistungsziel mit vereinfachter Zentralprozessorstruktur verwirklichen läßt. Um dieses zu verdeutlichen, wird hier an Hand der Arbeitsweise und der Bestimmungsgrößen eines Pufferspeichers gezeigt, wo eine obere Grenze für die Operationsgeschwindigkeit von kommerziellen Datenverarbeitungsanlagen vom Speicher her gezogen ist, wie weit sie mit einem Pufferspeicher angehoben werden kann und welche Vereinfachungen sich wechselweise bei der Zentralprozessorstruktur und dem Pufferspeicherbetrieb vornehmen lassen, wenn nicht die Anhebung der Operationsgeschwindigkeit, sondern die Vereinfachung und Verbilligung einer Anlage das Entwicklungsziel bilden.

1. Einführung

Kommerzielle Datenverarbeitungsanlagen hoher Leistung, deren Zentralprozessor einige Millionen Maschinenbefehle pro Sekunde abarbeiten kann, müssen auch mit großen Arbeitsspeichern von mehreren Millionen Bytes ausgerüstet werden, wenn die Anlagen insgesamt eine der Operationsgeschwindigkeit des Zentralprozessors angemessene Verarbeitungsleistung erreichen sollen. Zwischen Arbeitsspeichern dieser Größenordnung und den heute noch benutzten, wesentlich kleineren Ausbaustufen von einigen 100 K Bytes[1] besteht aber in der Zugriffszeit ein Unterschied von ungefähr einer Größenordnung zu Ungunsten der großen Speicher. Bei dieser Sachlage ist leicht einzusehen, daß mit einem

---

Die diesem Bericht zugrunde liegenden Arbeiten wurden mit Mitteln des Bundesministers für Forschung und Technologie (Kennzeichen: DV 4.001) gefördert.

[1]K=1024

kleineren Speicher eine größere mittlere Operationsgeschwindigkeit erzielt werden kann als mit einem großen. Hieraus wurden durch das Einschalten eines relativ kleinen, aber schnellen Pufferspeichers zwischen dem Zentralprozessor und dem Arbeitsspeicher entsprechende Konsequenzen gezogen, um das Mißverhältnis in den Zugriffszeiten weitgehend auszugleichen. Diese einfache Maßnahme erbrachte bei großen Anlagen eine Leistungssteigerung um Faktoren zwischen 3 und 4 [1]. Es ist somit verständlich, daß der Einsatz von Pufferspeichern nicht nur auf große Anlagen beschränkt blieb, sondern heute, auch wegen des allgemeinen Trends zu immer größeren Arbeitsspeichern, bei Anlagen mittlerer und kleiner Leistung vorgenommen wird. War ursprünglich die Einführung eines Pufferspeichers ein neuer Weg, um bei einem Zentralprozessor der oberen Leistungsklasse zu hohen Verarbeitungsleistungen zu kommen, so erweitert der Einsatz von Pufferspeichern den Implementierungsspielraum für Zentralprozessoren in der mittleren und unteren Leistungsklasse. Umgekehrt werden bei solchen Anlagen geringere Ansprüche an die Wirksamkeit eines Pufferspeichers gestellt. Die sich daraus ergebende größere Freizügigkeit bezüglich der Wahl der Pufferspeicher-Parameter soll im folgenden aufgezeigt werden.

2. Bereitstellungsprinzip und Parameter eines Pufferspeichers

Ein Pufferspeicher hat, gemessen am Arbeitsspeicher einer Datenverarbeitungsanlage, eine verhältnismäßig kleine Kapazität bei sehr kurzer Zugriffszeit. In ihm sollen die gerade zu bearbeitenden Maschinenbefehle und Operanden zugriffsbereit vorliegen. Das Problem ist dabei, ihre Bereitstellung zu bewerkstelligen. Mitentscheidend für den Entschluß, Pufferspeicher einzuführen, war die Erkenntnis, daß sich mit einem Pufferspeicher ein Mittel anbot, die Bereitstellung automatisch, d.h. ohne Zutun des Benutzers oder des Betriebssystems ablaufen zu lassen. Eine solche Anlage bleibt damit kompatibel zu anderen Anlagen der gleichen Familie. Die Voraussetzung für eine automatische Bereitstellung ergibt sich aus den statistischen Eigenschaften von Programmen, da zwei einfache Grundsätze den Bau von Zentralprozessoren mitbestimmt haben. Um nämlich Platz im Arbeitsspeicher und Programmieraufwand zu sparen, werden Programme aus Programmschleifen aufgebaut, und die Adressen der Maschinenbefehle werden automatisch durch Befehlszähler erzeugt. Die wichtigste Eigenschaft von Programmschleifen ist im Hinblick auf die Bereitstellungsaufgabe, daß sie im statistischen Mittel mehrfach durchlaufen werden. Diese Eigenschaft wird zur Bereitstellung in der Weise ausgenützt, daß beim ersten Durchlauf einer Schleife auf das Vorhandensein der die Schleife bildenden Maschinenbefehle und Operanden im Pufferspeicher verzichtet wird, und gerade die Tatsache, daß

bei einem Lesezugriff des Zentralprozessors ein gewünschtes Speicherwort nicht im Pufferspeicher angetroffen wird, dazu benutzt, dieses aus
dem Arbeitsspeicher zu holen. Bei diesem Arbeitsspeicherzugriff wird
das Speicherwort einmal zum Zentralprozessor direkt übertragen und zum
anderen auch im Pufferspeicher abgelegt, um es dann dort für die späteren Zugriffe beim erneuten Durchlaufen der betrachteten Programmschleife bereit zu haben. Aus dem geschilderten Bereitstellungsvorgang
ist zu ersehen, daß die Wirksamkeit eines so betriebenen Pufferspeichers in erster Linie von der Zahl n der wiederholten Schleifendurch-
gänge abhängt, sofern die Pufferspeicherkapazität so groß ist, daß alle gerade aktuellen Programmschleifen zusammen in den Pufferspeicher
passen. Die Zahl n ist aber eine Programmeigenschaft. Alles, was also
bei der Dimensionierung eines Pufferspeichers getan werden kann, ist,
möglichst gute Voraussetzungen für den Ablauf eines aus vielen Schleifen
aufgebauten Programms mit möglichst großen Schleifenwiederholungszahlen
n zu schaffen. Das jeweils ablaufende Programm bestimmt dann allein die
Wirksamkeit der Bereitstellungsmethode. Das geschilderte Bereitstellungs-
verfahren versagt völlig bei linear aufgebauten Programmen, für die
n=0 ist, oder bei Beginn eines Programmlaufs, wenn der Puffer noch leer
ist. Aber gerade hier findet sich eine Ergänzung, wenn die Maschinenbe-
fehlsadressen mit Befehlszählern erzeugt werden. Dann stehen nämlich
aufeinanderfolgende Maschinenbefehle im Arbeitsspeicher in adressenmä-
ßig aufeinanderfolgenden Speicherzellen, und es können im Prinzip beliebig viele, künftig von einem Zentralprozessor benötigte Maschinen-
befehlsworte aus dem Pufferspeicher angeboten werden, wenn bei einem
Arbeitsspeicherzugriff nicht nur das verlangte Maschinenbefehlswort,
sondern eine möglichst große Umgebung desselben vom Arbeitsspeicher zum
Pufferspeicher übertragen und dort abgespeichert wird. Nun sind reale
Programme nie linear aufgebaut, aber stückweise, nämlich nach einem er-
füllten Sprungbefehl bis zum darauf folgenden Sprungbefehl, stehen Maschinenbefehle schon aufeinanderfolgend im Arbeitsspeicher. Diesem
Sachverhalt wird dadurch Rechnung getragen, daß sowohl der Arbeitsspeicher wie auch der Pufferspeicher in gleich große Seiten[2] unterteilt werden, die jeweils mehrere Maschinenworte umfassen. Unter einem Maschinenwort soll diejenige feste Zahl von Informationsbits (einschließlich
Paritätsbits) verstanden werden, die ein Zentralprozessor auf einmal
bei einem Lesezugriff vom Arbeitsspeicher erwartet. Außerdem werden der
Arbeitsspeicher und der Pufferspeicher über einen Datenweg miteinander
verbunden, der so breit angelegt ist, daß bei jedem Arbeitsspeicherzugriff eine vollständige Seite zum Pufferspeicher übertragen werden kann.
Aus den vorstehenden Ausführungen ist zu ersehen, daß es keine Gewiß-

2 Hiermit sind nicht die Seiten eines virtuellen Speichers gemeint.

heit, sondern nur eine aus den statistischen Eigenschaften von Programmen bestimmbare Wahrscheinlichkeit dafür gibt, einen Zentralprozessorzugriff aus dem Pufferspeicher bedienen zu können. Ist der Pufferspeicher leer, so führt ein einfaches Auszählen der Treffer- und Fehlmöglichkeiten bei Leseoperationen zu der formelmäßigen Darstellung [2] der Trefferwahrscheinlichkeit H_0:

$$H_0 = \left[(1-m/l) \cdot (B_m \cdot S-1) + h_{l,m} \cdot D_m \cdot S \right] / (B_m + D_m) \cdot S \qquad (1)$$

Es bedeuten:

m = Anzahl der zwischen Pufferspeicher und Zentralprozessor bei einem Zugriff übertragenen Maschinenworte

l = Anzahl der Maschinenworte pro Seite

S = mittlere Anzahl der im Arbeitsspeicher zusammenstehenden Maschinenbefehle

B_m = mittlere Anzahl von Wortzugriffen beim Maschinenbefehllesen

D_m = mittlere Anzahl von Operandenzugriffen pro Maschinenbefehl

$h_{l,m}$ = Häufigkeit, Operanden in einer Seite der Größe l bei einem m-Worte breiten Zugriff des Zentralprozessors zu finden.

Ist der Pufferspeicher gefüllt und so dimensioniert, daß Programmschleifen p Mal wiederholt werden können, ehe die zugehörigen Maschinenbefehle und Operanden verdrängt werden, so ergibt sich eine Trefferrate H von

$$H = \left\{ (1 + \text{ENTIER} \left[n/(1+p) \right]) \cdot (H_0 - 1) + 1 + n \right\} / (1 + n) , \qquad (2)$$

wobei n - vom Programm her bestimmt - angibt, wie oft im Mittel jede Programmschleife wiederholt wird. Ist $p \geq n$, so ist der Pufferspeicher für das betreffende Programm richtig dimensioniert und (2) vereinfacht sich zu

$$H = (H_0 + n)/(1 + n) \quad \text{für } p \geq n.$$

Bei einem hinreichend großen Pufferspeicher wird aber erfahrungsgemäß im gefüllten Zustand, d.h. im stationären Zustand an Stelle von H_0 ein zwischen H_0 und dem von der Seitengröße l her denkbar besten Wert $(1 - 1)/1$ liegender Wert H_s die Trefferrate H bestimmen:

$$H = (H_s + n)/(1 + n). \qquad (3)$$

Die Zahl p schließlich errechnet sich aus der Pufferspeicherkapazität C, den Programmkenngrößen S, B_m, D_m und der Zahl N der im Mittel im Pufferspeicher nachzuladenden Befehlssequenzen bis eine Seite nach ihrer Eintragung im Pufferspeicher erstmals vom Zentralprozessor wieder benötigt wird, zu

$$p = \text{ENTIER} \left\{ C / \left[N \cdot S \cdot (B_m + D_m) \cdot (1 - H_0) \right] \right\} . \qquad (4)$$

Die Parameter S, B_m, D_m und $h_{l,m}$ lassen sich aus einem - den Programm-

typ charakterisierenden Befehlsmix - herleiten. Die Tabellen 1 und 2
zeigen das Ergebnis einer entsprechenden Auswertung für kommerzielle
Aufgaben. Tabelle 1 gibt an, wieviele Befehlszugriffe B_m, Operandenzu-
griffe D_m und Schreiboperationen W_o pro Maschinenbefehl in Abhängigkeit von der Wortbreite m und o, das Wort zu 4 Bytes, der Zentralpro-
zessor-Arbeitsspeicher-Schnittstelle im Mittel auszuführen sind.

m bzw. o	Wortzugriffe		
4 Byte-Worte	B_m	D_m	W_o
1	0,916	0,81	0,46
2	0,524	0,645	0,33
4	0,329	0,565	0,26

Tabelle 1:
Anzahl der im Mittel pro Maschinenbefehl auszuführenden Speicheroperationen unter Zugrundelegung eines die An-
lagenfamilie Siemens System 4004 charakterisierenden Befehlsmixes.

In Tabelle 2 ist die Abhängigkeit der Häufigkeit $h_{1,m}$, H_o und auch H
als Funktion von C (in K Bytes) für einige Werte von 1 und m dargestellt.

m	l	leerer Puffer $h_{1,m}$	H_o	H_S	gefüllter Puffer H bei 2 KB	4 KB	6 KB	8 KB	25 KB
1	1	-	-	-	0,82	0,83-0,91			
	2	0,2	0,32	0,43	0,81	0,88	0,90-0,95		
	4	0,3	0,48	0,64	0,81	0,91	0,91	0,91-0,97	
	8	0,36	0,565	0,75	0,76	0,88		0,92	
	16	0,38	0,60	0,80		0,78		0,89	0,93-0,98
2	8	0,20	0,36	0,56				0,87	0,94-0,96
4	16	0,116	0,237	0,45				0,79	0,91-0,95

Tabelle 2:
Normierte Werte für die Trefferrate H und ihren Komponenten $h_{1,m}$, H_o
und H_S in Abhängigkeit von der Schnittstellenbreite m, der Seitengröße
1 und der Pufferspeicherkapazität bei N = 7,5 und n ≈ 10

3. Die mit einem Pufferspeicher erreichbare Operationsgeschwindigkeitssteigerung

Das Bedürfnis nach einem Pufferspeicher trat erstmalig bei der Realisierung einer großen, leistungsfähigen, kommerziellen Datenverarbeitungsanlage mit einem sehr großen Arbeitsspeicher auf [3]. Es ist deshalb interessant zu untersuchen, bis zu welchem Grad die Operationsgeschwindigkeit mit einem Pufferspeicher eines aus Zentralprozessor und
Arbeitsspeicher bestehenden Komplexes gesteigert werden kann. Dazu ist
in Bild 1 der hier interessierende Teil des Blockschaltbildes einer
großen, kommerziellen Datenverarbeitungsanlage gezeigt.

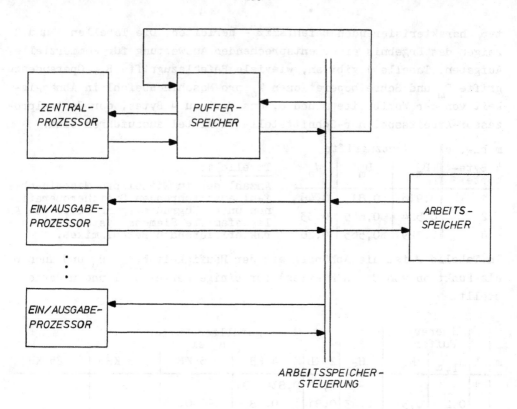

Bild 1: Vereinfachtes Blockdiagramm einer kommerziellen Datenverarbeitungsanlage

Neben dem Zentralprozessor, Pufferspeicher und Arbeitsspeicher sind,
um das Bild abzurunden, auch noch die Ein/Ausgabe-Prozessoren gezeichnet, die (in einer gewissen Konkurrenz zum Zentralprozessor) an den
Arbeitsspeicher direkt angeschlossen sind. Die Ein/Ausgabe-Prozessoren
und der Zentralprozessor arbeiten unabhängig voneinander. Daher wird
eine Speichersteuereinheit notwendig, die alle Arbeitsspeicherzugriffe
sämtlicher Einheiten so zu koordinieren hat, daß die Zugriffe ungestört
nacheinander abgewickelt werden. Erwähnt werden muß auch noch ein Weg
für Schreibdaten von der Speichersteuereinheit zum Pufferspeicher, der
dazu dient, bei Schreiboperationen der Ein/Ausgabeprozessoren auch den
Inhalt des Pufferspeichers auf dem letzten Stand im Arbeitsspeicher zu
halten. Damit ist ein wichtiges Arbeitsprinzip genannt, das auch auf
die Schreiboperationen des Zentralprozessors angewendet wird. Schreiboperationen werden immer im Arbeitsspeicher ausgeführt und im Pufferspeicher nur dann, wenn die betroffene Seite auch im Pufferspeicher
steht. Somit ist auch bei Schreiboperationen der Grundsatz erfüllt, daß

der Pufferspeicher bei allen Operationen für den Anwender unsichtbar bleiben kann; daher rührt auch die Bezeichnung Cache in der amerikanischen Literatur.

Die Operationsgeschwindigkeitssteigerung G sei aus dem Verhältnis der kürzestmöglichen Ausführungszeiten aller im Mittel pro Maschinenbefehl zu tätigenden Operationen errechnet, die sich ohne (T_{max}) und mit (T_{min}) Pufferspeicher ergeben. Die kürzestmöglichen Ausführungszeiten sind dann gegeben, wenn der Arbeitsspeicher nicht durch Ein/Ausgabevorgänge belegt ist und wenn die Arbeitsgeschwindigkeit des Zentralprozessors als so hoch angenommen wird, daß ein lückenloser Arbeitsspeicherbetrieb gewährleistet ist. Unter diesen Voraussetzungen begrenzt die Reaktionszeit des Arbeitsspeichers die Arbeitsgeschwindigkeit, und die Ausführungszeit eines Maschinenbefehls, mit oder ohne Pufferspeicher, ergibt sich aus der Summe der mittleren Zahl aller Schreib- und Leseoperationen pro Maschinenbefehl zu:

$$T_{max} = W_o \cdot Z + (B_m + D_m) \cdot t \tag{5}$$

und

$$T_{min} = W_o \cdot Z + (1 - H) \cdot (B_m + D_m) \cdot t \, , \tag{6}$$

wobei unter Z die Schreibzykluszeit und unter t die Lesezykluszeit des Arbeitsspeichers zu verstehen sind.

Aus dem Verhältnis von T_{max} und T_{min} wird G gebildet:

$$G = T_{max}/T_{min} \, . \tag{7}$$

Werden z.B. die Kenndaten für das Cache des Modells 85 aus dem IBM System/360 gemäß den Werten in Tabelle 1 eingesetzt, so ergibt sich für eine Schreibzykluszeit Z = 1040 ns, eine Lesezykluszeit t = 1200 ns, W_o = 0,26 Schreiboperationen, $B_m + D_m$ = 0,894 Leseoperationen zuzüglich 0,2666 Lesezugriffe für Sprungbefehle und eine Trefferhäufigkeit H = 0,95 ein Wert von G ≈ 4,9.

4. Der Pufferspeicher als Mittel zur Aufwandsverringerung

Die vorangehende Untersuchung der mit Hilfe eines Pufferspeichers maximal erreichbaren Operationsgeschwindigkeitssteigerung war auf den Einsatzfall bei großen Datenverarbeitungsanlagen abgestellt. Dabei muß man sich vor Augen halten, daß im Zentralprozessor simultan zu den zu einem Maschinenbefehl gehörenden Speicheroperationen auch noch der Maschinenbefehl nur mit großem Aufwand ausgeführt werden kann. Ein weiterer wichtiger Anwendungsfall für Pufferspeicher ist auch darin zu sehen, daß mit seiner Hilfe ein gestecktes Leistungsziel einfacher erreichbar wird. Betrachten wir z.B. ein Speichersystem mit einer

Schreibzyklus- und Lesezugriffszeit von jeweils rund 1000 ns und einer
1 Maschinenwort breiten Zentralprozessorschnittstelle der Lese- und
Schreibdatenwege. Dann sind gemäß Tabelle 1 im Mittel W = 0,46 Schreiboperationen und $B_m + D_m$ = 1,726 Leseoperationen pro Maschinenbefehl
auszuführen. Nach (5) müßte ohne Pufferspeicher, d.h. nur mit hohem
Prozessoraufwand für Simultanarbeit erreichbar, die Maschinenbefehlsausführungszeit mindestens T_{max} = 460 ns + 1726 ns = 2186 ns betragen.
Der reziproke Wert von T_{max} ergibt die Anzahl der pro Sekunde ausgeführten Maschinenbefehle zu rund $4,6 \cdot 10^5$, ein Zahlenwert, der heute
Anlagen mittlerer Leistungsfähigkeit charakterisiert. Bei Verwendung
eines Pufferspeichers mit einer Kapazität zwischen 4 und 8 K Bytes, die
laut Tabelle 2 eine um H = 0,9 liegende Trefferhäufigkeit ergeben, verringert sich die Speicherarbeitszeit pro Maschinenbefehl nach (6) unter
den Wert von T_{min} = 460 ns + $0,1 \cdot$ 1726 ns = 632 ns, so daß von 2186 ns
der Maschinenbefehlsausführungszeit mindestens die Differenz 2186 ns -
632 ns = 1554 ns zur internen sequentiellen Bearbeitung des Maschinenbefehls im Zentralprozessor zur Verfügung stehen. Unter diesen Umständen ist aber ein Prozessor mit einem Leistungsziel von im Mittel
$4,6 \cdot 10^5$ Operationen pro Sekunde viel einfacher zu implementieren, als
wenn versucht würde, ohne Pufferspeicher parallel zu den Speicheroperationen die Maschinenbefehle auszuführen. Dieses Beispiel sei zum An-
laß genommen, an Hand der Tabellen 1 und 2 Anwendungshinweise für Pufferspeicher und seine Schnittstellen zu geben. Dazu sollen die beiden
Verwendungsarten für Pufferspeicher miteinander verglichen werden. Zum
Vergleich wird ein relativer Kennwert der Anlagen benötigt. Ein solcher
relativer Kennwert ist z.B. die in Abschnitt 3 betrachtete Operationsgeschwindigkeitssteigerung, bei der als Bezugsgröße die mittlere Befehlsausführungszeit ohne Pufferspeicher, das entspricht einer Trefferhäufigkeit H = 0, genommen wurde. Gebräuchlicher ist es jedoch die mittlere Befehlsausführungszeit für H = 1 als Bezugsgröße zu verwenden, die
nach (6) den Wert $W_o \cdot Z$ hat. Ergänzt man $W_o \cdot Z$ für die hier beabsichtigte
Einsatzart des Pufferspeichers um die mittlere vom Zentralprozessor pro
Maschinenbefehl zusätzlich benötigte Bearbeitungszeit T, so kann die
relative von H abhängige Zentralprozessorleistung P nach Ergänzung von
T in (6) als das Verhältnis von $W_o \cdot Z$ + T und $W_o \cdot Z$ + T+(1-H) $\cdot$ $(B_m+D_m) \cdot$ t
definiert werden:

$$P = 1/ \left[1+(1-H) \cdot (B_m+D_m) \cdot t / (W_o \cdot Z+T) \right] \quad . \quad (8)$$

Im Bild 2 ist nun P einmal für Kennwerte, die das Modell 85 aus dem
IBM System/360 charakterisieren, und zum anderen für einen Zentralprozessor mit im Mittel $5 \cdot 10^5$ ausgeführten Maschinenbefehlen pro Sekunde
als Funktion der Trefferrate H gezeichnet. Die Kennwerte für das Modell

85 sind bereits im Abschnitt 3 genannt.

Im Beispiel für den Zentralprozessor mittlerer Leistung wurde ein 4 Bytes breiter Lesezugriff des Zentralprozessors unterstellt und als Zentralprozessorbearbeitungszeit T = 1368 ns angenommen. Die Schreib- und Lesezykluszeiten wurden gleich groß und zu je 1000 ns angesetzt.

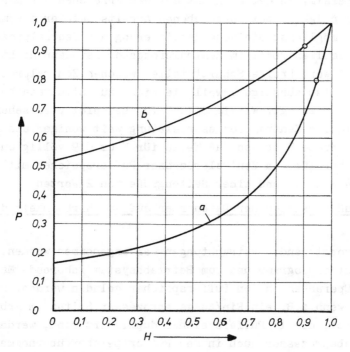

Bild 2: Relative Zentralprozessorleistung P für hohe (a) und mittlere (b) Leistung als Funktion der Trefferrate H

Zur Erzielung einer hohen Verarbeitungsleistung muß als eine der ersten zu ergreifenden Maßnahmen die Zahl der im Mittel pro Maschinenbefehl auszuführenden Speicherzugriffe so weit wie möglich reduziert werden. Dies gelingt, wie Tabelle 1 ausweist, durch den Einsatz von Datenwegen mit möglichst breitem Zugriff m und o, weil die Zahl der im Mittel pro Maschinenbefehl auszuführenden Speicheroperationen $B_m+D_m+W_o$ um so kleiner wird, je größer m und o gemacht werden, was im übrigen auf verstärkte Simultanarbeit im Zentralprozessor hinweist. Die Auswahl der Pufferspeicherparameter kann dann an Hand von Bild 2 und Tabelle 2 vorgenommen werden. Wie aus Bild 2 für den hier interessierenden Fall a zu ersehen ist, hängt die relative Zentralprozessorleistung sehr stark von der Trefferrate H ab. Bei einem Wert von H = 0,95 hat sich die relative Zentralprozessorleistung bereits um 20% vermindert, was sich mit den Angaben in[1] und [3] deckt. Damit die relative Leistung

P = 0,8 nicht noch mehr unterschritten wird, müssen alle Anstrengungen
darauf gerichtet sein, möglichst über 0,95 liegende Werte für die Trefferrate H zu erzielen. Dies ist aber nach dem aus der Tabelle 2 ables-
baren Trend nur möglich, wenn für den Pufferspeicher Kapazitätswerte
über 16 K Bytes gewählt werden. Ganz anders ist die Situation im zweiten Anwendungsfall, in dem es nicht auf das Erreichen der maximalen
Arbeitsgeschwindigkeit bei vorgegebenen Arbeitsspeicher ankommt, sondern auf eine möglichst einfache Realisierung des Zentralprozessors.
Hochgradige Simultanarbeit im Zentralprozessor ist dann nicht gefragt,
und eine m = 1 Wort breite Schnittstelle zwischen Zentralprozessor und
Pufferspeicher ist günstiger, weil sie nicht zur Simultanarbeit im
Zentralprozessor zwingt. Wie im Bild 2 für Beispiel b zu sehen ist,
hängt die relative Zentralprozessorleistung weit weniger als im Fall a
von der Trefferrate H ab, so daß Werte für H um 0,9 völlig ausreichen.
Es genügen daher für den Zentralprozessor Pufferspeicher mit einer Kapazität von 4 K Bytes und einer Seitengröße von 2 Worten.

5. Der Einfluß verschiedener Datenarten auf die Wirksamkeit des Puf-
ferspeichers

Während der vorstehenden Betrachtungen war angenommen worden, daß nur
zu einem Benutzerprogramm und zum Betriebssystem gehörende Maschinenbefehle und Operanden in den Pufferspeicher geladen werden. Nur in Aus-
nahmefällen, wenn z.B. ein Ein/Ausgabeprozessor Seiten im Arbeitsspeicher beschreibt, die im Pufferspeicher dupliziert sind, werden Daten
vom Ein/Ausgabeprozessor auch in den Pufferspeicher übernommen. Auf
diese Weise wird verhindert, daß bei einem starken Eingabedatentrans-
fer der Pufferspeicher von den Ein/Ausgabeprozessoren ständig überschrieben wird. Nun besteht an sich keine Notwendigkeit, etwa die Ein/
Ausgabeprozessoren über den Pufferspeicher arbeiten zu lassen, weil
die Ein/Ausgabeprozessoren normalerweise Daten blockweise transferieren und ganze Seiten aus dem Arbeitsspeicher auf einmal übernehmen.
Bei einem solchen seitenweise ausgeführten Datentransfer kann ein Pufferspeicher keine Verbesserung bringen, weil die Daten nur ein einziges Mal verwendet werden. Eine andere Situation liegt vor, wenn bei
einer kleineren Anlage, z.B. um Aufwand zu sparen, der Ein/Ausgabepro-
zessor mit dem Zentralprozessor so kombiniert wird, daß z.B. auf Mikroprogrammebene [4] Zentralprozessortätigkeiten und Ein/Ausgabeprozessor-
abläufe wechseln. Dann entfällt die Arbeitsspeichersteuereinheit, und
Zentralprozessor und Ein/Ausgabeprozessor weisen eine gemeinsame
Schnittstelle auf, die über den Pufferspeicher führt. Bei diesem Funktionsschema muß entweder im Pufferspeicher ein gesondertes Register
für den Ein/Ausgabe-Datentransfer geschaffen werden oder aber, wenn

die Ein/Ausgabe-Daten doch im Puffer eingetragen werden sollen, muß dafür gesorgt werden, daß bei regem Ein/Ausgabe-Datenverkehr nur in begrenztem Umfang Seiten im Pufferspeicher von Ein/Ausgabe-Daten überschrieben werden. Die zuletzt genannte Möglichkeit ist vorzuziehen, weil sich bei modular aufgebauten Pufferspeichern, die technischer Gründe wegen z.B. aus Moduln zu je 2 K Bytes bestehen, eine einfache Vorschrift angeben läßt, nach der die Kapazität nur eines Modules für das Programm verlorengeht. Wie ein Blick in Tabelle 2 für m = 1, l = 4, C = 8 K Bytes zeigt, sinkt die Trefferhäufigkeit, ausgehend vom unteren Grenzwert, nicht, wenn die Kapazität des Pufferspeichers von 8 K Bytes auf 6 K Bytes erniedrigt wird. Genau dieser Fall würde sich ergeben, wenn der Pufferspeicher aus 4 Moduln zu je 2 K Bytes aufgebaut und ein Modul ganz für den Ein/Ausgabe-Verkehr reserviert wäre. Diese Reservierung könnte über die Schnittstelle vom jeweiligen Mikroprogrammzustand gesteuert werden. Die feste Reservierung ist nur als Beispiel zu betrachten. In der Leistung etwas besser ist ein anderes Verfahren, bei dem, beim Eintragen einer Seite in den Pufferspeicher, mit einem Bit im zugehörigen Kennzeichenfeld eines jeden Eintrags angezeigt wird, ob dieser Eintrag für einen Ein/Ausgabe-Datentransfer gemacht wurde. Da der Inhalt einer Seite vollständig zum Ein/Ausgabeprozessor übertragen wird, beschleunigt ihre Eintragung in den Pufferspeicher das sequentielle Lesen der Daten, aber nach dem Übertragungsvorgang ist die Seite nicht mehr interessant.

Daher wird diese Seite durch das erwähnte Kennzeichenbit als eine solche ausgewiesen, die sobald als möglich überschrieben werden soll. Mit diesem Bit wird der normale Auswahlalgorithmus für im Pufferspeicher zu überschreibende Seiten ausgeschaltet. Der Vorteil dieser Arbeitsweise besteht gegenüber der festen Reservierung eines Moduls darin, daß bei geringem Datenverkehr des Ein/Ausgabeprozessors praktisch die gesamte Pufferspeicherkapazität dem Zentralprozessor zur Verfügung steht, und weiter, daß nicht bei Ausfall eines Moduls die Datentransferrate des Ein/Ausgabeprozessors auf einen Bruchteil des normalen Wertes absinken kann.

Ein anderer Datenverkehr, der viel Platz im Pufferspeicher beanspruchen könnte, tritt bei Datenverarbeitungsanlagen mit virtueller Arbeitsspeicheradressierung auf. Vor jedem Speicherzugriff, gleichgültig ob für Maschinenbefehle oder Operanden, muß die vom Programmierer benutzte, virtuelle Adresse vom Zentralprozessor in eine reelle Adresse übersetzt werden. Diese Adreßübersetzung geschieht allgemein mit Hilfe von Übersetzungstafeln, die ebenfalls im Arbeitsspeicher stehen. Um nicht vor jedem Arbeitsspeicherzugriff einen Tafelzugriff ausführen zu müssen, wird der Zentralprozessor mit einem kleinen Speicher für bereits übersetzte Adressen ausgestattet, der mit relativ hoher Wahrscheinlichkeit die demnächst benötigte Adresse enthält. Ist dies nicht der Fall, so ist ein Tafelzugriff im Arbeitsspeicher vorzunehmen, und zu entscheiden, ob die zugehörige Seite aus dem Arbeitsspeicher in den Pufferspeicher übernommen werden soll. Die Entscheidung kann an Hand der Trefferwahrscheinlichkeit des Speichers für übersetzte Adressen getroffen werden. Wird ein vorsichtiger, auf 1 normierter Trefferwert von 0,95 für den Adreßübersetzungsspeicher angenommen, und weiter für den Pufferspeicher aus Tabelle 2 z.B. eine Trefferhäufigkeit von H = 0,9 ausgewählt, so entfällt auf je zwei Programmeinträge im Pufferspeicher ein Eintrag der Übersetzungstafel. Unter diesen Umständen wäre der Pufferspeicher zu 1/3 mit Adreßtafeleinträgen belegt, was als schlechte Ausnutzung des Pufferspeichers anzusehen ist. Da eine Seite im allgemeinen mehrere übersetzte Adressen enthält, ist es andererseits wünschenswert, doch die betreffende Seite in dem Pufferspeicher zu haben, um die restlichen Adressen später schnell in den Speicher für übersetzte Adressen übertragen zu können. Wenn man sich dazu entschließt in aufeinanderfolgenden Schritten alle Adressen in einer Seite sofort zu übernehmen, kann die Seite im Pufferspeicher genauso behandelt werden wie eine Seite für den Ein/Ausgabeprozessor. Die Seiten für den Ein/Ausgabedatentransfer würden dann zusammen mit denen der Tafeleinträge äußerstenfalls die Kapazität eines Moduls im Pufferspeicher beanspruchen.

Wenn man wegen solcher Daten soweit gegangen ist, den Auswahlalgorithmus für im Pufferspeicher zu überschreibende Seiten durch ein Bit im Kennzeichenfeld ein- bzw. auszuschalten, so sollte man diese Möglichkeit auch auf Daten wie Maschinenbefehle und Operanden des Benutzerprogramms und Betriebssystems anwenden. Um diesen Situationen gerecht zu werden, bedarf es auf der Schnittstelle zwischen Zentralprozessor und Pufferspeicher dann der Ergänzung durch Steuerleitungen, über die z.B. der Zentralprozessor drei verschiedene Absichten ausdrücken kann, nämlich, ob bei einem Eintragungsvorgang der normale Auswahlalgorithmus angewendet, ob der Auswahlalgorithmus bis zur Benutzung eines Eintrags ausgesetzt oder ob der Auswahlalgorithmus unterdrückt werden soll. Der erste Fall betrifft Lesezugriffe zu Maschinenbefehlen und Operandenfeldern. Der zweite Fall bezieht sich auf das Lesen von einfachen Operandenworten oder von Übersetzungstafeln, wenn man annimmt, daß auf die geladene Seite im Pufferspeicher nicht wieder zurückgegriffen wird. Im Fall 2 kann dann offenbleiben, ob eine solche Seite schnell überschrieben wird. Kommt es innerhalb von ca. 10^3 Zugriffen zu einem solchen, so wird der Eintrag offenbar doch gebraucht und er wird automatisch im Pufferspeicher nachträglich durch Änderung des Steuerbits im Kennzeichenfeld unter den ersten Fall eingereiht. Der dritte Fall liegt vor, wenn Daten für den Ein/Ausgabeprozessor geladen werden. Hier besteht kein Zweifel, daß mehrere, aufeinanderfolgende Lesezugriffe erfolgen. Andererseits sind danach die Einträge völlig uninteressant geworden und sollen als nächste überschrieben werden. Daher ist es bei jedem Lesezugriff für den Ein/Ausgabeprozessor angebracht und notwendig, den normalen Auswahlalgorithmus dann außer kraft zu setzen, wenn ein Eintrag mit den Daten des Ein/Ausgabeprozessors erfolgt ist, und die von dem Eintrag im Pufferspeicher belegte Speicherzelle als solche zu kennzeichnen, in der auch der nachfolgende Eintrag vorgenommen werden soll.

6. Schlußbetrachtung

Ausgehend von der Tatsache, daß durch die Werte der Zugriffs- und Zykluszeiten eines Arbeitsspeichers ein oberer Grenzwert für die Verarbeitungsgeschwindigkeit bei noch so hohem Aufwand im Zentralprozessor gesetzt ist, wurde gezeigt, in welchem Umfang diese obere Grenze durch Einsatz eines schnellen Pufferspeichers zu höheren Werten für die Verarbeitungsgeschwindigkeit verschoben werden kann.

Für diesen Zweck wurde zunächst ein Pufferspeicher eingesetzt. Der Zentralprozessor wies dabei einen sehr hohen technischen Aufwand auf, weil die Maschinenbefehle parallel zu den Speicherzugriffen ausgeführt werden. Eine weitere wichtige Verwendungsmöglichkeit für einen Pufferspeicher besteht darin, nicht die maximal mögliche Arbeitsgeschwindigkeit anstreben zu wollen, sondern die kürzeren Reaktionszeiten des mit dem Pufferspeicher ergänzten Arbeitsspeichers dazu zu gebrauchen, im Zentralprozessor von der simultanen Ausführung von Maschinenbefehlen und der zugehörenden Speicheroperationen loszukommen. Durch eine über die Zentralprozessorschnittstelle vorgenommene Beeinflussung des Auswahlalgorithmus zur Bestimmung der im Pufferspeicher zu überschreibenden Seiten gelingt eine weitere Vereinfachung der Zentralprozessorstruktur, weil auch der Datentransfer eines Ein/Ausgabeprozessors mit über den Pufferspeicher gezogen werden darf. Da sich Pufferspeicher einerseits leicht mit integrierten Bausteinen realisieren lassen, andererseits ein Pufferspeicher die Struktur eines Zentralprozessors zu vereinfachen gestattet, kann diese beobachtete Wechselwirkung zwischen Pufferspeicher und Zentralprozessor als Anregung für weitere Untersuchungen dienen, ob sich in einem Zentralprozessor noch andere Stellen finden, deren Struktur sich vereinfacht, wenn Puffer eingesetzt werden. Dies wäre dann ein Weg, um zur Integration größerer

Steuerungskomplexe zu kommen.

Schrifttum:

[1] D.H. Gibson and W. Lee Shevel: 'Cache' turns up a treasure, Electronics, 42 (1969) H. 21, S. 105-107.

[2] W. Feißel: Die Bestimmungsgrößen von Pufferspeichern kommerzieller Datenverarbeitungsanlagen, Veröffentlichung in Vorbereitung

[3] J.S. Liptay: Structural aspects of the System 360 Model 85, II The Cache, IBM Systems Journal, 7 (1968) H. 1, S. 15-21.

[4] H. Berndt: Die Bedeutung interner Datensammelwege für die Rechnerarchitektur. Elektronische Rechenanlagen 13 (1971) H. 3, S. 119-123.

LEISTUNGSVERGLEICH VON ZWEI ORGANISATIONSMETHODEN FÜR MULTI-BEFEHLSSTROM-PROZESSOREN

G. Regenspurg[1], J. Swoboda[2], W. Theissen[1]

[1] TELEFUNKEN-COMPUTER, Konstanz

[2] AEG-TELEFUNKEN, Forschungsinstitut Ulm

1. EINLEITUNG

Für Prozessoren höherer Leistung werden die Befehle zweckmäßigerweise in der Art eines Fließbandes bearbeitet. Für die einzelnen Bearbeitungsphasen wie Befehl Holen, Dekodieren, Adreßrechnung und Operand Holen sind eine oder mehrere Bearbeitungsstationen vorgesehen. Die Befehle durchlaufen taktweise die Kette dieser Bearbeitungsstationen, die auch als Befehls-Pipeline bezeichnet wird. An diese Befehls-Pipeline schließt sich ein Rechenwerk bzw. Ausführungswerk an, das ebenfalls aus einzelnen autonomen Unterwerken oder Bearbeitungsstationen bestehen kann. Der Verkehr mit dem Zentralspeicher wird über eine autonome Speicherverkehrseinheit abgewickelt.

Ein Prozessor mit den genannten Strukturmerkmalen kann im Prinzip mit jedem Fließbandtakt die Bearbeitung eines Befehls beginnen bzw. beenden. Die maximale Leistung ist deshalb ein Befehl je Takt. Hemmende Ereignisse verursachen Belegungslücken oder einen Rückstau in dem Bearbeitungsfließband, so daß sich eine wesentlich geringere reale Leistung einstellt. Solche hemmende Ereignisse sind

* Sprungbefehle (der Folgebefehl nach einem Sprungbefehl ist nicht immer hinreichend zeitig verfügbar; es entsteht eine Belegungslücke)
* Befehle mit mehrfachem Speicherzugriff (z. B. Bytekettenbefehle)
* Zentralspeicherzugriffe, falls lokale Speicher eine gewünschte Größe nicht enthalten
* verlängerte Zugriffszeiten auf den Zentralspeicher wegen Verkehrshemmung vor dem Speicher
* Rückstau vor dem Rechenwerk wegen langer Ausführungszeiten oder wegen langer Annahmewartezeiten.

Die Auswirkung der hemmenden Ereignisse läßt sich auf unterschiedliche Weise mildern. Eine Möglichkeit besteht darin, die Belegungslücken durch lokale Speicher mit kurzer Zugriffszeit (cache) für aktuelle Befehle und Operanden möglichst zu verkleinern, und den Rückstau vor dem Rechenwerk durch sehr schnelle Funktionseinheiten zu vermindern. Dieser Weg wurde z. B. mit der IBM/360-85 / 1 / beschritten.

Eine andere und durchaus attraktive Möglichkeit ist, Belegungslücken und Aufstau für einen Befehlsstrom durchaus zuzulassen, und während der Hemmung des einen Befehlsstromes das Bearbeitungsfließband für einen zweiten Befehlsstrom und evtl. für weitere Ströme zu nutzen. Eine Bearbeitungsstation in dem Fließband kann in beliebiger Folge Befehle aus unterschiedlichen Strömen bearbeiten; die Befehle müssen nur eine Kennung mit sich führen, die anzeigt, zu welchem Strom sie gehören. Ein solcher Mehrstromprozessor wirkt von der Programmierung her gesehen wie mehrere getrennte Prozessoren; jedoch ist der Aufwand nur geringfügig größer als im einfachen Prozessor.

Für die Organisation der Stromumschaltung bieten sich zwei Methoden an. Bei der einen Methode wird in das Fließband zyklisch von jedem Strom je ein Befehl eingespeist. Bei s Strömen kann ein Strom jeden s-ten Takt nutzen. Der Ablauf für einen Strom wird s-fach gedehnt, und Wartezeiten wirken sich entsprechend geringer aus. Diese Methode wird hier als "unbedingte Stromumschaltung" bezeichnet und wurde in Arbeiten von M. J. Flynn /2/ vorgeschlagen.

Bei der anderen Methode werden in das Fließband Befehle eines Stromes solange eingespeist, bis für diesen Strom eine Hemmung auftritt. Dann wird auf einen anderen Strom umgeschaltet, dessen Hemmungszeit inzwischen abgelaufen ist. Diese Methode wird hier als "bedingte Stromumschaltung" bezeichnet und wurde von F. H. Sumner /3/ bereits angedeutet.

In diesem Beitrag wird untersucht, welche Leistung mit vergleichbaren Mitteln sich für Einstrom- und für Mehrstrom-Prozessoren ergibt. Bei den Mehrstrom-Prozessoren wird zwischen dem Typ mit unbedingter Stromumschaltung und dem Typ mit bedingter Stromumschaltung unterschieden. Die Leistungsangaben werden durch analytische Verfahren und durch Simulation ermittelt.

2. BERECHNUNG DER LEISTUNG (BEFEHLE/ZEITEINHEIT) FÜR DIE EINZELNEN MÖGLICHKEITEN

In einem ersten Schritt wird die Leistung der isolierten Befehls-Pipeline ermittelt (s. 2.1). Bei dieser wird von einem idealisierten Rechenwerk ausgegangen, das für jeden Befehl nur einen Takt benötigt. In einem zweiten Schritt wird beachtet, wie die Abgabefähigkeit der Befehls-Pipeline mit der Aufnahmefähigkeit des Rechenwerkes zusammenspielt und damit die Prozessorleistung bewirt (s. 2.2). Eine verkehrsbedingte Speicherhemmung wird in diesem Beitrag nicht berücksichtigt. Die genannten Leistungen hängen selbstverständlich von der Zahl der Befehlsströme und ihrer Organisation ab.

2.1 Die Leistung der isolierten Befehls-Pipeline

2.1.1 Pipeline-Leistung bei einem einzigen Befehlsstrom

Von den Ereignissen, die die isolierte Befehls-Pipeline hemmen, werden in dem ersten Schritt nur die Sprungbefehle berücksichtigt. Dabei wird zwischen unbedingten Sprüngen bzw. Unterprogrammsprüngen, Status-abhängigen Sprüngen und Index-abhängigen Sprüngen unterschieden. Die Ausführung Status-abhängiger Sprünge hängt von Ergebnissen im Rechenwerk ab, und Index-abhängige Sprünge können ohne Abfrage des Rechenwerkes im Befehlswerk abgehandelt werden. Bytekettenbefehle u. ä. verhalten sich bezüglich der Befehls-Pipeline wie Status-abhängige Sprungbefehle mit nicht erfüllter Bedingung und können daher dieser Klasse zugeschlagen werden.

Ohne hemmende Ereignisse kann die Befehls-Pipeline in jedem Fließbandtakt die Bearbeitung eines neuen Befehls beginnen bzw. einen bearbeiteten Befehl abgeben. Nach einem Sprungbefehl entsteht ein Abstand zum Folgebefehl von mehr als einem Takt. Wovon dieser "Befehlsabstand" abhängt läßt sich am besten am Zeitdiagramm für ein Beispiel ablesen.

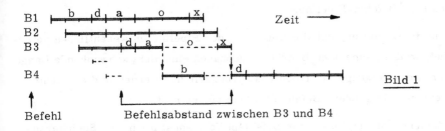

Bild 1

Befehl · · · · · · · · · · · · · · · Befehlsabstand zwischen B3 und B4

Dabei haben die einzelnen Bearbeitungsphasen eines Befehls folgende Dauer:

b Befehl Holen   d Dekodieren   a Adreßrechnung
o Operand Holen   x Ausführen

Der Befehl 3 sei ein Status-abhängiger Sprungbefehl, und seine Sprungbedingung sei erfüllt. Der Folgebefehl B4 in Sprungrichtung kann erst geholt werden, wenn die Sprungadresse von B3 berechnet wurde. Mit dem Dekodieren von B4 wird erst begonnen, wenn nach der Phase x von B3 die Sprungentscheidung vorliegt. Für den Befehlsabstand kann (d + a + o + x) abgelesen werden.

In dem obigen Beispiel wird der Befehl in Sprungrichtung vorausschauend (Look-ahead) schon nach der Phase a von B3 geholt, obwohl noch gar nicht entschieden ist, ob der Sprung tatsächlich ausgeführt wird. Im einfacheren Fall ohne Look-ahead wäre der Befehlsabstand um die Phase b länger, (b + d + a + o + x).

Der Befehlsabstand für die anderen Fälle kann in ähnlicher Weise ermittelt werden, und er ist in der Tabelle 1 zusammengestellt. Die einzelnen Befehlsabstände treten mit den nebenstehenden Wahrscheinlichkeiten auf. Die Abkürzungen bedeuten: S Sprungbefehl, US unbedingter Sprung, SAS Status-abhängiger Sprung, N nicht erfüllt, E erfüllt, IAS Index-abhängiger Sprung.

Befehl	Taktabstand zum Folgebefehl ohne Look-ahead	mit Look-ahead	Wahrscheinlichk.
kein S	1	1	$1 - w_S$
US	$b + d + a$	$b + d + a$	w_{US}
SASN	$d + a + o + x$	$d + a + o + x$	w_{SASN}
SASE	$b + d + a + o + x$	$d + a + o + x$	w_{SASE}
IASN	$d + 2\,a$	$d + 2\,a$	w_{IASN}
IASE	$b + d + 2\,a$	$b + d + a$	w_{IASE}

$\left.\begin{array}{l} w_{SASN} \\ w_{SASE} \end{array}\right\} w_{SAS}$ $\left.\begin{array}{l} w_{IASN} \\ w_{IASE} \end{array}\right\} w_{IAS}$ $\Big\} w_S$

Tabelle 1

Die einzelnen Befehlsabstände, mit ihren Wahrscheinlichkeiten gewichtet, führen auf einen mittleren Befehlsabstand; das ist der mittlere Taktabstand von Befehl zu Befehl. Der Kehrwert davon ist die Leistung bzw. der Durchsatz DB in Befehlen/Takt der isolierten Einstrom-Befehls-Pipeline.

Rückblickend ist festzustellen, daß die Abläufe in der Pipeline im wesentlichen deterministisch sind, weil die einzelnen Bearbeitungsphasen eine nicht schwankende Länge haben. Nur durch das zufällige Auftreten von Sprungbefehlen werden in die Befehlsabstände von einem Takt größere Befehlsabstände eingestreut.

Der mit den Zahlenannahmen (b = 2 für Befehlspuffer, sonst b = n, n = Speicherzugriffszeit, d = 1, a = 2, o = n + 1, x = 1, w_S = .30, w_{US} = .12, w_{SASN} = .06, w_{SASE} = .08, w_{IASN} = .02, w_{IASE} = .02) berechnete Durchsatz DB ist in Bild 2 abhängig von der Speicherzugriffszeit n dargestellt. Die unteren vier Kurven beziehen sich auf Fälle von Einstrom-Betrieb. Die Abkürzung L bedeutet vorausschauendes Holen des Befehls in Sprungrichtung (Look-ahead), und P bedeutet, daß die Befehle mit kurzer Zugriffszeit (b = 2) aus einem lokalen Puffer geholt werden können.

Die Kurven für mehrere Befehlsströme werden später (s. 2.1.3) behandelt. Bei einem Befehlsstrom erreicht der Durchsatz DB der isolierten Befehls-Pipeline auch für sehr kurze Speicherzugriffszeit (n = 2) etwa nur 0.4 Befehle/Takt. Ferner zeigen die Fälle mit Befehlspuffer erwartungsgemäß einen flacheren Abfall über der Speicherzugriffszeit n.

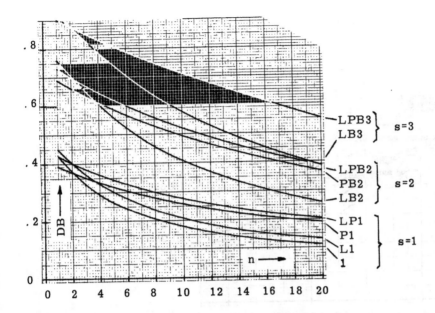

Bild 2: Durchsatz DB der isolierten Befehls-Pipeline (Befehle/Takt) bei s = 1 Befehls-
strom und bei s = 2 und s = 3 Befehlsströmen. Die Abkürzungsanteile bedeuten:
L Look-ahead vorhanden, P lokaler Puffer für Befehle vorhanden, B bedingtes
Schalten zwischen den s Befehlsströmen

2. 1. 2 Pipeline-Leistung bei unbedingter Stromumschaltung

Bei unbedingtem Schalten zwischen s Strömen wird ein bestimmter Strom nach jeweils s Takten bedient. Gemessen in Takten, die für den betrachteten Strom reserviert sind, schrumpfen alle Lücken bzw. Befehlsabstände auf 1/s gegenüber der
Einstrom-Pipeline zusammen. Bei der Division durch s muß jedoch, - dem Abwar-
ten des nächsten verfügbaren Taktes entsprechend -, auf die nächste ganze Zahl auf-
gerundet werden. Die Taktabstände zum Folgebefehl von Tabelle 1 sind für den Fall
der unbedingten Stromumschaltung nur mittels Division durch s und Aufrunden auf die
nächste ganze Zahl umzurechnen. Lediglich bei den Index-abhängigen Sprüngen (IAS)
ist der Abstandsanteil 2a durch s + a zu ersetzen. Von diesen Sprungbefehlen wird die
Adreßrechenstufe zweimal nacheinander beansprucht (1. Sprungadresse ausrechnen,
2. Sprungentscheidung ausrechnen), und für einen Strom ist die Stufe erst nach s Takten statt nach a Takten verfügbar.

Aus den einzelnen Befehlsabständen und den zugehörigen Wahrscheinlichkeiten kann
wieder ein mittlerer Befehlsabstand berechnet werden, und sein Kehrwert ist der
Durchsatz DB der isolierten Befehls-Pipeline. Hierbei kann DB als Durchsatz eines
Stromes je Takt dieses Stromes oder ebenso als Durchsatz aller Ströme je Takt

aller Ströme angesehen werden.

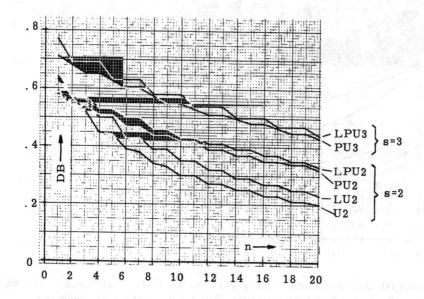

Bild 3: Durchsatz DB der isolierten Befehls-Pipeline (Befehle/Takt) bei unbedingtem Schalten zwischen s = 2 und s = 3 Strömen. Die Abkürzungsanteile bedeuten: L Look-ahead vorhanden, P lokaler Puffer für Befehle vorhanden, U unbedingtes Schalten zwischen s Befehlsströmen

In Bild 3 ist der Durchsatz DB der isolierten Pipeline mit unbedingter Stromumschaltung über der Speicherzugriffszeit n dargestellt (gleiche Zahlenannahmen wie für Bild 2). Der Übergang auf s = 2 bzw. s = 3 Ströme bringt eine merkliche Durchsatzverbesserung. Bei noch mehr Befehlsströmen kann allerdings höchstens eine Durchsatz von DB = 1 erreicht werden, da die Pipeline höchstens einen Befehl pro Takt beginnt bzw. fertigstellt. Die Knicke in den Kurven werden durch das Aufrunden nach Division der Befehlsabstände durch s verursacht.

Der Vergleich mit Bild 2 zeigt, daß ein zweiter Befehlsstrom es ermöglicht, statt der Speicherzugriffsdauer von n = 2 Takten (Beispiel: LP1, n = 2, Bild 2) eine Speicherzugriffsdauer von n = 14 Takten (Beispiel: LPU2, n = 14, Bild 3) zuzulassen. In beiden Beispielen ist die Leistung DB $\approx$ 0.40.

2.1.3 Pipeline-Leistung bei bedingter Stromumschaltung

Bei bedingter Stromumschaltung werden Befehle eines Stromes solange in die Pipeline eingespeist, bis ein Sprungbefehl aufgetreten ist. Sprungbefehle treten mit der Wahrscheinlichkeit w_S auf.

Auf diese Weise entstehen für den betrachteten Strom "Einspeisephasen" von im

Mittel $E_e = 1/w_S$ Takten, während der mit jedem Takt ein Befehl in die Pipeline eingespeist wird. Diesem Befehlspaket in der Einspeisephase des betrachteten Stromes folgt eine "Regenerierphase" von der mittleren Dauer von E_r Takten, während der die Auswirkung eines eigenen hemmenden Ereignisses abgewartet wird.

Die individuelle Dauer einer Regenerierphase hängt von der Art des verursachenden Sprungbefehls ab; sie stimmt überein mit den um 1 verminderten Befehlsabständen von Tabelle 1.

Bei einer Einstrom-Pipeline (s = 1) läßt sich der Durchsatz DB_1 durch E_e und E_r darstellen: Während der Dauer von im Mittel $E_e + E_r$ Takten werden in der Einspeisephase E_e Befehle begonnen. Die Zahl der pro Takt im Mittel begonnenen Befehle, d. h. der Durchsatz ist dann

$$DB_1 = \frac{E_e}{E_e + E_r} \tag{1}$$

Bei einer Mehrstrom-Pipeline folgt für den betrachteten Strom auf die Regenerierphase noch eine Wartephase, die dadurch entsteht, daß das Ende der Einspeisephasen von anderen Strömen abgewartet werden muß. Der gesamte Durchsatz DB_s der Mehrstrom-Pipeline kommt durch ein Zusammenspiel der s Ströme zustande.

Für die Berechnung des gesamten Durchsatzes werden folgende Modellannahmen getroffen:

* Die Taktdauer der Einspeisephase ist geometrisch verteilt. Die Wahrscheinlichkeit, daß sie t Takte (bzw. Befehle) umfaßt, ist

$$p_e(t) = w_S \cdot (1 - w_S)^{t-1} \qquad \text{mit } t = 1, 2, \ldots \tag{2}$$

Der Erwartungswert $E_e = 1/w_S$ wurde bereits genannt.

* Die Taktdauer der Regenerierphase ist ebenfalls geometrisch verteilt. Es ist auch die Dauer t = o zugelassen.

$$p_r(t) = w_r \cdot (1 - w_r)^t \qquad \text{mit } t = 0, 1, 2, \ldots \tag{3}$$

Dabei ist w_r so zu wählen, daß sich der Erwartungswert $E_r = 1/w_r - 1$ einstellt.

Die erste Annahme deckt sich mit der Eigenschaft realer Programme. Die zweite Annahme ist eine Näherung.

Im folgenden wird der Rechengang skizziert: Ein Zustand $\{i\}$ gibt die Zahl i der Befehlsströme an, die sich zu einem Takt in Regenerierphase befinden. Dabei ist $0 \leq i \leq s$. Für i < s ist genau ein Strom in Einspeisephase. Bei i = s sind alle Ströme in Regenerierphase. Jeder Strom in Regenerierphase beendet dieselbe mit der Wahrscheinlichkeit w_r in jedem Takt. Der Strom, der sich in Einspeisephase befindet, geht in Regenerierphase über, falls ein Sprungbefehl auftritt <u>und</u> die Regenerierphase mehr als t = 0 Takte dauert. Die Wahrscheinlichkeit dafür ist $w_S \cdot (1-w_r)$.

Für die hier interessierenden Stromzahlen s = 2 und s = 3 lassen sich ohne Schwierigkeit die Übergangswahrscheinlichkeiten zwischen den s + 1 Zuständen aufstellen. Aus den Übergangswahrscheinlichkeiten können durch Lösen eines linearen Gleichungssystems die s + 1 Zustandswahrscheinlichkeiten p_o, p_1, ... p_s ermittelt werden /4/. Der gesamte Durchsatz DB_s ist dann $DB_s = 1-p_s = DB_s(w_S, w_r)$.　(4)

DB_s hängt ebenso wie der Durchsatz DB_1 für Einstrombetrieb nur von den Modellparametern w_S und w_r ab.

Wir wollen den Durchsatz DB_s angeben, wenn von einer Einstrom-Pipeline mit dem Durchsatz DB_1 auf eine Pipeline mit s Befehlsströmen übergegangen wird. Der Durchsatz DB_1 legt zusammen mit dem Parameter w_S den Parameter w_r fest. Aus (1) mit $E_e = 1/w_S$ und $E_r = 1/w_r - 1$ folgt

$$w_r = \frac{DB_1 \cdot w_S}{1 - DB_1 \cdot (1-w_S)} \tag{5}$$

Die Wahrscheinlichkeit w_S für Sprungbefehle ist eine Eigenschaft der Befehlsfolgen bzw. Programme. Aus Programmanalysen ist ein Wert von etwa $w_S = 0,3$ bekannt, der auch bei den numerischen Auswertungen angenommen wurde. Wenn der Durchsatz DB_1 groß ist, dann muß die Regenerierphase nach einem Sprungbefehl im Mittel kurz sein, und damit muß die Wahrscheinlichkeit w_r für das Enden der Regenerierphase auch groß sein. Mit Hilfe von (5) kann aus dem Durchsatz DB_1 für einen

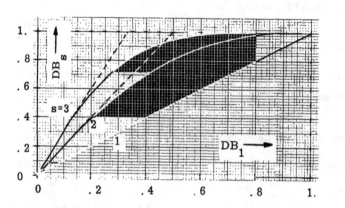

Bild 4

Strom der Durchsatz DB_s für s Ströme berechnet werden. Das Ergebnis einer numerischen Auswertung für s = 2 und s = 3 Ströme ist in Bild 4 dargestellt. Wir sehen, daß bei kleinem Durchsatz DB_1 bzw. kleiner Pipeline-Auslastung der Übergang auf s Ströme den s-fachen Durchsatz DB_s ergibt. Allerdings kann der Pipeline-Durchsatz DB_s für s Ströme auch nur maximal den Wert 1 erreichen.

Mit Hilfe des Zusammenhanges $DB_s(DB_1)$ läßt sich aus dem Durchsatz der Einstrom-Pipeline (Bild 2, untere Kurven) der Durchsatz der Mehrstrom-Pipeline mit
bedingtem Schalten zwischen s Strömen bestimmen (Bild 2, obere Kurven).

Der Vergleich zwischen Einstrom- und Zweistrom-Pipeline mit bedingtem Umschalten zeigt, daß der zweite Befehlsstrom es ermöglicht, statt der Speicherzugriffszeit von n = 2 Takten (Beispiel : LP1, n = 2, Bild 2) eine Speicherzugriffszeit von
n = 19 Takten (Beispiel: LPB2, n = 19, Bild 2) zuzulassen. In beiden Beispielen ist
die Leistung DB = 0. 40 Befehle/Takt.

2. 1. 4 Leistungsvergleich für die zwei Methoden der Stromumschaltung

Die Leistungssteigerung durch einen zweiten Befehlsstrom wurde bereits herausgestellt. Wenn die Leistung, welche mehere Befehlsströme ermöglichen, gefordert
wird, dann steht noch die Methode der Stromumschaltung zur Diskussion.

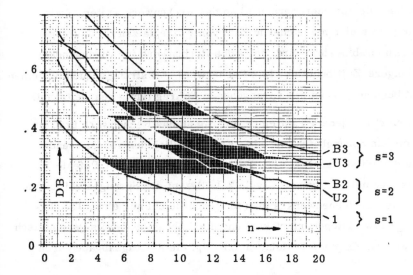

Bild 5:   Durchsatz DB der isolierten Befehls-Pipeline für den Leistungsvergleich
bei bedingtem (B) und unbedingtem (U) Schalten zwischen s Strömen.

Für einen Leistungsvergleich der Umschaltemethoden ist in Bild 5 der Durchsatz DB
der isolierten Befehls-Pipeline über der Speicherzugriffszeit n für vergleichbare
Fälle dargestellt. In diesen Fällen ist weder Look-ahead noch ein Puffer für Befehle vorgesehen. Es zeigt sich, daß sowohl bei s = 2 Strömen als auch bei s = 3
Strömen das bedingte Umschalten (B) dem unbedingten (U) Umschalten in der erreichbaren Leistung durchwegs überlegen ist. Diese Überlegenheit ist auch in den hier
nicht dargestellten Fällen mit Look-ahead und/oder Befehlspuffer erfüllt.

2.2 Die Leistung einschließlich der Hemmung durch das Rechenwerk

Neben dem Wunsch, auch bei einem Einstrom-Prozessor den leistungshemmenden Einfluß des Rechenwerkes analytisch zu erfassen, interessieren bei einem Mehrstrom-Prozessor die folgenden Fragen.

* Wird der hemmende Einfluß des Rechenwerkes bei Übergang von einem auf mehrere Befehlsströme ebenfalls geringer?

* Ist auch für die Aufträge an das Rechenwerk ein bedingtes Umschalten zwischen den Strömen leistungsmäßig günstiger?

Als Vorarbeit für die Beantwortung dieser Fragen müssen wir zunächst einen Einstrom-Prozessor betrachten.

2.2.1 Prozessorleistung bei einem einzigen Befehlsstrom

Die Befehls-Pipeline, im folgenden als Befehlswerk bezeichnet, gibt die Befehle als Aufträge (einschließend die Speicheroperanden) an das Rechenwerk weiter. Zwischen den beiden Werken gibt es eine hinreichende Zahl von Warteplätzen für Aufträge, so daß das Befehlswerk nicht blockiert wird, falls das Rechenwerk für vorangehende Aufträge zufällig längere Zeit benötigt. Das Rechenwerk soll streng sequentiell einen neuen Auftrag erst beginnen, wenn der vorangehende Auftrag fertig bearbeitet ist.

Das Befehlswerk liefert mit jedem Takt einen Auftrag an das Rechenwerk bzw. an den Wartepuffer, bis ein Sprungbefehl auftritt. Einschließlich des abschließenden Sprungbefehls sind das im Mittel $E_e = 1/w_S$ Befehle, und die Zahl der Befehle in diesem "Bündel" ist geometrisch verteilt (vgl. 2.1.3). Auf den Sprungbefehl folgen im Falle des idealisierten Rechenwerkes (das für jeden Befehl nur einen Takt benötigt) im Mittel $E_r = 1/w_r - 1$ Regeneriertakte, und der Zahl ist ebenfalls geometrisch verteilt (vgl. 2.1.3). Das folgende Zeitdiagramm zeigt die Auftragsabgabe durch das Befehlswerk.

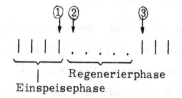

① Sprungbefehl
② frühester Zeitpunkt, in welchem Status vorliegt
③ Zeitgrenze für Rechenwerk

Endet ein Befehlsbündel mit einem Status-abhängigen Sprungbefehl, dann muß der Status, den der Vorbefehl bzw. der Sprungbefehl im Rechenwerk hinterläßt, erst vorliegen. Der früheste Zeitpunkt dafür ist einen Takt nach der Abgabe des Sprungbefehls durch das Befehlswerk (Punkt ② in obiger Skizze). Im Falle eines Aufstaus von Aufträgen vor dem Rechenwerk muß mit der Statusabfrage gewartet werden, bis das Rechenwerk das Befehlsbündel von im Mittel E_e Befehlen bearbeitet hat. Um die Verzögerung zwischen frühestmöglicher und tatsächlicher Statusabfrage verlängert sich der Taktabstand bis zur Abgabe des Folgebefehls bzw. des Auftrags nach dem Status-abhängigen Sprungbefehl.

Endet ein Befehlsbündel mit einem nicht-Status-abhängigen Sprungbefehl, dann wird hier unterstellt, daß das Befehlswerk mit der Abgabe neuer Aufträge erforderlichenfalls solange wartet, bis das Rechenwerk den Auftragsstapel des vorangehenden Befehlsbündels bearbeitet hat. Das Befehlswerk wird also nur dann blockiert, falls das Auftragsbündel das Rechenwerk über die Zeitschranke ③ in obiger Skizze hinaus belegt. Diese Annahme schränkt den Ausgleich der zufälligen Belegungszeiten praktisch nur geringfügig ein und erleichtert merklich die Berechnung. Ein nicht-Status-abhängiger Sprungbefehl geht nicht an das Rechenwerk weiter, sondern er verläßt die Bedienungskette nach dem Befehlswerk.

Für das Rechenwerk wird angenommen, daß seine Belegungsdauer durch einen Befehl geometrisch verteilt ist. Der Erwartungswert der Belegungsdauer sei ER. (Zufällig schwankende Belegungsdauern entstehen durch die zufällige Folge von verschiedenen Befehlen mit unterschiedlichen Ausführungsdauern. Bei realen Rechenwerken und üblicher Befehlsstatistik ist die Belegungsdauer mit großer Wahrscheinlichkeit kurz und mit kleiner Wahrscheinlichkeit sehr lang /5/).

Mit diesen Modellannahmen kann, was hier allerdings nicht näher ausgeführt wird, der resultierende Durchsatz DBR berechnet werden. Er ist der Durchsatz des vollständigen Prozessors bestehend aus Befehlswerk und Rechenwerk. Der resultierende Durchsatz hängt insbesondere vom Durchsatz DB des isolierten Befehlswerkes und von der mittleren Belegungsdauer ER des Rechenwerkes ab. In Bild 6 ist DBR über DB mit ER als Parameter dargestellt. (Die impliziten Zahlenannahmen für w_S, w_{SAS}, $w_{NSAS} = w_{US} + w_{IAS}$ sind die gleichen wie bisher).

Für ER = 1 hemmt das Rechenwerk das Befehlswerk nicht; daher sind DB und DBR gleich. Bei einer großen mittleren Belegungsdauer ER begrenzt das Rechenwerk den resultierenden Durchsatz DBR. Bei z. B. ER = 10 würde man eine Begrenzung auf DBR $\leq$ 1/ER = 1/10 erwarten. Die Grenze liegt etwas höher, weil die nicht-Status-

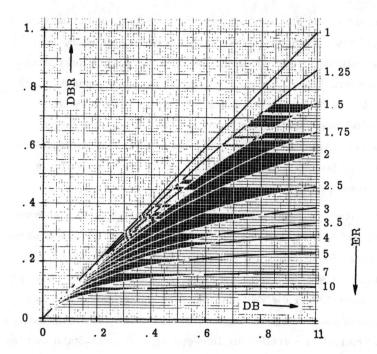

__Bild 6:__ Der resultierende Durchsatz DBR des Prozessors als Funktion des Durchsatzes DB für das isolierte Befehlswerk und mit der mittleren Rechenwerksbelegungsdauer ER als Parameter.

abhängigen Sprungbefehle (w_{NSAS} = 16 %) nicht das Rechenwerk beanspruchen. Für ein Beispiel von DB = 0.40 und ER = 5 würde sich ein resultierender Durchsatz von DBR = 0.19 Befehlen/Takt ergeben.

2.2.2 Prozessorleistung bei unbedingter Stromumschaltung

Die Ergebnisse der Rechnerkernleistung bei einem Befehlsstrom lassen sich auf den Fall "unbedingtes Umschalten zwischen 3 Strömen" übertragen, wenn für das Rechenwerk die folgenden Modellannahmen getroffen werden.

* Das Rechenwerk sei ein Pipeline-Rechenwerk, das zu jedem Takt einen neuen Auftrag beginnen kann.

* Das Rechenwerk schaltet zwischen den s Strömen in unbedingter Weise um, so daß nach jeweils s Takten ein betrachteter Strom einen Auftrag an das Rechenwerk weitergeben kann.

* Für einen Strom nimmt das Rechenwerk einen neuen Auftrag nur an, wenn der vorangehende Befehl des betrachteten Stromes fertiggestellt ist.

* Jeder Strom hat eigene Warteplätze vor dem Rechenwerk.

* Die Durchlaufdauer eines Auftrages durch das Rechenwerk sei geometrisch verteilt. Der Erwartungswert sei ER Takte.

Unter diesen Annahmen sind die s Befehlsströme völlig entkoppelt. Wenn nur jeder s-te Takt beachtet wird, wird jeder Strom wie in einem unabhängigen Einstrom-Prozessor behandelt. Ein Unterschied besteht nur insofern, daß das Befehlswerk mehr Aufträge pro Takt anbietet (DB entsprechend Bild 3), und daß die mittlere Durchlaufdauer ER des Rechenwerkes, - gemessen in Takten des betrachteten Stromes -, sich verkürzt. Diese Verkürzung wird im folgenden berechnet.

Unter Beachtung aller Takte ist $a = 1/ER$ die Wahrscheinlichkeit, daß eine Rechenwerksbelegung mit dem laufenden Takt endet bzw. mit der Wahrscheinlichkeit $\bar{a} = 1-a$ nicht endet. Nach jeweils s Takten endet die Belegung nicht mit der Wahrscheinlichkeit $\bar{a}^s$. Nach t Perioden zu je s Takten endet die Belegung noch nicht mit der Wahrscheinlichkeit $p(> t) = (\bar{a}^s)^t$. Diese Wahrscheinlichkeitsverteilung gilt für die Belegungsdauer, wenn nur jeder s-te Takt beachtet wird. Der Erwartungswert ER_s dieser Verteilung ist die mittlere Dauer der Rechenwerksbelegung, die ein betrachteter Strom erleidet. Der Erwartungswert obiger Verteilung ergibt sich zu /4/

$$ER_s = \frac{1}{1 - \bar{a}^s} = \frac{1}{1 - (1 - 1/ER)^s} \qquad (6)$$

Die mittlere Belegungszeit ER_s, die sich für einen Strom, gemessen in seinen verfügbaren Takten einstellt, ist in Bild 7 für $s = 2$ und $s = 3$ über der Durchlaufzeit ER des Rechenwerkes dargestellt. Die Belegungsdauer ER_s kann minimal $ER_s = 1$ sein. Für $ER \gg 1$ ist $ER_s \approx ER/s$. Für einen Strom kann ER_s als mittlere Belegungsdauer eines Ersatzrechenwerkes interpretiert werden. Mit wachsender Stromzahl nimmt die mittlere Belegungsdauer ER_s des Ersatzrechenwerks ab.

Für das Beispiel von $ER = 5$ mit $s = 2$ ist die mittlere Belegungsdauer nach Bild 7, Kurve U2, $ER_s = 2.6$. Bei einem Durchsatz von $DB = 0.40$ des isolierten Befehlswerkes würde sich nach Bild 6 ein resultierender Durchsatz DBR des Prozessors von $DBR = 0.28$ ergeben. (In Bild 6 ist ER durch ER_s zu ersetzen.)

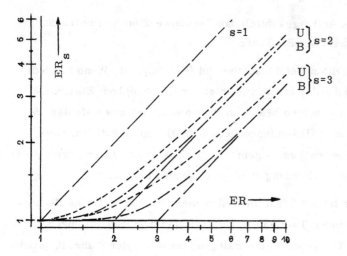

Bild 7: Mittlere Belegungsdauer ER_s des Ersatzrechenwerkes über der Durchlaufzeit ER des Pipeline-Rechenwerkes für s = 2 und s = 3 Ströme.
----- unbedingte Stromumschaltung (U)
-·-·- bedingte Stromumschaltung (B)

2.2.3 Prozessorleistung bei bedingter Stromumschaltung

Für das Rechenwerk wird ein Pipeline-Rechenwerk mit den gleichen Annahmen wie
im letzten Abschnitt (2.2.2) unterstellt. Nur der Umschaltmodus wird verändert:
Sobald das Rechenwerk einen Auftrag für einen Strom fertiggestellt hat, kann es den
Folgeauftrag dieses Stromes beginnen. Entsprechend der Pipeline-Technik kann das
Rechenwerk aber mit jedem Takt nur einen Auftrag eines Stromes von eventuell mehreren auf Bedienung wartenden Strömen bedienen. Das eine Pipeline-Rechenwerk hat
die gleiche Wirkung wie s getrennte gewöhnliche Rechenwerke, je eines für einen
Strom und je mit der mittleren Belegungsdauer von ER Takten; dabei sind die s getrennten Werke aber über eine gemeinsame Sammelleitung erreichbar, die in jedem Takt
die Bedienung eines Auftrages erlaubt.

Der resultierende Gesamtdurchsatz DBR aller s Ströme wird mit Hilfe eines Modells
berechnet, das die s Ströme als Näherung zu einem Strom zusammenfaßt. Dadurch
lassen sich die Ergebnisse der Prozessorleistung bei einem Befehlsstrom (2.2.1)
auf den Fall für bedingtes Umschalten zwischen s Strömen übertragen.
Das Ersatzbefehlswerk mit dem einen Ersatzstrom soll die gleiche Abgabefähigkeit
von DB = DB_s Aufträgen pro Takt haben wie das originale Befehlswerk für die s
Ströme. Und das Ersatzrechenwerk soll durch einen Auftrag im Mittel ER_s Takte
belegt sein. Dabei ist die Dauer ER_s so zu wählen, daß sie gleich dem mittleren
Taktabstand ist, nach welchem das originale Rechenwerk bei einem unbeschränkten

Auftragsstapel einen neuen Auftrag beginnt. Die Abgabefähigkeit von Befehlen/Takt des Befehlswerks ohne Rechenwerkshemmung und die Aufnahmefähigkeit des Rechenwerks ohne Befehlswerkshemmung sind mit diesen Annahmen zwischen originalem Modell und Näherungsmodell gleich. Es verbleibt noch die Aufgabe, die mittlere Belegungsdauer ER_s des Ersatzrechenwerks, bzw. die mittleren Abstände zwischen Auftragsannahmen bei unbeschränktem Auftragsstapel für das originale Rechenwerk zu ermitteln.

Der im folgenden skizzierte Rechengang ist jenem in Abschnitt 2.1.3 ähnlich. Von den s unabhängigen Rechenwerken sollen während einer Taktphase i Werke belegt sein. Dabei ist $0 \leq i \leq s$. Dieser Belegung wird der Zustand $\{i\}$ zugeordnet. Mit Ende der Taktphase endet jede der i Belegungen je mit der Wahrscheinlichkeit $1/ER$. Mit Beginn der nächsten Taktphase erhöht sich die Belegung um 1, falls nicht alle s Werke noch belegt sind. Für die interessierenden Stromzahlen $s = 2$ und $s = 3$ lassen sich ohne Schwierigkeit die Übergangswahrscheinlichkeiten zwischen den $s + 1$ Zuständen aufstellen, aus denen die Zustandswahrscheinlichkeiten p_0^*, p_1^*, ... p_s^* berechnet werden können /4/. Die Aufnahmeleistung der s Rechenwerke bzw. des einen Pipeline-Rechenwerkes ist $DR_s = 1 - p_s^*$ und der Kehrwert davon ist der mittlere Taktabstand ER_s zwischen Auftragsannahmen.

$$ER_s = 1/(1 - p_s^*) = ER_s(ER) \tag{7}$$

ER_s ist die mittlere Belegungsdauer des Ersatzrechenwerkes. Sie ist eine Funktion der mittleren Durchlaufzeit ER des Pipeline-Rechenwerkes und in Bild 7 für $s = 2$ und $s = 3$ ebenfalls dargestellt. Es zeigt sich, daß bei bedingtem Umschalten die mittlere Belegungszeit ER_s des Ersatzrechenwerkes geringfügig kleiner - also besser - als bei unbedingtem Umschalten ist.

3. ANWENDUNGSBEISPIELE, VERGLEICH MIT SIMULATION

Für zwei Beispiele von Prozessoren wurden die Zeitabläufe simuliert und es liegen Angaben der Leistung in Befehlen/Sekunde vor. Die Angaben gelten für Programmstücke aus dem technisch-wissenschaftlichen Bereich (GAMM-Mix). Bei der Simulation wurden die einzelnen Befehle ihrem Typ entsprechend unterschiedlich behandelt und alle Hemmungen, Sperren und Verriegelungen im Prozessor und auch im Speicher beachtet. Mit den Leistungsangaben aus der Simulation können die zu berechnenden Leistungen verglichen werden.

Die beiden Beispiele sind in der folgenden Tabelle aufgelistet. Der erste Typ ist ein Einstrom-Prozessor

Typ	n	DB	ER	ER$_s$	DBR	Takt (ns)	MIPS Rechn.	MIPS Sim.
L1	3	0.36	2.5	-	0.27	80	3.4	3.2
PB2	16	0.41	5.0	2.6	0.29	50	5.8	5.5

mit Look-ahead (L, vorausschauendes Holen des Befehles auch in Sprungrichtung) mit einer sehr kurzen Speicherzugriffszeit (n = 3, cache) und mit einer kurzen mittleren Rechenwerksbelegung (ER = 2.5). Der zweite Typ ist ein Zweistrom-Prozessor mit einem Puffer für Befehle (P) und bedingtem (B) Stromumschalten, mit sehr großer Speicherzugriffszeit (n = 16) und mit einer längeren mittleren Durchlaufzeit im Rechenwerk (ER = 5).

Aus Bild 2 können wir eine Leistung des isolierten Befehlswerks von DB = 0.36 bzw. DB$_s$ = 0.41 entnehmen. Bei dem Zweistrom-Prozessor erhalten wir aus Bild 7 die Belegungsdauer von ER$_s$ = 2.6 für das Ersatzrechenwerk. Der resultierende Gesamtdurchsatz kann in Bild 6 mit DBR = 0.27 bzw. DBR = 0.29 abgelesen werden. Diese Zahlen sind ein Maß für die strukturbedingte Leistung der beiden Typen.

Die beiden Anwendungsbeispiele beziehen sich auf Taktdauern von 80 ns bzw. 50 ns. Mit diesen Annahmen ergibt sich eine Prozessorleistung von DBR/<Taktdauer> von 3.4 bzw. 5.8 MIPS (Million Instruction Per Second). Die durch Simulation gewonnenen Leistungswerte von 3.2 bzw. 5.5 MIPS liegen etwa 6 % niedriger. Der Grund dafür wird zum Teil darin liegen, daß bei der Rechnung hier nicht die Verkehrshemmung für Speicherzugriffswünsche beachtet wurde.

Literatur

/1/ Kollmar, A., Das IBM System/360 Modell 85, Elektron. Rechenanl., 10 (1968), H. 3, 135 - 140

/2/ Flynn, M.J., u.a., A multiple instruction stream processor with shared recources, in: Hobbs, C.L., Parallel processor systems, technologies and applications, Spartan 1970, 251 - 286

/3/ Sumner, F.H., Hardware-architecture and computer organization, 2. GI-Jahrestagung, Karlsruhe 1972, Springer 1973, 22 - 36

/4/ An introduction to probability theory and its application, Vol. 1, Wiley 1957

/5/ Swoboda, J., Rosenbohm, W., Modell für den Befehlsablauf in einer Rechenanlage: Eine Serverkette mit vorgebbarer Varianz der Belegungsdauern, 3. GI-Jahrestagung, Hamburg 1973, Springer 1973, 314 - 326

STEUERUNG VON EIN/AUSGABESCHNITTSTELLEN IN ZUSAMMENARBEIT
MIT MIKROPROGRAMMIERTEN EIN/AUSGABEPROZESSOREN

Veit Rensch

Siemens Aktiengesellschaft
Zentrallaboratorium für Datentechnik
München

Zusammenfassung:

Bei kommerziellen Datenverarbeitungsanlagen sind im allgemeinen die
Ein/Ausgabegeräte mit dem Arbeitsspeicher über Ein/Ausgabekanäle verbunden. Die Realisierung der Ein/Ausgabekanäle durch mikroprogrammierte Prozessoren wird untersucht und die für einen Ein/Ausgabeprozessor
spezifischen Randbedingungen werden analysiert. Daraus ergeben sich
Lösungsmöglichkeiten für die Realisierung mikroprogrammierter Ein/Aus-
gabeprozessoren, die gegenwärtigen Leistungsanforderungen gerecht
werden.

1. Einführung

Im allgemeinen sind bei kommerziellen Datenverarbeitungsanlagen die
Ein/Ausgabegeräte mit dem Arbeitsspeicher, wie in Bild 1 gezeigt
wird, über Ein/Ausgabekanäle verbunden. Die Gerätesteuerungen mit ihren angeschlossenen Ein/Ausgabegeräten bilden die peripheren Einheiten. Der Zentralprozessor, die Ein/Ausgabekanäle und der Arbeitsspeicher sind Bestandteile der Zentraleinheit. Die Ein/Ausgabeschnitt-
stelle verbindet den Ein/Ausgabekanal mit der Gerätesteuerung, und
damit die Zentraleinheit mit der peripheren Einheit. Während einer
Ein/Ausgabeoperation werden Daten zwischen dem Arbeitsspeicher und
dem Datenträger des Ein/Ausgabegerätes über den Ein/Ausgabekanal und
die Gerätesteuerung übertragen. Auf der Ein/Ausgabeschnittstelle erfolgt der Transfer byteweise sequentiell. Die Ein/Ausgabekanäle grei-

Die diesem Bericht zugrunde liegenden Arbeiten wurden mit Mitteln
des Bundesministers für Forschung und Technologie (Kennzeichen:
DV 4.001 gefördert.

162

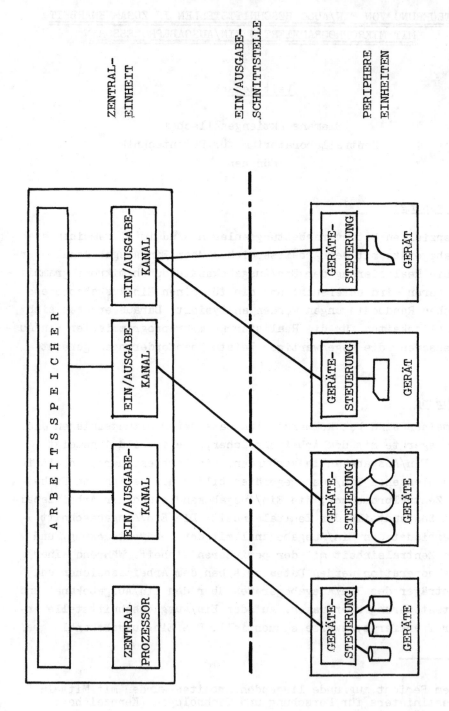

Bild 1: Blockschaltbild einer kommerziellen Datenverarbeitungsanlage

ZENTRAL-
EINHEIT

EIN/AUSGABE-
SCHNITTSTELLE

PERIPHERE
EINHEITEN

A R B E I T S S P E I C H E R

ZENTRAL-
PROZESSOR

EIN/AUSGABE-
KANAL

EIN/AUSGABE-
KANAL

EIN/AUSGABE-
KANAL

GERÄTE-
STEUERUNG

GERÄTE

GERÄTE-
STEUERUNG

GERÄTE

GERÄTE-
STEUERUNG

GERÄT

GERÄTE-
STEUERUNG

GERÄT

fen - funktionell unabhängig vom Zentralprozessor - zum Arbeitsspeicher zu und führen alle Tätigkeiten während einer Ein/Ausgabeoperation selbständig und simultan zueinander aus.

Die Realisierung von Ein/Ausgabekanälen durch mikroprogrammierte Prozessoren wird untersucht und die für einen Ein/Ausgabeprozessor spezifischen Randbedingungen werden analysiert. Daraus ergeben sich Lösungsmöglichkeiten für die Realisierung von mikroprogrammierten Ein/Ausgabeprozessoren, die gegenwärtigen Leistungsanforderungen gerecht werden.

2. Ein/Ausgabekanäle

2.1. Ein/Ausgabeschnittstelle

Die Ein/Ausgabeschnittstelle als Verbindungsglied zwischen Zentraleinheit und peripherer Einheit ist durch folgende Eigenschaften charakterisiert:

- Mechanische und elektrische Eigenschaften des Verbindungskabels und der Steckverbindung zwischen Kanal und Gerätesteuerung;
- Elektrisches Übertragungssystem mit Sendern und Empfängern;
- Bedeutung der einzelnen Leitungen im Kabel;
- Festlegung der Signalfolgen und deren Zeitbedingungen während der Kommunikation zwischen Kanal und Gerätesteuerung.

Werden diese Eigenschaften für alle Zentraleinheiten und peripheren Einheiten einer Systemfamilie einheitlich festgelegt, dann ermöglicht diese Standard-E/A-Schnittstelle den Anschluß unterschiedlicher peripherer Einheiten, ohne daß deren spezifischen Eigenschaften - außer Multiplexfähigkeit und ausreichender Übertragungsgeschwindigkeit - im Kanal berücksichtigt werden müssen. Die Wahl eines geeigneten elektrischen Übertragungssystems gestattet den freizügigen Aufbau eines Rechenzentrums, weil Kabellängen von über 50 Metern technisch durchaus möglich sind.

2.2. Kanalfunktionen

Bei einer Ein/Ausgabeoperation lassen sich folgende Hauptfunktionen unterscheiden: Ausgelöst durch den Zentralprozessor erfolgt in der Operationseinleitung der Verbindungsaufbau zum angesprochenen Gerät und die Überprüfung der Zustandsinformationen. Der eigentliche Nutztransfer überträgt einen Datenblock vorgegebener Länge zwischen Arbeitsspeicher und Gerät. Durch Modifizierung der Steuerparameter lassen sich mit Hilfe von Datenkettung den Nutzdaten im Arbeitsspeicher räumlich getrennte Bereiche zuweisen. Befehlskettung veranlaßt das unmittelbare Wirksamwerden eines neuen Operationsbefehles,wie zum Beispiel

Kontrollesen nach vorhergegangenem Schreiben. Beim Operationsabschluß erfolgt der Verbindungsabbau und die Freigabe des Gerätes mit Übergabe von Zustandsinformation an den Zentralprozessor.

Jede Hauptfunktion besteht aus einer Folge von Elementarschritten, die bis zum Gerät durchgreifen und dabei ein einzelnes Daten- oder Steuerzeichen über die Ein/Ausgabeschnittstelle übertragen (eine Ausname ist Datenkettung; dabei bleibt das Gerät unbeeinflußt).

Die Art und die Reihenfolge dieser Elementarschritte im Kanal ist geräteseitig durch die Standard-E/A-Schnittstelle vorgegeben. Um auch programmseitig eine einheitliche Schnittstelle zu erreichen, sind für jede Hauptfunktion die Abläufe im Kanal und die Bedienung der notwendigen Ein/Ausgaberegister festgelegt, soweit sie programmseitig sichtbar sind.

Eine Ein/Ausgabeoperation wird durch eine Folge von Kanalbefehlen bestimmt, die vor der Operationseinleitung in den Arbeitsspeicher eingetragen sein müssen.Im Normalfall spezifiziert ein Kanalbefehl die auszuführende Operationsart, die Datenadresse und die Anzahl der zu übertragenden Bytes. Während jeder Hauptfunktion, die einem Nutztransfer vorausgeht, liest der Kanal das Kanalbefehlswort aus dem Arbeitsspeicher und trägt es in den Ein/Ausgaberegistersatz ein. Die Bedienung dieses Registersatzes im Verlauf einer Ein/Ausgabeoperation zeigt Bild 2. Die Register haben folgenden Inhalt:

- Blocklänge: Anzahl der Bytes, die während dieser Kanalbefehlsausführung noch über die Schnittstelle zu übertragen sind;
- Datenadresse: Arbeitsspeicheradresse, unter der das nächste Byte im Speicher gelesen oder geschrieben wird. Die Datenadresse wird nach jedem Speicherzugriff um die Anzahl der übertragenen Bytes erhöht oder erniedrigt;
- Befehlsadresse: Arbeitsspeicheradresse, die auf den nächsten auszuführenden Kanalbefehl zeigt;
- Zustand: Zustandsinformationen des Gerätes und des Kanals und Kennungsbits für Koordinierungstätigkeiten.

3. Realisierung der Kanalfunktionen

Die Funktionen eines Ein/Ausgabekanals werden durch einen Ein/Ausgabeprozessor realisiert, der - ähnlich dem Zentralprozessor - heute meist in mikroprogrammierter Steuerungstechnik aufgebaut ist. Dies ermöglicht eine übersichtliche und homogene Hardwarestruktur des Ein/Ausgabeprozessors, obwohl die Tätigkeiten während einer Ein/Ausgabeoperation relativ verzweigte und komplizierte Abläufe umfassen,wie zumBeispiel

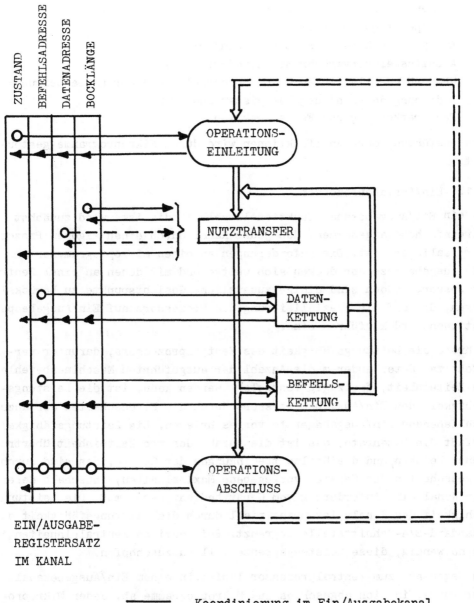

ZUSTAND
BEFEHLSADRESSE
DATENADRESSE
BOCKLÄNGE

OPERATIONS-EINLEITUNG

NUTZTRANSFER

DATEN-KETTUNG

BEFEHLS-KETTUNG

OPERATIONS-ABSCHLUSS

EIN/AUSGABE-
REGISTERSATZ
IM KANAL

═══════ Koordinierung im Ein/Ausgabekanal

▭▭▭ Koordinierung im Zentralprozessor

Bild 2: Bedienung der Ein/Ausgaberegister im Verlauf einer Ein/Aus-
gabeoperation

- Kommunikation mit dem Zentralprozessor bei Operationseinleitung und Operationsabschluß;
- Analyse von Kanal- und Zustandsinformationen;
- Arbeitsspeicherverkehr mit Adreßarithmetik;
- Überprüfen aller Abläufe auf Sonderfälle und deren Bearbeitung;
- Bedienung der Ein/Ausgaberegister und
- Fehlererkennung und Fehlerreaktion.

Die Ausführung der Kanalfunktionen wird durch Mikroprogramme gesteuert.

3.1. Ein/Ausgabeprozessor

Da ein Ein/Ausgabekanal funktionell selbständig ist, wird zunächst vereinfachend angenommen, daß jeder Kanal durch einen eigenen Prozessor realisiert ist. Die Anforderungen an einen mikroprogrammierten Ein/Ausgabeprozessor decken sich weitgehend mit denen an einem Zentralprozessor. Jedoch sind einige zusätzliche Gesichtspunkte zu berücksichtigen, die auf die Spezialisierung des Prozessors auf Ein/Ausgabeoperationen zurückzuführen sind.

Während die Leistungsfähigkeit des Zentralprozessors, darunter versteht man unter anderem die Anzahl der ausgeführten Maschinenbefehle je Zeiteinheit, freizügig festgelegt werden kann, ist die Leistungsfähigkeit des Ein/Ausgabeprozessors durch die Eigenschaften der anzuschließenden Ein/Ausgabegeräte vorgeschrieben. Die Leistungsfähigkeit umfaßt die Datenrate, das ist die Anzahl der pro Zeiteinheit übertragenen Zeichen, und die Realzeitbedingungen der Geräte, das sind durch Eigenschaften des Gerätes vorgegebene Maximalzeiten, innerhalb derer der Kanal eine Anforderung vom Gerät bedient haben muß. Die Leistungsfähigkeit des Kanals ist prinzipiell durch die Leistungsfähigkeit der Standard-E/A-Schnittstelle begrenzt. Bei heutigen Zentraleinheiten ist es notwendig, diese Leistungsgrenze voll auszuschöpfen.

Im Gegensatz zum Zentralprozessor laufen in einem Ein/Ausgabekanal nur kurze, in sich abgeschlossene Mikroprogramme ab. Jeder Mikroprogrammlauf wird durch eine Anforderung der Gerätesteuerung über die Standard-E/A-Schnittstelle oder - bei der Operationseinleitung - vom Zentralprozessor angestoßen. Bei vorgegebener Übertragungsgeschwindigkeit ist die Länge der einzelnen Mikroprogramme begrenzt. Dies erschwert die Programmverzweigung bei der Behandlung von Sonderfällen.

Bei der Ausführung eines Elementarschrittes sind die Ablaufsequenzen auf der Standard-E/A-Schnittstelle vorgegeben   und müssen vom Prozessor unter Einhaltung der auf der Schnittstelle vorgeschriebenen

Zeitbedingungen gesteuert werden. Während das Zeitraster des Ein/Ausgabeprozessors durch den Ausführungszyklus einer kanalinternen Mikrooperation (zum Beispiel Registerinhalte Lesen-Verknüpfen-Ergebnis Speichern) bestimmt ist und damit von der Realisierung abhängt, ist das Zeitraster auf der Standard-E/A-Schnittstelle für hohe Übertragungsgeschwindigkeit festgelegt worden. Es ist zudem in Abhängigkeit von der Länge des Anschlußkabels oder wegen unterschiedlicher Übertragungsmodi auf der Standard-E/A-Schnittstelle variabel. Wenn die Ablaufsequenzen auf der Schnittstelle mikroprogrammiert vom Kanal gesteuert werden, gelingt es kaum, generell die zugelassenen Minimalzeiten zu realisieren und die Leistungsfähigkeit der Standard-E/A-Schnittstelle voll auszunutzen.

Letztlich liegen die Probleme eines voll mikroprogrammierten Ein/Ausgabeprozessors darin, daß die Leistungsfähigkeit der Standard-E/A-Schnittstelle nicht voll ausgeschöpft werden kann.

3.2. Schnittstellensteuerung

Die Randbedingungen, die sich durch die Standard-E/A-Schnittstelle für den mikroprogrammierten Ein/Ausgabeprozessor ergeben, lassen sich entschärfen, wenn zwischen Schnittstelle und Prozessor eine hardwaremäßige Schnittstellensteuerung eingefügt wird. Sie ist auf die Eigenschaften der Standard-E/A-Schnittstelle zugeschnitten und übernimmt deren Steuerung.

Die Abtrennung einer hardwaremäßigen Schnittstellensteuerung ist nur dann sinnvoll, wenn die ihr übertragenen Funktionen so elementar sind, daß die Homogenität und Übersichtlichkeit erhalten bleibt. Unter diesem Gesichtspunkt werden im Folgenden zwei mögliche Ausführungsformen, Variante A und Variante B, einer Schnittstellensteuerung betrachtet:

Bei Variante A übernimmt die Schnittstellensteuerung die Bedienung der Standard-E/A-Schnittstelle während der einzelnen Elementarschritte. Dazu besitzt sie ein Datenregister für die Zwischenspeicherung der zu übertragenden Information, ein Steuerregister und eine eigene Ablaufsteuerung. Die Aufgabenteilung während der Ausführung eines Elementarschrittes zeigt Bild 3. Veranlaßt durch eine Anforderung der Gerätesteuerung führt die Schnittstellensteuerung die Anforderungssequenz aus und übernimmt dabei die vom Gerät angebotene Eingabeinformation in das Datenregister. Alle dazu nötigen Tätigkeiten leitet sie aus der Geräteanforderung ab und erzeugt selbständig die vorgeschriebenen Impuls- und Steuersequenzen auf der Standard-E/A-Schnittstelle. Besitzt die Schnittstellensteuerung mehrere Standardanschlüsse, so wählt sie bei gleichzeitiger Anforderung von mehreren Geräten nach einem vorge-

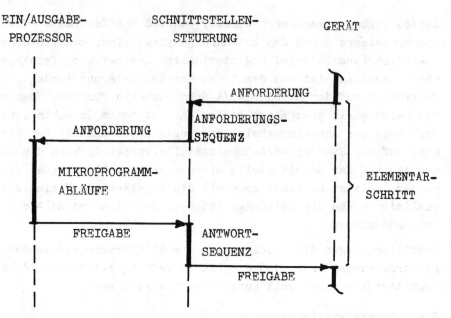

Bild 3: Aufgabenteilung zwischen Ein/Ausgabeprozessor und Variante A
der Schnittstellensteuerung bei der Durchführung einer Elemen-
taroperation

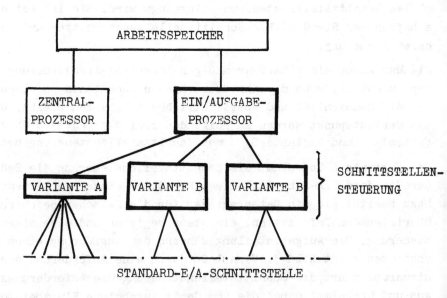

Bild 4: Ein/Ausgabekanäle, realisiert durch einen kollektiven Ein/Aus-
gabeprozessor mit angeschlossenen kanalindividuellen Schnittstellensteuerungen

gebenen Prioritätsalgorithmus eine Anforderung aus und führt die zugehörige Anforderungssequenz aus. Danach wendet sie sich an den Ein/Aus-
gabeprozessor und stellt eine Bedienungsanforderung. Der Prozessor
klassifiziert den Elementarschritt und ordnet ihn der Hauptfunktion zu.
Ist diese zum Beispiel der Nutztransfer LESEN, so schreibt der Ein/Aus-
gabeprozessor das von der Schnittstellensteuerung angebotene Datenbyte
unter derjenigen Arbeitsspeicheradresse in den Speicher ein, die durch
das Datenadreßregister angegeben ist. Darauf trägt er die neue Datenadresse ein und verringert den Inhalt des Blocklängenregisters. Während
dieser Aktivitäten des Ein/Ausgabeprozessors werden auf der Standard-
E/A-Schnittstelle keine Operationen ausgeführt. Erst nachdem der Prozessor die Schnittstellensteuerung durch ein Laden des Steuerregisters
freigegeben hat, führt diese die Antwortsequenz aus, deren Ablauf dann
allein durch den Inhalt des Steuerregisters gegeben ist.

Mit dieser Schnittstellensteuerung ist der mikroprogrammgesteuerte
Ein/Ausgabeprozessor von der direkten Steuerung der Signalsequenzen
auf der Standard-E/A-Schnittstelle entlastet. Die hardwaremäßige
Schnittstellensteuerung kann sich mit einem Taktraster, das feiner ist
als der Mikrobefehlszyklus im Ein/Ausgabeprozessor, wesentlich leichter den Zeitbedingungen der Standard-E/A-Schnittstelle anpassen und
damit deren Leistungsfähigkeit merklich besser ausnutzen.

Ein weiterer Vorzug dieser Variante ist es, daß modifizierte Standard-
E/A-Schnittstellen, wie z.B. Schnittstellen doppelter Übertragungsbreite und/oder erhöhter Geschwindigkeit, die bei Hochleistungskanä-
len eingesetzt werden, durch die Schnittstellensteuerung bedient werden und damit die Abläufe im Ein/Ausgabeprozessor nicht beeinflussen.

Die Schnittstellensteuerung kann zudem den Ablauf der Mikroprogramme
dadurch unterstützen, daß sie in Abhängigkeit vom Kanalzustand und vom
Schnittstellenablauf hardwaremäßige Testgrößen erzeugt, die unterschiedliche Mikroprogramme auslösen oder auch Programmverzweigungen steuern.

Neben der Bedienung der Standard-E/A-Schnittstelle übernimmt bei Variante B die Schnittstellensteuerung auch Teilfunktionen beim Nutztransfer. Dazu enthält die Schnittstellensteuerung zusätzlich zur Variante A
ein Register zur Zwischenspeicherung der Operationsart, das Blocklän-
genregister mit Rechenwerk und einem Datenpuffer geeigneter Tiefe. Die
Puffertiefe ergibt sich als Kompromiß zwischen möglichst langer Eigen-
tätigkeit der Schnittstellensteuerung ohne Speicherzugriff und nicht
zu großer Puffervorbereitungszeit bei Daten- oder Befehlskettungen,
weil maximale Gerätewartezeiten garantiert sein müssen. Die Schnitt-

stellensteuerung kann jetzt einen ganzen Pufferinhalt selbständig zum
Gerät übertragen. Mitarbeit des Ein/Ausgabeprozessors ist nur bei den
Speicherzugriffen während der Übergabe eines Pufferinhalts notwendig.
Bei Einsatz von Wechselpuffern kann während des Zugriffs zum Arbeitsspeicher die volle Übertragungsgeschwindigkeit zum Gerät beibehalten
werden. Während bei Variante A Prozessor und Schnittstellensteuerung
nur alternativ tätig sind, können jetzt Mikroprogramme und Schnitt-
stellenbedienung simultan zueinander ablaufen. Die Ausführungsdauer
des Elementarschrittes wird nicht mehr durch die Mikroprogrammabläufe
verlängert; so kann die Leistungsfähigkeit der Standard-E/A-Schnitt-
stelle voll ausgenutzt werden. Die mikroprogrammierte Übertragung des
Pufferinhaltes zum oder vom Arbeitsspeicher ist von schnittstellen-
spezifischen Restriktionen entlastet und kann ganz auf die Belange der
Arbeitsspeicherschnittstelle ausgerichtet werden. Wegen der besseren
Ausnutzung dieser Schnittstelle ergibt sich auch eine kürzere Belegungsdauer des Arbeitsspeichers und damit eine geringere Behinderung
anderer Ein/Ausgabekanäle und des Zentralprozessors.

Die Einführung der hardwaremäßigen Schnittstellensteuerung entlastet
den Ein/Ausgabeprozessor nur von den Anforderungssequenzen und den
Antwortsequenzen während eines Elementarschrittes und bei Variante B
zusätzlich von der Bedienung der Datenpuffer. Alle anderen Kanalfunktionen werden nach wie vor vom Ein/Ausgabeprozessor ausgeführt.

3.3. Integration mehrerer Kanäle in einem Ein/Ausgabeprozessor

Im allgemeinen ist eine kommerzielle Datenverarbeitungsanlage mit
mehreren Ein/Ausgabekanälen ausgerüstet, die in ihren Funktionen identisch sind. Es ist naheliegend, aus Aufwandsgründen nur einen mikroprogrammierten Ein/Ausgabeprozessor einzusetzen, der alle Kanäle im
Zeitmultiplexbetrieb bedient. Zusätzlich zu den Wartezeiten an der
Arbeitsspeicherschnittstelle, die auch bei kanalindividuellen Prozessoren auftreten, ergeben sich damit Wechselwirkungen zwischen den Kanälen, die die Leistungsfähigkeit des Ein/Ausgabesystems einschränken.

Die Wechselwirkung zwischen den Kanälen läßt sich verringern, wenn
die Belegungsdauer des Ein/Ausgabeprozessors durch den einzelnen Kanal verkürzt wird. Dazu rüstet man, wie Bild 4 zeigt, jeden Kanal mit
einer eigenen Schnittstellensteuerung aus, so daß beim Nutztransfer
Mitarbeit des Ein/Ausgabeprozessors nur noch bei der Bereitstellung
eines Zeichens oder bei der Übertragung eines ganzen Pufferinhalts
nötig ist. Zwischen den Prozessorzugriffen arbeiten die Kanäle unabhängig von und simultan zueinander.

Konfliktsituationen durch gleichzeitige Prozessoranforderung mehrerer

Kanäle müssen durch geeignete Prioritätsalgorithmen gelöst werden. Dabei ist zu beachten, daß neben den Kanalprioritäten, also einer gegenseitigen Einstufung der Ein/Ausgabekanäle, auch Funktionsprioritäten zu berücksichtigen sind. Dies geschieht aus folgenden Gründen: Die Hauptfunktionen einer Ein/Ausgabeoperation haben unterschiedlichen Einfluß auf die Leistungsfähigkeit des Ein/Ausgabekanals. Während zum Beispiel der Nutztransfer direkt die Datenrate des Kanals bestimmt und daher kurze Mikroprogramme erfordert, die zudem mit hoher Dringlichkeit ausgeführt werden müssen, hat die Hauptfunktion Operationseinleitung keinen Einfluß auf die Datenrate,   besteht aber aus einer langen Mikroprogrammroutine. Daher werden den Hauptfunktionen und den zugehörigen Mikroprogrammen bestimmte Funktionsprioritäten zugeteilt. Mikroprogramme niedriger Funktionspriorität, die eine kritische Länge überschreiten, müssen in Teilprogramme gegliedert werden, um eine Unterbrechung durch Mikroprogramme höherer Funktionspriorität zu ermöglichen.

4. Einsatzmöglichkeiten

Die Einsatzmöglichkeit des mikroprogrammierten Ein/Ausgabeprozessors in Zusammenarbeit mit Schnittstellensteuerungen soll am Beispiel der Ein/Ausgabekanaltypen einer kommerziellen Datenverarbeitungsanlage gezeigt werden.

4.1. Bytemultiplexkanal

Seine Haupteigenschaften sind:

- Ein Bytemultiplexkanal führt an seinen Standardanschlüssen Ein/ Ausgabeoperationen mehrerer Geräte gleichzeitig aus. Jedem Gerät ist im Kanal ein eigener Registersatz für Steuerparameter zugeteilt.
- Die kleinste von einem Gerät übertragene Einheit ist das Byte. Weil aufeinanderfolgende Bytes zu verschiedenen Geräten gehören können, wird bei jedem Transfer auch die Geräteadresse abgeholt.

Wird ein Kanal für den Simultanbetrieb sehr vieler Geräte ausgelegt, dann sind die Kanalregister im Arbeitsspeicher realisiert. Das hat zur Folge, daß bei jedem Elementarschritt neben der eigentlichen Übertragung des Datenbytes auch die Kanalregister des Gerätes aus dem Speicher gelesen, dem Elementarschritt entsprechend verändert und in den Arbeitsspeicher zurückgeschrieben werden müssen.

Der intensive Arbeitsspeicherverkehr mit zugehöriger Adreßarithmetik erfordert relativ lange Mikroprogramme, die in unterbrechbare Teilprogramme gegliedert sind, um jederzeit bevorrechtigte Mikroprogrammabläufe anderer Kanäle einfügen zu können. Die Belastung des Ein/Ausgabeprozessors ist vertretbar, solange nur sehr "langsame" Geräte angeschlossen sind und die Summe ihrer Datenraten im Vergleich zur maximalen Datenrate im Kanal selbst gering bleibt. Wegen der beschränkten Datenrate des Kanals ist die Variante A der Schnittstellensteuerung ausreichend, die den Ein/Ausgabeprozessor von der Erzeugung des Zeitrasters auf der Standard-E/A-Schnittstelle entlastet.

4.2. Selektorkanal

An einem Selektorkanal mit seinen Standardanschlüssen ist zwischen Operationseinleitung und Operationsabschluß nur ein und dasselbe Gerät tätig. Das bedeutet:

- Die Adreßübertragung über die Standard-E/A-Schnittstelle für jedes Byte ist unnötig und entfällt.
- Ein Ein/Ausgaberegistersatz für Steuerparameter genügt und kann daher in Hardware aufgebaut sein.
- Datenpufferung ist möglich, weil alle Datenbytes dem selben Gerät zugeordnet sind.
- Die Datenrate des Kanals ist hoch.

Erst beim Selektorkanal erlaubt die eindeutige Gerätezuordnung das Zwischenspeichern der Daten, und damit ein Ausgleichen der Lücken zwischen den Speicherzugriffen. Die hohe Datenrate erfordert die Unterstützung des Prozessors durch die Variante B der Schnittstellensteuerung, die während des Nutztransfers den Pufferinhalt selbständig über die Ein/Ausgabeschnittstelle überträgt. Beim Nutztransfer ist die Beeinflussung anderer Kanäle relativ gering, weil für die Übertragung des Pufferinhaltes vom oder zum Arbeitsspeicher kurze Mikroprogramme ausreichen. Weil dabei auch die Häufigkeit der Speicherzugriffe reduziert wird, ergibt sich eine hohe Datenrate des gesamten Ein/Ausgabesystems wegen der geringen Belastung des Ein/Ausgabeprozessors durch die einzelnen Kanäle.

4.3. Blockmultiplexkanal

Der Blockmultiplexkanal vereinigt die hohe Übertragungsgeschwindigkeit des Selektorkanals mit der Multiplexfähigkeit des Bytemultiplexkanals. Die kleinste vom selben Gerät übertragene Einheit ist der "Übertragungsblock, das ist die Menge der Datenbytes, die mit einem oder auch mit mehreren Kanalbefehlen transferiert werden. Gerätewechsel ist nur im Zusammenhang mit Befehlskettung möglich und wird vom Gerät veranlaßt. Daher gilt:

- An einem Blockmultiplexkanal können mehrere Geräte gleichzeitig

Ein/Ausgabeoperationen ausführen. Jedes Gerät besitzt im Kanal einen eigenen Registersatz für Steuerparameter.

Innerhalb des "Übertragungsblockes" gelten für den Registersatz des gerade tätigen Geräts, für die Puffermöglichkeit und für die Datenrate die Angaben des Selektorkanals.

Wie beim Selektorkanal ist hier wegen der hohen Datenrate der Einsatz der Schnittstellensteuerung Variante B notwendig. Alle Tätigkeiten innerhalb eines Übertragungsblockes laufen mikroprogrammseitig und hardwaremäßig wie beim Selektorkanal ab. Während die Ein/Ausgaberegister des gerade tätigen Gerätes in schnellen Hardwareregistern realisiert sind, werden die Ein/Ausgaberegister der anderen Geräte wie beim Bytemultiplexkanal im Arbeitsspeicher untergebracht. Beim Gerätewechsel am Ende des Übertragungsblockes werden mikroprogrammgesteuert der Inhalt des Ein/Ausgaberegistersatzes des bisher tätigen Gerätes in den Arbeitsspeicher geschrieben und die Registerinformation für das neue Gerät aus dem Arbeitsspeicher gelesen und in die Hardwareregister übertragen.

5. Schlußfolgerungen

Nach der Beschreibung von Ein/Ausgabekanälen und deren Funktionen wurde gezeigt, daß wegen der speziellen Anforderungen der Ein/Ausgabekanäle mit einem mikroprogrammierten Ein/Ausgabeprozessor nicht die volle Datenrate der Standard-E/A-Schnittstelle ausgeschöpft werden kann. Durch Einführen spezieller hardwaremäßiger Schnittstellensteuerungen läßt sich eine Anpassung der mikroprogrammspezifischen Abläufe des Ein/Ausgabeprozessors an die Standard-E/A-Schnittstelle erreichen und damit deren Leistungsfähigkeit voll ausnutzen.

Zwei Schnittstellenvarianten wurden auf den Einsatz in Ein/Ausgabesystemen kommerzieller Datenverarbeitungsanlagen hin untersucht. Variante A erfüllte die Anforderungen des Bytemultiplexkanals. Wegen der hohen Auslastung des Ein/Ausgabeprozessors und der Arbeitsspeicherschnittstelle ist im allgemeinen die Einsatzmöglichkeit auf eine Schnittstellensteuerung und damit einen Bytemultiplexkanal beschränkt. Variante B bietet sich für die Ausstattung der Selektor- und Blockmultiplexkanäle an. Der Selektorkanal kann als Untermenge des Blockmultiplexkanals realisiert werden, wobei funktionelle Unterschiede durch die Mikroprogrammierung des Ein/Ausgabeprozessors aufgefangen werden.

Die kurze Belegungsdauer des Ein/Ausgabeprozessors und der Arbeitsspeicherschnittstelle erlaubt es, mehrere Kanäle an einen Ein/Ausgabeprozessor anzuschließen, wobei mikroprogrammseitig besondere Vorkehrungen getroffen werden müssen. Bei der Realisierung von Ein/Ausgabekanälen lassen sich an einem Prozessor Schnittstellensteuerungen der Variante A und B gemischt betreiben. Durch die stufenweise Ausbaufähigkeit des modular gegliederten Ein/Ausgabesystems läßt sich dessen Leistungsfähigkeit dem jeweiligen Anwendungsfall optimal anpassen.

Ein Ansatz zur Standardisierung von Betriebssoftware

Jürgen Nehmer, Institut für Datenverarbeitung in der Technik

1. Einführung

Die wachsenden Aufwendungen von DV-Herstellern und Anwendern für die Softwareerstellung erfordern dringend die Entwicklung von rationellen Produktionsmethoden. Die Standardisierung von Betriebssoftware ist eine wesentliche Voraussetzung für einen effektiven Erstellungsprozeß, da durch sie

- die Herstellung von stark betriebssystemabhängiger Software, wie Übersetzer, Datenbanksysteme, dedizierte Anwendungsprogrammpakete für Prozeßrechner und große Teile eines Betriebssystems selbst durch die Benutzung bekannter, gleichartiger Betriebssystemaufrufe erleichtert wird,
- die Fehleranfälligkeit der erstellten Software durch die Benutzung definierter, abprüfbarer Funktionsaufrufe unter Vermeidung jeglicher ad hoc-Eingriffe reduziert wird,
- die Portabilität von Anwendungs- und Betriebssoftware durch die Gleichartigkeit der funktionellen Abhängigkeiten zu bereits existierenden Programmen erhöht wird.

Die Suche nach einer Standard-Betriebsorganisation wird hier im wesentlichen als Aufgabe verstanden, eine universelle Schnittstelle zwischen Anwendungs- und Betriebssoftware zu definieren, die von den klassischen Anwendern in konventionellen Rechenzentren bis hin zu den Programmierern dedizierter Anwendungsprogrammpakete für Prozeßrechner benutzt werden kann. Unter dem Anwender wird hier in erster Linie der Endverbraucher von DV-Leistung verstanden, der auf einen festen, bereits existierenden Programmsockel aufbaut und ihn mit seinem Anwendungsprogrammpaket zu einem ständig oder temporär integrierten Programmsystem verbindet. Naturgemäß haben die Strukturmerkmale möglicher Organisationskonzepte einen großen Einfluß auf den semantischen Inhalt der festzulegenden Schnittstelle, und eine Beschränkung auf einige wenige, aber dafür universell anwendbare Modelle ist daher unumgänglich.

In der vorliegenden Arbeit wurde das prozeßstrukturierte Schichtenmodell nach Dijkstra [2,3] als Basis einer Standard-Betriebsorganisation gewählt. Es hat sich als Gliederungsschema weithin durchgesetzt und

stellt das gegenwärtig wohl allgemeinste Strukturmodell für Betriebsorganisationen dar.

Im ersten Teil der Arbeit werden einige grundsätzliche Aspekte von
schichtenweise gegliederten Betriebsorganisationen unter dem Gesichtspunkt der angestrebten Standardisierung diskutiert und daraus die funktionellen Anforderungen an einen Nukleus abgeleitet, der den Kern einer
Betriebsorganisation bildet.

Die freizügige Montierbarkeit des Nukleus, die durch eine Reihe von Anwendungen gefordert wird, kann durch dessen Untergliederung in eine
Schicht der Interruptroutinen und eine darunterliegende Programmschicht
der "Elementarfunktionen der Ablaufsteuerung" erreicht werden. Im Zuge
der Verfeinerung des Nukleus werden vier Klassen von Elementarfunktionen unterschieden und für jede Klasse eine Liste von Funktionen mit Angabe der Parameter definiert.

An einigen Beispielen wird schließlich der Gebrauch der Elementarfunktionen in anwender- und betriebssystemähnlichen Programmen demonstriert
und ein Ausblick auf die stufenweise Vervollständigung der Funktionen-
pyramide gegeben.

2. Schnittstellenbeziehungen zwischen Anwendungs- und Betriebssoftware

Ein weithin akzeptiertes Design-Konzept für Betriebssysteme stellt die
Definition einer abstrakten Maschine als Schnittstelle zwischen Be-
triebs- und Anwendungssoftware dar. Ein entscheidender Vorteil dieses
Konzepts ist es, daß der Verkehr zwischen Anwendungs- und Betriebssoftware einheitlich nach festen Konventionen abgewickelt wird und damit von Übersetzern abprüfbar ist.

Der Anspruch auf Universalität, den einige "General Purpose"-Systeme
erheben, wird im Rahmen dieses Konzepts dadurch angenähert, daß zusätzlich zu den Funktionen höheren Niveaus der durch die abstrakte
Maschine definierten Schnittstelle auch der Durchgriff auf niedere,
gewöhnlich verdeckte Funktionen des Betriebssystems bereitgestellt wird.
Parnas [7,8] zeigt jedoch an einigen Beispielen, daß jedes Abstraktions-
niveau, das durch eine abstrakte Maschine realisiert wird, dem Anwender bestimmte, oftmals nicht akzeptierbare Restriktionen auferlegt,
die auch nicht durch eine "totale" Transparenz aller verdeckten Be-
triebssystemfunktionen beseitigt werden können. Ein einfaches Beispiel
dafür stellt die Anwendungssoftware für Prozeßrechner dar, die oftmals
Treiber- und Interruptprogramme für spezifische Prozeßperipheriegeräte
umfaßt. Die Integration dieser Anwendungssoftware läßt sich nicht mehr

auf der Basis der durch das Betriebssystem definierten abstrakten Maschine vornehmen, die z.B. nur "Prozesse" kennt aber nicht Konventionen und Anschlußbedingungen für Interruptprogramme.

Die Erfahrungen, die in den letzten Jahren im Umgang mit Betriebssystemen dieser Konstruktionsart gewonnen wurden, haben gezeigt, daß es in der Regel unmöglich ist, Anwendungssoftware immer als Aufsatz eines Betriebssystems zu entwickeln. Ad hoc-Erweiterungen bestehender Betriebssysteme als Teil der Anwendungssoftware sind daher üblich und erfordern große Detail-Kenntnisse über die interne Programmorganisation. Sie tragen ein hohes Maß an Irrationalität in das Software-Design und sind letztlich auch mitverantwortlich für die hohe Fehlerrate in gegenwärtig produzierten Software-Paketen.

Die geschilderten Nachteile lassen sich weitgehend ausschalten, wenn man anstelle einer einzigen abstrakten Maschine als Schnittstelle zur Anwendungssoftware ein Schnittstellensystem in Form einer Hierarchie von abstrakten Maschinen einführt. Der Durchgriff auf Funktionen abstrakter Maschinen mit niederem Niveau wird darin nicht durch totale Transparenz nach außen sondern durch eine direkte Programmierung der sie realisierenden abstrakten Maschinen hergestellt (Abb.1).

Vom Standpunkt des Anwenders stellt sich ein Betriebssystem mit dieser Struktur als Treppenmodell dar, das von ihm entlang aller existierenden abstrakten Maschinen programmierbar ist.

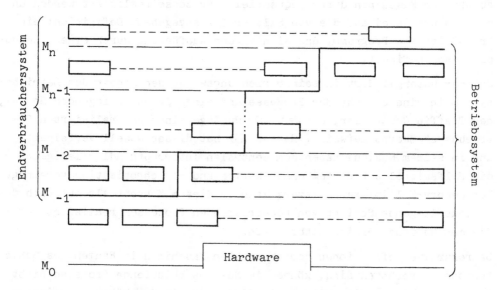

Abb.1   Aufgliederung eines Schichtenmodells in Endverbrauchersystem und Betriebssystem

Die Idee, Betriebssysteme schichtenweise zu gliedern, ist keineswegs neu und wurde von Dijkstra bereits im THE-System praktiziert [3]. Während Dijkstra aber bei der Anwendung dieses Organisationsprinzips in erster Linie die Systematisierung des Design-Prozesses im Auge hatte, steht hier die formalisierte Benutzung eines schichtenweise gegliederten Betriebssystems im Vordergrund der Betrachtungen. Die nachfolgenden Untersuchungen zeigen, daß die Forderung nach probleminvarianter Benutzung einen starken Einfluß auf die Schichtung eines Betriebssystems hat. Zweck des Berichtes ist es daher nicht, ein neues "General Purpose"-Betriebssystem zu erfinden, sondern die Vorteile eines strukturierten Software Design mit den von den Anwendungen diktierten Anforderungen an eine Schichtenstruktur für die Entwicklung eines universell einsetzbaren Betriebssystems zu kombinieren.

Es scheint, daß mit dem verfolgten Ansatz eine bessere Anpassung von Anwendersoftware an Betriebssysteme möglich ist.

3. Der Nukleus eines prozeßstrukturierten Betriebssystems

Wir haben bisher einige generelle Aspekte des Dijkstra'schen Schichtenmodells als strukturelle Basis für Betriebsorganisationen beleuchtet, ohne auf die Realisierung der abstrakten Maschinen und der sie beschreibenden Funktionen einzugehen.

Im folgenden wollen wir davon ausgehen, daß die Einzelfunktionen der abstrakten Maschinen durch sequentielle Prozesse realisiert werden und stützen uns dabei auf die von Saltzer [9] angegebene Definition: ein Prozeß ist ein Programm, das sich in der Ausführung durch einen Pseudoprozessor befindet.

Saltzer untergliedert in seiner richtungsweisenden Arbeit das Betriebssystem in eine Schicht der Prozesse und einen darunterliegenden Sockel, den Traffic Controller, der wesentliche Züge eines generalisierten Betriebssystemkerns aufweist. Hansen [5] hat dieses Modell verfeinert und in seinem Nukleus neben dem zentralen Interrupthandler lediglich die Hilfsmittel der Prozeßkommunikation und -synchronisation vereinigt. Der Memory-Multiplexer Saltzers kann in diesem Konzept als oberhalb des Nukleus liegende Schicht von kooperierenden Prozessen realisiert werden, die den Nukleus bereits mitbenutzen.

Da rekursive Definitionen der abstrakten Maschinen im Rahmen des Schichtenmodells verboten sind, können im Nukleus ablaufende Prozesse nicht über die gleichen Hilfsmittel wie diejenigen in den höheren Schichten der Betriebsorganisation verfügen. Wir führen zur Charakterisierung dieser Sonderstellung des Nukleus die Nukleusprozesse ein, die sich ausschließlich auf die Hardware der realen Maschine stützen. Als Träger der Nukleusprozesse fungieren gewöhnlich Interruptroutinen, da der Eintritt in den Nukleus als einzigem, notwendig privilegiertem Kern eines Betriebssystems ausschließlich über den Interruptmechanismus eines Rechners erlaubt ist.

Die betriebssystemspezifischen Aufgaben, die notwendig im Nukleus abgewickelt werden, folgen unmittelbar aus zwei Eigenschaften aller Prozesse in den höheren Organisationsebenen:

- Eine feste Zuordnung zwischen Prozessen und Prozessoren des Systems existiert nicht

Folgen wir der Prozeßdefinition von Saltzer, dann wird jeder Prozeß durch einen Pseudoprozessor repräsentiert, der für die Ausführung der betreffenden Codefolge zuständig ist. Die Prozessorzuteilung zu den existierenden Pseudoprozessoren ist dann offenbar eine Aufgabe des Nukleus, dem alle Prozesse unterworfen sind. Wir bezeichnen fortan die an der Prozessorvergabe beteiligten Funktionen als den Dispatcher. Damit beschränken wir uns auf symmetrische Mehrprozessor-Konfigurationen, die dadurch ausgezeichnet sind, daß alle gleichartigen Prozessoren, die über einen gemeinsamen Arbeitsspeicher gekoppelt sind, gleichwertig im Rahmen der Betriebsorganisation behandelt werden (distributed organization).

Aus der geforderten Entkopplung zwischen Prozessen und Prozessoren folgt weiter, daß temporär allokierte Prozessoren durch Interrupts aus der Bearbeitungsfolge eines Prozesses herausgerissen werden können. Die Sicherung des unterbrochenen Prozeß-Status (bzw. seine Wiederherstellung zu einem späteren Zeitpunkt), die Analyse des Interruptstatus sowie die Änderung der Interruptmasken und -priorität, die als Teil der Interruptbearbeitung in den Interruptroutinen erfolgt, wird durch interruptspezifische Funktionen durchgeführt.

Es scheint für eine Begrenzung der Privilegien auf wenige Systemkomponenten sinnvoll, daneben auch die Hardware-Ein/Ausgabe-Kontrolle in den Nukleus zu verlegen, der damit die gesamte Koordination zur Außenwelt eines DV-Systems übernimmt.

Die Grundfunktionen für alle im Nukleus abgewickelten E/A-Vorgänge wollen wir als Primitiv-E/A-Funktionen bezeichnen.

- Prozesse sind untereinander asynchron

Diese Eigenschaft der Prozesse macht Hilfsmittel für die Zugriffssyn-

chronisation bei gemeinsam benutzten Daten sowie die Kommunikation bei
Gesprächen zwischen Prozessen erforderlich. Wir fassen die für diese
Zwecke im Nukleus bereitgestellten Funktionen unter dem Begriff:
Synchronisationsfunktionen zusammen.

4. Die Verfeinerung des Nukleus durch Einführung von Elementarfunktionen

Eine Vielzahl von Anwendungen, insbesondere aus dem Bereich der Real-
zeitanwendungen, verlangt eine direkte Kontrolle prozeßspezifischer
Peripherie durch benutzereigene Treiberprogramme. Sie können aber unter Zugrundelegung des bisher erarbeiteten Betriebssystemkonzepts nur
als Interruptroutinen des Nukleus organisiert werden. Die ausschließ-
liche Benutzung der Nukleus-Schnittstelle als der abstrakten Maschine
niedrigsten Niveaus ist deshalb für viele Anwender nicht akzeptierbar.

Eine freizügige Montierbarkeit des Nukleus durch den Anwender kann erreicht werden, wenn dieser die Möglichkeit erhält, Interruptroutinen
selbständig zu formulieren und dabei auf vorhandene Betriebssystem-
funktionen zurückgreifen kann.

An den Aufbau dieser Interruptroutinen stellen wir daher die Bedingung,
daß Abhängigkeiten zu den 4 oben beschriebenen Funktionsklassen der Ablaufsteuerung durch entsprechende formalisierte Funktionsaufrufe ersetzt werden. Die Programmorganisation des Nukleus zerfällt daher in
zwei Schichten:

- die Schicht der Interruptroutinen, die der Kontrolle des Anwenders
  unterliegen und den variablen, veränderbaren Programmteil des Nukleus enthalten,

- die Schicht der Elementarfunktionen der Ablaufsteuerung, durch die
  gemeinsam mit der Hardware eine neue abstrakte Maschine für Nukleusprozesse definiert wird. Wir wollen in einer ersten Näherung annehmen, daß die vier Funktionsklassen voneinander unabhängig sind und
  entweder durch Unterprogramme oder Makros realisiert werden (Abb.2).

Die im folgenden angegebenen Funktionssätze wurden im Rahmen eines
Forschungsvorhabens [4] definiert und sind insbesondere unter dem Gesichtspunkt der Strategiefreiheit ausgelegt, die eine Grundvoraus-
setzung für die Realisierung divergierender Betriebsarten ist.

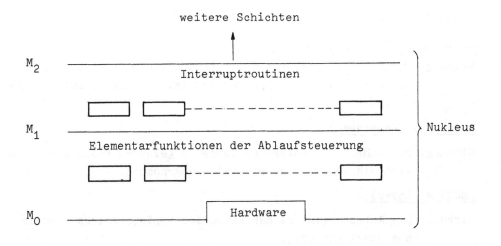

Abb.2 Die Untergliederung des Nukleus

- **die interruptspezifischen Funktionen**

Das zugrundegelegte Modell eines allgemeinen Interruptwerkes stützt
sich hauptsächlich auf den Bericht eines VDI/VDE-Arbeitskreises über
die Beschreibung von Unterbrechungsvorgängen [1] und kann im wesentlichen durch fünf Spezialregister eines Prozessors beschrieben werden:

. ein IT-Ankunftsregister, in dem eintreffende Interrupts gespeichert
  werden,

. ein Außenmaskenregister, durch das die Abspeicherung von Interrupts
  im IT-Ankunftsregister verhindert werden kann (disarmed),

. ein Innenmaskenregister, durch das bereits abgespeicherte Interrupts
  temporär aufgehalten werden (disabled),

. ein IT-Statusregister, in dem Zusatzinformation über die Unterbre-
  chungsursache abgelegt wird,

. ein Prioritätsregister, in dem die Priorität angezeigt wird, mit
  der der Prozessor augenblicklich arbeitet.

Folgende Funktionen wurden definiert:

SAVE_STATE (savearea)

Wirkung: Der Prozessorstatus (Registerstände) wird in den durch
"savearea" adressierten Bereich (z.B. Prozeßleitblock) gerettet.

LOAD_STATE (savearea)

Wirkung: Der Inhalt des unter "savearea" abgelegten Prozessorstatus
wird als neuer Prozessorstatus übernommen.

RESERVE (index)

Wirkung: Die Adresse (index) des aktuellen Registersatzes wird in einem Stack gerettet.

RESUME (index)

Wirkung: Es wird auf den Registersatz "index" zurückgeschaltet, dessen
Adresse aus dem Stack abgeholt wird.

SET_INMASK (it_vector)

Wirkung: Das Innenmaskenregister wird mit dem Inhalt von "it_vector"
geladen.

SET_OUTMASK (it_vector)

Wirkung: Das Außenmaskenregister wird mit dem Inhalt von "it_vector"
geladen.

GET_IT_STATE (it_state)

Wirkung: Der Inhalt des IT-Statusregisters wird nach "it_state" abgespeichert.

CLEAR_IT (it_vector)

Wirkung: Die durch L-Stellungen des "it_vectors" adressierten Positio-
nen im IT-Ankunftsregister werden gelöscht.

SET_IT_PRIORITY (it_priority)

Wirkung: Das Prioritätenregister des Prozessors wird mit dem Inhalt
von "it_priority" geladen.

- die Primitiv-Ein/Ausgabe-Funktionen

Sie erfüllen hauptsächlich den Zweck, die in Konzept und Leistung
stark unterschiedlichen Ein/Ausgabe-Steuerungen von Rechnern bereits
auf einem sehr primitiven Niveau einander anzugleichen und damit
Hardware-Besonderheiten aus den höheren Organisationsschichten der

Betriebssysteme weitgehend fernzuhalten.

Bei den folgenden vier Funktionen wird zwischen Befehlen für den Transport der eigentlichen Information und Kontrollinformation unterschieden:

READ (channel, unit, device, startaddr, length, code)

Wirkung: Ein zusammenhängender Informationsblock wird von einer externen Datenquelle (die auch ein Speichermedium sein kann) unter Berücksichtigung von Konvertierungsvorschriften (code) in den Arbeitsspeicher transportiert.

WRITE (channel, unit, device, startaddr, length, code)

Wirkung: Ein zusammenhängender Informationsblock wird unter Beachtung der Konvertierungsvorschriften (code) aus dem Arbeitsspeicher an eine externe Datensenke (die auch ein Speichermedium sein kann) ausgegeben.

READ_CONTROL (component, status_inf)

Wirkung: Die Statusinformation der durch "component" adressierten Ein/ Ausgabe-Komponente (channel, unit, device) wird in "status_inf" abgelegt.

WRITE_CONTROL (component, control_inf)

Wirkung: Die unter "control_inf" abgelegte Kontrollinformation wird an die mit "component" bezeichnete Ein/Ausgabe-Komponente ausgegeben.

- Dispatcher-Funktionen

Diese Klasse von Funktionen ist für die logische Verknüpfung der Prozessoren mit den ablaufbereiten Prozessen im System zuständig. Die nachfolgend angegebenen Funktionen gehen von einem offenen (d.h. erweiterbaren) Zustandsdiagramm für Prozesse und einem Zustandsdiagramm für Prozessoren aus und wurden als paarweise Übergänge in beiden Zustandsdiagrammen abgeleitet. Eine ausführliche Beschreibung dieser Funktionen mit umfangreichen Simulationsstudien einiger Implementierungsvarianten findet sich in [6].

ADD (process_id, priority, condition, pcb, policy)

Wirkung: Der Prozeßkontrollblock "pcb" des Prozesses "process_id" mit der Priorität "priority" wird unter Berücksichtigung von Wartebedingungen (condition) mit der Policy "policy" zu den Listen des Dispatchers addiert.

RETIRE (process_id, priority, condition, pcb, policy)

Wirkung: Der Prozeßkontrollblock "pcb" des Prozesses "process_id" wird zusammen mit seiner momentanen Priorität "priority" und den aktuellen Wartebedingungen "condition" durch die Policy "policy" aus den Listen des Dispatchers entfernt.

ASSIGN (reg_state, process_id, priority)

Wirkung: Dem aufrufenden Prozessor wird der Prozeß mit der Identifikation "process_id", der Priorität "priority" und dem aktuellen Registerstand "reg_state" zugewiesen, der damit in den Zustand AKTIV übergeht.

RELEASE (process_id, priority, condition, pcb)

Wirkung: Dem aufrufenden Prozessor wird der Prozeß mit der Identifikation "process_id" entzogen und der Prozeßkontrollblock (pcb) unter Rückgabe der momentanen Werte für "priority" und "condition" aus den Listen des Dispatchers entfernt.

WAIT (condition)

Wirkung: Dem aufrufenden Prozessor wird der momentan allokierte Prozeß entzogen, der bei gleichzeitiger Abspeicherung von "condition" in den dispatcher-internen Wartezustand BLOCKIERT versetzt wird.

DEACTIVATE (priority, policy)

Wirkung: Dem aufrufenden Prozessor wird der momentan allokierte Prozeß entzogen, der mit der Priorität "priority" und der Policy "policy" in den Zustand BEREIT versetzt wird, in dem er sich erneut um einen freien Prozessor bemüht.

READY (process_id, priority, condition, policy)

Wirkung: Der Prozeß "process_id" wird bei Beseitigung der Wartebedingungen "condition" mit der Priorität "priority" und der Policy "policy" in den Zustand BEREIT versetzt.

- Synchronisationsfunktionen

Die Synchronisationsfunktionen dienen dazu, um asynchron arbeitende Prozesse beim Zugriff auf gemeinsame Daten zu synchronisieren und die Kommunikation zwischen ihnen zu erleichtern. Entsprechend diesen beiden Synchronisationsaufgaben wurden unterschiedliche Funktionssätze definiert, die Operationen an einem allgemeinen Typ von Synchronisationsvariablen vornehmen. Für die Datenzugriffssynchronisation wurden an die P- und V-Operationen von Dijkstra angelehnte Funktionen entwickelt:

SEIZE (synch_list)

Wirkung: Falls alle in der Liste "synch_list" angegebenen Synchronisationsvariablen frei sind, werden sie belegt. Im anderen
Fall wird der Prozeß unter Aufruf der Dispatcher-Funktion
WAIT vorübergehend blockiert, bis die Bedingung zur Reakti-
vierung erfüllt ist.

RAISE (synch_list)

Wirkung: Die in der Liste "synch_list" angegebenen Synchronisationsvariablen werden als frei gekennzeichnet und eventuell blok-
kierte Prozesse, die auf die Freigabe warten, unter Aufruf
der Dispatcher-Funktion READY reaktiviert.

Für die Kommunikation zwischen Prozessen steht ein Funktionssatz zur
Verfügung, der eine Prozeß-Synchronisation über Events und Messages
(Botschaften) unterstützt. Das Event wird dabei als informationslose,
d.h. "leere" Message aufgefaßt. Events und Messages werden über Nach-
richtenkanäle gesendet, an die sich Prozesse mittels Synchronisationsvariablen anschließen können.

Folgende Synchronisationsfunktionen stehen zur Verfügung:

SEND_EVENT (inf_channel)

Wirkung: Alle an dem Nachrichtenkanal "inf_channel" angeschlossenen
Synchronisationsvariablen werden als frei vermerkt und evtl.
wartende Prozesse reaktiviert.

SEND_MESSAGE (inf_channel, message)

Wirkung: Alle an dem Nachrichtenkanal "inf_channel" angeschlossenen
Synchronisationsvariablen werden als frei vermerkt, und evtl.
wartende Prozesse reaktiviert. Gleichzeitig wird an alle beteiligten Synchronisationsvariablen die Ablageadresse von
"message" gekettet.

WAIT_EVENT (synch_expression)

Wirkung: Falls die Wartebedingung des durch Synchronisationsvariable
gebildeten Ausdrucks erfüllt ist, werden alle an der Bedingung beteiligten Synchronisationsvariablen belegt und der Prozeß fortgesetzt. Ist die Wartebedingung jedoch nicht erfüllt,
wird der Prozeß vorübergehend blockiert.

Der angegebene Satz von Synchronisationsfunktionen enthält nicht die
Funktionen zum Einrichten und Auflösen von Synchronisationsvariablen
sowie zur Manipulation der Message-Queues. Eine ausführliche Diskussion aller Aspekte des vorgestellten Synchronisationskonzepts, auf
die hier aus Platzgründen verzichtet werden muß, findet sich ebenfalls
in [4].

5. Beispiele

Nachfolgend wird an zwei Beispielen aus der Prozeßautomation und Betriebsorganisation die Anwendung der Elementarfunktionen demonstriert.
Als Darstellungsmittel dient PL/1, das zur Festlegung der Anschlußbedingungen für Interruptroutinen um eine Prozedur-Option INTERRUPT (...)
erweitert wurde. Die Elementarfunktionen werden als BUILT-IN-Funktionen behandelt.

Beispiel A: Dateninterrupt

Die Interruptroutine übernimmt jeweils 10 Datenworte von einem externen Gerät und speichert sie temporär in einem 1000-Worte-Puffer. Bei
vollem Puffer wird ein weiterverarbeitender Prozeß benachrichtigt und
auf einen Wechselpuffer umgeschaltet. Danach wird der unterbrochene
Prozeß fortgesetzt.

```
FILL: PROCEDURE INTERRUPT(23);
DCL K BIN FIXED STATIC INITIAL(1);          /+BUFFER INDEX+/
DCL N BIN FIXED STATIC INITIAL(1);          /+COUNTER+/
DCL 1 BUFFER(2) STATIC,
      2 AREA(1000) BIN FIXED;
DCL 1 MESSAGE STATIC,
      2 SENDER CHAR(4),
      2 TEXT_P POINTER;
RESERVE(1);
READ(2,5,3,ADDR(BUFFER(K).AREA(N)),10,4);
N=N+10;
IF N = 1001 THEN DO;
   SENDER = 'FILL';
   TEXT_P = ADDR(BUFFER(K));
   SEND_MESSAGE(12,ADDR(MESSAGE));
   N=1;
   IF K=2 THEN K=1 ELSE K=2;
               END;
RESUME(1);
END FILL;
```

Beispiel B: Page-Fault

Nach Retten des Prozeß-Status wird der Prozeß blockiert und der Page-Fault-Handler durch eine Message davon unterrichtet. Danach besorgt sich der deallokierte Prozessor neue Arbeit.

```
PAGE_FAULT: PROCEDURE INTERRUPT(7);
DCL PROC_STATE POINTER STATIC;
DCL PROC_ID   BIN FIXED STATIC;
DCL PROC_PRIO BIN FIXED STATIC;
DCL 1 MESSAGE STATIC,
      2 SENDER CHAR(4),
      2 TEXT_P POINTER;
SAVE_STATE (PROC_STATE);
GET_IT_STATE (MESSAGE.TEXT_P);
SENDER = PROC_ID;
WAIT('00001000'B);
SEND_MESSAGE (2,ADDR(MESSAGE));
ASSIGN (PROC_STATE,PROC_ID,PROC_PRIO);
LOAD_STATE (PROC_STATE);
END PAGE_FAULT;

SVC_WAKE: PROCEDURE (PROC_ID)  INTERRUPT(35);
DCL PROC_ID BIN FIXED STATIC;
RESERVE(1);
READY (PROC_ID, ,'00001000'B,'NONPREEMPTIVE');
RESUME(1);
END SVC_WAKE;
```

6. Ausblick

Im Zuge der angestrebten Vervollständigung des Schichtenmodells ist die Einführung von drei weiteren Betriebssystemschichten vorgesehen, die oberhalb des Nukleus liegen:

- die Arbeitsspeicherverwaltung,

- die Geräteverwaltung,

- die Dateiverwaltung.

Schritthaltend dazu ist der Aufbau von einigen Demonstrationssystemen geplant, um Erfahrungen im praktischen Umgang mit dem vorgestellten Funktionsschema in den Definitionsprozeß zurückzukoppeln. Der hier verfolgte Ansatz zur Entwicklung von Standard-Betriebssoftware ist deshalb als eine erste praktische Näherung für die Lösung dieses Problems anzusehen.

Literaturquellen

[1]   Baumann, u.a.: Entwurf für eine einheitliche Beschreibung von
      Unterbrechungsvorgängen, VDI/VDE, Jan. 1972

[2]   Dijkstra, E.W.: Hierarchical Ordering of Sequential Processes,
      Acta Informatica 1 (115-138), 1971

[3]   Dijkstra, E.W.: The Structure of the THE-Multiprogramming System,
      CACM Vol.11, No.5 (341-346), May 1968

[4]   Eggenberger, O., Hilse, D., Nehmer, J., Rupp, M.: Hardwarenahe
      Elementarfunktionen der Ablaufsteuerung, Projekt PDV-P5.2-KA-IDT/4,
      Oktober 1972

[5]   Hansen, P.B.: The Nucleus of a Multiprogramming System, CACM
      Vol.13, No.4 (238-250), April 1970

[6]   Nehmer, J.: Dispatcher-Elementarfunktionen für symmetrische Mehr-
      prozessor-DV-Systeme, Dissertation an der Fakultät für Informatik
      der Universität Karlsruhe, Juli 1973

[7]   Parnas, D.L., Siewiorek, D.P.: Use of the Concept of Transparency
      in the Design of Hierarchically Structured Systems

[8]   Parnas, D.L.: Limitations Introduced by Development Languages,
      3. ACM Chapter Meeting Karlsruhe 1973: "Design Language for
      Hardware and Software"

[9]   Saltzer, J.H.: Traffic Control in a Multiplexed Computer System,
      Ph.D.Thesis at MIT (MACTR-30), July 1966

A U F T R A G S L A S T , L E I S T U N G
U N D M E S S U N G

THE POWER AND EFFICIENCY OF A COMPUTER SYSTEM

by

Leo Hellerman

I.B.M. Corporation

I. INTRODUCTION

In this paper we shall evaluate a computer system in terms of the
proposals offered in Hellerman, "A Measure of Computational Work."[1]
It must be stated at the outset that the measure is by no means uni-
versally recognized and accepted. Objections have been made to
paradoxical results, where the value of work for a complex step seems
to be less than the work of a simpler one. There have been further
objections of a more philosophic nature, questioning certain aspects
of the theory and its significance. A full discussion of these
important matters would take us far afield (see [2]). Here
we can only ask that the reader accept the measure conditionally, to
see what can be done with it. Our intention is to show how the
measure can be applied consistently to evaluate both computers and
their workloads and to shed some light on the relationship between
these two parts of the computing process.

II. A CONCEPT OF COMPUTATIONAL WORK

We think of a computational process as made up of an organization of
steps. Each step comprises a finite set of inputs X, a set of outputs
Y, and a rule $f:X \rightarrow Y$ that associates with each input one and only one
output $y = f(x)$. In other words, a <u>step</u> is a function defined on a
finite domain X and taking values in a range Y.

How much work is done when a step is executed? Intuitively we feel
the work increases with the size of X and the size of Y. But there
may be two functions having equal domains and equal ranges, and yet
one may be simple to evaluate while the other may be quite complex,

requiring much work. We have tried to deal with the complexity factor by making the measure depend on how the inputs are partitioned among the outputs.

Definition. Let $f:X \to Y$ be a step of a process, where $Y = \{y_1, y_2, \ldots, y_n\}$. The set X may be partitioned into domain classes X_i, $X = X_1 \cup X_2 \cup X_3 \cup \ldots \cup X_n$, where X_i is the subset of inputs that give the output y_i. Let $|X|$ denote the number of elements in X and $|X_i|$ the number of elements in X_i. Then the <u>work of the step f</u> is defined,

$$(1) \qquad w(f) = \sum_{i=1}^{n} |X_i| \log |X|/|X_i| = |X| H(p_1, \ldots, p_n)$$

where $p_i = |X_i|/|X|$, and H is the well known expression for entropy in information theory. Logarithms are to the base 2 throughout this paper.

There is confusion sometimes about our use of the term "input" in the above definition. It is customary in logic design to talk about a "3-input" logic block, when we mean a logic block having three terminals or input lines. If each such terminal takes two possible logic values, there are eight possible inputs to the block. We use the term "input" to denote one of these eight possibilities.

In [1] we showed that $w(f)$ may be interpreted as the information in a memory for the table-lookup implementation of f. Therefore the unit of work is the unit of information, a bit; but "bit" also denotes a binary digit. To avoid confusion and to distinguish the context, we suggested "wit" for <u>w</u>ork b<u>it</u>, and "wat" for a wit/sec, as the unit of power.

Once we have the work of a step of a process, the work of the whole process may be evaluated as the sum of the works of all the steps. Since it is possible that different processes accomplish the same thing (there may be many different algorithms for a computation), we see that the work of a computation depends on the algorithm for its implementation. This is not surprising, for there are hard ways and easy ways to do things. But it raises the question: What is the least work value over the set of all implementations of a computation? We call this the <u>useful work</u> of a computation. Although it is desirable to know the useful work of a computation, it is often difficult to prove minimality. To avoid getting bogged down in the problem, we shall use the best known implementation of an approximation of useful work, when necessary.

Two properties of the measure (1) have particular relevance to the relationship between workload steps and their implementation on devices. First, it should be noted that the work of a step $f:X \to Y$ is characterized by a partition of the integer $|X|$, that is, by a set of integers $|X_1|, \ldots, |X_n|$ having the sum $|X|$. The definition (1) places no restriction on the nature of the elements in the sets X and Y, the inputs and outputs. We take the view that if the elements of X and Y are the input and output <u>states</u> of some device, then $f:X \to Y$ represents the behavior of that device, and $w(f)$ is the work of that device. But if X and Y are sets of <u>numbers</u> or <u>characters</u> or other logical entities, then $f:X \to Y$ represents a computation or workload step, and $w(f)$ is the work of that step.

Suppose $f:X \to Y$ is a workload step, and suppose $g:A \to B$ is a device with input states A and output states B. In order to use the device to carry out the step f, each x in X must correspond to a unique $a = u(x)$ in A, and each b in B must correspond to a unique $y = v(b)$ in Y. The relation between these mappings is

(2) $\qquad f(x) = v(g(u(x)))$.

$$\begin{array}{ccc} X & \xrightarrow{\ f\ } & Y \\ \scriptstyle u \downarrow & & \downarrow \scriptstyle v \\ A & \xrightarrow{\ g\ } & B \end{array}$$

If this relation holds with u and v one-to-one, then it can be shown that

(3) $\qquad w(f) \leq w(g)$.

In other words, the work of a workload step cannot be greater than the work of a facility upon which it is executed.

Another property of the measure (1) is the following. If

(4) $\qquad f(x) = h(g_1(x), \ldots, g_k(x))$,

then

(5) $\qquad w(f) \leq \displaystyle\sum_{i=1}^{k} w(g_i)$.

That is, if the inputs to the single step f are the same as the inputs to the k steps g_i from which the output is computed, then it is easier to do things directly in the single step, rather than first compute

indirect partial results. In particular, the work of adding two numbers directly "by hand" is less than the work of sending these numbers
to a computer and letting the computer add them. It must be stressed
that the inputs x are the same on both sides of the equation (4). If

(6) $\quad f(x_1, x_2) = h(g_1(x_1, x_2), g_2(x_1, x_2))$,

then (5) will hold; but if

(7) $\quad f(x_1, x_2) = h(g_1(x_1), g_2(x_2))$,

then (5) may not necessarily hold. This is discussed more fully in
the section on Synergisms in [1].

The above properties of the work measure (1) call attention to the
fact that computers do not decrease the overall work of a computation,
but merely decrease our work; and it should alert us to the possibility
that the work done by a computer in carrying out a workload step may be
much greater than the work of that step.

III. APPLICATION TO WORKLOAD STEPS

We now begin the application of the work measure (1) to real processes
and to the facilities on which they are executed. Two types of facilities may be distinguished: those that are associated with a specific
computation and those that are not. An example of the former is a
logic device. The truth-table of a logic AND specifies the computation of the AND of logic variables, as well as the behavior of a
device for carrying out this computation. On the other hand, a latch
for setting one of two binary states is an example of a facility that
does computational work each time it is used, but the computation is
not specific. The two possible states of the latch may represent
logic values, or arithmetic values, or an interrupt condition, or a
branch condition, or anything else. In this section we evaluate the
work of some facilities that do have a specific associated computation;
hence the values obtained will be the work of both the facilities and
the associated computations. In the next section we consider a few
facilities having no specific associated computation: latches,
decoders, and storages.

We think of a facility as a collection of devices, where each device
implements one step of a process. Real processes implemented on

devices or facilities take time for execution. A facility that does computational work w in time t, the cycle time, may be said to have a power rating of w/t. This seems simple, but there may be a problem when we try to reconcile the overall power of a collection of devices in a facility with the sum of the powers of the individual devices. Suppose a process consists of two individual sequential steps: Step 1 does work w_1 in time t_1, and Step 2 does work w_2 in time t_2. Looking at the process as a whole, the total power is $(w_1 + w_2)/(t_1 + t_2)$. But looking at the individual steps, the power is $w_1/t_1 + w_2/t_2$. These are not the same. Which shall we take as the power of the process? The answer is clear as soon as we see that the device for Step 1 is utilized only during the time interval t_1. Although its rating over this interval is w_1/t_1, its rating over the process cycle time is $w_1/(t_1 + t_2)$. Similar considerations for Step 2 then show that the overall rating of the facility is $(w_1 + w_2)/(t_1 + t_2)$. In general, the power of a facility comprising a set of devices is the total work per total time, provided each device is used just once in each use of the facility. This provision is clearly met by the Cartesian and compositional synergisms discussed in [1]. To be met by the sequential synergism, we consider a device to be used if there is some input that may cause its use. In this case, the total time is the cycle time averaged over all possible inputs.

Example 1. How much work does it take to reproduce the value of an input for the output? This is a transmission step, and should not be confused with a "no-operation." The input-output correspondence is

Input	Reproduced Input
0	0
1	1

The work is then 1 log (2/1) + 1 log (2/1) = 2. Similarly, the work of inverting a binary variable is also 2. The useful work of transmitting an n-bit word is then 2n wits.

Example 2. Consider the logic AND of two variables:

a	b	f(a,b)
0	0	0
0	1	0
1	0	0
1	1	1

In this case $X = \{(0,0),(0,1),(1,0),(1,1)\}$, $X_0 = \{(0,0),(0,1),(1,0)\}$ and $X_2 = \{(1,1)\}$. By formula (1),

$$w(f) = 3 \log(4/3) + 1 \log(4/1) = 3.245 \text{ wits .}$$

It is easy to see that the OR, AND, OR-INVERT, and AND-INVERT all take the same work. For such n-variable operations, the work is computed similarly. A few values which will be used later are:

Number of Variables	Work (wits)
2	3.245
3	4.349
4	5.397

When n is large, the work of these operations is bounded above by $n + \log e = n + 1.4427$. The useful work of OR-ing two n-tuples of binary variables, component-wise, will be taken as $3.245n$.

Example 3. How much work is done in testing the value of a binary variable? Here the inputs consist of value-pairs (x,t), where x is the variable tested, and t is the value with which it is compared. The input-output correspondence is

x	t	x = t
0	0	yes
0	1	no
1	0	no
1	1	yes

This is the EXCLUSIVE-OR function and its work is 4 wits, as computed directly from the definition (1). The work of the component-wise EXCLUSIVE-OR of n variables is then $4n$. Using the above value (Example 2) for the work of AND-ing n variables, the work of testing for a particular n-bit value may be taken as $5n + 1.44$ wits. This value may also be interpreted as the work of branching on the condition that $x = t$, when x and t are n-place binary numbers.

Example 4. In [1] it was shown that the work of adding two n-place numbers, each represented in a constant radix B number system, is

$$(8) \qquad w = 2nB^2 (1 + \log B) .$$

We assume a carry-in value to the low order position, so each position is treated uniformly. Thus, in a base 2 number system, $w = 16n$; in the decimal number system, $w = 864n$.

Decimal addition may be implemented by first translating the decimal integers to 4-bit binary values, then doing binary addition, and then translating back to decimal. In this case, two further binary additions of the "filler" and the "corrector" are necessary for carry generation and testing. The work of decimal addition implemented this way is then the work of:

    a. translation of two decimal integers to binary

    b. three binary additions, each on 4-bit values

    c. translation of the result of b. back to decimal.

The work of a one-to-one translation of 10 values is 10 log 10 = 33.22. Implemented this way, the work of adding two n-place decimal digits is

$$
\begin{array}{ccc}
\underline{\text{a.}} & \underline{\text{b.}} & \underline{\text{c.}}
\end{array}
$$
(9) $((2\times33.22) + (3\times4\times16) + 33.22)n = 292n.$

In terms of our measure of work, it is easier to do decimal addition by translating the decimal integers to their binary representation and then doing binary addition, than it is to do decimal addition directly. The binary addition process is much easier than the decimal process, though four binary places are needed to cover the range of one decimal place. Note that this result is <u>not</u> a contradiction of the previously stated result, that if $f(x) = h(g(x))$, then $w(f) \leq w(g)$. In this case $f(a,b,c) = h(g(t(a),t(b),c))$ where a and b are decimal values and c is a carry-in value. The inputs of f are the complete triples (a,b,c), while the inputs of the translation step t are individual components a and b.

IV. THE WORK AND POWER OF COMPUTER FACILITIES

Gated Latch

Consider the gated latch, with truth table shown.

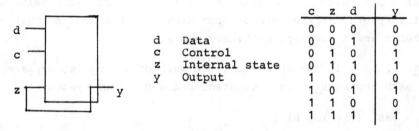

c	z	d	y
0	0	0	0
0	0	1	0
0	1	0	1
0	1	1	1
1	0	0	0
1	0	1	1
1	1	0	0
1	1	1	1

d   Data
c   Control
z   Internal state
y   Output

The gated latch process may be implemented sequentially by first branching on the value of c, and then transmitting the value of either z or d to the output, depending on whether c was 0 or 1. The work of these steps is then

Step	Work
branch on c	2
c=0:y←z	2
c=1:y←d	2

Hence the work of the gated latch is 6 wits; if its cycle time is t, the power of a gated latch is $6/t$ wats.

A polarity hold latch, having a reset signal r in addition to the c, d, and z inputs, may also be implemented sequentially; the sum of the works of its steps is 8 wits.

Decoder

Suppose a decoder of n binary variables $x_1, x_2, \ldots, x_n$ operates sequentially. The first step branches on x_1,

$$(10) \qquad f(x_1) = \begin{cases} f_0 \text{ if } x_1 = 0 \\ f_1 \text{ if } x_1 = 1, \end{cases}$$

then

$$f_0(x_2) = \begin{cases} f_{00} \text{ if } x_2 = 0 \\ f_{01} \text{ if } x_2 = 1 \end{cases}$$

and

$$f_2(x_2) = \begin{cases} f_{10} \text{ if } x_2 = 0 \\ f_{11} \text{ if } x_2 = 1, \end{cases}$$

and so on. Since each operation takes work 2, and since there are $2^n - 1$ operations, the work of the decoder is $2(2^n - 1)$ wits, and its power is this divided by its cycle time.

Storages

A storage with 2^m words (m address bits) and n bits per word may be thought of as comprising an m-bit address decoder, and $2^m n$ storage cells, organized as 2^m words, each with n bits. The work provided by the storage is then

$$(13) \qquad w = 2(2^m - 1) + cn2^m$$

where c is the work done in reading or writing each bit. In a read-only storage c = 3.245, the work of a 2-variable AND, used to gate a read-only data bit. The processing for each bit of a read-write storage may be represented as follows:

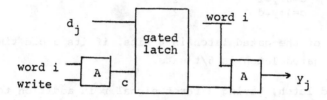

Here d_j is the output of the j-th bit of the storage data register (SDR) and y_j is an input to the j-th bit of this SDR. Again, the work of each AND block is 3.245, and with the gated-latch work, the constant c for the read-write store is 12.49.

V. THE POWER OF A COMPUTER SYSTEM

We are now in a position to compute what is called the "aggregate power" of a computer system. We think of the system as a set of facilities, F1,F2,...,Fn. Each facility may be a storage, a register, an incrementer, a data mover, an arithmetic-logic unit--anything that has input states and consequent output states. We have indicated by a few examples how the work and power of such a facility may be determined. The **aggregate** **power** of the system is the sum of these,

$$(14) \qquad A = \sum_{i=1}^{n} w_i/t_i \; .$$

We shall now outline the computation of the aggregate power of the IBM System/360 Model 40, with the E40 storage (32K bytes), multiplexor channel, and one selector channel. It is 2.565×10^{12} wats.

Storages

The bulk of the power of this system is in its storage facilities. These are easy to compute, by means of formula (13) given in the previous section. The computation is summarized in the following table:

Storage Facility

	Main	Local	Control
Address size, m	14	log 144	12
Word size, n	16	19	56
Work/bit, c	12.49	12.49	3.245
Work (10^6 wits)	3.307	0.0345	0.753
Cycle time (usecs)	2.5	1.25	0.625
Power (10^9 wats)	1323	27.6	1204

Arithmetic Logic Unit

An understanding of our evaluation of the power of the ALU requires a detailed knowledge of the design, as given in [3]. Here we include enough detail to indicate the things covered in the evaluation. The reader without access to [3] will have no way of verifying the evaluation, but he will nevertheless see what the method of evaluation is. If it should turn out that I have overlooked a polarity hold latch, so that there are 36 instead of 35 of these facilities, then the evaluation is slightly off. The point is, however, that the CPU, like every other facility in the system, and like the system itself, comprises some number of latches, registers, etc.; from a knowledge of the power of each, and of their number, the power of the system can be found.

Latches and Registers. As indicated in Section IV, the work of a gated latch is 6, and the work of a polarity hold latch is 8 wits. We counted 8 gated latches in the ALU (5 for the ALU function register and 1 each for the YC, YCI, and YCD carry latches). Similarly, we counted 35 polarity hold latches. This gives a total work for the ALU register facilities of 328 wits.

Function Boxes. The logic and arithmetic operations in the Model 40 are implemented by means of four combinatorial circuits called "function boxes." These are:

Function Box	Function
Connect	$F = KPQ + LPQ' + MP'Q + N(PQ)'$
Right shift	$G = W'XQ_n + YQ_n' + WQ_{n-2}$
Carry	$C_n = F_n C_{n+1} + F_n'G_n$
XOR	$S_n = F_n C_{n+1}' + F_n'C_{n+1}$

Here "KP" denotes the logic K AND P, "+" denotes the logic OR, and "Q'" is the complement or INVERT of Q. The variables K, L, M, N, W, and Y are control signals determined by the particular operation; P, Q, F, G, C_n, and S_n are outputs of particular bit positions of the P and Q registers and of the function boxes. By appropriate choice of the control signals, the boxes implement various logic, shift, and binary arithmetic operations.

These functions involve only the logic operations: INVERT, and the AND and OR of 2, 3, or 4 variables. The work of these was given in Section III, Examples 1 and 2. In terms of these operations, the work of the connect box is tabulated:

Operation	Work/op	Number	Work (wits)
INVERT	2	3	6
2-variable AND	3.245	2	6.490
3-variable AND	4.349	3	13.047
4-variable OR	5.397	1	5.397

The total work per bit is 30.9 wits. Since the box is 8 bits wide, the work of the connect box is 247 wits. The work values of the other boxes are found in the same way. The results are summarized:

Function Box	Work (wits)
Connect	247
Right shift	154
Carry	94
XOR	110

The total work of all boxes is then 605 wits.

Decimal Operations. The ALU implements decimal operations by means of two or more function boxes called "decimal fill" and decimal correct." Both of these are 8-bit binary adders. The fill box adds a filler number (0110, binary) to each of the two decimal digits of one operand. The filler is gated only for decimal operations. This requires 2-variable AND gates. Similarly, the correct box adds a corrector number (0010, binary) to each decimal digit of the result. This is gated only when two conditions are met: the operation is decimal, and no carry was generated. Hence 3-variable AND gates are required. For these operations:

Operation	Work (wits)
2-variable gate	3.245
Binary add to fill	16.
3-variable gate	4.349
Add to correct	16.

This gives 39.59 wits for each variable. For 8 bits, the work is 317 wits.

Other ALU Gating. The high and low 4-bits of the Q register can be interchanged through a "skew" buffer. This involves gating on 16 lines. Also, carry latches YC, YCI, and YCD are gated in response to various conditions. The work of gating these 19 lines is 62 wits.

Summary. The work of the ALU may now be tabulated:

Facilities	Work (wits)
Registers	328
Function boxes	605
Decimal boxes	317
Other gating	62

The total work is then 1312 wits. Since the cycle time of the ALU is .625 usecs, its power is 2.10×10^9 wats.

Registers of the Model 40

The reference document [3] tabulates all the registers and latches in the Model 40. Some of these have already been included in our evaluation of the ALU. Those not included are:

Type	Work/latch (wits)	Number	Work (wits)	Power (10^9 wats)
Gated	6	210	1260	
Polarity hold	8	131	1048	
ALL			2308	3.69

The total work includes 1084 wits for the registers of the multiplexor and selector channels.

Gating

We can determine the number of lines gated from an examination of the control store functions. For example, the high order bit of the address of the next control store word to be executed may be set from bit 12 of the current control store word. This is accomplished by one gate. We counted 749 lines gated under control of all fields of the control store words. Since the work of each AND gate is 3.245, the total gating work is 2431 wits. Cycle time is .625 usecs, so the total gating power is 3.89×10^9 wats.

Summary of Work and Power of the Model 40 Facilities

Facility	Work (10^3 wits)	Cycle time (usecs)	Power (10^9 wats)
Main storage, E40	3307	2.5	1323
Local store	34.5	1.25	28
Control store	753	0.625	1204
ALU	1.31	0.625	2
Registers	2.31	0.625	4
Gating	2.43	0.625	4

The sum of these gives an aggregate power for the Model 40 of 2.565×10^{12} wats, as mentioned at the beginning of this section.

VI. INSTRUCTION POWER

An analysis of the intrinsic work of a user's application or workload, without reference to a particular computer, requires an analysis of the work implied by statements in the user-oriented languages used to express these workloads. In Section III we indicated how the measure may be used to evaluate such statements. For example, the work of executing the APL statement 56+38, adding two 2-place decimal numbers, is 2(292) = 584 wits. A complete evaluation of all primitive statements in some language remains to be done. Here we are concerned with another phase of the performance evaluation problem. A workload, L, eventually becomes a program of instructions on some computer. How much computational power is used by such a program of instructions?

The aggregate power of a system is the rate at which it could do work if all its facilities were operating continuously. This is rarely if ever the case. Usually, since the output of one facility is the input of another, there are idle times while one waits for the other. Because of this, given an interconnection of facilities and a program of instructions for executing some workload on these facilities, there is a u_i for each facility F_i, $0 \le u_i \le 1$, giving the utilizations of the facility, that is, the fraction of time it is working. The power of the system taken by workload L is then

$$(15) \quad P(L) = \sum_{i=1}^{n} u_i w_i / t_i$$

where w_i is the work of the facility F_i, t_i is its cycle time, and n is the number of facilities. This cannot exceed the aggregate power A, so we may define the efficiency of the system under this load as

(16) $E(L) = P(L)/A$

The utilization of the facilities of the Model 40 while executing
various instructions can be determined simply from an examination of
the microprograms for these instructions. Reference to the table of
work and power of Model 40 facilities, at the end of Section V, shows
we need only be concerned with the storages. Without significant
error, we can assume the ALU, registers, and gating have utilizations
of 1. Also, the utilization of the control store is 1, for the system
is not running unless the control store is working.

The utilizations of main store and local store, as found from the
microprograms of several instructions, are tabulated as follows. N is
the number of microinstructions in the indicated instruction.

Model 40 Utilization of Facilities

Mnemonic	Instruction	N	Utilizations u_1(MS)	u_2(LS)
AR	Add register	14	.29	1.0
A	Add	24	.67	0.67
AP	Add decimal	59	.58	0.80
BALR	Branch and link	14	.29	1.0
BAL	Branch and link	21	.57	0.76
CH	Compare halfword	18	.67	0.78
CVB	Convert to binary	44	.54	0.91
LM	Load multiple	23	.96	0.61
SIO	Start I/O (mpx)	88	.54	0.46

We may now evaluate the power and efficiency of these instructions, by
means of formulas (15) and (16). The total power of the system without main and local storage is 1214×10^9, so the power taken by an
instruction I is

(17) $P(I) = (1214 + 1323u_1 + 28u_2) \times 10^9$ wats .

The total work done by an instruction is

(18) $W(I) = P(I) \times T \times N$

where T is the machine cycle time for execution of a control word
(0.625usecs). Results are tabulated:

Instruction	Power (10^{12} wats)	E	Work (10^3 wits)
Add register	1.63	.63	142
Add	2.12	.83	318
Add decimal	2.00	.78	739
Branch and link	1.63	.63	142
Branch and link (BAL)	1.99	.78	261
Compare halfword	2.12	.83	239
Convert to binary	1.95	.76	537
Load multiple	2.50	.98	360
Start I/O (mpx)	1.94	.76	1068

VII. DISCUSSION

In terms of the computational measure (1), the aggregate power of the IBM System/360 Model 40 is 2.565×10^{12} wats. Its facilities are utilized by various instructions with an efficiency ranging from 0.63 to 0.98, and the computational work done by these instructions ranges from 142×10^3 to 1064×10^3 wits.

A striking aspect of these results is the enormous disparity between the value of a workload step, such as addition, and the implementation of this step as a computer instruction. We saw, for example, that the work of adding two 2-place decimal numbers is only 584 wits. But the work done by the decimal add instruction is seen in the above table to be 739×10^3 wits. We had hinted earlier at this disparity, which derives from the fact that when we do things "by hand" we do just what is necessary for the particular operation, and no more. To do decimal addition, all we need is the ALU, which does 1312 wits per cycle. The ALU also does much more, so it is not surprising that its work is more than the 584 wits of the "by hand" execution.

Note that the hand execution of the decimal add uses no storage. Let us imagine a decimal add process in which the operands are taken from storage. All we need is 2 words, each with 8 bits. By (13) the work of such a storage would be 202 wits per access. Compare this with the 3.307×10^6 wits of the E40 storage with its 16K words, each of 16 bits! If we only wanted to add two numbers and no more, the power of the E40 is wasted. But workloads that access data placed throughout a storage make better use of this powerful facility. This is a reason for the attractiveness of operating systems that allocate storage to workloads by pages.

REFERENCES

1. Hellerman, L. A measure of computational work. IEEE Transactions on Computers, C-21, 439-446 (1972).

2. Hellerman, L. A discussion of a measure of computational work. [Scheduled for publication in] IEEE Transactions on Computers, March 1974.

3. IBM Field Engineering Manual of Instruction, System/360 Model 40 Functional Units, IBM Form Number 223-2843-0, pp. 30-51.

Leistungsmessung bei Realzeitsystemen

A. Ege, München

Für die Leistung eines Rechensystems gibt es bis heute noch keine einheitliche Definition und damit auch keine vereinbarte Maßeinheit. Die
Definition der Leistung wird um so schwieriger, je komplexer das betrachtete Rechensystem ist. Realzeitsysteme sind Beispiele solcher komplexer Systeme. Hersteller und Benutzer von Realzeitsystemen sind aber
gleichermaßen daran interessiert, Aussagen über die Leistungsfähigkeit
ihrer Systeme zu erhalten. Für eine bestimmte Gruppe von Realzeitsystemen enthält dieser Beitrag Gedanken zur Definition der Leistung und gibt
Methoden zur Leistungsmessung an.

1 Definition des Realzeitsystems

1.1 Grundsätzliche Wirkungsweise

Realzeitsysteme bearbeiten unmittelbar innerhalb einer vorgegebenen
Antwortzeit die an sie gestellten Einzelaufträge (schritthaltende Verarbeitung). Die Aufträge werden dabei von beliebig weit entfernten Sta-
tionen eingegeben und das Ergebnis dorthin ausgegeben [1]. Die Auftragsbearbeitung erfolgt im offenen Kreislauf, d.h. ein Bediener er-
teilt einen Auftrag (Eingabe) und empfängt ein Ergebnis (Ausgabe).
Typische Beispiele für den Betrieb von Realzeitsystemen im offenen
Kreislauf sind Auskunftssysteme und Systeme zum Fortschreiben von Be-
ständen (Lagerhaltung, Bankkontoführung, Platzbuchung). Prozeßregelsy-
steme, bei denen die Auftragsbearbeitung im geschlossenen Kreislauf ab-
läuft (Bild 1), werden in diesem Beitrag nicht betrachtet.

Das Verarbeitungsprogramm ist in der Datenverarbeitungsanlage (DVA)
fest vorgegeben und nicht veränderbar. Bei der Auftragseingabe vom Endgerät aus wird die gewünschte Verarbeitungsfunktion angegeben und dadurch der betreffende Programmabschnitt (z.B. "Buchung", "Stornierung",

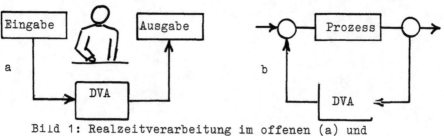

Bild 1: Realzeitverarbeitung im offenen (a) und
geschlossenen (b) Kreislauf

"Änderung") zur Auftragsbearbeitung aufgerufen. Im Gegensatz dazu kann bei den Teilnehmer- (Time-Sharing-) Systemen, die Bearbeitungsvorschrift (Programm) selbst oder auch eine Änderung dazu über das Endgerät eingegeben werden.

Das Realzeitsystem erhält seine Aufträge weder in gleichmäßiger, zeitlicher Folge noch zu festen Zeitpunkten, sondern zufällig zur Verarbeitung angeboten.

1.2 Systemaufbau

Realzeitsysteme haben den für Datenfernverarbeitungssysteme typischen technischen Aufbau mit den drei Bestandteilen: Endgeräte, Übertragungsnetz und Verarbeitungszentrale (Bild 2). Die Endgeräte (z.B. Sichtgeräte, Fernschreiber usw.) dienen zur Auftragseingabe und Ergebnisausgabe. Das verwendete Übertragungsnetz verbindet die Endgeräte mit der Zentrale. Es gibt verschiedene Konfigurationen von Netzen, wie z.B. Sternnetze (Endgeräte A auf Bild 2), Netze mit Gemeinschaftleitungen (B) und Knotennetze (C) mit Konzentratoren oder Unterzentralen. In der Verarbeitungszentrale steht die Rechenanlage, die für den Realzeitbetrieb bestimmte Hard- und Software-Eigenschaften aufweist.

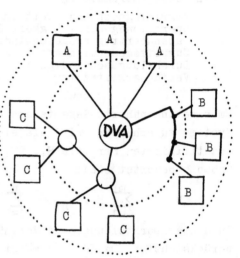

Bild 2: Systemaufbau

2 Leistungsmerkmale

2.1 Allgemeine Leistungsmerkmale für Rechensysteme

Das Fehlen einer allgemein gültigen Maßzahl für die Leistungsfähigkeit von Rechensystemen erlaubt keine einheitlichen Systemvergleiche [2]. Aus diesem Grund wird zur Beschreibung der Leistungsfähigkeit eine Reihe von Geräte- und Systemeigenschaften benutzt, von denen nachfolgend eine unvollständige Anzahl aufgeführt ist, unterschieden nach Funktions- und Leistungsmerkmalen [2], [3] [4] :

- Funktionsmerkmale der Hardware H_i

    Befehlsvielfalt (Befehlsliste)
    Anzahl und Art der Register
    Anzahl der Unterbrechungsebenen
    Simultanitätseigenschaften
    Zeitgeber
    Arbeitsspeicherkapazität

Großraumspeicherkapazität
Funktion der Datenübertragungseinheit
Multiprozessereigenschaften

usw.

- Funktionsmerkmale der Software S_j

Eigenschaften des Betriebssystems
Steuerung der Ein- Ausgabevorgänge
Steuerung der Datenübertragungsvorgänge
Warteschlangenbehandlung
Großraumspeicher- Zugriffsmethoden
Behandlung des Multiprogramming

usw.

- Leistungsmerkmale L_k

Zugriffsgeschwindigkeit im Arbeitsspeicher (Zyklus)
Operationsgeschwindigkeit der Befehle
Datenübertragungsgeschwindigkeit (Ein- Ausgabe)
Zugriffsgeschwindigkeit im Großraumspeicher
Durchflußgeschwindigkeit
Verfügbarkeitszeit

usw.

Um eine angenäherte Gesamtaussage N über die Leistungsfähigkeit des
Systems zu erhalten, wird als einfachste Annahme eine Addition der
quantifizierten Merkmale H_i, S_j, L_k vorgeschlagen, die jeweils mit der
Größe b bewertet sind:

$$N = \sum_{i=1}^{m} H_i \cdot b_{hi} + \sum_{j=1}^{n} S_j \cdot b_{sj} + \sum_{k=1}^{o} L_k \cdot b_{lk}$$

In dieser Darstellung sind Verknüpfungen zwischen den H_i, S_j, L_k nicht
berücksichtigt. Da für die meisten Merkmale H_i, S_j, L_k diskrete Werte
fehlen und auch die Bewertungsziffern b einer individuellen Beurteilung
unterliegen, soll obige Darstellung zur Normierung der Größen anregen.

2.2 Leistungsmerkmale eines Realzeitsystems

2.2.1 Last und Leistung

Die für das Realzeit-System zu bearbeitenden Aufträge fallen nach einer
Zufallsverteilung an. Die Auftragslast A_T ist daher die Summe der Einzelaufträge a_i im angenommenen Zeitraum T:

$$A_T = \sum_{i=1}^{n} a_i$$

Daraus ergibt sich die geforderte Systemleistung P und die Nenn-Leistung
(Maximalleistung) des Systems P_N, wobei T_{min} die zur Bearbeitung der
Aufträge mindestens notwendige Zeit ausdrückt:

$$P = \frac{A_T}{T} \qquad\qquad P_N = \frac{A_T}{T_{min}} = P \cdot \frac{T}{T_{min}}$$

In P und P_N sind die im Abschnitt 2.1 aufgeführten allgemeinen Konstruk-

tions- und Leistungsmerkmale insgesamt berücksichtigt. Da jedoch die
Einzelaufträge a_i und damit die Auftragslast A_T sowie die Merkmale H_i,
S_j, L_k nicht normiert sind, ist P_N kein allgemein vergleichbarer Wert,
sondern gilt immer nur für einen bestimmten Anwendungsfall. Ganz allgemein gilt, daß ein Auftrag a_i durch die Menge der Informationen i, verknüpft mit der Menge der Verarbeitungsschritte v, definiert ist:

$$a_i = \left\{ i_1, i_2, \ldots i_n \right\} \quad \text{verknüpft mit} \quad \left\{ v_1, v_2, \ldots v_m \right\}$$

Bei einer Normierung der i, v und einer Definition der Verknüpfungsre-
gelung wäre P_N berechenbar [5] .

2.2.2 Verteilung von Last und Leistung

Auftragslast und Systemleistung lassen sich für einen langen Zeitraum
T beschreiben. Wegen des zufälligen Auftretens der Aufträge läßt sich
für Δ T nicht angeben, ob keine, wenige oder viele Aufträge kommen. Die
Ankunftszeit oder der Ankunftszeitabstand (Zwischenankunftszeit) t_a wird
in einer Wahrscheinlichkeitsverteilung angegeben, z.B. in der Poisson-
verteilung (Bild 3). Auch die Verar-
beitungszeit t_v je Auftrag ist nicht
konstant (z.B. verschiedene Auftragsarten, unterschiedliche Zugriffszeiten) und folgt ebenfalls einer Wahrscheinlichkeitsverteilung, z.B. einer
Exponentialverteilung. Auftragslast und
Verarbeitungsleistung sind Zufallsgrößen,
für deren Auftreten die Wahrscheinlichkeit in einem Verteilungsgesetz (bzw.
Dichtefunktion bei stetigen Größen, d.h.
in der Praxis bei sehr großer Anzahl)
angegeben ist.

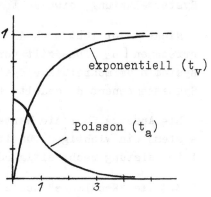

Bild 3: Verteilungen

2.3.3 Wartezeit und Antwortzeit

Die Antwortzeit am Endgerät ist die Zeit, die vom Aussenden des letzten Zeichens bis zum Eintreffen des letzten Zeichens der Antwort ver-
geht. Sie ist nicht konstant, weil Wartezeiten den normalen Ablauf der
Antwortzeit (Sendezeit, Verarbeitungszeit, Rückübertragungszeit) verzögern. Bei direkt angeschlossenen Endgeräten (Sternnetz) tritt die
Wartezeit nur bei der Verarbeitungszeit auf; bei anderen Netzen z.B.
auch an den Konzentratoren, worauf aber nicht näher eingegangen wird.

Auch die Wartezeit t_w unterliegt einer Wahrscheinlichkeitsverteilung,
die von der Verteilung des Ankunftszeitabstands f (t_v) abhängt. Die Ab-

Bild 4: Mittlere Wartezeit
abhängig von der
Systembelastung

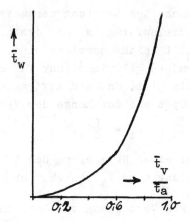

Bild 5: Mehrstufiges System mit
Warteschlangen

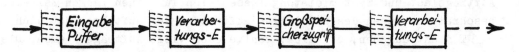

solutwerte der Wartezeit $\bar{t}_w$ ($\bar{t}$ = Mittelwert) steigen mit wachsender
Systembelastung, etwa ab $\bar{t}_a < 3 \cdot \bar{t}_v$ (Bild 4).

Nicht immer läßt sich die Verteilung der Wartezeit auf einfache Weise
errechnen [6]. Das gilt vor allem dann, wenn es sich, wie bei Realzeitsystemen um mehrstufige Systeme mit Warteschlangen vor den verschiedenen
Systemkomponenten handelt (Bild 5).

Die Aussage über die Wartezeit ist für die Leistung eines Realzeitsystems ein wichtiges Qualitätsmerkmal, welches aussagt, ob die erwar-
tete Leistung rechtzeitig oder verzögert zur Verfügung steht.

2.3.4 Die "Kennlinie" des Systems

Aus der Antwortzeit ergibt sich die Belegungszeit t_b durch Weglassen

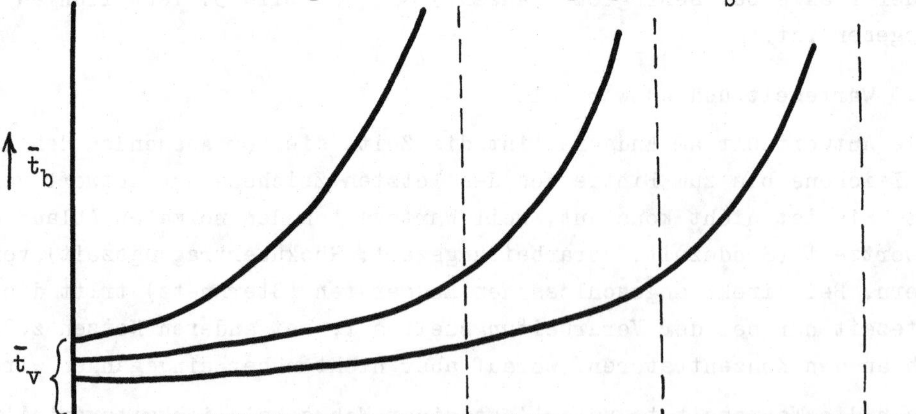

Bild 6: Belegungszeit $\bar{t}_b$ in Abhängigkeit von der Auftragsrate $1/\bar{t}_a$

der Datenübertragungszeit vom und
zum Endgerät als Summe aus Verar-
beitungs- und Wartezeit: $t_b = t_v + t_w$
(für die Mittelwerte: $\bar{t}_b = \bar{t}_v + \bar{t}_w$).
Unter der Voraussetzung, daß die
Aufträge a_i gleich bleiben, was für
die in Abschnitt 1. definierten
Systeme zutrifft, wird die Belegungszeit zu einem Maß für die in
2.2.1 angegebene Systemleistung P.

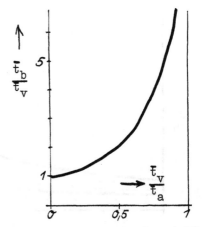

Im Bild 6 ist die Abhängigkeit der
Belegungszeit t_b von der Auftragsrate $\lambda = 1/\bar{t}_a$ dargestellt. Oft wird
auch eine auf t_v normierte Dar-
stellung $\bar{t}_b/\bar{t}_v$ abhängig von $\bar{t}_v/\bar{t}_a$

Bild 7: Normierte Darstellung
der Kurven aus Bild 6

(Auslastungsgrad) gewählt (Bild 7). Für die Angabe der Systemleistung
ist die Aussage von Bedeutung, bei wieviel Prozent der Aufträge eine Belegungszeit unter einem bestimmten Wert erwartet werden kann. Diese Aussage läßt sich aufgrund der Verteilung von t_b bzw. t_w ableiten [6].

Die Kurve in Bild 6 ist eine Kennlinie des Systems. Sie gibt die Maximal (Nenn-) leistung des Systems an (Asymptote durch $1/\bar{t}_v$) und stellt
Arbeitspunkte (Aussage über $\bar{t}_b$ und $\bar{t}_w$) für jede Auftragslast zwischen 0
und $1/\bar{t}_v$ dar. Die Leistung des Systems ist um so höher, je flacher die
Kennlinie verläuft. Eine völlig horizontale Kennlinie ergibt sich, wenn
die Aufträge im Abstand und im Takt der Verarbeitungszeit einfallen. Dabei wird die Nennleistung des Systems ausgenutzt, ohne daß Wartezeiten
entstehen.

Aufgrund des stetigen Verlaufs der Kennlinie und infolge des Zusammen-
hangs, daß die Höhe des Schnittpunkts auf der Ordinate ($\bar{t}_v$) umgekehrt
proportional ist zum Abstand der Asymptote ($1/\bar{t}_v$), die parallel zur Ordinate verläuft, ist theoretisch ein Schnitt zweier Kennlinien ausgeschlossen. Voraussetzung ist dabei auch, daß sich die Verteilungsgesetze
der Zufallsgrößen nicht verändern. In der Praxis sind jedoch Sprungstel-
len in den Kennlinien denkbar, wie in Bild 8 gezeigt wird.

Die Kennlinie a hat an der Stelle A einen Sprung zu höherer Leistung,
der z.B. dadurch bedingt ist, daß nach Auftreten einer bestimmten Last
ein zweiter Großraumspeicher vom Betriebssystem simultan eingesetzt
wird (Verkürzung von t_v). Die Kennlinie b hat an der Stelle B einen
Sprung zu kleinerer Leistung, dadurch bedingt, daß z.B. die bisher

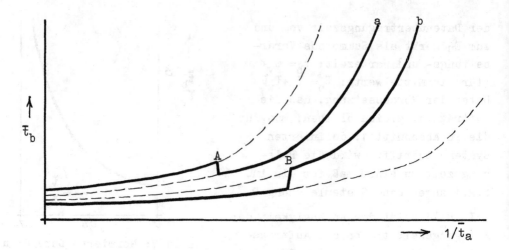

Bild 8: Kennlinienverlauf mit Unstetigkeitsstellen

im Arbeitsspeicher zwischengespeicherten Warteschlangen aus Kapazitäts-
gründen auf einen externen Speicher übertragen werden müssen (Ver-
längerung von t_v durch Großraumspeicherzugriffe).

3 Meßmethoden und -geräte

3.1 Methoden

Um die Leistungsfähigkeit eines Rechensystems zu bestimmen, sind heute
eine ganze Reihe von Methoden bekannt [2] , [4] , [6] , mit denen Angaben für Systemvergleiche gewonnen werden können. Solche Vergleichs-
zahlen liefern aufgrund ihrer Ablaufzeit Befehlsmixe (z.B. Gibson-Mix),
Kurzroutinen (Kernels) oder ganze Testprogramme (benchmarks). Eine mo-
dellhafte Untersuchung erlaubt zwar eine Simulation, die Güte der Aussage hängt aber von den eingegebenen Parametern ab.

3.2 Softwaremessungen

Unter Softwaremessungen sind alle die programmierten Prüfungen zu verstehen, die am laufenden System Funktionsabläufe erfassen und aufzeich-
nen. So sind z.B. bei den modernen Betriebssystemen für die Abrechnung
von in Anspruch genommener Rechenzeit bereits Routinen eingebaut, die
alle Programmlaufzeiten, Zentralrechnerbelegungszeiten o.ä. automatisch
erfassen. Es zeigt sich, daß alle Ereignisse und Abläufe in einem Rechensystem, die in einem Programmablauf in Erscheinung treten, durch ein Meß-
programm erfaßbar sind. Die Meß- und Aufzeichnungsroutinen müssen während des Betriebes mitlaufen und beanspruchen damit einen kleinen Teil
der zu messenden Leistung selbst, was jeweils abzuschätzen ist.

3.3 Hardwaremeßgeräte

Hardwaremeßgeräte [8] eignen sich besonders zur Meßung der Leistung eines Rechensystems, da sie selbst keine Rechenleistung beanspruchen. Über Sonden kann das Gerät direkt mit den Schaltpunkten auf den Leiterplatten verbunden werden und mit Hilfe von Logikbausteinen, Uhren, Zählern usw. werden Meßgrößen ergänzt und aufgezeichnet. Damit lassen sich beliebige technische Zustände im System erfassen.

Im nachfolgenden Abschnitt wird auf einzelne Meßgeräte und Meßprogramme nicht mehr eingegangen, sondern das jeweils Geeignete soll für die Messung Verwendung finden.

4 Messungen am Realzeitsystem

Ziel der Messungen ist es, die Leistung eines Realzeitsystems entsprechend den im Abschnitt 2 beschriebenen Leistungsmerkmalen zu bestimmen. Das wichtigste Merkmal ist dabei die in 2.3.4 angegebene Kennlinie des Systems.

4.1 Einzelmessungen

Wenn sich nur ein Auftrag zur Bearbeitung im System befindet (keine weiteren Aufträge davor oder danach), so werden alle Messungen von Leistungsmerkmalen im Zusammenhang mit diesem Auftrag als Einzelmessungen bezeichnet.

Mit den im Abschnitt 3 aufgeführten Meßmethoden und -geräten werden für jede Auftragsart folgende Größen gemessen:
- Antwortzeit am Endgerät
- Verarbeitungszeit (t_v); Meßpunkt ist die Schnittstelle: Leitung-DVA
- Zeiten der Verarbeitungsabschnitte (t_{vi} als Teile von t_v)
    . anwendungsbezogene Funktionsabschnitte
    . verarbeitungsbezogene Abschnitte
        Ein- Ausgabepufferung, Bereitstellen des Ausgabetelegramms etc.
    . Zugriffszeiten auf externe Großraumspeicher
        Darunter sind die rein mechanisch bedingten Zeiten zu verstehen. Bei einer Trommel mit festen Köpfen ist das die Drehwartezeit, bei einem Plattenspeicher mit beweglichem Zugriffsarm die Positionierungs- und Drehwartezeit.
- Rechneruntätigkeitszeiten
    während der Ein- Ausgabevorgänge und während der Großraumspeicherzugriffe
- Großraumspeicheruntätigkeitszeiten (Belegungspausen)

Jede Auftragsart wird einzeln über ein direkt mit dem zentralen Re-

chensystem verbundenes Endgerät eingegeben. Wenn sehr viele verschiedene Auftragsarten vorkommen, so genügt eine Beschränkung auf die wichtigsten Auftragsarten, die vorher in einer Analyse des Anwendungsfalls
festgestellt wurden.

Die Messungen werden je Auftragsart variiert, indem z.B. die Zugriffs-
zieladressen für den Großraumspeicher (Trommel, Platte) oder die Such-
bzw. Speicherstrategien dafür verändert werden.

Aus den Meßergebnissen ergibt sich das Verteilungsgesetz der Verarbeitungszeit t_v. Die gemessenen Rechner-/Speicheruntätigkeitszeiten
können durch geeignete Koordination im Steuerprogramm beim dynamischen
Betrieb ausgenutzt werden. Alle gemessenen Zeitgrößen geben außerdem
Aufschluß über mögliche Verbesserungen an den System- und Anwendungsprogrammen.

4.2 Systemmessungen

Diese Messungen werden unter den Bedingungen des Normalbetriebes ausgeführt und beziehen sich auf das Gesamtsystem und seine Betriebseigen-
schaften. Der Normalbetrieb ist im praktischen Einsatz gegeben oder er
wird vor der Inbetriebnahme durch entsprechende Testverfahren erzeugt.

4.2.1 Dynamischer Test

An die Verarbeitungszentrale (DVA) sind möglichst viele, am besten
alle im späteren Betrieb vorgesehenen Endgeräte anzuschließen (Prüf-
feldaufbau). Über die Endgeräte geben Bedienungskräfte die Aufträge ein,
wie im Normalbetrieb. Das wird durch eine Planung des Testes erreicht,
wobei jeder Endgerätebediener eine Liste mit einzugebenden Auftragsarten
erhält, aus der auch die zeitliche Folge (Auftragsabstand) hervorgeht.

Bei einem derartigen Test, bei dem eine große Menge von Aufträgen das
System belastet und damit ein dynamisches Betriebsverhalten erzeugt,
werden gleichfalls die in 4.1 bei der Einzelmessung angegebenen Größen
gemessen. Im dynamischen Betrieb, wenn die Abstände der Auftragseingabe
in der Größenordnung der Verarbeitungszeit liegen, treten Wartezustände
auf und die Verarbeitungszeit sowie die Antwortzeit wird durch Wartezeiten verlängert.

Die Verarbeitungszeit t_v geht deshalb über in die in 2.3.4 beschriebene Belegungszeit t_b, wofür dieser Test das Verteilungsgesetz ergibt.
Am Meßpunkt der Verarbeitungs- (hier Belegungs-) zeit (jetzt je Ein-
gangsleitung ein Meßpunkt) können auch die Abstände der einfallenden
Aufträge gemessen werden und ergeben so das Verteilungsgesetz des An-
kunftszeitabstandes t_a. Wird über die Eingabe auf den Endgeräten

der Ankunftszeitabstand t_a und damit die Ankunftsrate λ variiert, so
kann aus den Verteilungen von t_b und t_a und den daraus abgeleiteten
Mittelwerten die Kennlinie des Systems nach 2.3.4 gezeichnet werden.
Bei diesem dynamischen Test sollte sich bei einer optimalen Ablauforganisation im System herausstellen, daß die Rechner- und Großraumspeicheruntätigkeitszeiten minimal werden. Da fast alle Realzeitsysteme der
im Abschnitt 1 geschilderten Art eine durch Großraumspeicher begrenzte
Leistung haben, muß das Ziel sein, deren Untätigkeitszeiten möglichst
klein zu machen.

Auch bei diesem Test gibt die Messung der Zeiten der Verarbeitungsabschnitte und die Ermittlung der Verteilungsgesetze Hinweise für mögliche
Systemverbesserungen. Für alle Meßwerte ergeben sich verschiedene Werte
durch Variation der Eingabe der Aufträge bezüglich der Anzahl, Art und
Verteilung der Zwischenankunftszeiten.

4.2.2 Linearer Test

Dieser Test schließt sich am besten an den dynamischen Test, oder an
den Einzeltest an. Die über die Endgeräte (ev. auch ein Endgerät) eingegebenen Aufträge werden auf Band oder Platte abgespeichert. Die so gesammelten Aufträge laufen dann vom Datenträger über das Verarbeitungsprogramm, wobei die Abstandszeit zwischen zwei Aufträgen immer kleiner
als die Verarbeitungszeit gehalten wird.

Beim Einlesen der Aufträge vom Datenträger wird als Einlesebereich der
Pufferbereich benutzt, in dem die sonst direkt von den Endgeräten gesendeten Aufträge zwischengespeichert werden. Diese Programme zum Speichern und seriellen Verarbeiten von Aufträgen liegen oft als Betriebsprogramme vor für die Protokollierung und für die Regeneration des Datenbestandes beim Wiederanlauf.

Bei diesem Test können zum Vergleich gleichfalls alle bisher erwähnten Größen gemessen werden, mit Ausnahme der Antwortzeit. Wartezeiten treten nur bei den einzelnen Verarbeitungsabschnitten auf. Die
wichtigste Meßgröße ist jedoch bei diesem Test die in einer bestimmten
Zeit insgesamt bearbeitete Anzahl an Aufträgen. Da die Aufträge im Verarbeitungstakt bearbeitet werden, ergibt sich mit guter Genauigkeit
die Nennleistung P_N des Systems (2.2.1). Der Wert von P_N ist deshalb
nicht exakt, weil für das Einlesen der Aufträge nicht ganz die echten
Zeitverhältnisse gelten und die Antwortausgabe - weil unterdrückt - unberücksichtigt bleibt.

Diese Messungen von $\approx P_N$ erfordert nur einen geringen Meßaufwand.
Auch das Sammeln der Aufträge ist einfach und mit einem Endgerät zu be-

wältigen, da beliebig vervielfacht werden kann. Durch Veränderung des Mischungsverhältnisses der Auftragsarten ist die Streuung von P_N feststellbar.

4.3 Systemmessungen mit Hilfe eines Lastgenerators

Alle Messungen dienen dazu, Größen zu erfassen, die denen im Normalbetrieb entsprechen. Nur so läßt sich eine möglichst wirklichkeitsgetreue Kennlinie aufstellen und es werden die Systemreserven und die Systemgrenzen erkennbar. Im allgemeinen läßt sich diese Wirklichkeitsnähe nur über einen längeren Zeitraum im praktischen Betrieb oder über den dynamischen Test, wie in Abschnitt 4.2.1 beschrieben, erreichen. Der dynamische Test ist aufwendig und hängt infolge der manuellen Endgeräteeingabe von vielen Zufälligkeiten ab. Deshalb wird ein Lastgenerator für die Systemmessung vorgeschlagen.

Realzeitsysteme sind oft aus Gründen der Betriebssicherheit und eines Betriebes über bis zu 24 Stunden am Tag als Doppelsysteme ausgelegt. Es ist daher möglich, das eine System zur Generierung der Auftragslast zu verwenden und am anderen System zu messen.

Zunächst werden die beiden Rechensysteme A und B getrennt und wie im Abschnitt 4.2.2 beschrieben, mit einem oder mehreren Endgeräten eine Reihe von Aufträgen auf einen Datenträger (Band oder Platte) über das System A gesammelt (Bild 9). Auch wenn keine Endgeräte angeschlossen sind, lassen sich die Aufträge über andere Eingabemedien nachbilden. Im System A wird jetzt durch Vervielfachen, Umsortieren und gesetzmäßiges bzw. zufälliges Verteilen jede gewünschte Auftragslast auf dem Datenträger zusammengestellt.

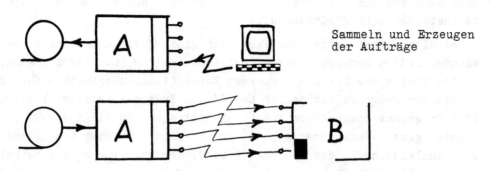

Sammeln und Erzeugen der Aufträge

System zur Lastgenerierung   System zur Messung

Bild 9: Lastgenerator zur Leistungsmessung

Darauf werden die Leitungseingänge des Systems A mit denen des Systems B verbunden. Vom System A aus können nun die gesammelten und entspre chend geordneten Aufträge über diese kurzen Leitungen dem System B angeboten werden. Die Auftragsabstände sind dabei, durch Zufallsgeneratoren gesteuert, in jedem gewünschten Verteilungsgesetz im System A gebildet worden. Im System B liegen somit echte Betriebsverhältnisse vor und alle Systemmessungen, wie sie im Abschnitt 4.2 geschildert wurden, können unter echten Betriebsbedingungen ablaufen.

Um den Meßaufwand gering zu halten, kann das System A, der Lastgenerator, auch zum Messen selbst verwendet werden. Mit Softwaremessungen lassen sich z.B. die Auftragsabstände und die Belegungszeiten bestimmen und auswerten.

Literatur

[1] Ege, A.
Einführung in die Realzeit-Datenverarbeitung
Elektronik, Heft 6, 205 - 208 (1971)

[2] Johnson, R.R.
Needed: A Measure for Measure
Datamation, December, 22 - 30 (1970)

[3] Titze, R.
Analytische Betrachtungen bei der Auswahl eines EDV-Systems
ADL-Nachrichten, Heft 80, 28 - 41 (1973)

[4] Kümmerle, K.
Charakteristische Größen zur Beschreibung der Leistungsfähigkeit und Effektivität von EDV-Anlagen
Elektronische Rechenanlagen 14, Heft 1, 12 - 18 (1972)

[5] Hellerman, L.
A Measure of Computational Work
IEEE Transactions on Computers, Vol. C-21, No 5, 439-446 (1972)

[6] Stimler, S.
Real-time Data-processing Systems
Mc Graw-Hill, New York (1969)

[7] Oßwald, B.
Haupttechniken der Leistungsmessung einer EDVA und ihre Bedeutung
Angewandte Informatik 8, 373-378 (1972)

[8] System 1000, General Information 1100 Series
Tesdata Systems Corporation (1973)

BESCHREIBUNG EINES SYNTHETISCHEN JOBMIX
FÜR VERSCHIEDENE BENCHMARK-TESTS

H. Schreiber, B. Thomas, F. Wolf

1. Einleitung

Unter dem Begriff Benchmark (BM) versteht man eine Menge von Programmen,
die als geschlossenes Auftragspaket von einem EDV-System bearbeitet werden sollen. Die Zeitdifferenz zwischen Beginn und Abschluß der Bearbeitung kann als ein Maß für die Leistungsfähigkeit eines Systems betrachtet werden, wenn das Auftragspaket in möglichst vielen Punkten mit dem
realen bzw. zu erwartenden Jobprofil übereinstimmt.

Für den im folgenden beschriebenen Benchmark wurde ein Testdeck aus mehreren Versionen eines synthetischen Programms mit verschiedenen Parametersätzen erstellt, welches das derzeitige Jobprofil repräsentieren soll.
Zu seiner Charakterisierung wurden Messungen der Befehlshäufigkeiten mit
einem Hardware-Monitor an der vorhandenen Anlage CD 3300 des Universi-
tätsrechenzentrums (im folgenden als Bezugsanlage bezeichnet) durchgeführt, deren Ergebnisse bei der Auswahl des Parametersatzes berücksichtigt und durch Kontrollmessungen verifiziert wurden.

Ausgangspunkt für die folgenden Untersuchungen war die bevorstehende
Auswahl einer Rechenanlage. Benutzt wurde das Testdeck erstmals zur Ein-
stellung von Betriebssystemparametern mit dem Ziel einer Verbesserung
des Durchsatzes. Anwendungsmöglichkeiten im Rahmen von Abrechnungsverfahren sind in naher Zukunft denkbar, wenn verschiedene Anlagen neben-
einander betrieben werden und die Rechenzeit den Benutzern nicht mehr
kostenlos zur Verfügung steht.

2. Zusammenstellung eines Jobmix

Die Anlage des Rechenzentrums (RZ) arbeitet überwiegend im Batch-Betrieb.
Sie wird von mehr als 100 Benutzergruppen aus den verschiedensten An-
wendungsbereichen (alle Fakultäten sind vertreten) in Anspruch genommen
und ist seit zwei Jahren voll ausgelastet.

2.1 Auswahlverfahren

Die Vielfalt der bearbeiteten Probleme erschwert die Auswahl von repräsentativen Benutzerprogrammen.

- Zufällige Auswahl echter Benutzerprogramme

  Durch die zufällige Auswahl von Benutzerjobs kann im Prinzip bei genügend vielen Stichproben ein typischer Mix zusammengestellt werden.
  Dieses Verfahren ist aber praktisch nicht durchführbar, da die zufällig
  ausgewählten Jobs oft die typischen Eigenschaften der Rechenanlage so
  stark ausnutzen, daß es nur mit großen Schwierigkeiten möglich ist,
  diesen Mix auf eine andere Anlage zu übertragen.

- Auswertung der Betriebsdaten

  Die statistische Auswertung der vom Betriebssystem registrierten Ab-
  rechnungsdaten wie Rechnerkernzeit, Kanalzeit, Kernspeicher- und Plat-
  tenspeicherbedarf, Geräteanforderungen usw. erlauben es, die äußeren
  Merkmale eines Auftragprofils zu definieren. Es darf dabei aber nicht
  übersehen werden, daß diese Daten nicht nur quantitativ, sondern auch
  qualitativ von den Eigenschaften der betrachteten Anlage abhängen:
  Beispielsweise kann eine besonders oft angeforderte Zahl von Kernspei-
  cherworten nicht unbedingt als typische Größe eines Benutzerprogramms
  angesehen werden, wenn auch der FORTRAN-Compiler genau diesen Platz
  beansprucht.

- Auswahl nach Benutzerproblemen

  In Gesprächen mit verschiedenen Benutzergruppen, aufgrund der Erfahrungen bei der Programmierberatung und anhand von Untersuchungen zufällig ausgewählter Jobs wurde versucht, das Verhalten von Benutzerprogrammen in der vorliegenden Rechenanlage zu klassifizieren. Mit der
  groben Einteilung in rechen-, ein-/ausgabe- bzw. organisationsinten-
  sive Programmabschnitte konnten die meisten der ausgewählten Beispiele
  in ihrem Verhalten beschrieben werden. Nicht repräsentative Problemstellungen wurden bewußt ausgeklammert. Sie müssen bei Auswahlverfahren für eine Anlage speziell betrachtet werden.

2.2 Hardware-Messungen

Um genauere Aussagen über die Art und Häufigkeit der ausgeführten Befehle an der Bezugsanlage zu erhalten, wurden über längere Zeit hinweg Messungen mit dem am Institut für Math. Maschinen und Datenverarbeitung
entwickelten ZÄHLMONITOR II durchgeführt. Hierbei handelt es sich um ein
Meßgerät, das Ereignisse im Objektrechner erkennen und ihre Dauer und
Häufigkeit messen kann (siehe Abb. 1). Zu Zeit- und Häufigkeitsmessungen
dienen 8 gleiche Meßkanäle, die ihre Meßergebnisse über einen kleinen
Pufferspeicher auf Magnetband ablegen. Die kleinste Zeitauflösung beträgt 1oo ns.

Ein entscheidendes Kriterium für die Leistungsfähigkeit eines Hardware-

Meßgerätes ist die Komplexität der Ereignisse, die erkannt werden können.
Der ZÄHLMONITOR II kann 1-Bit-Ereignisse direkt über die 8 Meßkanäle und
Ereignisse, die durch ein simultan anliegendes Bitmuster von bis zu 8
Bit dargestellt sind, auf dem Umweg über den Komparator erkennen.

Abb. 1:

Blockbild des
ZÄHLMONITORS II

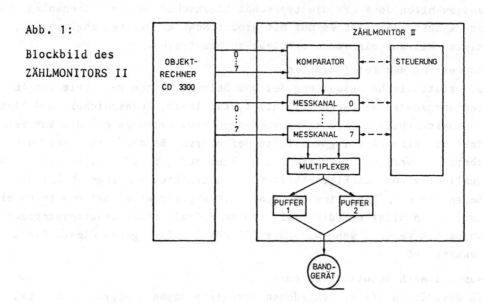

Für die Messung der Befehlsstatistik wurde dem Komparator noch eine spezielle Hardware-Logik vorgeschaltet, die eine automatische Zuordnung des
jeweils aktuellen Befehlscodes des Objektrechners zu einer von 8 Befehlsklassen durchführt (siehe Tab. 1). Der im ZÄHLMONITOR II realisierte
Komparator arbeitet so, daß er das jeweils aktuelle Bitmuster (Ereignis)
mit dem unmittelbaren Vorgänger vergleicht. Ein Ereigniswechsel wird
erkannt, wenn sich dieses ändert. Für die Befehlsstatistikmessungen bewirkt das, daß eine Folge von Befehlen, welche der gleichen Klasse ange-
hören, als ein Ereignis (Operation) erkannt wird. Für jedes Ereignis
wird eine Zeitmessung durchgeführt und sequentiell ein Satz Meßdaten gespeichert.

Der ZÄHLMONITOR II besitzt die besondere Fähigkeit, in Abhängigkeit vom
Vergleichsergebnis des Komparators und voreinstellbarer Parameter den
Ablauf einer Messung selbst zu steuern. Dies ermöglicht Messungen an
Rechenanlagen ohne Eingriffe in die Hard- bzw. Software. Bei sehr schnell
aufeinanderfolgenden Meßereignissen, wie dies z.B. bei der Messung von
Befehlsstatistiken der Fall ist, kann die maximale Meßfrequenz des Zähl-
monitors ($2.5 \cdot 10^6$ Messungen pro Sekunde) wegen der begrenzten Speicher-
rate des Magnetbandgerätes nicht ausgenutzt werden. Deshalb wurde ein
Samplingverfahren mit einem Tastverhältnis von 1:4oo angewandt. Die Be-

Befehlsklasse	Befehlstypen
o	Tabellensuchbefehle
1	Transfer- und Organisationsbefehle
2	Verzweigungsbefehle
3	Gleitkommaarithmetik

Befehlsklasse	Befehlstypen
4	Festkommaarithmetik
5	Shiftbefehle
6	Logische Operationen
7	Sonstige Befehle (I/O-Befehle, Zeichenarithmetik)

Tabelle 1: Einteilung des Befehlsvorrats der CD 3300 in acht Befehlsklassen

Jobprofil bzw. Betriebsart	Befehlsklassen								Mittl. Ausf.-Dauer einer Operation	Mittl. Ausf.-Dauer eines Befehls
	o	1	2	3	4	5	6	7		
Testbetrieb (Expressläufe)	0.3	41.0	31.8	1.0	4.3	10.5	6.7	4.4	5.78 us	3.91 us
Produktion (Normalläufe)	0.1	42.1	30.1	3.1	6.0	10.6	6.7	1.3	6.59 us	4.45 us
Produktion (Spezialläufe)	0.1	41.9	29.0	3.2	7.1	10.5	7.1	1.1	6.29 us	4.25 us
Gesamtbetrieb	0.1	41.8	29.8	2.7	6.4	10.5	6.9	1.8	6.28 us	4.24 us
Rein kommerzielle Anwendungen	0.09	37.3	32.4	0.1	2.9	21.3	3.2	2.8	3.62 us	-
Testdeck	0.2	40.8	28.1	2.6	9.8	11.0	5.6	1.9	6.7o us	4.53 us
Rein numerisches Anwend.Beispiel	0.004	43.1	0.7	35.4	0.07	17.0	1.8	1.9	8.04 us	-
FORTRAN-Compiler	0.oo5	46.1	42.4	0.0	5.6	4.15	1.5	0.0	6.41 us	4.43 us
Gibson Mix III +	5.3	33.2	21.9	17.1	14.3	3.6	4.2	-	-	3.83 us

+ Die diesem Mix entsprechenden 24 Befehlstypen wurden entsprechend Tabelle 1 den 8 Befehlsklassen zugeordnet.

Tabelle 2: Befehlshäufigkeiten und Befehlsmix bei verschiedenem JOB-Profil auf der CD 33oo

fehlsstatistikmessungen wurden bei verschiedenem Jobprofil, d.h. zu Zeiten mit vornehmlich Testbetrieb bzw. bei Produktionsläufen durchgeführt. Außerdem wurden solche Messungen für ein rein numerisches Anwenderprogramm, für den FORTRAN-Compiler und für das BM-Testdeck vorgenommen. Eine weitere Serie von Messungen fand an einer rein kommerziell genutzten Maschine vom Typ CD 33oo statt. Die ermittelten Befehlshäufigkeiten sind in Tabelle 2 zusammengestellt.

<u>2.3 Beschreibung des Testprogramms</u>

Die Aufgabe, nach dem vorhandenen statistischen Material bezüglich Betriebsmittelbedarf, Befehlshäufigkeit und Problemstellung aus der Menge der Benutzerjobs typische Programme auszuwählen und die Schwierigkeit, alle diese Programme dann auch auf allen zu vergleichenden Anlagen zu adaptieren, soll durch die Entwicklung eines speziellen Testprogramms umgangen werden, dessen Verhalten über Parameter eingestellt werden kann. Es besteht aus 8 Unterprogrammen für verschiedene Einzelprobleme. Die Anzahl der jeweiligen Durchläufe wird über die eingelesenen Parameterwerte gesteuert (siehe Abb. 2); die Eigenschaften der Unterprogramme und der Zeitbedarf auf der Bezugsanlage (für ALGOL/FORTRAN) sind im folgenden skizziert:

REAL   : Gleitkommaarithmetik. Die Elemente zweier Vektoren der Länge 24 werden einzeln durch die 4 Grundoperationen berechnet. (12 ms/5 ms)

INTEGER : Ganzzahlige Arithmetik (siehe REAL). (6 ms/4 ms)

FUNCTION: Die Standardfunktionen SIN, COS, SQRT, ARCTAN, EXP und LN werden gemäß ihrer Benutzungshäufigkeit aufgerufen. (12 ms/6 ms)

ARRAY   : Zugriff (nicht sequentiell) auf einzelne Elemente eines dreidimensionalen Feldes von ganzen Zahlen (Feldlänge variabel, Zugriffszahl konstant) (581 ms/152 ms)

ORGANI : Programmorganisation in Form von Unterprogrammaufrufen, logischen und arithmetischen Abfragen, bedingten Sprüngen und Mehrfachverzweigungen (32 ms/4 ms).

IOLINE : Formatiertes Schreiben und Wiedereinlesen eines Feldes von 1oo reellen Zahlen (1o Dezimalstellen) (996 ms/1oo2 ms).

IOCARD : Schreiben und Wiedereinlesen von Kartenbildern im BCD-Format. (1614 ms/46o ms)

IOARRAY : Unformatiertes Schreiben und Wiedereinlesen eines Feldes von reellen Zahlen mit 4 1oo Elementen. (3o ms/33 ms)

Das Testprogramm wurde in den Sprachen ALGOL und FORTRAN unter Verwendung des genormten Sprachumfangs formuliert, um die Kompatibilität zu verschiedenen Anlagen weitgehend zu gewährleisten. Anhand der in Tabelle 3 dargestellten Befehlshäufigkeiten der einzelnen Unterprogramme war es mit Einschränkungen möglich, spezielle Benutzerprogramme durch geeignete

Unterprogramme		Befehlsklassen							
		o	1	2	3	4	5	6	7
REAL	ALG	o.o1	38.63	24.54	8.28	14.85	7.8o	5.75	o.14
	FTN	o.o5	43.25	13.96	34.o4	o.72	o.9o	6.72	o.36
INTEGER	ALG	o.o1	37.2o	17.8o	0.00	26.49	15.81	2.53	o.15
	FTN	o.o4	36.36	2.69	0.00	32.22	19.92	8.38	o.39
FUNCTION	ALG	o.o1	4o.76	24.85	3.32	9.62	13.46	7.83	o.15
	FTN	o.o5	41.98	26.47	13.81	o.97	14.12	2.28	o.32
ARRAY	ALG	o.o7	4o.34	23.16	0.00	19.75	8.87	7.38	o.43
	FTN	o.o1	39.74	23.11	0.00	24.74	11.85	o.38	o.17
ORGANI	ALG	o.o2	39.64	31.47	0.00	6.oo	1o.48	12.2o	o.18
	FTN	o.6o	38.54	27.3o	0.00	11.39	16.82	5.56	o.33
IOLINE	ALG	o.37	41.8o	3o.54	o.67	8.16	8.74	7.13	2.6o
	FTN	o.35	4o.85	32.47	o.43	5.46	1o.49	7.o3	2.92
IOCARD	ALG	o.18	41.56	29.8o	0.00	8.65	1o.81	7.71	1.28
	FTN	o.37	42.63	32.26	o.o1	4.67	8.1o	6.89	5.o7
IOARRAY	ALG	o.1o	36.18	29.42	0.00	3.3o	22.00	4.55	4.44
	FTN	o.87	41.11	28.34	0.00	4.43	9.92	9.74	5.59

Tabelle 3: Befehlshäufigkeiten (%) in den einzelnen Unterprogrammen (ALGOL bzw. FORTRAN), gemessen im Multiprogramming-Betrieb auf der CD 33oo mit drei identischen Programmen.

Parameterwerte so nachzubilden, daß ihr dynamisches Verhalten erhalten blieb und die Befehlshäufigkeiten bis auf geringe Abweichungen übereinstimmten.

2.4 Ermittlung des Parametersatzes

Das Testdeck für die BM-Messungen wurde aus Kopien des synthetischen Testprogramms zusammengestellt. Dabei wurden aufgrund der statistischen Daten aus dem RZ-Betrieb, u.a. folgende Werte festgelegt:
- Gesamttestzeit auf der Bezugsanlage etwa 2 Stunden
- Gesamtzahl der Jobs N = 65
- Verhältnis der Quellprogramme ALGOL:FORTRAN wie 1:5
- ca. 5o % der Jobs ohne Übersetzungslauf
- 3o % der Rechenzeit für 7o % der Jobs
- Verhältnis Rechenzeit:Kanalzeit wie 5:2

Die geforderte Verteilung der Kernspeichergrößen konnte bei den ALGOL-Programmen durch einen entsprechenden Parameter eingestellt werden; für die FORTRAN-Programme wurden zwei Versionen mit verschieden großen Datenbereichen zur Verfügung gestellt.

Anhand dieser Spezifikationen und des gemessenen Zeitbedarfs der einzelnen Unterprogramme wurden die Parameter für die jeweiligen Testprogramme geschätzt. Der erste Lauf des gesamten Testdecks mit gleichzeitiger Messung der Befehlshäufigkeiten machte einige Korrekturen bezüglich der Gesamtrechenzeit erforderlich und führte zu einzelnen Änderungen an den Parameterwerten. Der Anteil der arithmetischen Operationen war beispielsweise zunächst zu hoch angesetzt worden.

Aufgrund weiterer Versuche konnte schließlich ein Parametersatz für das gesamte Testdeck festgesetzt werden, der als repräsentativ für das derzeitige Jobprofil gelten kann und der dann für alle weiteren Messungen unverändert blieb.

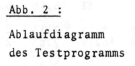

Abb. 2 :

Ablaufdiagramm
des Testprogramms

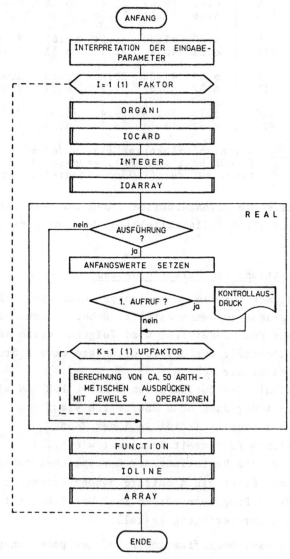

3. Beschreibung von Benchmark-Tests
3.1 Vorbereitung eines Testlaufs

Ein Testprogramm enthält etwa 4oo Anweisungen. Zur Vorbereitung einer
BM-Messung werden sowohl die drei Quellprogramme als auch die Binärfas-
sungen der vorübersetzten Programme auf einzelne Dateien, die Mehrfachzugriffe erlauben, abgelegt, so daß die 65 Jobs des Testdecks lediglich
aus Steuerkarten und individuellen Parametersätzen zusammengestellt werden.

Wichtig für die Durchführung von BM-Tests ist die Festlegung der Randbedingungen. Dazu gehören zum Beispiel

- Priorität der Jobs
- Maximale Rechenzeitvorgabe
- Anforderungen an Massen- und Kernspeicher
- Reihenfolge der Jobs im Testdeck.

Das gesamte Testdeck wird über den Kartenleser gestartet, wobei die Parameterwerte des ersten Jobs unter dem Gesichtspunkt einer rechenintensiven
Anfangsbelastung zusammengestellt worden sind.

Bei den Messungen an verschiedenen Rechenanlagen zeigte sich, daß es mit
dem geschilderten Verfahren innerhalb sehr kurzer Zeit möglich ist, das
gesamte Testdeck vorzubereiten und anzupassen. Ein Programm zur Generierung des Testdecks mit allen jeweils erforderlichen Steuerkarten für verschiedene Anlagen befindet sich im Entwicklungsstadium.

3.2 Beschreibung der Ergebnisse

Bevor wir uns mit den Ergebnissen der Testläufe beschäftigen, wollen wir
zunächst einige Begriffe beschreiben, die in der Literatur zwar üblich,
aber durchaus nicht einheitlich definiert sind.

In Abb. 3 sind neben dem zeitlichen Ablauf eines Jobs folgende Begriffe
dargestellt:

r Rechnerkernzeit eines Jobs, Summe der diesem Job angelasteten
Rechnerkernphasen

r^m Minimale Rechnerkernzeit eines Jobs, Rechnerkernzeit ohne jeden
Anteil für Verwaltungsarbeiten durch das BS.

k Kanalzeit eines Jobs, Summe der diesem Job angelasteten Belegungszeiten des E/A-Werks.

v Verweilzeit eines Jobs im Rechnerkern (RK) $v = t_1 - t_o$

v^S Verweilzeit eines Jobs im System $v^S = t_1^S - t_o^S$

v^B Verweilzeit eines Jobs aus der Sicht des
Benutzers $v^B = t_1^B - t_o^B$

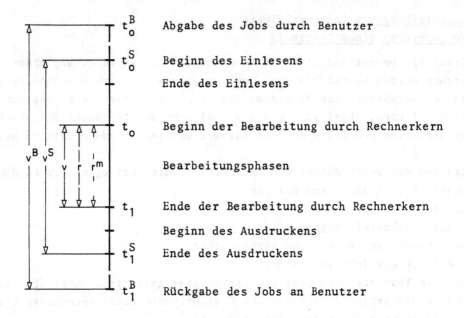

t_o^B Abgabe des Jobs durch Benutzer

t_o^S Beginn des Einlesens

Ende des Einlesens

t_o Beginn der Bearbeitung durch Rechnerkern

Bearbeitungsphasen

t_1 Ende der Bearbeitung durch Rechnerkern

Beginn des Ausdruckens

t_1^S Ende des Ausdruckens

t_1^B Rückgabe des Jobs an Benutzer

Abb. 3: Zeitlicher Ablauf eines Jobs

Für den Benutzer sind davon in der Regel zwei Zeiten interessant, näm-lich:

1. die Zeit, die er bezahlen muß (in den meisten Abrechnungsverfahren ist dies im wesentlichen nur die Rechnerkernzeit r).

2. die Verweilzeit, von der Abgabe des Jobs bis zur Rückgabe. Diese ist jedoch stark von der Betriebsart abhängig. Auf sie soll deshalb hier nicht weiter eingegangen werden.

Um die echte Ausnutzung einer Rechenanlage festzustellen, benötigt man die minimale Rechnerkernzeit r^m, die jedoch in der Regel vom BS nicht registriert wird, da meist ein Teil der Verwaltungszeit anteilmäßig dem Benutzer angelastet wird.

Bei der Bearbeitung eines Testdecks mit N Programmen können nur zwei Zei-ten echt gemessen werden:

VW   Gesamtverweilzeit im RK $VW = \text{Max } t_{1i} - \text{Min } t_{oi}$

$\bar{v}^S$ Mittl. Verweilzeit eines Jobs im System $\bar{v}^S = \sum_{i=1}^{N} v_i^S / N$

Alle anderen Zeiten können nur vom System erfaßt werden.

Zur Beschreibung der Ergebnisse können die folgenden Parameter herange-zogen werden:

R   Gesamtrechnerkernzeit $R = \sum_{i=1}^{N} r_i$,   K   Gesamtkanalzeit $K = \sum_{i=1}^{N} k_i$

V	Verweilzeitsumme	$V = \sum\limits_{i=1}^{N} v_i$	
A^m	Minimal-Auslastung des RK	$A^m = \sum\limits_{i=1}^{N} r_i^m / VW$	
A	Auslastung des RK	$A = R/VW$	
P	Grad der Parallelität zwischen RK und EA-Werk	$P = (R+K)/VW$	
S	Grad der Simultaneität Zahl der im Mittel in Ausführung befindlichen Jobs	$S = V/VW$	
DR	Durchsatzrate	$DR = N/VW$	

Für den Vergleich einer Anlage mit einer Bezugsanlage B wird in den meisten Fällen nur die Gesamtverweilzeit VW herangezogen, da sie die einzige Meßgröße ist, die ohne Systemhilfe gemessen werden kann.

D	Durchsatz (Relative System Throughput, Gewinnfaktor)	$D = VW_B/VW = DR/DR_B$
VR	Verhältnis der abgerechneten Rechnerkernzeiten	$VR = R_B/R$

Die in diesem Abschnitt definierten Begriffe werden wir im folgenden bei der Auswertung der Testläufe benutzen.

4. Auswertung der Testläufe

Als repräsentativer Jobmix zur Durchführung der Versuche diente das mit den experimentell ermittelten Parametersätzen ausgestattete Testdeck. Es wurden zunächst mehrere Läufe auf der gleichen Anlage mit verschiedenen BS-Versionen durchgeführt. Anschließend wurde das Testdeck auf zwei weiteren Anlagen durchgerechnet. Da es uns im gegenwärtigen Zeitpunkt nur auf das Verfahren, nicht aber auf die konkreten Ergebnisse ankommt, spielt der Typ der Vergleichsanlagen keine Rolle, so daß sie hier auch nicht näher beschrieben werden.

4.1 Testergebnisse bei verschiedenen BS-Versionen

Die ersten Testläufe wurden auf der Anlage des RZ durchgeführt, die bei den späteren Tests mit anderen Anlagen als Bezugsanlage diente.

Testlauf 1: Ausgetestete und ausgereifte BS-Version, jedoch ohne die in den letzten 2 Jahren von der Firma nachgelieferten Änderungen mit Ausnahme von unbedingt erforderlichen Korrekturen.

Testlauf 2: Neueste, von der Firma ausgelieferte BS-Version

Testlauf 3: wie 2, jedoch mit einem falsch eingestellten Parameter für Kernspeichervergabe- und Auslagerungsstrategie.

Testlauf 4: wie 1, jedoch wurde durch maximale Kernspeicheranforde-
rungen der Jobs dafür gesorgt, daß das gesamte Testdeck
seriell bearbeitet wurde. Dadurch ist es möglich, die
Durchsatzsteigerung, die sich durch den Multiprogramming-
Betrieb ergibt, zu ermitteln. Dem erhöhten Durchsatz
(D = 1.43) aus der Sicht des RZ steht dabei eine verlängerte mittlere Verweilzeit eines Jobs im System (Ver-
zögerungsfaktor 1.84) gegenüber.

Vergleichswerte		Testlauf Nummer			
		1	2	3	4
VW	Ges.Verweilzeit/min	1o7	113	166	153
v^S	mittl.Verweilzeit/min	48	56	72	89
R	Ges.Rechenzeit/sec	5761	53o4	55o5	4691
V	Verweilzeitsumme/sec	16841	2o9o9	29329	9153
A^m	min. Auslastung	o.63	o.59	o.4o	o.44
A	Auslastung	o.9o	o.78	o.55	o.51
S	Simultaneitätsgrad	2.6	3.o	2.9	1.o
P	Parallelitätsgrad	1.11	o.96	o.69	o.64
DR	Durchsatzrate	o.61	o.57	o.39	o.42
D	Durchsatz	1.o	o.93	o.64	o.69

Tabelle 4: Testergebnisse für eine Anlage bei verschiedenen Betriebsarten bzw. Betriebssystemversionen.

Wie Tabelle 4 zeigt, ist bei allen Testläufen die Gesamtrechnerkernzeit
verschieden. Dies hängt damit zusammen, daß ein Teil des Verwaltungs-
aufwandes des BS anteilmäßig allen in Ausführung befindlichen Programmen
angelastet wird. Durch einen kleinen Eingriff im BS ist es jedoch gelungen, die minimale Rechnerkernzeit (R^m = 4o37 sec) zu ermitteln, so
daß der tatsächlichen Auslastung die minimale Auslastung gegenübergestellt werden konnte.

Die Vergleichswerte zeigen, daß der Durchsatz bezogen auf das Testdeck
und damit auf ein repräsentatives Jobprofil in der alten BS-Version am
besten war. Dennoch erschien es dem RZ aus anderen Gründen gerechtfertigt, die in Spalte 2 aufgeführte BS-Version im laufenden Betrieb einzusetzen. Es soll nun nachträglich versucht werden, die Systemparameter
so zu optimieren, daß ein höherer Durchsatz erreicht wird.
Spalte 3 zeigt, was passieren kann, wenn man auch nur einen wichtigen
Parameter falsch einstellt: der Durchsatz ist geringer als bei serieller
Verarbeitung.

4.2 Beschreibung der Testläufe auf verschiedenen Anlagen

Bei den in Tabelle 5 angeführten Ergebnissen handelt es sich nicht um

einen echten Leistungsvergleich, da die Randbedingungen nicht vollständig
identisch waren.

Vergleichswerte		Testlauf Nummer		
		1	5	6
VW	Ges.Verweilzeit/min	1o7	59	46
v^S	mittl.Verweilzeit/min	47	3o	23
R	Ges.Rechenzeit/sec	5761	1752	2538
A	Auslastung	o.9o	o.49	o.91
S	Simultaneitätsgrad	2.62	-	4.82
P	Parallelitätsgrad	1.11	1.22	1.86
DR	Durchsatzrate	o.61	1.1o	o.42
D	Durchsatz	1.oo	1.81	2.31

Tabelle 5: Testergebnisse für 3 verschiedene Anlagen

Bei den Tests mit der Anlage 3 wurde bei Übersetzungsläufen ein Compiler
mit Optimierungsphase verwendet, so daß von der Rechengeschwindigkeit
der Hardware her gesehen sich ein vollkommen falsches Bild ergibt. Da
es uns bei dem Vergleich nur um den Test des Verfahrens ging, haben wir
diesen Testlauf bewußt mit aufgeführt, obwohl das Bild durch den sehr
"langsamen" Compiler, der jedoch einen sehr effektiven Code erzeugt, wesentlich verfälscht wird, da die Programmausführungen jetzt gegenüber
den Übersetzungsphasen viel zu gering ausfallen (siehe 4.3, Tab. 6).

Ein Vergleich der zwei Anlagen mit der Bezugsanlage auf der Basis der
abgerechneten Rechenzeiten ergibt, daß die Anlage 2 mehr als dreimal so
"schnell" und die Anlage 3 mehr als doppelt so "schnell" ist wie die
Bezugsanlage, jedoch ist der Durchsatz bei Anlage 2 nicht einmal doppelt
so groß, während er bei Anlage 3 etwa mit dem Verhältnis der abgerechneten Rechenzeiten übereinstimmt.

Interessant an dieser Stelle wäre ein Vergleich mit dem theoretischen
Befehlsdurchsatz etwa auf Grund einer mittleren Befehlsdauer, auf den
wir jedoch wegen der unterschiedlichen Randbedingungen verzichten wollen.

4.3 Vergleich von Programmklassen innerhalb des Testdecks

Wir wollen nun innerhalb des Testdecks spezielle Programmklassen be-
trachten, wie sie zum Beispiel in Tabelle 6 aufgeführt sind. Die erste
Spalte zeigt jeweils das Verhältnis der Rechenzeiten auf verschiedenen
Anlagen. Besser noch als diese Werte ist jedoch der Kostenfaktor zum
Vergleich geeignet. Sei P_B bzw. P der Mietpreis pro Zeiteinheit auf der
Bezugsanlage bzw. auf der Vergleichsanlage. Bei der Abarbeitung des
Testdecks entstehen dem RZ Kosten für die Gesamtverweilzeit. Der Be-

nutzer wird üblicherweise nur mit der vom BS-System erfaßten Rechenzeit belastet. Für ein spezielles Programm bzw. eine Klasse von Programmen mit der Rechnerkernzeit r bzw. r_B entstehen dem Benutzer auf verschiedenen Anlagen folgende Kosten:

$$K_B = \frac{r_B}{R_B} \cdot VW_B \cdot P_B \quad bzw. \quad K = \frac{r}{R} \cdot VW \cdot P$$

Daraus ergibt sich als Kostenfaktor KF für eine spezielle Programmklasse:

$$KF = \frac{K_B}{K} = \frac{r_B}{r} \cdot \frac{R}{R_B} \cdot \frac{VW_B \cdot P_B}{VW \cdot P}$$

$$= KF^* \cdot D \cdot P_B/P$$

Er besagt, um wieviel mal die Bearbeitung einer speziellen Programmklasse auf der Bezugsanlage teuerer ist als auf der Vergleichsanlage. Dabei ist KF^* ein normierter Kostenfaktor, der sich bei gleichem Preis-/Leistungs-Verhältnis der Anlagen ergibt, wobei die Leistung durch die Durchsatzrate DR = N/VW des Testdecks auf den entsprechenden Anlagen gemessen wird.

Programmklassen	Vergleich M1/M2		Vergleich M1/M3	
	VR	KF*	VR	KF*
ALG BIN	4.48	1.34	14.8o	6.51
ALG Compiler	2.42	o.72	3.15	1.39
ALG rechenintensiv	6.23	1.87	6.65	2.92
ALG E/A-intensiv	4.22	1.26	6.98	3.o7
ALG organisationsintensiv	3.92	1.18	4.89	2.15
ALG MIX	4.18	1.25	7.oo	3.o8
FTN BIN	2.29	o.69	4.o6	1.8o
FTN Compiler	2.51	o.75	o.47	o.21
FTN rechenintensiv	3.28	o.98	16.o	7.o4
FTN E/A-intensiv	1.25	o.37	9.3	4.o9
FTN organisationsintensiv	3.2o	o.96	9.35	4.11
FTN MIX	3.o9	o.93	1.94	o.85

Tabelle 6: Vergleich von Programmklassen innerhalb des Testdecks

Wenn man die Bezugsanlage und ihre Software gut kennt, kann man aus Tabelle 6 einige Rückschlüsse auf das Verhalten einzelner Programmklassen ziehen. Dies soll hier an zwei Beispielen ausgeführt werden:

- Auf der Anlage M2 ist der erzeugte Binärcode des ALGOL-Compilers schneller, als nach dem Mittelwert zu erwarten ist, der Compiler dagegen ist langsamer.
  Bezüglich Anlage M3 ergibt sich, daß dort offensichtlich vom ALGOL-Compiler ein wesentlich effektiverer Code erzeugt wird, denn die Stei-

gerung liegt weit über dem Mittelwert des Testdecks.

- Der FORTRAN-Compiler ist auf der Anlage M3 wesentlich langsamer, als es der Durchsatz erwarten läßt, da - wie bereits erwähnt - auf dieser Anlage ein Compiler mit Code-Optimierung verwendet wurde. Bei gleichem Preis-/Leistungsverhältnis würde also unter dieser Voraussetzung eine FORTRAN-Compilierung auf der Bezugsanlage wesentlich billiger durchzuführen sein als auf der leistungsfähigeren Vergleichsanlage. Zu einem echten Kostenvergleich müssen die Werte des normierten Kostenfaktors jedoch mit dem tatsächlichen Verhältnis der Kosten für die Bearbeitung des Testdecks multipliziert werden.

Da sich die Programme des Testdecks in einfacher Weise nach bestimmten Kategorien klassifizieren lassen, kann man also neben den globalen Werten hiermit auch ermitteln, wie sich diese einzelnen Programmklassen auf den zu vergleichenden Anlagen verhalten.

5. Schlußbemerkung

Die bisherigen Versuche haben gezeigt, daß mit dem synthetischen Testprogramm ein repräsentatives Jobprofil nachgebildet werden kann. Um künftige Messungen noch flexibler gestalten zu können, sind einige Ergänzungen vorgesehen:

1. Änderungen in der Struktur des Testprogramms
   - Anstelle des zyklischen Ablaufs soll eine Steuerung über Pseudo-Zufallszahlen treten.
   - Die Laufzeit der Unterprogramme soll verkürzt werden, um die Parameterwerte feiner einstellen zu können.
   - Die Zahl der Unterprogramme soll um einige Problemklassen erweitert werden, um verschiedenartigste Benutzerprobleme einfacher erfassen zu können.
   - Es soll zusätzlich eine COBOL-Version des Testprogramms erstellt werden, soweit dies sinnvoll möglich ist.

2. Erweiterte Anwendungsmöglichkeiten
   - Um die Testprogramme in der Zahl der zu übersetzenden Anweisungen und damit auch in ihrer Kernspeichergröße bezüglich der Codelänge variieren zu können, sollen künftig über einfache Update-Verfahren während der Testläufe aus einem Maximalprogramm kleinere Testprogramme zusammengestellt, übersetzt und ausgeführt werden.
   - Zahl und Art der verwendeten Dateien sind bereits jetzt variabel; damit bieten sich zusätzliche Meßmöglichkeiten an, die bisher nicht ausgeschöpft wurden.

- Mit speziell parametrisierten Testprogrammen sollen gezielte Untersuchungen ausgewählter Systemeigenschaften erfolgen.

Die geschilderten Messungen mit dem synthetischen Jobmix sollen in Verbindung mit dem ZÄHLMONITOR II an anderen Rechenanlagen fortgesetzt bzw.
ergänzt werden.

Literatur:

BUCHHOLZ, W.: A synthetic job for measuring system performance.
   IBM Systems Journal, Vol.8, Nr.4, 1969, S. 3o9-318

KERNIGHAN, B.W.,HAMILTON, P.A.: Synthetically generated performance
   test loads for operating systems.
   Proc. SIGME 1973, S. 121-126

KLAR, R., et al.: Der Aufbau des Zählmonitors II.
   in: Arbeitsberichte des Instituts für Mathematische Maschinen und
   Datenverarbeitung, Band 7, 1974, Univ. Erlangen

KÜMMERLE, K.: Charakteristische Größen zur Beschreibung der Leistungsfähigkeit und Effektivität von EDV-Anlagen.
   Elektron. Rechenanlagen 14 (1972), H.1, S. 12-18

LUCAS jr,H.C.: Performance Evaluation and Monitoring.
   Computing Surveys, Vol.3, Nr.3, September 1971, S. 79-91

SPIES, P.P.: Informatik III und IV.
   Arbeitsberichte des Instituts für Mathematische Maschinen und
   Datenverarbeitung, Band 5, 1972, Univ. Erlangen

WOOD, D.C., FORMAN, E.H.: Throughput measurement using a synthetic
   job stream.
   Proc. AFIPS, Fall Joint Computer Conference 1971, S. 51-56

DURCHFÜHRUNG UND AUSWERTUNG VON CPU-ORIENTIERTEN BENCHMARKTESTS

Wolf-Dieter Mell, Peter Sandner

Das Rechenzentrum der Universität Heidelberg hat im Rahmen der Auswahl
einer neuen Rechenanlage eine Reihe von Benchmarktests auf Anlagen verschiedener Hersteller durchgeführt. Aus technischen Gründen wurden die
Maschinen nur im Stapelbetrieb getestet, auch wenn für das geplante System ein intensiver Dialogbetrieb vorgesehen ist. Im folgenden sollen
einige der Erfahrungen wiedergegeben werden, die beim Aufbau des Testpaketes, der Durchführung und der Auswertung der Ergebnisse gemacht
wurden.

Die Aufgabe eines Benchmarktests ist es, das Betriebsverhalten einer
Computerkonfiguration, insbesondere z.B. deren Durchsatzleistung, in
einem realen Testbetrieb zu ermitteln und damit zu anderen Computerkon-
figurationen vergleichbar zu machen.

Die Meßergebnisse und ihre Bewertung hängen einerseits von den Anforderungen an den zukünftigen Betrieb (konkretisiert in einem Paket von
Testprogrammen und in Durchführungsparametern), andererseits von der
zum Test benutzten Computeranlage (Maschine, Konfiguration und Software)
ab. Für die Planung ist es wichtig, daß die Meßergebnisse ihre Aussage-
kraft behalten, auch wenn die Anforderungen oder die Konfigurationen
sich in gewissen Grenzen ändern. Zu diesem Zweck wäre es an sich notwendig, Meßreihen mit einer systematischen Variation der veränderlichen
Parameter zu erheben. Da dies häufig nicht durchführbar ist, muß in
grundsätzlichen Vorüberlegungen geklärt werden, auf welche Variationen
verzichtet werden kann, welche Varianten erfaßt werden müssen und wie
dies mit möglichst wenigen Benchmarks geschehen kann.

Als Meßergebnisse stehen im allgemeinen folgende Daten zur Verfügung:

o Uhrzeit

damit kann die Verweilzeit des gesamten Testpaketes und der einzelnen
Programme im System ermittelt werden. Für die Definition der Gesamtlaufzeit des Paketes können als Startzeiten entweder der Beginn des Einlese-
vorgangs oder der Beginn der problemorientierten Aktivität des Rechnerkerns (z.B. Start der Compilation des ersten Programms) gewählt werden.

Als Stopzeiten stehen entweder das Ende der problemorientierten Aktivität des Rechnerkerns (z.B. Beendigung der Ausführung des letzten Programms) oder der Abschluß der Gesamtaktivität der Anlage (z.B. Drucken der letzten Zeile) zur Wahl. Die Gesamtlaufzeit sollte in jedem Fall so definiert werden, daß das Ergebnis nicht durch das Anlauf- und Auslaufverhalten der Anlagen verfälscht wird. Bei Systemen mit Spool-Betrieb empfiehlt es sich daher (insbesondere bei CPU-intensiven Tests) die Benchmarkzeit von Beginn bis Ende der problemorientierten CPU-Aktivität zu definieren. Zur Verweilzeit einzelner Programme im System werden von den meisten Betriebssystemen Beginn- und Endzeitpunkt der problemorientierten Aktivität des Rechnerkerns für jedes Programm ermittelt, damit kann u.a. die Multiprogramming-Tiefe ermittelt werden. In einigen Fällen wird zusätzlich der Beginn und das Ende jeglicher Systemaktivität für jedes Programm bestimmt (z.B. Lesen erste Karte bis Drucken letzte Zeile), damit werden Untersuchungen über das Turn-around-Verhalten des Systems für die verschiedenen Programmklassen (s.u.) möglich.

    o CPU-Zeit

jedes einzelnen Programms, diese Zeit ist im allgemeinen aufgeschlüsselt in Compilationszeit und Ausführungszeit (eventuell Binden). Problematisch ist das Verfahren einiger Anlagen, die Zeiten welche zur Verwaltung des Systems benötigt werden, Schaltzeiten usw., nach unterschiedlichen Algorithmen auf die einzelnen Problemzeiten im Multiprogramming umzulegen. Dies kann z.B. bei Anlagen mit geringer Zeitauflösung durch Programme mit sehr vielen Interrupts (I/O-intensiv) zu einer erheblichen Verfälschung der CPU-Zeit-Messung führen. Diese Verzerrungen können u.a. dadurch gemessen werden, daß die Programme auf der gleichen Anlage in einem weiteren Durchlauf nacheinander ohne Multiprogramming abgearbeitet werden. Bei einigen Anlagen (z.B. Univac) werden exakte CPU-Zeiten überhaupt nicht zur Verfügung gestellt, sondern stattdessen eine synthetische Zeit aus der Zahl der Speicherzugriffe berechnet. Mit Hilfe der CPU-Zeiten können u.a. die Effektivität der verschiedenen Compiler und der von ihnen abgesetzten Codes für verschiedene Anlagen überprüft werden, indem man z.B. die entsprechenden Zeiten durch die Gesamt-CPU-Zeit des gleichen Benchmarks teilt und diese Relationen für verschiedene Systeme miteinander vergleicht. Ebenfalls möglich ist eine Normierung der Zeiten durch die korrespondierenden Werte einer Vergleichsanlage oder durch Mix-Zahlen (z.B. GAMMIX) für die gleiche Anlage. Zur Untersuchung spezieller Fragen ist auch eine Normierung auf die CPU-Zeiten von Teilproblemen (z.B. Compilationszeit oder Ausführungszeit aller Programme einer bestimmten Sprache) denkbar. In jedem Fall sollten bei Mehrprozessoranlagen die CPU-Zeiten vor einem Vergleich durch die Anzahl der Prozessoren geteilt werden. Auf diese Weise kann z.B. sehr einfach festgestellt werden, ob einzelne Programme bei der Anpassung an die Anlage durch den Hersteller in ihrer Substanz wesentlich verändert wurden. Ein Vergleich von Gesamt-CPU-Zeit und Gesamtlaufzeit kann über den Auslastungsgrad der Anlage Hinweise auf Engpässe in der Konfiguration geben und ermöglicht Abschätzungen der maximalen Leistungsfähigkeit eines Systems. Der Verlauf des CPU-Auslastungsgrades über der Zeit läßt, falls er ermittelt werden kann, darüberhinaus erkennen, ob und an welchen Stellen die Struktur des Benchmarkpaketes oder spezielle Engpässe den Ablauf des Benchmarks wesentlich beeinflußt haben.

    o Hauptspeicherbelegungszeit

(gemessen in Worten mal Zeiteinheit) für die einzelnen Programme sowohl während der Compilation als auch während der Ausführung und für das Betriebssystem. Diese Angaben geben Auskunft über die Effektivität der Speicherausnutzung und über die Speicherintensität des Betriebssystems, wenn man sie in Bezug zum gesamten Hauptspeicher und der Gesamtlaufzeit setzt. Gemeinsam mit dem CPU-Auslastungsgrad ermöglichen sie Hinweise darauf, ob der Hauptspeicher zu groß, zu klein oder angemessen dimensioniert wurde.

    o I/O-Zeit

bzw. Kanalbelegungszeit oder I/O-Modul-Belegungszeit für die einzelnen Programme und für das Betriebssystem. Hier ist insbesondere der Auslastungsgrad und, falls er ermittelt werden kann, der Verlauf des Auslastungsgrades über der Zeit von Interesse, um Hinweise auf mögliche Engpässe in der Kanaldimensionierung zu erhalten.

Die Maschinen-, Konfigurations- und Systemeigenschaften lassen sich in zwei Kategorien unterteilen:

a) feste Daten, insbesondere Hardwareeigenschaften, die als konstruktive Merkmale einer Anlage vorgegeben sind.

b) variable Daten, insbesondere Konfigurations- und Softwareeigenschaften, die innerhalb gewisser Grenzen verändert werden können. Die Meßergebnisse sollten Hinweise darauf geben, in welcher Weise sich Modifikationen in wichtigen Komponenten auswirken würden.

Folgende Daten sollten bei der Herstellung des Testpaktes und der Festlegung der Durchführungsparameter berücksichtigt werden, um eine zufällige Bevorzugung oder Benachteiligung einzelner Anlagen zu vermeiden:

    o Wortbreite für numerische Daten

und die daraus abgeleiteten Genauigkeiten und Wertebereiche für Gleit-
punkt- und Festpunktzahlen sowie deren Speicherbedarf. Bei den untersuchten Großrechenanlagen schwankt die Wortbreite zwischen 32 Bit mit
einer Genauigkeit für Gleitpunktzahlen von 7 dezimalen Ziffern bei IBM
und 60 Bit mit einer Genauigkeit für Gleitpunktzahlen von 15 dezimalen
Ziffern bei Control Data. Anforderungen an die Genauigkeit müssen daher bei der Erstellung der Programme überprüft werden, u.U. ist
es notwendig, einzelne Programme für bestimmte Anlagen zu modifizieren,
z.B. durch die Forderung von doppelter statt einfacher Genauigkeit oder
umgekehrt. Der Wertebereich für Gleitpunkt- und Festpunktzahlen ist ebenfalls sehr unterschiedlich, z.B. ca. $10^{\pm32}$ bei Honeywell Bull, ca. $10^{\pm75}$
bei IBM und ca. $10^{\pm128}$ bei Control Data für Standard-Gleitpunktzahlen.

    o Zeichenbreite

und die daraus abgeleite Anzahl verschiedener Zeichen sowie deren Speicherbedarf. Die Zeichenbreite der untersuchten Anlagen schwankt zwischen
6 Bit (entsprechend 64 verschiedene Zeichen) und 8 Bit (entsprechend
256 verschiedene Zeichen). Je nach Anforderungen an den Zeichensatz kann
es auch hier notwendig werden, Programme für einzelne Anlagen z.B. durch
zusammenlegen mehrerer Zeichen zu modifizieren.

    o Dezimalarithmetik

Eine Reihe von Computern verfügen nicht über Hardwareeinrichtungen zur
Verarbeitung dezimaler Festpunktzahlen. Entsprechende Operationen z.B.
in COBOL-Programmen werden entweder softwaremäßig emuliert, oder durch
Gleitpunktoperationen ersetzt.

    o Übertragungsbreite und Adressierungsmodus

also die Anzahl der durch einen Befehl parallel übertragenen Bits zwischen Hauptspeicher, eventuell Speicher-Lupe und Verarbeitungseinheit.
Die Übertragungsbreite ist im allgemeinen eine ganzzahlige Vielfache
der Wortbreite, von ihr hängt es ab, ob z.B. zur Übertragung von Zahlen

mit doppelter Genauigkeit ein oder mehrere Speicherzugriffe notwendig
sind oder wieviele Zeichen eines Bereiches mit einem Speicherzugriff
übertragen werden können. Der Adressierungsmodus bestimmt die hardwaremäßig addressierbare kleinste Einheit, z.B. Zeichen oder Worte. Bei einigen Anlagen mit Zeichenadressierung (z.B. IBM/360) können wortweise gespeicherte Daten (z.B. Gleitpunktzahlen) so ungünstig im Speicher abgelegt werden, daß zu ihrer Übertragung zwei Zugriffe notwendig sind.

o Hauptspeichergröße und Hauptspeicherverwaltung

beeinflussen wesentlich einerseits die maximale Größe eines ohne programmierten Overlay ausführbaren Programms, andererseits die mittlere Tiefe
des Multiprogramming-Levels. Bei virtuellen Speicherverwaltungskonzepten
wird der Einfluß der Programmgrößen auf die Speicherbelegung weitgehend
reduziert, die Speichergröße und der Nachladealgorithmus bestimmen wesentlich den Auslastungsgrad der Verarbeitungseinheit. Bei ungeschickter
Programmierung, z.B. des Zugriffs auf große Felder, wenn laufend pages
nachgeladen bzw. geswapped werden müssen, kann allerdings der Verwal-
tungsaufwand erheblich ansteigen. Bei reeller Speicherverwaltung dagegen
hat die Größe der Programme und ihre Reihenfolge in der Warteschlange
einen erheblichen Einfluß auf die Anzahl der gleichzeitig im Speicher
gehaltenen Programme. Der Steuerung der Parallelverarbeitung durch entsprechende Prioritätenalgorithmen kommt damit eine gesteigerte Bedeutung
für den Wirkungsgrad der Anlage zu.

o Prioritätenalgorithmus

also die Einreihung der einzelnen Programme in Warteschlangen unter Berücksichtigung ihrer verschiedenen Eigenschaften. Der Prioritätenalgorithmus für Initialisierung und Dispatching hat einerseits die Funktion,
die Turn-around-Zeit bestimmter Programme oder Programmklassen zu beeinflussen, z.B. durch bevorzugte Bearbeitung kleiner Testprogramme o.ä.,
er hat andererseits die Parallelverarbeitung der Programme so zu steuern,
daß alle Systemkomponenten optimal ausgelastet werden. Da zwischen diesen beiden Funktionen durchaus ein Widerspruch bestehen kann, kommt der
Wahl der Parameter des Algorithmus und der Klassifizierung der Programme
für das Ergebnis eines Benchmarktests erhebliche Bedeutung zu.

o Zugriff zu externen Dateien

insbesondere die Verwaltung der Hintergrundspeicher, die externe System-
residenz und die Kanalkapazität. Bei ungünstiger Organisation des Zugriffs auf externe Dateien kann z.B. durch Zugriffskonflikte und Warte-

zeiten die Verarbeitung erheblich behindert werden, was sich im allgemeinen in einer Verringerung des CPU-Auslastungsgrades niederschlägt. Wichtig ist hier insbesondere die Verteilung der Spooldateien und der Systemdateien (transiente Systemfunktionen und Warteschlangen) auf die zur Verfügung stehenden Direktzugriffsmedien (Magnetplatte, Trommel, Massenkernspeicher). Mit diesem Problem gekoppelt ist die Aufteilung in residente und transiente Systemfunktionen, die ihrerseits wieder u.a. von der Größe des Hauptspeichers und der Hauptspeicherverwaltung abhängt.

 o Spool-Verfahren

also das Puffern der langsamen Ein-/Ausgabe auf schnellen Massenspeichern. Die gepufferte Eingabe ist von besonderer Bedeutung dann, wenn die Einlesezeit für das Testpaket wesentlich geringer ist als die Verarbeitungszeit, da dann die Möglichkeit besteht, mit Hilfe des Prioritätenalgorithmus optimale Warteschlangen aufzubauen. Die Einlesezeit kann u.a. durch Art und Anzahl der Eingabemedien beeinflußt werden, sie sollte 5o% der Verarbeitungszeit nicht überschreiten. Bei der Ausgabe sollte auf einen realitätsnahen Spool-Betrieb geachtet werden, um z.B. zu vermeiden, daß der gesamte Druckeroutput erst nach Beendigung der Verarbeitung des Testpaketes ausgegeben wird. Zur exakten Bestimmung der Gesamtlaufzeit eines Testpaketes ohne Störungen durch die Eingabe- oder Ausgabemedien aber unter Berücksichtigung des Ein-/Ausgabevorgangs bietet sich folgendes dreistufige Verfahren an:

 1. Schritt: Einlesen und Verarbeiten des Benchmarks ohne Ausgabe der Output-Spooldateien.

 2. Schritt: Einlesen des Benchmarks und Speicherung auf den Input-Spolldateien ohne Verarbeitung.

 3. Schritt: Starten der Verarbeitung des im 2. Schritt eingelesenen Paketes, gleichzeitig erneutes Einlesen des Benchmarks auf gesperrte Input-Spooldateien und Start der Ausgabe von Schritt 1. Gemessen wird nur die Verarbeitungszeit.

Das Testpaket hat die Funktion, gemeinsam mit den Durchführungsparametern, einerseits die Bedürfnisse der zukünftigen Benutzer der Anlage wiederzuspiegeln, andererseits Daten über spezielle Eigenschaften der zu testenden Anlage zu erzeugen.

Es liegt zunächst nahe, diese Anforderungen auf Mischungen von "elementaren" Operationen (numerische, logische, E/A usw.) zurückzuführen,

deren Einzelzeiten entweder experimentell oder auf Grund von Hersteller-
angaben für die verschiedenen Anlagen ermittelt werden könnten. Die verschiedenen Mix-Zeiten (Gibson, IBS, GAMM u.a.) gehen in diese Richtung.
Dieser Ansatz setzt allerdings voraus, daß im praktischen Betrieb Compi-
lations- und Testvorgänge vernachlässigbar sind, und daß die Operationen global + lokal seriell von den Computern abgearbeitet werden. Da die
gegenwärtig angebotenen Großrechenanlagen in vielen Fällen über unterschiedliche Verfahren zur lokalen Parallelverarbeitung von Instruktionen
verfügen (Pipelining etc.), müßten zusätzlich für jedes Verfahren spezielle Annahmen zur statistischen Aufeinanderfolge der Operationen gemacht
werden, bei Multiprogramming-Betrieb wären darüber hinaus Annahmen über
die Koinzidenz der Operationen notwendig, was die Vergleichbarkeit der
Ergebnisse insgesamt erheblich beeinträchtigen würde.

Die Programme des praktischen Betriebs sind im allgemeinen in höheren
Programmiersprachen codiert, so daß ein entsprechender Aufbau des Benchmarkpaketes am realitätsnächsten ist, um den Aufwand für die Umstellung
eines solchen Paketes auf die verschiedenen Anlagen so gering wie möglich zu halten, empfiehlt es sich dabei, nach Möglichkeit auf Assembler-
und nicht—standardisierte Sprachkomponenten zu verzichten.

Zum Problem einer repräsentativen Stichprobenauswahl für die Benchmark-
Programme sei u.a. auf die Untersuchungen von Hartmut Wedekind[1] ver-
wiesen. Am URZ Heidelberg wurde mit einem Klassifikationsverfahren gearbeitet, bei dem in einer Reihenuntersuchung an den Programmen im laufenden Betrieb die Häufigkeitsverteilung verschiedener Programmkategorien
ermittelt wurde. Diese Verteilung wurde auf der Grundlage eigener Trend-
analysen und der Ergebnisse der EDV-Erhebungen in Baden-Württemberg auf
den zu erwartenden zukünftigen Bedarf extrapoliert und in einem Jobmix
aus synthetischen Programmen und Programmen aus dem laufenden Betrieb
umgesetzt.

Für die Klassifizierung der Programme boten sich folgende Kategorien
an:

Übersetzungsphase:

o Programmiersprachen

---

[1] Hartmut Wedekind, Systemanalyse, München 1973, S. 129 ff.

Aus den oben genannten Gründen ist es zweckmäßig, sich auf die standardisierten Sprachen ALGOL 60, COBOL ANS und FORTRAN IV ANS zu beschränken.
Der Anteil der noch nicht standardisierten Sprache PL/I und spezielle
Softwarepakete mit geringem Durchsatzanteil wurden bei den Untersuchungen
in Heidelberg entsprechend den verwendeten Sprachkomponenten auf COBOL
(nichtnumerische Funktionen, Ein-/Ausgabe), ALGOL (Blockstruktur, numerische Funktionen) und FORTRAN (numerische Funktionen, Ein-/Ausgabe)
umgelegt.

    o Anzahl der zu übersetzenden Anweisungen

als grober Maßstab kann hier die Verarbeitungszeit auf einer Vergleichsanlage oder die Anzahl der Lochkarten verwendet werden.

    o Art der Optimierung

Eine umfangreiche Optimierung des vom Compiler erzeugten Codes verlängert
einerseits die Compilationszeit, kann aber andererseits erhebliche Zeit-
einsparungen bei der Ausführung bewirken. Ein unerwünschter Nebeneffekt
kann darin bestehen, daß bewußt in die Testprogramme eingebaute Schleifen
zur mehrmaligen Ausführung bestimmter Operationen wegoptimiert werden.
Bei den Untersuchungen in Heidelberg wurden über die Standardoptionen
hinausgehende Optimierungen bei einigen systematischen Programmen unter-
sagt.

    o Zahl und Art der Fehler

Die Erkennung und angemessene Dokumentation syntaktischer Fehler ist
für wissenschaftliche Rechenzentren mit ihrem hohen Anteil an Testläufen
gegenüber Produktionsläufen von großer Bedeutung. Da Standards über Art
und Umfang der Fehlersuche und -dokumentation noch nicht vorliegen, die
Qualität der Fehlerbehandlung aber in einem umgekehrt proportionalen
Verhältnis zum entsprechenden Zeitaufwand steht, wurde auf den Einbau
von fehlerhaften Programmen in das Testpaket verzichtet.

Ausführungsphase:

    o Anteil und Art numerischer Operationen
    o Anteil logischer und zeichenverarbeitender Operationen

Diese Anteile sind im allgemeinen nicht exakt zu ermitteln, da sie in
den meisten Anwendungsprogrammen gemischt vorkommen. Bei den Untersuchungen in Heidelberg wurde aus diesem Grunde für das Gesamtpaket nur
eine grobe Klassifikation nach Schwerpunkten im numerischen oder nicht-

numerischen Bereich verwendet. Für den Test einzelner Operationsgruppen
wurden zusätzlich einzelne spezielle Programme erstellt, die im Rahmen
des Tests u.a. den GAMMIX ermittelten.

o Anteil und Art der programmierten Ein-/Ausgabe

Hier muß insbesondere zwischen den verschiedenen Formen des direkten
Zugriffs auf externe Dateien und der sequentiellen Ein-/Ausgabe unterschieden werden. Aufgrund der ermittelten Bedarfsstruktur einerseits und
aus technischen Gründen andererseits wurde der Heidelberger Benchmark
auf Verwendung der (sequentiellen) Papierperipherie beschränkt, dabei
spielte insbesondere die Tatsache eine Rolle, daß ein sinnvolles Arbeiten mit Benutzerdateien sowohl die Anpassung der Programme an die Eigenschaften der Zugriffssysteme und der Speichertechniken (z.B. bei der
optimalen Satzlänge) als auch einen erheblichen Aufwand bei der Umstellung der Steuersprache für die Tests auf den verschiedenen Anlagen notwendig gemacht hätte.

o Dynamische Organisation der Programme

Gemeint ist die Tiefe und Komplexität der Blockstruktur (in ALGOL- oder
PL/I-Programmen) sowie Art und Menge der Prozeduraufrufe. Für den speziellen Test dieser Eigenschaften wurde ein besonderes Programm erstellt,
welches im wesentlichen nur eine Vielzahl von Blöcken öffnet und wieder
schließt.

o Größe des Adreßraums und Verteilung der Referenzen

Die Größe des Adreßraums der Programme korrespondiert bei reeller Speicherverwaltung mit ihrem Hauptspeicherbedarf zur Ausführungszeit. Die
Verteilung der Referenzen ist von besonderer Bedeutung bei virtueller
Speicherverwaltung und bei Systemen mit einer internen Hauptspeicher-
hierarchie (z.B. Control Data, IBM /370, Univac 1110). Bei ungleichmä-
ßiger Verteilung der Referenzen auf den Adreßraum ist es denkbar, daß
nur selten benutzte Teile des Adreßraums auf externe Speicher oder in
langsame Teile des Hauptspeichers verlagert werden. Bei den Untersuchungen in Heidelberg wurde aus Gründen des Aufwandes nur der Speicherbedarf der Programme klassifiziert, aber einzelne Programme mit gleich-
mäßigem und ungleichmäßigem Zugriff auf große Felder in das Paket aufgenommen.

Als Durchführungsparameter stehen zur Verfügung:

o Die Konfiguration der zu testenden Anlage

Insbesondere Art und Anzahl der für die Benchmark-Ein-/Ausgabe verwendeten Geräte. Für den Heidelberger Benchmark waren zwei Kartenleser und zwei Drucker vorgeschrieben. Als Alternativen kämen z.B. ein Start der Programme von Plattendateien bzw. Magnetbändern und eine Ausgabe auf Platten bzw. Bänder in Betracht.

    o Die Reihenfolge der Programme im Testpaket

Da die Gesamteinlesezeit erheblich unter der Gesamtverarbeitungszeit liegen soll (s.o.), kommt der Auswahl der ersten Programme des Paketes besondere Bedeutung zu, um die Anlaufphase so kurz wie möglich zu halten. Es empfiehlt sich, je nach Zahl der Prozessoren der Anlage ein oder mehrere stark CPU-intensive Programme mit möglichst geringem Eingabeumfang an den Anfang des Paketes zu stellen. Die Reihenfolge der übrigen Programme ist dann von um so geringerer Bedeutung, je größer das Verhältnis von Verarbeitungs- zu Einlesezeit ist, sofern mit Hilfe von Spool-Verfahren interne Warteschlangen aufgebaut werden und genügend peripherer Speicherplatz zur Verfügung steht.

    o Klassifikation der Programme

Bei Verwendung von Spool-Verfahren werden die Programme durch einen Prioritätenalgorithmus in Warteschlangen für die Initialisierung eingereiht. Die für diesen Zweck benutzte Klasseneinteilung der Programme wird im allgemeinen auf der Klassifikation beruhen, nach der das Testpaket zusammengestellt wurde. Grundlage der Zuweisung des Rechnerkerns ist ebenfalls im allgemeinen ein Prioritätenalgorithmus der die Klasseneinteilung der Programme verwendet.   Einige Systeme berücksichtigen darüberhinaus dynamische Kriterien wie z.B. die abgelaufene Wartezeit, die Klasseneinteilung definiert dann nur die Ausgangsposition der Programme. Bei den Untersuchungen in Heidelberg durften die Programme nach
- Programmiersprache (3 Gruppen)
- voraussichtlicher Laufzeit (3 Gruppen)
- voraussichtlichem Hauptspeicherbedarf (5 Gruppen)
- CPU bzw. Ein-/Ausgabe-Intensität (2 Gruppen)

klassifiziert werden.

Das Heidelberger Testpaket enthielt 41 verschiedene zum großen Teil speziell erstellte Programme, die zur Realisierung des gewünschten Jobprofils bis zu viermal mehrfach in das Paket aufgenommen wurden. Das Benchmarkpaket bestand aus insgesamt 115 Programmen, mit Daten zusammen ca. 24000 Lochkarten, das entspricht auch in der Durchsatzzeit im Mittel

einer Schicht auf der z.Z. verwendeten Anaage IBM /360-44. Es wurden
u.a. folgende Anlagen getestet:

CD 66oo
Honeywell Bull 6o7o 1x1
Honeywell Bull 6o8o 2x1
IBM /360-155
IBM /37o-158
IBM /37o-168
TC TR 44o
Univac 11o8 1x1
Univac 111o 2x1

Mit einer Vorversion des Benchmarks wurden getestet

CD 76oo
IBM /37o-165

als Vergleichsanlagen diente die IBM /360-67 und die IBM /360-44.

Bis zum November 1973 wurden die folgenden Auswertungen vorgenommen,
einige der Ergebnisse sind in der Tabelle beispielhaft zusammengefaßt.
Bei den Zeitvergleichen wurden zunächst die Ergebnisse der verschiedenen
Testanlagen auf die korrespondierende Zeit der Vergleichsanlage IBM
/360-67 bezogen.

1. Vergleich der Gesamtlaufzeiten (ohne Drucküberhang)

2. Vergleich der Gesamt-CPU-Zeiten und der mittleren Auslastungsgrade,
bei Mehrprozessoranlagen dividiert durch die Zahl der Prozessoren

3. Vergleich der CPU-Zeiten für verschiedene Teilpakete, z.B. ALGOL,
COBOL, FORTRAN (Compilation und Ausführung)

4. Vergleich der CPU-Zeiten für einzelne Programme

5. Häufigkeitsverteilung der auf die Vergleichsanlage bezogenen CPU-
Zeiten der einzelnen Programme in einen Raster von Vergleichsanlage/Test-
analge = o,1. Mit dieser Verteilung, die tendenziell eine Normalverteilung ergeben sollte, konnten die Programme ermittelt werden, die ver-
gleichsweise wesentlich schneller oder langsamer als die übrigen Programme gelaufen waren (als Ursachen wurden in den meisten Fällen Fehler
bei der Umstellung festgestellt).

Vorgesehen sind noch differenzierte Vergleiche der einzelnen Programmklassen sowie der Compilations- und der Ausführungszeiten. Auf Vergleiche
der Benchmarkabläufe, insbesondere der Multiprogramming-level, der Aus-

lastungsgrade und der Speicherbelegungen als Funktionen der Zeit kann
an dieser Stelle nicht näher eingegangen werden, da diese Daten nicht
von allen Anlagen zur Verfügung gestellt wurden.

Ziel der Heidelberger Untersuchung war der Vergleich der Durchsatzlei-
stungen verschiedener Anlagen. Die verschiedenen Vergleiche haben dabei
gezeigt, daß die Ergebnisse von CPU-orientierten Benchmarktest, Aussagen
über das Verhalten der Anlagen bei einem vergleichbaren Jobmix mit einer
Sicherheit von rund ± 3o% zulassen. Diese Sicherheit ist unter Berücksichtigung der Ungewißheit zukünftiger Anforderungen an eine Anlage für
ein Auswahlverfahren sicher hinreichend.

Einige Ergebnisse der Benchmarktests

	Gesamtlaufzeit (min)	Auslastungsgrad	Vergleichszeit (/36o-67) Testzeit				
			Gesamtlaufzeit	CPU-Gesamtzeit	ALGOL-Paket CPU-Zeit	COBOL-Paket CPU-Zeit	FORTRAN-Paket CPU-Zeit
IBM/36o-67	1o8	o,80	1	1	1	1	1
Control Data 66oo	35	o,88	3,1	2,8	2,4	2,1[+]	3,1
Honeywell Bull 6o8o 2x1	39	o,9o	2,8	2,5	2,6	1,4	2,1
IBM/37o-158	61	o,97	1,8	1,5	1,8	1,5	1,4
IBM/37o-168	18	o,80	6,o	6,o	6,2	3,4	6,1
TC TR 44o	112	o,76	1,o	1,o	2,8[++]	o,5	o,8

[+] Anlage hat keine Dezimalarithmetik, Programme wurden geändert

[++] einige Programme wurden bei der Umstellung wesentlich geändert

B E T R I E B S M I T T E L V E R G A B E

ANALYTIC MODELS FOR COMPUTER SYSTEM PERFORMANCE ANALYSIS

by

Richard R. Muntz

Computer Science Department
University of California
Los Angeles, California

Abstract

This paper is a survey of recent advances in the application of analytic modeling to computer system performance analysis. Emphasis is placed on multiple resource models and queueing network models in particular. A comparative survey of approaches to the analysis of queueing networks is presented. The application of these models to the study of fundamental concepts such as saturation and system balance is discussed. Published empirical studies evaluating the applicability of these models for quantitatively predicting system performance are described.

1. Introduction

The application of queueing theoretic models to computer system performance analysis has been an active area of research for approximately ten years. Until 1970 most of this research dealt with the analysis of scheduling policies for single resources such as the CPU or various types of secondary storage devices. Excellent surveys of this work can be found in references [25, 26, 30]. While this research has yielded many useful insights, it is clear that single resource models are inadequate for today's multiprogramming, multiprocessing systems. We are led therefore to consider models which allow the representation of the various system resources and the manner in which customers (jobs, processes) utilize these resources. There is, of course, an infinite variety of models that fall in this general category and as one might suspect, most do not lend themselves to analytic treatment. Queueing networks is one class of multiple resource models that has not only yielded to some analysis, but appears to be general enough to be interesting for applications. In a queueing network model, there are a finite number of distinct service facilities (resources) and customers which require service from these service facilities in a sequential fashion. Thus, a customer is queued or in service at only one service facility at a time. The sequence of service centers visited by a customer is a random process and is governed by transition probabilities. A graphical representation of a queueing network is shown in Figure 1.1. The square nodes of the graph represent the service facilities and the arcs between nodes indicate transitions which occur with non-zero probability. Queueing networks can be open, i.e., there are arrivals to the network (exogenous arrivals) and departures from the network, or closed, i.e., there are no exogenous arrivals and no departures. The model shown in

Figure 1.1 is an open network.

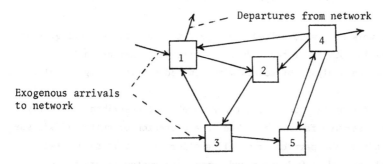

Figure 1.1 Graphical Representation of a Queueing Network

Where possible in the analytic treatment of these models, we allow a finite
number R of customer classes. An obvious motivation for introducing classes of customers is to permit the modeling of customers with different behavior (service time
distributions and transition probabilities). We go one step further and allow customers to change class membership during a transition from one service facility to
another. The transition probabilities are given by the transition matrix
$P = [p_{i,r;j,s}]$ where $p_{i,r;j,s}$ denotes the probability that a class r customer leaving
service facility i will change to class s and enter service facility j. Class
changes permit the model to include customers with behavior which changes with time
(in a limited fashion) and also customers whose behavior depends to some degree on
the service facilities previously visited. An example of this latter capability is
illustrated by the network model in Figure 1.2. It should be clear that customers
are forced to follow a "figure-eight" path.

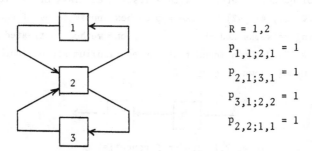

$$R = 1,2$$
$$p_{1,1;2,1} = 1$$
$$p_{2,1;3,1} = 1$$
$$p_{3,1;2,2} = 1$$
$$p_{2,2;1,1} = 1$$

Figure 1.2 An Application of Customer Class Changes

The service facilities have the same defining characteristics as in a single
resource model (number of servers, service discipline, etc.) except that the arrival
processes to service facilities cannot be specified independently. For the purpose

of this introduction, we do not restrict the characteristics of a service facility. In later sections when we consider analytic results, we will have to limit the types of service facilities permitted.

The queueing network models described above permit an arbitrary topology since the transition matrix is not restricted. Here, we will not consider analysis of specialized models or the analysis of models with limited topology, e.g., cyclic queues.

It should be noted that the queueing network models are described abstractly in terms of customers and service facilities. The interpretation of customers and service facilities depends on the particular modeling effort. In this paper, the resources will typically be CPU, I/O devices and terminals; customers are processes. However, these models have potential application ranging from the analysis of memory interference [37] to computer networks [23].

The purpose of this paper is to survey recent research in the analysis of queueing networks and the application of these models to computer systems. In Section 2 we consider queueing network models for which the equilibrium state probabilities have been determined. Also in Section 2 we briefly discuss several other approaches to the analysis of queueing network models. The notions of saturation, bottlenecks, and system balance are considered in Section 3 in terms of the models. Several studies have been reported in the literature in which queueing network models were developed for actual systems and the model predictions compared with measurement results. These studies are considered in Section 4. Finally, we assess the current status of this area and future directions.

2. Analysis of Queueing Networks

Equilibrium State Probabilities for Queueing Networks

Several approaches have been found useful in determining the equilibrium state probabilities for queueing networks with a restricted class of service facilities [2, 7, 17, 21, 22, 32, 41, 42]. These approaches appear to be of equal power in analyzing queueing networks and therefore only one method is treated here.

In 1954 R. R. P. Jackson found that the equilibrium state probabilities for the tandem queueing model shown in Figure 2.1.

Figure 2.1 Tandem Exponential Queues

The arrival process to the first queue is Poisson with mean rate λ. The service time distributions at both queues are negative exponentials with mean service times given by $1/\mu_1$ and $1/\mu_2$ respectively. With $\lambda/\mu_1 < 1$ and $\lambda/\mu_2 < 1$, the equilibrium state probabilities exist and are given by

$$P(n_1, n_2) = (1-\rho_1)\rho_1^{n_1}(1-\rho_2)\rho_2^{n_2}.$$

where n_1 = number of customers in queue 1, $\rho_1 = \lambda/\mu_1$

n_2 = number of customers in queue 2, $\rho_2 = \lambda/\mu_2$

This solution clearly has the form of the product of the equilibrium state probabilities for two independent M/M/1 queues. The question immediately arises as to whether or not the departure process from the first queue is a Poisson process. Burke [4] and Reich [35] independently showed that this is indeed the case for an M/M/N queueing model and also that at any instant of time the distribution of past departures is independent of the current state of the model. Burke calls this the "Output Theorem."

As Burke [3] points out, in an open network of exponential queues without feedback (i.e., the transitions are such that a customer cannot revisit a queue) the arrival process to each queue is Poisson and the states of the component queues are independent. The mean arrival rate to each queue is easily determined. Therefore, the marginal equilibrium state probabilities for queue i (denoted $P_i(n_i)$) is the state probability for an $M/M/N_i$ queue and the solution for the network is given by

$$P(n_1, n_2, \ldots, n_m) = \prod_{i=1}^{m} P_i(n_i)$$

where n_i is the number of customers at the ith
service facility

It is not difficult to show, however, that if feedback exists, then the arrival processes to queues will not be Poisson in general. Burke considers the M/M/1 queue with feedback (Figure 2.2) and shows that the total arrival process to the queue (exogenous arrivals plus customers feedback) is not Poisson.

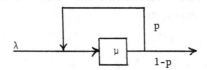

Figure 2.2 M/M/1 Queue with Feedback

The amazing fact to be noted at this point is that even if feedback does exist in the network, implying non-Poisson arrival processes to the service facilities, the marginal state probabilities for each queue are the same as if the arrival process were Poisson. Further, the equilibrium state probabilities for the network are still given by the product of these marginal state probabilities. This is J. R. Jackson's 1957 result [20] for networks of exponential queues.

Burke [3] gives a fine survey of results concerning departure processes and queueing networks up to 1972 and the discussion thus far is based on part of his survey.

This anomaly has persisted as further results have been obtained for queueing networks and motivated research leading to the following approach to the analysis of queueing networks [32].

Consider first the single-server queueing model shown in Figure 2.3.

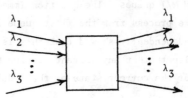

Figure 2.3 Single Server Queueing Model with
Different Classes of Customers

There are R classes of customers $(1, 2, \ldots, R)$ and the arrival process for each class of customers is Poisson. λ_r is the mean arrival rate for class r customers. The service time distributions for class r customers is assumed to be represented by the method of stages [10] and $\frac{1}{\mu_r}$ is the mean service time.

Let $\mathcal{S}$ be the set of states of this model (which we assume is finite). We further assume that there is zero probability of simultaneous departures by two or more customers. A sufficient condition for the output theorem to hold for each class of customers in this model is that

$$S \epsilon \mathcal{S}, \forall r, \lim_{\Delta t \to 0} \frac{Pr[\text{departure of a class r customer in } (t-\Delta t, t) | S(t) = S]}{\Delta t} = \lambda_r \qquad (2.1)$$

where $S(t)$ = state of model at time t.

Let $|S|_r$ = number of class r customers in the model in state S.
This condition is equivalent to

$$S \epsilon \mathcal{S}, \quad r \qquad \sum_{S^{+r} \epsilon \mathcal{S}^{+r}} \frac{P(S^{+r}) \mu_r(S^{+r})}{P(S)} = \lambda_r \qquad (2.2)$$

where $\mathcal{S}^{+r} = \{S^{+r} | S^{+r} \epsilon \mathcal{S}, |S^{+r}|_r = |S|_r + 1, |S^{+r}|_u = |S|_u \text{ for } u \neq r\}$
$\mu_r(S^{+r})$ = departure rate for class r customers in state S^{+r}.

A queueing model which satisfies the above condition when the arrival process for each customer class is Poisson is said to have the M=>M property (Markov implies Markov). Several queueing models have been shown to have the M=>M property and these will be described shortly. This property gains its significance from the important fact that the equilibrium state probabilities for any network of M=>M service facilities (when they exist) can be expressed in a rather simple form. We need to consider first the mean arrival rates to service facilities. Open networks are treated first and then closed networks.

Let λ_{ir} be the mean arrival rate of class r customers to the ith service facility. M denotes the number of service facilities and R the number of customer classes.

For open networks, the mean arrival rates must satisfy the following equations. We require a unique solution.

$$\lambda_{js} = \sum_{i=1}^{M} \sum_{r=1}^{R} \lambda_{ir} \, P_{i,r;j,s} + \eta_{js} \qquad \begin{array}{c} 1 \le j \le M \\ 1 \le s \le R \end{array} \qquad (2.3)$$

where η_{js} is the mean exogenous arrival rate of class s customers to service facility j. All exogenous arrival processes are assumed to be Poisson.

Let $\{P_i(S_i)\}$ be the equilibrium state probabilities for the ith service facility assuming the arrival process for each class of customer is Poisson with the mean rate determined from Equation 2.3. The state of the network is $(S_1, S_2, \ldots, S_M)$. The equilibrium state probabilities for the network are given by

$$P(S_1, \ldots, S_M) = \prod_{i=1}^{M} P_i(S_i) \qquad (2.4)$$

For a closed network, the mean arrival rates to the service facilities must satisfy the following set of equations:

$$\lambda_{js} = \sum_{i=1}^{M} \sum_{r=1}^{R} \lambda_{ir} \, P_{i,r;j,s} \qquad \begin{array}{c} 1 \le j \le M \\ 1 \le s \le R \end{array} \qquad (2.5)$$

The mean arrival rates are not uniquely determined by these equations. In general, this set of equations can be decomposed into independent subsets of equations and the mean arrival rates which appear in one of these subsets are determined to within a multiplicative constant. Any solution will suffice where the multiplicative constants are chosen to be small enough that no service facility is saturated. (This requirement is not actually necessary, but is merely convenient for the development given here.)

Let $\{P_i(S_i)\}$ be the equilibrium state probabilities for the ith service facility, assuming that the arrival processes for each customer class are Poisson with the mean rate determined as above. The equilibrium state probabilities for the closed network are given by

$$P(S_1, S_2, \ldots, S_M) = C \prod_{i=1}^{M} P_i(S_i) \qquad (2.6)$$

where C is the normalization constant.

We now have a general solution for queueing networks of service facilities with the M=>M property once we have solved for the state probabilities for these service facilities with Poisson arrival processes. The following types of service facilities have been found to have the M=>M property:

(1) First-Come-First-Serve (FCFS)

> We require all classes of customers to have the same negative exponential service time distribution.

(2) Processor-Sharing (PS)

> This discipline can be described as the limit of Round-Robin as the quantum size approaches zero. When there are n customers requesting service, each receives service at the rate $\frac{1}{n}$ sec.service/sec.

(3) Infinite-Servers (INF)

> In this case, we mean a service facility in which no customer ever waits for service. For a closed network, the number of servers can be finite and still satisfy this condition.

(4) Last-Come-First-Serve-Preemptive (LCFS-P)

For the last three types of service facilities, the service time distributions are only required to have rational Laplace Transforms so that they can be represented by the method of stages [10]. The service time distributions may be different for the different classes of customers.

The equilibrium state probabilities for these types of service facilities have been found [2] and thus, we immediately have the solution for any network of such service facilities. The detailed state of such a network is quite cumbersome to express since it involves not only the distribution of customers among the service facilities, but their stage of attained service and/or their position on a waiting line. However, we are usually interested in the distribution of customers among the service facilities rather than the distribution of these detailed states.

Let N_{ir} be the number of class r customers at service facility i. Then we wish to find $P_r[N_{ir}=n_{ir} \quad 1 \le i \le M, \ 1 \le r \le R]$ which will be denoted by $P(\{n_{ir}\})$. We simply form the sum of all the probabilities for all of the states which satisfy this condition. Due to the product form of the solution for the detailed states of the network, the probabilities we are looking for also have the product form. We obtain the following results:

$$P(\{n_{ir}\}) = C \prod_{i=1}^{M} F_i(n_{i1}, n_{i2}, \ldots, n_{iR}) \tag{2.7}$$

where
$$F_i(n_{i1}, \ldots, n_{iR}) = \begin{cases} n_i! \displaystyle\prod_{r=1}^{R} \frac{1}{n_{ir}!} \left(\frac{\lambda_{ir}}{\mu_{ir}} \right)^{n_{ir}} & \text{if the } i^{th} \text{ service facility is FCFS, PS, or LCFS-P} \\[2em] \displaystyle\prod_{r=1}^{R} \frac{1}{n_{ir}!} \left(\frac{\lambda_{ir}}{\mu_{ir}} \right)^{n_{ir}} & \text{if the } i^{th} \text{ service facility is INF} \end{cases}$$

$$n_i = \sum_{r=1}^{R} n_{ir}$$

For an open network, the solution is given by

$$P(\{n_{ir}\}) = C \prod_{i=1}^{M} C_i F_i (n_{i1}, n_{i2}, \ldots, n_{iR}) \tag{2.8}$$

where

$F_i (n_{i1}, \ldots, n_{iR})$ are as defined for closed networks

$$C_i = \begin{cases} \left(1 - \displaystyle\sum_{r=1}^{R} \frac{\lambda_{ir}}{n_{ir}}\right) & \text{if the } i^{th} \text{ service facility is FCFS, PS, or LCFS-P} \\[3ex] \exp\left(\displaystyle\sum_{r=1}^{R} \frac{\lambda_{ir}}{\mu_{ir}}\right) & \text{if the } i^{th} \text{ service facility is INF} \end{cases}$$

In the above development, it was assumed that the service rates at the various service facilities were not state dependent. Also, for FCFS, PS, and LCFS-P service facilities, there was a single server and for open networks the arrival process was not state dependent. All of these assumptions can be relaxed to some extent and the reader is referred to [2, 7, 17, 20, 22, 42] for further details.

There are several important observations to be made based on the above results. First, for the three types of service facilities in which we could allow non-exponential service time distributions (PS, INF and LCFS-P) only the means of these distributions appear in the solutions in Equations 2.7 and 2.8. Thus, at this level of detail in the state descriptions, the solutions are independent of the exact form of the service time distributions.

We also note that the solution given in Equation 2.8 for open networks has an exceedingly simple form. However, when we allow state dependent service rates or state dependent arrival processes, the calculations are not simple and, in fact, the existence of the equilibrium state probabilities can be difficult to ascertain.

The normalization constant for the closed network solution appears at first to be a problem in that a large amount of computation seems to be required for its evaluation. This is true since the number of states in a network grows rapidly with the number of service facilities and number of customers. This problem has been solved recently by several authors independently [6, 33]. The computation of the normalization constant and the marginal queue length distributions can be found with a computation which grows as $M \prod_{r=1}^{R} N_r^2$ and space which grows as $M \prod_{r=1}^{R} N_r$ when N_r = number of class r customers.

Finally, we note that there are many limitations to the class of networks for which we know the equilibrium state probabilities. The characterization we have given for this class, i.e., networks of M=>M service facilities, strongly indicates that there is little hope of finding exact solutions for a much more general class of networks. We are, therefore, led to consider approximate analysis techniques and numerical methods. In the following, we briefly consider several of these approaches to the analysis of queueing networks.

Diffusion Approximation

The diffusion approximation [34] has been applied to models for computer systems by several authors [13, 14, 15]. Kobayashi [27, 28] has recently had some success in applying the diffusion approximation to queueing networks. He treats open and closed queueing networks with general topology and with general service time distributions. The service facilities are FCFS with a single server and there is one class of customers.

Approximate solutions for the equilibrium state probabilities are obtained and examples are given comparing the results of simulation, exact analytic results when the service times are assumed to be exponentially distributed and the diffusion approximation. The examples given indicate that the diffusion approximation yields more accurate results than the exponential assumption.

More important, the diffusion approximation often yields the transient solution for the model. As is pointed out in [28], this is useful in other modeling and measurement studies. For example, the time constants which appear in the transient solution can be used to estimate the sampling interval required in order to obtain independent samples. Since most statistical estimation techniques require independent samples, this is extremely useful information. Resource allocation strategies which attempt to dynamically adjust to the current load are often based on running estimates of the load parameters. Again, knowledge of the transient properties of the system would be of value in order to devise methods for properly tracking the load parameters. While the diffusion approximation has yielded approximate results for the transient solutions for some models [28], queueing networks with arbitrary topology have eluded treatment thus far.

The diffusion approximation as applied to networks of queues appears to have significant potential. The restrictions on the class of networks to which it has been applied are from another viewpoint a list of possible directions for further research in this area.

Numerical Techniques

The solution for any ergodic finite state Markovian model is the solution to

$$\vec{\pi} = \vec{\pi}(Q+I)$$

where $\vec{\pi}$ is the vector of equilibrium state probabilities

Q is the transition rate matrix for the model.

Let $\vec{\pi}(o)$ be an arbitrary initial vector of state probabilities and define

$$\vec{\pi}(n) = \vec{\pi}(n-1)[\Delta Q+1]$$

where Δ is a constant such that the maximum element of ΔQ is less than one.

It can be shown that $\lim_{n \to \infty} \overrightarrow{\pi}(n) = \overrightarrow{\pi}$.

This technique served as the basis for several tools developed at the University of Michigan for the solution of Markovian models [39]. This work included SELMA-QAS, a graphics terminal-based system which allows the user to specify a network of queues (with limited types of service facilities) interactively and obtain various performance measures derivable from the equilibrium state probabilities.

Since the only fundamental restriction on the model is that it be Markovian, these numerical techniques are very powerful. There are two significant problems which should be mentioned. The first is the size or complexity of the models which can be treated. Although the transition intensity matrix is usually sparse and has some repeating patterns, the state space grows so rapidly that memory is a limiting factor. (Foley [12], for example, used this technique in the design of an interactive graphics system; the network models investigated contained 11 service facilities but a maximum of 3 customers.) While the space requirements grow rapidly, it can be shown that the time required for a given degree of accuracy is less than a discrete time simulation [39]. Another problem is that the transition intensity matrix is an unnatural and cumbersome way for a user to define his network model. This was overcome in SELMA-QAS to some extent since the user defined his network model on a graphics terminal in terms of the service facilities and their interconnections. The system automatically constructed the transition intensity matrix, but the types of service facilities permitted is very limited. This problem was certainly clear to the researchers at the University of Michigan and Irani and Wallace [19] and more recently Wallace [40] have made progress in resolving this difficulty. Basically, the idea is that a user defines the formal properties of the primitive elements in the model in matrix form and the interconnection between these primitive elements. Operations on the matrices defining the primitive elements can then be carried out automatically to construct the transition intensity matrix for the complete model.

3. Saturation, Bottlenecks and Balance

One of the benefits we hope to get from analytic models is insight into the behavior of the systems we model. In this section, we discuss some of the attempts to formalize our intuitive notions of saturation, bottlenecks and balance.

In 1968 Kleinrock [24] considered the notion of saturation in a finite population model of a time-sharing system (Figure 3.1). All service time distributions were assumed to be exponential. Based on the solution for the mean response time as a function of N, he found two asymptotes for the mean response time T. For small N there is very little interference between customers at the processor and the asymptote as N approaches 1 is $T_1 = \frac{1}{\mu_2}$. For large N the asymptote is $T_2 = N \frac{1}{\mu_2} - \frac{1}{\mu_1}$. These two asymptotes and the form of the actual mean response time as a function of N are shown in Figure 3.2. Kleinrock suggests that a natural definition of saturation for this model is the point at which the two asymptotes meet. Letting N* be

256

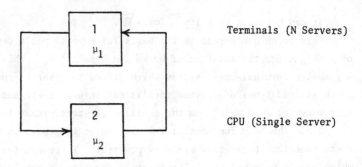

Figure 3.1 Finite Population Model of a Time-Sharing System

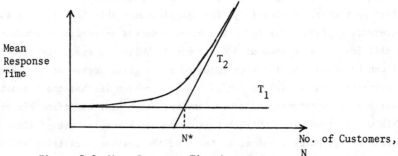

Figure 3.2 Mean Response Time Asymptotes

the value of N for which $T_1=T_2$, we obtain $N^* = \dfrac{1/\mu_1+1/\mu_2}{1/\mu_2}$. Moore [31] used this

same notion of saturation and derived similar asymptotes for networks of exponential
queues. Here we will show that these same results can be obtained quite simply for
more general models by using Little's Result. Consider the model of a time-sharing
system shown in Figure 3.3.

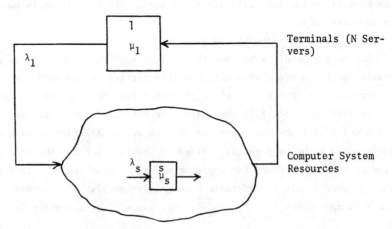

Figure 3.3 Queueing Network Model of a Time-Sharing System

In this figure only two service facilities are shown explicitly: the terminals and a service facility s, which we assume is the one service facility that approaches 100 percent utilization as N increases. We call service facility s the limiting resource. Let μ_s be the mean departure rate for service facility s given that the server(s) in this service facility are never idle. Let v_s be the mean number of times a customer visits service facility s per interaction (i.e., between visits to the terminal service facility).

For large enough N so that service facility s can be considered to have 100 percent utilization λ_s, the mean arrival rate to service facility s is equal to μ_s. Also from the definition of v_s, $\lambda_1 = \frac{1}{v_s} \lambda_s$ and, therefore, for large N $\lambda_1 = \frac{1}{v_s} \mu_s$. Now we apply Little's Result to the subnetwork representing the computer system. We have, for large N,

$$\lambda_1 T_2 = N - \bar{n}_1$$

where $\bar{n}_1$ is the mean number of customers at the terminal service facility (i.e., thinking)

Solving for T_2 we have

$$T_2 = \frac{N}{\lambda_1} - \frac{\bar{n}_1}{\lambda_1}$$

In the term N/λ_1 we replace λ_1 by $\frac{1}{v_s} \mu_s$. From Little's Result, the term $\frac{\bar{n}_1}{\lambda_1}$ is easily seen to be $\frac{1}{\mu_1}$, the mean think time. Finally, then we have

$$T_2 = N v_s \frac{1}{\mu_s} - \frac{1}{\mu_1}$$

The asymptote for small N cannot be derived since we have not completely specified the model. However, let T_1 be the mean response time when there is one customer in the model. These asymptotes and the actual mean response time as a function of N would typically have the same form as shown in Figure 3.1.

Solving for N* as before we obtain

$$N^* = \frac{T_1 + 1/\mu_1}{v_s \, 1/\mu_s}$$

Following Kleinrock, we note that these results have interesting interpretations. The saturation point N*, for example, is the ratio of the mean cycle time with one customer in the model to the mean service required at the limiting resource per cycle. This is the maximum number of customers that could possibly be serviced without any queueing delays (i.e., if the service time at service facility s and the time between visits to s were constant and equal to their mean values). The slope of the asymptote for large N is $v_s \frac{1}{\mu_s}$, the mean total service required by a customer per interaction. Thus, for N>>N* each additional customer appears to add $\frac{1}{\mu_s}$ to the mean response time for each visit a customer makes to the limiting resource. Indeed, for models in which the equilibrium state probabilities can be found, we can show that for N>>N* the mean queue length at the limiting resource increases by almost one for each additional customer added to the model.

As noted by Moore [31], the actual mean response time curve will approach the asymptote for large N faster when the relative utilization of the limiting resource compared with the other resources is greater. State dependent service rates can also affect the rate of convergence.

From the above discussion, it seems appropriate to call the limiting resource the system bottleneck and a balanced system as one in which all resources have equal utilizations. However, Buzen [5] suggests another viewpoint in his study of network models for batch multiprogramming systems. Buzen studied a special class of networks of exponential queues which he calls central server models. This class of models is illustrated in Figure 3.4.

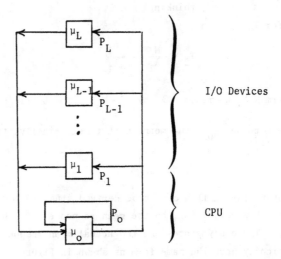

Figure 3.4 Central Server Network with One Class of Customers
(Simplified Notation for Transition Probabilities)

This is a closed network model in which the number of customers corresponds to the degree of multiprogramming. The transition from the CPU to the CPU corresponds to a job completing and a new job immediately taking its place. The throughput of the model is $A_o \mu_o p_o$ where A_o is the CPU utilization. Buzen considers the notions of balance and bottleneck in terms of the throughput which he chose as the measure of performance.

Considering the effect of the service rates on the throughput, he defines the bottleneck as the service facility for which an incremental increase in service rate would produce the largest incremental increase in throughput, i.e., the service facility i, for which $\dfrac{\partial_o A_o \mu_o p_o}{\partial \mu_i}$ is maximum. A balanced system is then one in which

all the partial derivatives are equal. With this definition a balanced system does not have equal utilizations for all resources; the service facilities with smaller service times have higher relative utilizations.

Buzen also considers the problem of maximizing the throughput assuming that by redistributing files on the I/O devices we can vary p_1 through p_L subject to the condition that $\displaystyle\sum_{i=1}^{L} p_i$ is constant. A closed form solution for this optimization problem was not obtained, but again, throughput was maximized when the faster devices had higher utilizations. The solution is a function of N. When N=1 all of the I/O requests should be routed to the fastest device. The limiting throughput (i.e., as N gets very large) is maximized by choosing the p_i to equalize the I/O device utilizations as much as possible.

While the work described in this section has yielded many useful insights, further research is needed. Buzen's approach to balance and bottlenecks in terms of the system performance is deserving of further study. We note also that our discussion has been limited to models with one class of customers and future work should treat the case of customer classes.

4. Modeling and Measurements

Several studies involving both modeling and measurement of actual systems have been reported in the literature. A few of these studies are briefly described in this section. Each of these will be seen to have somewhat different objectives and to concern different computer systems. We cannot do complete justice to these studies, but rather we try to give an overview of each and refer the interested reader to the original source.

Moore's study [31] of the Michigan Terminal System (MTS) was the first reported experience on the use of general network models for an actual system. MTS is a time-sharing system developed at the University of Michigan. The system studied had two IBM 360/67 CPU's, 1.5 megabytes of main memory, two drums for page swapping, three IBM 2314 disk storage units and several other secondary storage devices. On the order of one hundred terminals could be connected to the system.

At the time of Moore's work, the most general results on queueing network analysis were those of Jackson [21] and Gordon and Newell [17]. This restricted consideration to models with one class of customers and exponential service time distributions. Using these results, Moore was interested in determining whether or not a model based on measurements of the system could be constructed which would yield reasonably accurate predictions for resource utilizations and mean response time. (He also considered the implications of the models concerning the concepts discussed in the previous section.) The system was monitored for a number of 10

to 15 minute periods to determine the mean service times at the various system resources and the frequencies with which these resources were "visited" per user
interaction. The relative frequencies with which the resources are visited are the
relative mean arrival rates required for a closed queueing network model.

Comparing the model predictions with the measured performance, Moore found
close agreement. For any particular monitoring interval, the predicted mean response time based on the model parameters for that interval and the mean response
time measured during that interval differed typically by about 10%. As Moore points
out, the user behavior (as reflected in the model parameters) differed widely for
different monitoring periods. By taking "least load" and "heaviest load" model
parameters, he calculated upper and lower envelopes for the mean response time as a
function of the number of active users. The points corresponding to the mean response time and mean number of active users for each of the monitoring intervals
were plotted and found to be within the envelopes. The mean response time for a
given number of users varied significantly depending on the user behavior and there
did not appear to be a very strong correlation between the mean response time and
the number of active users.

Moore considers also the potential applications of his model of MTS. Since
the model was for an existing system and both the model parameters and the performance of the system were measured, a model is obviously not needed to predict
the performance. The model may, however, be useful in predicting the effects of
configuration changes. As Moore points out, this cannot be done without some care.
The performance predicted by the model is sensitive to the model parameters and it
is not always clear how these parameters will change as a result of the configuration
change. These changes may result not only from a redistribution of the original
load on resources, due say to the addition or deletion of a secondary storage device,
but users behavior may change as well.

An application of network models for a batch system (EXEC-8 operating system
for the UNIVAC 1108) was recently reported by Hughes and Moe [18]. Again the results of Jackson and Gordon and Newell for closed queueing networks were applied.
Their system model was a central server model with four I/O devices (Figure 3.4).
With non-state dependent service rates, the only parameters involved in the equilibrium state probabilities are the relative utilizations of the service facilities
(i.e. $P(n_1, \ldots, n_M) = \prod_{i=1}^{M} \rho_i^{n_i}$) . In the first experiment reported, a benchmark set
of programs was run and the service facility utilizations and the average degree of
multiprogramming (active jobs) were measured. The highest utilization measured was
59% which suggested that the system was main memory limited (other possible explan-
ations were considered and eliminated). The effect of additional main memory was
predicted using the network model and some very simple assumptions. It was assumed
that the average degree of multiprogramming would increase in direct proportion to
the increase in main memory available to user jobs (i.e. $N_{new} = N_{old}$ (new memory size/

old memory size)). The relative utilizations from the original benchmark run were assumed and the model was used to predict utilizations with the new degree of multi-programming. The same benchmark was run on a system with the additional main memory and the predicted performance was reasonably close to the measured values. For ex-ample, the CPU utilization for the original system (128K word memory) measured at 59% and with 192K words of core was measured at 77%. The model predicted a CPU utilization of 79%.

In a second experiment, the authors considered the effect of redistributing files on the secondary storage devices. Estimates of the new relative utilizations of the devices were easily calculated based on measured frequency of access to the files, new file locations and the mean service times of the devices. Again the model predictions were very close to the measured performance when the benchmark was run with the new allocation of files.

It is important to note that in this study (as in Moore's work) the problem of characterizing the workload directly from user behavior was not addressed. The model parameters were measured values during the execution of a benchmark. The model was used to predict the performance of the same benchmark after some alteration was made to the system. There are many details of the system which are not explicitly accounted for in the model. By measuring the relative utilizations and the average degree of multiprogramming, these details are implicitly included. Due to these hidden effects, there is always an element of risk in estimating how the model para-meters will be affected by a system change.

Two other studies deserve mention although they did not employ network models in the general sense. The first is Sekino's work in modeling MULTICS [36, 37, 38]. This is a particularly interesting study since Sekino begins with models of program behav-ior to derive the network model parameters. His model is used to predict the optimal degree of multiprogramming for the current configuration of MULTICS and the distri-bution of response times.

Lassiter and Sherr [29] report on an unusual application of modeling. A very simple machine repairman model was used to predict the performance of IBM's TSO (Time Sharing Option) in the case of a single partition (i.e. only one process in main memory at any time). The system was driven by artificial traffic (scripts) gen-erated by a separate computer system and the mean service time per interaction was estimated from knowledge of the system and the scripts. This mean service time is the sum of the CPU time required and the time required for swapping. From this and the mean think time (simulated) the model predicts the mean response time. If the measured mean response time did not agree reasonably closely with the model prediction then a more detailed study of the system resource allocation routines was initiated. The authors state that significant discrepancies between measured and predicted per-formance were usually resolved by a change to the system to correct a programming error or a poor scheduling policy. If the model predictions and measurements agreed but the system performance was not adequate, then the service times must be reduced either by program optimization or hardware reconfiguration. This is the only study I have seen in which the model performance predictions were set as the requirement for the actual system performance. The system, in effect, was modified to conform to the model. The system being modeled has a simple structure (one program in core at a time and swapping) but this is nevertheless an interesting application of analytic modeling.

It should be noted that the use of queueing networks for modeling actual systems has been limited to the application of the Jackson-Gordon and Newell results. Network models with different classes of customers have not been applied but these results should be useful, for example, in studying job scheduling policies which make use of a priori knowledge of job characteristics. We also note that the performance measures have been limited essentially to mean values (e.g. mean response time). The determination of more detailed performance measures such as the response time distribution or the mean response time conditioned on service required, will most likely require approximate analysis methods. This is a current area of research.

5. Summary

A number of advances have been made in the analysis of queueing networks in recent years. Jackson's results have been extended to include different classes of customers and several types of service facilities. However, the methods used to obtain these results appear to have reached their limit of applicability. The most promising area for future work is in approximate analysis techniques such as the diffusion approximation. (Another approximation technique is described in [9]). The diffusion approximation is of particular interest since the transient solutions can often be obtained. Numerical techniques apply to any finite state Markovian model but memory requirements limit their applicability.

The application of queueing network models to computer systems appears to be promising. The models have been useful in exploring the concepts of saturation, balance and bottlenecks and also in studies of actual systems. These models are not a substitute for other performance analysis techniques or knowledge of the system being studied, however, they have been useful in conjunction with other techniques. One of the most difficult problems in applying the models is accurately estimating the model parameters. In cases where the model is to be used to predict the effect of a change to an existing system, the model parameters can often be accurately estimated based on measurements of the existing system.

This research was supported by the Advanced Research Projects Agency of the Department of Defense under Contract No. DAHC15-73-C-o368.

References

1. Arora, S. R. and A. Gallo, The optimal organization of multiprogrammed multi-level memory, Proceedings of the Association of Computing Machinery Workshop on System Performance Evaluation, Harvard University (April 1971), 104-141.

2. Baskett, F., K. M. Chandy, R. R. Muntz, and F. G. Palacios, Open, closed and mixed networks of queues with different classes of customers, submitted to Journal of Association of Computing Machinery (1973).

3. Burke, P. J., Output processes and tandem queues, Proceedings of the Symposium on Computer-Communications, Networks, and Teletraffic, Polytechnic Institute of Brooklyn, New York (1972), 419-428.

4. Burke, P. J., The output of a queueing system, Oper. Res. $\underline{4}$ (1956), 699-704.

5. Buzen, J. P., Analysis of system bottlenecks using a queuing network model, Proceedings of ACM-SIGOPS Workshop on System Performance Evaluation (April 1971), 82-103.

6. Buzen, J. P., Computational algorithms for closed queueing networks with exponential servers, Comm. of the ACM, $\underline{16}$ (9) (September 1973), 527-531.

7. Chandy, K. M., The analysis and solutions for general queueing networks, Proceedings of the Sixth Annual Princeton Conference on Information Sciences and Systems, Princeton University (March 1972).

8. Chandy, K. M., T. W. Keller, and J. C. Browne, Design automation and queueing networks: An interactive system for the evaluation of computer queueing models, Proceedings of the Design Automation Workshop, Dallas (June 1972).

9. Courtois, P. J., On the near-complete-decomposability of networks of queues and of stochastic models of multiprogramming computing systems, Ph.D. Thesis, Computer Science Department, Carnegie-Mellon University (November 1971).

10. Cox, D. R., A use of complex probabilities in the theory of stochastic processes, Proceedings Cambridge Philosophical Society $\underline{51}$ (1955), 313-319.

11. Ferdinand, A. E., A statistical mechanical approach to system analysis, IBM Journal of Research and Development $\underline{14}$ (5) (1970), 539-547.

12. Foley, J. D., An approach to the optimum design of computer graphics systems, Comm. of the ACM $\underline{14}$ (6) (June 1971), 380-390.

13. Gaver, D. P. and P. A. W. Lewis, Probability models for buffer storage allocation problems, Journal of the ACM $\underline{18}$ (2)(1971), 186-198.

14. Gaver, D. P. and G. S. Shedler, Multiprogramming system performance via diffusion approximations, IBM Research Report RJ-938 (November 1971).

15. Gaver, D. P., Analysis of remote terminal backlogs under heavy demand conditions, Journal of the ACM $\underline{18}$ (3) (1971), 405-415.

16. Gordon, W. J. and G. F. Newell, Cyclic queueing systems with restricted length queues, Oper. Res. $\underline{15}$ (1967), 266-277.

17. Gordon, W. J. and G. F. Newell, Closed queueing systems with exponential servers, Oper. Res. $\underline{15}$ (1967), 254-265.

18. Hughes, P. H. and G. Moe, A structural approach to computer performance analysis, Proc. National Computer Conference (1973), AFIPS Conference Proceedings Vol. $\underline{42}$, 109-120.

19. Irani, K. B. and V. L. Wallace, On network linguistics and the conversational design of queueing networks, Journal of the ACM 18 (4) (1971), 616-629.

20. Jackson, J. R., Networks of waiting lines, Oper. Res. 5 (1957), 518-521.

21. Jackson, J. R., Jobshop-like queueing systems, Management Science 10 (1) (1963), 131-142.

22. Kingman, J. F. C., Markov population processes, Journal of Applied Prob. 6 (1969), 1-18.

23. Kleinrock, L., Communication Nets, McGraw-Hill, New York (1964).

24. Kleinrock, L., Certain analytic results for time-shared processors, Proceedings of IFIPS 68, 838-845.

25. Kleinrock, L., A selected menu of analytical results for time-shared computer systems, Systemprogrammierung, R. Oldenburg Verlag, Munich, Germany (1972), 45-73.

26. Kleinrock, L., Queueing Systems, Computer Applications, Vol. II, Wiley Inter-science, New York (1974).

27. Kobayashi, H., Application of the diffusion approximation to queueing networks: Part I - Equilibrium queue distributions, Proceedings of the ACM SIGME Sympos-ium on Measurement and Evaluation, Palo Alto (February 1973), 54-62 and also IBM Research Report RC 3943 (July 1972).

28. Kobayashi, H., Applications of the diffusion approximation to queueing networks: Part II - Transient queue distributions, IBM Research Report RC 4054 (September 1972).

29. Lassettre, E. R. and A. L. Scherr, Modeling the perofrmance of the OS/360 time-sharing option (TSO), Statistical Computer Performance Evaluation, Ed. W. Freiberger, Academic Press, New York (1972), 57-72.

30. McKinney, J. M., A survey of analytical time-sharing models, Computing Surveys 1 (2) (June 1967), 47-54.

31. Moore, C. G. III, Network models for large-scale time-sharing systems, Technical Report No. 71-1, Department of Industrial Engineering, University of Michigan, Ann Arbor, Michigan (April 1971).

32. Muntz, R. R., Poisson departure processes and queueing networks, IBM Research Report RC 4145 (December 1972) and Proc. of the Seventh Annual Princeton Conference on Information Sciences and Systems, Princeton University (Mar. 1973).

33. Muntz, R. R. and J. Wong, Efficient computational procedures for closed queue-ing networks with the product form solution, Modeling and Measurement Note No. 17, Computer Science Department, UCLA (June 1973).

34. Newell, G. F., Applications of Queuing Theory, Chapman and Hall, London (1971).

35. Reich, E., Waiting times when queues are in tandem, Ann. Math. Statist. 28 (1957), 768-773.

36. Sekino, A., Response time distribution of multiprogrammed time-shared computer systems, Sixth Annual Princeton Conference on Information Sciences and Systems, Princeton University (March 1972), 613-619.

37. Sekino, A., Performance evaluation of multiprogrammed timed-shared computer systems, MIT Project MAC Report MAC-TR-103 (September 1972).

38. Sekino, A., Throughput analysis of multiprogrammed virtual-memory computer sys-tems, First Annual SIGME Symposium on Measurement and Evaluation, Palo Alto, (February 1973), 47-53.

39. Wallace, V. L. and R. S. Rosenberg, RQA-1, the recursive queue analyzer, Technical Report 2, Systems Engineering Laboratory, Department of Electrical Engineering, University of Michigan, Ann Arbor, Michigan (February 1966).

40. Wallace, V. L., Toward an algebraic theory of markovian networks, <u>Proceedings</u> <u>of the Symposium on Computer-Communications Networks and Teletraffic</u>, Polytechnic Institute of Brooklyn, New York (1972), 397-408.

41. Whittle, P., Nonlinear migration processes, <u>Proceedings of the 36th Session of</u> <u>the International Statistical Institute</u> (1967).

42. Whittle, P., Equilibrium distributions for an open migration process, Journal of Applied Probability 5 (1968), 567-571.

ANALYSE VON BETRIEBSSYSTEM-MODELLEN FÜR RECHNERSYSTEME MIT MULTIPROGRAMMING UND PAGING

U. Herzog, W. Krämer, P. Kühn und M. Wizgall

Institut für Nachrichtenvermittlung und Datenverarbeitung,
Universität Stuttgart

INHALT

1. EINLEITUNG

Aufbau und Betriebsweisen moderner Rechnersysteme sind u.a. durch eine
Reihe struktureller bzw. betriebsstrategischer Maßnahmen gekennzeichnet, welche der Leistungssteigerung dienen (z.B. Speicherhierarchien,
Pufferung, Parallelarbeit, Multiprogramming, Paging, vorausschauende
Versorgung). Die Betriebssysteme solcher Rechnersysteme haben die Aufgabe, die Betriebsmittel so zu verwalten, daß sowohl eine möglichst
gute Ausnutzung erzielt wird als auch den Erfordernissen vorgeschrie-
bener Reaktionszeiten Rechnung getragen wird. Um Anhaltspunkte für den
möglichst optimalen Entwurf zu erhalten, gewinnt die quantitative Beurteilung der Leistungsfähigkeit starke Bedeutung. Die Leistungsanalyse
selbst kann entweder durch Messungen am Rechnersystem bei realem bzw.
teilweise simuliertem Betrieb erfolgen oder kann durch analytische bzw.
simulationstechnische Untersuchungen eines dem Rechnersystem entsprechenden Modells vorgenommen werden. Für grundsätzliche Fragestellungen
(Analyse, Dimensionierungsregeln, Synthese) eignet sich insbesondere
die flexiblere Methode der Modelluntersuchung, welche allerdings einem
kritischen Realitätsvergleich unterworfen werden sollte.

Im vorliegenden Beitrag wird zunächst versucht, in systematischer Weise
die wichtigsten Modellkriterien für Rechnersysteme mit einer zweistufigen Speicherhierarchie und den Betriebsweisen Multiprogramming und Paging
zu entwickeln (Kap. 2). Aufbauend hierauf wird ein ausführliches Grundmodell vorgestellt, welches wesentliche Merkmale realer Systeme beinhal-
tet und Ausgangspunkt der Untersuchungen ist (Kap. 3). Die Analyse dieses
Modells erfolgt mit Hilfe eines Simulationsprogrammes. Außerdem werden
vereinfachte Modelle mit Hilfe der Warteschlangentheorie untersucht
(Kap. 4). Als Ergebnisse der Untersuchungen werden Erkenntnisse über
den Einfluß von Systemparametern, Programmeigenschaften und Betriebssystemstrategien auf die Leistungsfähigkeit (Auslastungen, Durchsatz,
Durchlaufzeit etc.) gewonnen. Ferner wird gezeigt, daß grundsätzliche
Eigenschaften bereits hinreichend genau mit Hilfe von Warteschlangenmodellen ermittelt werden können.

2. MODELLKRITERIEN FÜR RECHNERSYSTEME MIT MULTIPROGRAMMING UND PAGING

In einem ersten Abschnitt werden zunächst Systemkonfiguration und Betriebsweisen der zugrundegelegten Rechnersysteme kurz dargelegt. Der
zweite Abschnitt behandelt die Modellkriterien im einzelnen.

2.1 Systemkonfiguration und Betriebsweisen

2.1.1 Systemkonfiguration

Die Grundkonfiguration des Rechnersystems umfaßt einen Rechnerkern CPU
(central processing unit) und eine zweistufige Speicherhierarchie bestehend aus einem Arbeitsspeicher ASP und einem Hintergrundspeicher HSP,
siehe Bild 1.

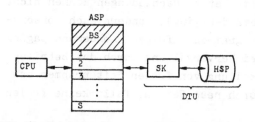

HSP: Hintergrundspeicher   CPU: Rechnerkern
DTU: Datentransfereinheit   ASP: Arbeitsspeicher
BS: Betriebssystem   SK: Schnellkanal

Bild 1. Systemkonfiguration eines Rechnersystems mit zweistufiger Speicherhierarchie

Der Arbeitsspeicher enthält neben
den residenten Systemprogrammen
des Betriebssystems S gleichgroße
Bereiche (Seitenrahmen) für Anwenderprogramme. Der Hintergrundspeicher HSP (Trommel, Platte, ext.
Kernspeicher) ist über einen Schnellkanal SK mit dem Arbeitsspeicher
verbunden. Schnellkanal und Hintergrundspeicher werden im folgenden
zur DTU (data transfer unit) zusammengefaßt. Der Ein-/Ausgabeverkehr

für die Anwenderprogramme erfolge über einen E/A-Prozessor und periphere
Geräte und wird im folgenden nicht weiter betrachtet. Es wird vielmehr
davon ausgegangen, daß alle Anwenderprogramme auf dem Hintergrundspeicher
stehen.

2.1.2 Betriebsweisen

Dem System liege das <u>virtuelle Speicherprinzip</u> zugrunde, bei welchem jedem Benutzerprogramm ein zusammenhängender virtueller Adressraum zur Verfügung steht, welcher i.a. größer als der reale Adressraum des Arbeitsspeichers ist [1,2,4,6,7]. Physikalisch wird der virtuelle Speicher durch den Hintergrundspeicher repräsentiert. Zur Ausführung eines Programmes müssen nacheinander bestimmte Teile des Programmes in den Arbeitsspeicher gebracht werden. Außerdem ist eine Adressumsetzung erforderlich, was einer Abbildung von Teilen des virtuellen Adressraumes auf den realen Adressraum entspricht.

Das virtuelle Speicherprinzip wird i.a. zusammen mit dem <u>Paging-Verfahren</u> angewendet. Hierbei unterteilt das System den virtuellen Adressraum in Bereiche gleicher Größe (Seiten, pages), welche den Umfang eines Seitenrahmens besitzen. Eine Seite ist die kleinste Informationsmenge, welche zwischen Hintergrundspeicher (Seitenspeicher) und Arbeitsspeicher transportiert wird (z.B. 4096 Bytes) und kann Befehls- oder Datenworte enthalten. Zur Bearbeitung eines neuen Programms müssen zunächst eine oder mehrere Seiten vom Hintergrundspeicher in den Arbeitsspeicher geladen werden. Die Abbildung der virtuellen auf die realen Adressen erfolgt dabei durch eine dynamische Adressumsetzung bei der Ausführung der einzelnen Maschinenbefehle. Im Falle einer Adressreferenz, welche auf eine virtuelle Adresse in einer Seite außerhalb des Arbeitsspeichers führt (page-fault), wird die Nachladung der betreffenden (Fehl-)Seite veranlaßt. Die Nachladung selbst benötigt eine gewisse Zeit, welche sich aus Verwaltungszeiten der CPU, Zugriffszeiten zum HSP, der Übertragungszeit sowie evtl. Wartezeiten zusammensetzt. Nachladungen können nicht nur aufgrund eines page-faults (demand-paging), sondern auch vorsorglich während der Ausführung des Programmes erfolgen (nondemand-paging). Sehr wesentlich ist die Arbeitsspeicherverwaltung durch das Betriebssystem, wie z.B. die Frage der Zuteilung von freien Seitenrahmen bzw. die Ersetzung von Seiten im ASP durch neue Seiten, falls keine freien Seitenrahmen verfügbar sind.

Um die Leerzeiten von CPU bzw. DTU zu reduzieren, wird i.a. zusätzlich das Verfahren des <u>Multiprogramming</u> angewendet, bei welchem sich mehrere konkurrierende Programme den Arbeitsspeicher teilen. Im Falle eines page-faults wendet sich die CPU - nach einer gewissen Systemverwaltungszeit (system overhead) - einem anderen Programm zu, während simultan dazu die Seitennachladung erfolgt. Multiprogramming und Paging führen auf diese Weise zu einer hohen Ausnutzung der Systemkomponenten. Allerdings sollte das Betriebssystem die Vorgänge derart steuern, daß der

Arbeitsspeicher nicht mit zu vielen Programmen verstopft wird. Hierdurch würden nur sehr kurze CPU-Rechenphasen und ein häufiger Seitentransfer (thrashing) auftreten, was in Verbindung mit dem hohen Systemverwaltungsaufwand die Leistung stark mindern würde.

Neben diesen Funktionen hat das Betriebssystem zusätzlich die Aufgabe, die Ablaufsteuerung möglichst an die Eigenschaften und Erfordernisse der Anwenderprogramme anzupassen. Über diesbezügliche Methoden wird vor allem im folgenden Abschnitt näher eingegangen werden.

2.2 Modellkriterien

Die Tragweite einer an einem Modell durchgeführten Leistungsanalyse kann nur im Rahmen der Modellgenauigkeit beurteilt werden. Aus diesem Grunde kommt der wirklichkeitsnahen Modellbildung für Rechnersysteme besondere Bedeutung zu [1,3]. Die Modellkriterien sollen im folgenden unter den Gesichtspunkten Systemstruktur, Programmeigenschaften und Betriebsstrategien entwickelt werden.

2.2.1 Systemstruktur

Die Systemstruktur eines Modells beschreibt die Anordnung der einzelnen Systemkomponenten sowie die Transportwege von Anforderungen (Programme, Programmteile, Daten, Betriebsmittelanforderungen usw.), welche bei der Abwicklung der einzelnen Programme durchlaufen werden. Zur formalen Beschreibung der Abläufe innerhalb eines Rechnersystems sind insbesondere Warteschlangenmodelle geeignet. Die Systemstruktur eines Warteschlangenmodells läßt sich durch ein Netzwerk beschreiben, welches i.a. aus "Quellen" für Anforderungen, Bedienungseinheiten, Wartespeichern, Durchschalteeinrichtungen, Verzweigungen und Zusammenführungen aufgebaut ist.

Im folgenden werden zwei prinzipielle Warteschlangenstrukturen für die in Abschnitt 2.1 beschriebenen Rechnersysteme angegeben. Offene Strukturen sind durch einen Zustrom von Programmen gekennzeichnet, welcher unabhängigen äußeren Quellen entspringt; die Zahl der Programme im Arbeitsspeicher (der Multiprogramminggrad) ist variabel. Geschlossene Strukturen besitzen demgegenüber einen konstanten Multiprogramminggrad; ein ausscheidendes fertig bearbeitetes Programm wird augenblicklich durch ein neues ersetzt. Beide grundsätzlichen Strukturen sind in Bild 2a bzw. Bild 2b angegeben. Dabei wurde bei beiden Strukturen davon ausgegangen, daß Beginn und Ende einer Programmbearbeitung durch eine DTU-Phase gekennzeichnet sind (Holen von bzw. Abspeichern auf Hintergrundspeicher).

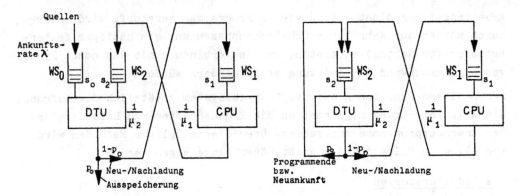

Ein Programm besitzt i.a. fünf Zustände, welche durch folgende Belegungen von Warteplätzen bzw. Bedienungseinheiten gekennzeichnet sind:

Zust. Nr.	Programmzustand	Belegung in Bild 2a	Belegung in Bild 2b[+)]
(1)	Warten auf DTU(Neuladung)	WSO	WS2
(2)	DTU-Bedienung (Neu-bzw.Nachldg.,Ausspchg.)	DTU	DTU
(3)	Warten auf CPU(Programm ablaufbereit für CPU)	WS1	WS1
(4)	CPU-Bedienung (Programmablauf in CPU)	CPU	CPU
(5)	Warten auf DTU(Nachladung, Ausspeicherung)	WS2	WS2

Um das Ablaufgeschehen zu verdeutlichen, werde beispielsweise der Ablauf
eines Programmes in Bild 2a verfolgt. Ein neues Programm erzeugt zunächst
eine Anforderung an die DTU zwecks Neuladung (Anforderung in Warteschlange WSO). Nach einer ersten Bedienung durch die DTU (Anfangsladung) ist das Programm ablaufbereit für die CPU (Anforderung in WS1).
Nach einer ersten CPU-Bedienungsphase trete ein page-fault auf, wodurch
eine Anforderung an die DTU zwecks Nachladung einer Seite erzeugt wird
(Anforderung in WS2). Im Anschluß an die ausgeführte Nachladung durch
die DTU ist das Programm erneut ablaufbereit für die CPU (Anforderung
in WS1) usw. Wird schließlich das Programmende erreicht, so erzeugt
das Programm eine letzte Anforderung an die DTU zwecks Ausspeicherung
der restlichen Datenseiten aus dem Arbeitsspeicher (Anforderung in WS2).
Die Folge der Programmzustände wäre in diesem Beispiel im Falle nicht-
leerer Warteschlangen:

$$(1) \longrightarrow (2) \longrightarrow (3) \longrightarrow (4) \longrightarrow (5) \longrightarrow (2)$$

+) Die Zustände (1) und (5) werden bei geschlossenen Strukturen i.a.
nicht unterschieden.

Neben obigen zwei Grundstrukturen gibt es eine Reihe weiterer Strukturen, welche jedoch i.a. durch Erweiterung (z.B. mehrere CPU- bzw. DTU-
Bedienungseinheiten) bzw. Modifikation (z.B. Programmbeginn und/oder
Programmende nach letzter CPU-Phase) aus den zwei Grundstrukturen her-
vorgehen [33,35,37,45,46].

Die prinzipiellen Warteschlangenstrukturen in Bild 2a,b beschreiben nur
die Speicherung und Bedienung von Anforderungen, welche ein Programm an
die CPU bzw. DTU richtet. Weitere Strukturmerkmale, welche noch nicht
mit diesen Warteschlangenstrukturen erfasst werden, ergeben sich bei
Berücksichtigung weiterer Systemkomponenten wie

- Arbeitsspeicher   (Kapazität S Seitenrahmen)
- Hintergrundspeicher (Kapazität endlich oder unendlich)
- Schnellkanal.

Im Zusammenhang mit der Realisierung des Rechnermodells in einem Simulationsprogramm wird insbesondere der Arbeitsspeicher noch näher betrachtet werden.

Zur Vervollständigung einer Warteschlangenstruktur zu einem Warte-
schlangenmodell sind noch ergänzende Angaben bezüglich Ankunfts- und
Bedienungsprozessen sowie der Betriebsstrategien zu machen, vergl. hierzu Abschnitt 4.2.

2.2.2 Programmeigenschaften

Im folgenden werden einige Eigenschaften realer Programme angeführt,
welche für eine verfeinerte Modellbildung von Bedeutung sind.

2.2.2.1 Programmlänge

Die Länge eines Programmes sei durch die Anzahl L von Programm- und Datenseiten gekennzeichnet und kann durch eine diskrete Wahrscheinlich-
keitsverteilungsfunktion (WVF) beschrieben werden:

$$L(x) = P\{L \leq x\}, \quad x = 1,2,\ldots,1_{max}, \quad E[L] = 1. \tag{1}$$

2.2.2.2 Rechenzeitbedarf

Der Rechenzeitbedarf je Seitenzugriff T_{HS} ist diejenige CPU-Zeit, während der - nach jeweils einem Seitenneuzugriff - nur Adressen der betreffenden Seite referiert werden. Die WVF sei

$$H_S(t) = P\{T_{HS} \leq t\}, \quad t \geq 0, \quad E[T_{HS}] = h_S. \tag{2}$$

Der Gesamtrechenzeitbedarf je Programm T_H ist die gesamte erforderliche
CPU-Zeit eines Programmes. Ihre WVF sei

$$H(t) = P\{T_H \leq t\}, \quad t \geq 0, \quad E[T_H] = h. \tag{3}$$

2.2.2.3 Lokalitätsverhalten

Wie aus umfangreichen Messungen bekannt ist, halten sich die Programme während ihres dynamischen Ablaufs für bestimmte Zeiten in einer gewissen "Umgebung" auf, d.h. sie verteilen ihre Seitenzugriffe während dieser Zeiten auf relativ wenig Seiten. Darüberhinaus besitzen die Programme eine gewisse Trägheit, d.h. die Zusammensetzung der momentan bevorzugten Menge von Seiten ändert sich nur relativ langsam mit der Zeit. Diese als "Lokalitätsverhalten" bekannten Eigenschaften hängen stark von der Struktur des Programmes (sequentielle, Schleifen- bzw. Sprung-Strukturen) sowie von der Seiteneinteilung ab. Das Lokalitätsverhalten kann mit Erfolg beim Paging-Verfahren ausgenutzt werden, wenn es gelingt, stets die aktuelle "Lokalität" $\mathcal{L}$ eines Programmes, d.h. die Menge von momentan bevorzugten Seiten, im Arbeitsspeicher verfügbar zu haben. Eine Unter- oder Überschreitung der im Arbeitsspeicher gehaltenen Seiten bezüglich der aktuellen Lokalität führt zur Leistungsminderung infolge zu großen Seitenverkehrs bzw. unnötiger Speicherplatzbelegung [14-17,19,22-23]. Das Lokalitätsverhalten kann weitgehendst mit Hilfe der sog. Seitenzugriffskette ω (page reference string) beschrieben werden; sie gibt die Folge der Nummern derjenigen Seiten an, auf welche während des dynamischen Programmablaufs aufeinanderfolgend zugegriffen wird, z.B.

$$\omega = (1,2,3,1,4,5,9,4,5,9,4,5,9,6,7,8,9,\ldots,10)$$

Infolge des hohen Speicheraufwandes ist die Vorgabe der Seitenzugriffskette für ein Modell ungeeignet. Es wird vielmehr versucht, durch einfachere Modellvorstellungen mit nur wenigen Parametern das Seitenzugriffs- bzw. Lokalitätsverhalten zu charakterisieren. Ferner sollte eine einfache Erzeugung der Seitenzugriffskette möglich sein.

2.2.2.4 Modelle für das Lokalitätsverhalten

a) Working Set-Modell [15-17]

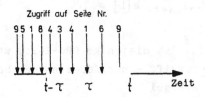

Zugriff auf Seite Nr.

9 5 1 8 4 3 4   1   6   9

$t-\tau$ τ t Zeit

Bild 3. Zur Definition des Working-Set
$W(t,\tau) = \{1,3,4,6,9\}$ $w(t,\tau) = 5$

Die Arbeitsmenge (working set) $W(t,\tau)$ eines Programmes zur Zeit t ist die Menge derjenigen unterschiedlichen Seiten, auf welche im Zeitintervall $(t-\tau,t)$ zugegriffen wurde.

Die Working Set-Größe $w(t,\tau)$ ist die Anzahl der Seiten des Working Set $W(t,\tau)$.

Im Idealfalle würde $W(t,\tau)$ genau der Lokalität eines Programmes entsprechen. Tatsächlich kann $W(t,\tau)$ jedoch bestenfalls eine gute Schätzmenge für die Lokalität sein, wenn die "Fensterbreite" τ günstig gewählt wird. Das Working Set-Modell selbst kann nicht zur künstlichen Erzeugung einer Seitenzugriffskette benutzt werden (siehe hierzu Modelle b-e), wohl aber zur Arbeitsspeicherverwaltung (siehe Abschnitt 2.2.3).

b) **Modell für unabhängige Seitenzugriffe**
   (independent reference model IRM) [17]

Die Seitenreferenzkette eines Programmes ist nach diesem Modell eine Folge unabhängiger Zufallsvariablen (Seitennummern) mit stationären Zugriffswahrscheinlichkeiten

$$P\{\text{Zugriff auf Seite } S_i\} = p_i, \quad i = 1,2,\ldots,L. \tag{4}$$

Das Modell hat den Vorteil einer leichten Erzeugung der Seitenzugriffskette. Nachteilig ist jedoch, daß nur die statischen Zugriffshäufigkeiten beschrieben werden, nicht dagegen die Korrelation zwischen den Seiten, welche durch Kontextbindungen im Programm besteht.

c) **Allgemeines Lokalitätsmodell** (general locality model GLM) [17]

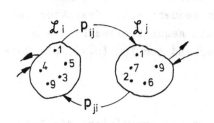

Ein Programm wird hierbei durch die Menge seiner Lokalitäten $\{\mathcal{L}_1,\ldots,$ $\mathcal{L}_i,\mathcal{L}_j,\ldots\}$ beschrieben, welche sich durchaus bezüglich der Seitenzugehörigkeit überlappen können. Das Übergangs- bzw. Zeitverhalten des Programmes wird mit stationären Übergangswahrscheinlichkeiten p_{ij} für den Übergang $\mathcal{L}_i \rightarrow \mathcal{L}_j$ bzw. mit WVF für die Aufenthaltsdauer in einer Lokalität charakterisiert. Zur Erzeugung der Seitenreferenzkette mit Hilfe dieses Modells sind i.a. jedoch viele Parameter erforderlich.

Bild 4. Zur Definition des allgemeinen Lokalitätsmodells

d) **LRU-Keller-Modell** (least recently used stack model LRUM) [17]

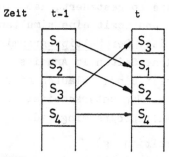

Im LRU-Keller-Modell werden die Seiten S_i in der Reihenfolge des kürzest zurückliegenden Zugriffs (least recently used) geordnet. In Bild 5 hat zur Zeit t-1 beispielsweise S_1 den kürzest zurückliegenden Seitenzugriff gehabt. Erfolgt zur Zeit t ein Seitenzugriff auf S_3, so wird der Keller entsprechend Bild 5 umgeordnet und man spricht vom Auftreten einer Stack-Distanz $d(t)=2$. Eine Seitenreferenzkette läßt sich nun einfach durch Ermittlung einer Stack-Distanz-Folge, z.B. nach unabhängigen Wahrscheinlichkeiten, erzeugen:

$$P\{d(t) = i\} = d_i, \quad i=1,2,\ldots,L-1. \tag{5}$$

Bild 5. Zur Definition des LRU-Keller-Modells

Dabei muß nach jeder ermittelten Stack-Distanz der Keller entsprechend dem LRU-Verfahren umgeordnet werden.

e) **Neues Modell für sequentielle Seitenzugriffe mit wahrscheinlichkeitsbedingten Verzweigungen**
(probabilistic sequential reference model PSRM)

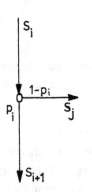

Bild 6. Zur Definition
des Modells (PSRM)

Das Modell ist durch folgende Eigenschaften charakterisiert:
- Auf Seite S_i folgt die bei der linearen Befehlsfolge folgende Nachbarseite S_{i+1} mit Wahrscheinlichkeit p_i.
- Auf Seite S_i folgt eine Seite S_j mit Wahrscheinlichkeit $(1-p_i)$ infolge eines Sprunges oder einer
Adressreferenz, welche auf Seite $j{\neq}i$ führt. S_j
wird nach einem modifizierten Modell b) ermittelt.
- Es wird angenommen, daß die Seiten im ASP die
momentane Lokalität darstellen. Das Lokalitätsverhalten wird durch eine Modifizierung des Modells b) berücksichtigt, indem die Seitenzugriffswahrscheinlichkeiten derjenigen Seiten, welche
momentan im ASP stehen, relativ zu jenen der restlichen Seiten um einen Wichtungsfaktor r_W erhöht
werden.
- Der CPU-Rechenzeitbedarf je Seitenzugriff wird
durch eine WVF beschrieben.

Die Motivation für den Vorschlag dieses Modells ist darin begründet,
daß tatsächliche Programme einen gewissen sequentiellen Charakter auf-
weisen. Außerdem enthält dieses Modell rein sequentielles Programmverhalten ($p_i=1$) sowie das Verhalten entsprechend dem IRM ($p_i=0$) als Sonderfälle.

2.2.3 Betriebsstrategien

Das Betriebssystem eines Rechners überwacht und organisiert die Zuteilung von Betriebsmitteln an die einzelnen Programme. Es realisiert die
Operationsstrategien, nach welchen diese Zuteilung vorgenommen wird. Im
folgenden werden die für die Modellbildung wichtigsten Strategien dargestellt.

2.2.3.1 Multiprogramminggrad (degree of multiprogramming)

Beim Multiprogramming werden die Programmabläufe so gesteuert, daß sich
mehrere Programme die Betriebsmittel aufteilen und somit eine simultane
Belegung verschiedener Betriebsmittel möglich ist. Der Multiprogramminggrad M bezeichne die Anzahl der Programme, welche Seiten im Arbeitsspeicher haben, d.h. welche entweder ablaufbereit sind, ablaufen oder
auf Seitennachladung bzw. Ausspeicherung warten. Man unterscheidet
hierbei Systeme mit konstantem und variablem Multiprogramminggrad.

2.2.3.2 Arbeitsspeicheraufteilung (storage partitioning)

Bei Rechnersystemen mit Multiprogramming und Paging müssen die verfügbaren Seitenrahmen des Arbeitsspeichers auf die verschiedenen Programme
aufgeteilt werden. Man unterscheidet zwischen fester (fixed) und

variabler (dynamic) Speicherplatzaufteilung. Bei fester Aufteilung ist
der (maximale) Multiprogramminggrad konstant, und es wird der Speicherplatz fest unter die aktiven Programme aufgeteilt, wobei jedes Programm
stets nur den zugewiesenen Platz in Anspruch nehmen darf. Bei variabler
Aufteilung kann sich die Speicherplatzzuteilung nach den aktuellen Be-
dürfnissen eines Programmes, z.B. nach dessen momentanem Working Set
[13] richten. Die Zahl der page-faults steht in engem Zusammenhang mit
dem einem Programm zugeteilten Speicherplatz [12]. Die Berücksichtigung
der page-faults, die Steuerung des Multiprogramminggrades und des einem
Programm zugeteilten Speicherplatzes sind entscheidend wichtige Funktionen des Betriebssystems, um z.B. Arbeitsspeicher, CPU und DTU wirkungs-
voll auszunutzen und das thrashing zu vermeiden [9,12,13].

2.2.3.3 Größe der Anfangsladung (initial load)

Die Größe der Anfangsladung L_A ist die Anzahl der Seiten, welche vor
Beginn der Ausführung eines Programmes in den Arbeitsspeicher geladen
werden. Sie kann fest oder variabel sein. Bei fester Anfangsladung wird
stets eine bestimmte Anzahl von Seiten zu Beginn in den Arbeitsspeicher
gebracht. Variable Anfangsladung kann entweder durch einen bestimmten
Bruchteil der Programmlänge oder durch Adaption an den momentanen Sy-
stemzustand, z.B. gekennzeichnet durch momentan verfügbaren Arbeitsspei-
cherplatz oder den momentanen Multiprogramminggrad, realisiert werden.

2.2.3.4 Warteschlangenorganisation (queue management)

Das Betriebssystem verwaltet die Betriebsmittelanforderungen mit Hilfe
von Listen (queues), in welche Anforderungen eingeschrieben bzw. gestrichen werden. Die Abfertigung innerhalb von Warteschlangen bzw.
zwischen Warteschlangen kann dabei nach sehr verschiedenen Gesichtspunkten erfolgen, wie z.B.

- FIFO   (first-in,first-out)   - SPT   (shortest proc.time)
- LIFO   (last-in,first-out;stack)   - SRPT   (short.rem.proc.time)
- RANDOM (zufallsmäßig)   - PRIORITY (unterbrechende bzw.
                                                   nichtunterbrechende
                                                   Prioritäten)

2.2.3.5 Seitenholstrategie (page fetch strategy)

Die Seitenholstrategie bestimmt, welche Seite zu welchem Zeitpunkt in
den Arbeitsspeicher geholt werden soll. Man unterscheidet zwei Haupt-
fälle, je nachdem, ob eine Seite erst nach Auftreten eines page-faults
geholt wird (demand-paging) oder ob sie vorsorglich bereits während
der Ausführung eines Programmes geholt wird (nondemand-paging, look-
ahead). Eine Zwischenform bildet das demand-prepaging, bei welchem bei
Auftreten eines page-faults zusammen mit der betreffenden Fehlseite
gleich eine oder mehrere andere Seiten vorsorglich in den Arbeitsspeicher
geholt werden.

2.2.3.6 Seitenersetzungsstrategie (page replacement strategy)

Die Seitenersetzungsstrategie bestimmt, welche Seiten eines Programmes aus dem Arbeitsspeicher verdrängt werden sollen, wenn für eine Fehlseite (sowie eventuelle weitere in den Arbeitsspeicher zu transferierende Seiten) kein Platz zur Verfügung steht. Bezüglich der Wirkung lassen sich zwei Haupttypen unterscheiden. Dürfen nur Seiten des eigenen Programmes ersetzt werden, spricht man von lokaler Wirkung. Dürfen dagegen auch Seiten anderer Programme ersetzt werden, so handelt es sich um eine globale Wirkung.

Allen Seitenersetzungsstrategien liegt mehr oder weniger das Prinzip zugrunde, daß jene Seite ersetzt werden soll, von der erwartet wird, daß zu ihr am längsten nicht wieder zugegriffen wird. Die einzelnen Strategien bauen i.a. auf bestimmten Voraussetzungen bezüglich des Programmverhaltens auf und bestimmen daraus die zu ersetzende Seite. Die Auswahlkriterien sind dabei z.T. recht unterschiedlicher Natur. Die folgende tabellarische Zusammenstellung soll einen kurzen Überblick über die wichtigsten Seitenersetzungsstrategien geben, siehe Tabelle 1 [8-25].

3. UNTERSUCHTES RECHNERMODELL

Aufbauend auf die in Kap. 2 diskutierten Modellkriterien wurde ein ausführliches Grundmodell für ein Rechnersystem entwickelt, welches eine zweistufige Speicherhierarchie besitzt und nach den Betriebsweisen Multiprogramming und Paging arbeitet.

3.1 Systemstruktur

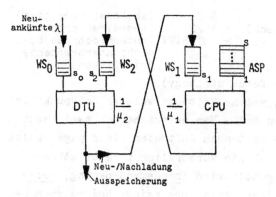

Die Systemstruktur des untersuchten Rechnermodells entspricht der offenen Warteschlangenstruktur von Bild 2a mit den Bedienungseinheiten CPU und DTU sowie den Warteschlangen WSO, WS1 und WS2.

Als wesentliche zusätzliche Einheit tritt der Arbeitsspeicher ASP hinzu, welcher eine vorgebbare Kapazität von S Seitenrahmen für die Anwenderprogramme besitze. Dementsprechend kann die Zahl der Anforderungen in den Warteschlangen WS1 bzw. WS2 $s_1 = s_2 = S-1$ nicht übersteigen.

Bild 7. Systemstruktur des untersuchten Rechnermodells

Entscheidungs-kriterium	Strategie	Auswahl bzw. Ersetzung entsprechend
Aufenthalts-dauer im ASP	FIFO LIFO	längster Aufenthaltsdauer im ASP kürzester Aufenthaltsdauer im ASP
Zugriffswahr-scheinlichkeit	RANDOM A_0 A_0'	zufälliger Auswahl geringster Wahrscheinlichkeit einer Benutzung geringster Häufigkeit ihrer vorausgegange-nen Benutzung
Zugriffshäufig-keit während eines Intervalls	LFU MFU	geringster Häufigkeit(least-frequently-used) größter Häufigkeit (most-frequently-used)
Reihenfolge der zurückliegenden Zugriffe	LRU MRU	weitest zurückliegendem Zugriff (least-recently-used) kürzest zurückliegendem Zugriff (most-recently-used)
Zugriff während zurückliegendem Intervall	WORKING SET	Nichtzugehörigkeit zur Menge der Seiten, auf welche im zurückliegenden Intervall zugegriffen wurde
Page-fault-Häufigkeit	PFF	Über- bzw. Unterschreitung einer Schranke für die page-fault-Häufigkeit (page-fault-frequency) Überschreitung: Programm darf sich ausdehnen Unterschreitung:Programm gibt Rahmen frei
Klasseneintei-lung in privi-legierte und nichtprivileg. Programme	BIFO	FIFO im nichtprivilegierten Zustand eines Programmes. Im privilegierten Zustand ist ein Programm gegen Seitenersetzungen (durch andere Programme) geschützt und kann sich ausbreiten (Biased FIFO)
Klasseneintei-lung der einzelnen Seitenrahmen des ASP	Q-CLASS	Klassenzugehörigkeit Q_0 Klasse der freien Rahmen Q_1 Klasse der Rahmen, deren Seiten nur referiert werden Q_2 Klasse der Rahmen, deren Seiten verändert wurden Q_3 Klasse der Rahmen mit neuen Seiten Q_4 Klasse der Rahmen mit nichtwechsel-baren Seiten
Optimalität	B_0	weitest vorausliegendem Zugriff (Zukunft) (Nur für Programme mit vorher bekannter Seitenzugriffskette anwendbar)

Bemerkung:

Bei der Realisierung der einzelnen Strategien ist es erforderlich, daß zur Unterscheidung der Programme bzw. Seiten im Arbeitsspeicher jede Seite durch zwei Indices (Programmnummer bzw. Seitennummer) gekenn-zeichnet wird. Darüberhinaus müssen zur Arbeitsspeicherverwaltung Li-sten geführt werden, welche Zeitpunkte, Ordnungsnummern bzw. Markie-rungen bezüglich der Benutzung der einzelnen Seiten wie z.B. Einspei-cherungszeitpunkt, Referenzzeitpunkt, Kellertiefe, Benutzungsmarkie-rung, Veränderungsmarkierung usw. enthalten.

Tabelle 1. Übersicht über die wichtigsten Seitenersetzungsstrategien geordnet nach Entscheidungskriterien für die Ersetzung

3.2 Programmeigenschaften

Alle Anwenderprogramme sind in Seiten gleicher Größe eingeteilt. Die Eigenschaften der Programme werden einheitlich durch folgende Kriterien gekennzeichnet:

- ### Programmlänge
  Länge nach WVF $L(x)$ vorgebbar
  zwischen $l_{min}=1$ und l_{max}

  WVF-Typen:
  - linear
  - negativ-exponentiell
  - Erlang-k
  - hyperexponentiell

- ### Rechenzeitbedarf
  Rechenzeitverteilung je Seitenzugriff $H_s(t)$,
  Gesamtrechenzeitverteilung je Programm $H(t)$
  vorgebbar nach WVF-Typen und
  Mittelwerten (h_s bzw. h, wobei $h \sim l \cdot h_s$)

  WVF-Typen:
  - negativ-exponentiell
  - konstant
  - Erlang-k
  - hyperexponentiell

- ### Lokalitätsverhalten

  Das Lokalitätsverhalten wird nach dem Modell für sequentielle Seitenzugriffe mit wahrscheinlichkeitsbedingten Verzweigungen (PSRM) entsprechend Abschn.2.2.2.4e beschrieben. Zur Erzeugung der Seitenzugriffskette ω nach diesem Modell wird vorausgesetzt, daß die Seitenzugriffswahrscheinlichkeiten des darin enthaltenen Teilmodells zur Charakterisierung der Sprungziele (IRM) normal verteilt sind mit vorgebbarer Varianz der Hüllkurve (σ^2) sowie vorgebbarem Wichtungsfaktor (r_w) für diejenigen Seiten, welche bereits im Arbeitsspeicher stehen.

3.3 Betriebsstrategien

Entsprechend der in Abschn.2.2.3 beschriebenen Kriterien werden folgende Betriebsstrategien berücksichtigt:

- ### Multiprogramminggrad

  Der Multiprogramminggrad M ist variabel. Er stellt sich entsprechend der Programmeigenschaften und der anderen Strategien dynamisch ein.

- ### Arbeitsspeicheraufteilung

  Die Zahl der Seitenrahmen, welche einem Programm zugeteilt werden, ist grundsätzlich variabel. Sie stellt sich ebenfalls entsprechend der Programmeigenschaften und der anderen Strategien dynamisch ein.

- ### Anfangsladung

  Die Anfangsladung L_A eines Programmes ist ein vorgebbarer, jedoch für alle Programme gleicher Bruchteil seiner Länge. In der Realisierung werden die ersten L_A Seiten eines Programmes als Anfangsladung festgelegt. Ein neues Programm ist grundsätzlich nur dann ladefähig, wenn zu dem betrachteten Zeitpunkt die gesamte Anfangsladung im Arbeitsspeicher Platz hat.

- ### Warteschlangenorganisation

  Die Abfertigung innerhalb der Warteschlangen erfolgt ohne Prioritäten nach FIFO. Die Abfertigung zwischen Warteschlange WSO und WS2 erfolgt nach nichtunterbrechender Priorität von Anforderungen in WS2 gegenüber Anforderungen in WSO. Ein neues Programm wird demnach nur dann geladen, wenn

1. keine Anforderung in WS2 wartet (Nachladung bzw. Ausspeicherung)sowie
2. die Anfangsladung dieses Programms im Arbeitsspeicher Platz hat.

- ## Seitenholstrategie

  Eine Fehlseite wird nur <u>nach</u> Auftreten eines page-faults geholt
  (<u>demand</u>-paging).

- ## Seitenersetzungsstrategie

  Als Seitenersetzungsstrategien können folgende Typen vorgegeben werden:

  - FIFO   (lokale Wirkung)
  - RANDOM   (lokale Wirkung)
  - LRU   (lokale Wirkung).

Ferner wird angenommen, daß dem Rechnersystem stets genügend neue Programme angeboten werden. Dies wird dadurch realisiert, daß die Ankunftsrate λ der Neuankünfte, für welche eine Poisson-VF angenommen wird, hinreichend groß gewählt wird. Die DTU-Belegungszeit h_T je Seitentransfer (Zugriffs- und Übertragungszeit) sei konstant. Zur Veranlassung einer DTU-Anforderung durch das Betriebssystem wird die CPU nach <u>jeder</u> Belegungsphase vom Betriebssystem für eine konstante Verwaltungszeit (overhead) t_V weiterbelegt.

4. ANALYSE DES RECHNERMODELLS

Ziel der Analyse ist es, die wesentlichsten Charakteristika zu ermitteln, durch welche die Leistung des Rechnersystems quantitativ beschreibbar ist. Die wichtigsten Charakteristika sind:

Y_{CPU} Auslastung (Belastung) der CPU

Y_{DTU} Auslastung der DTU

D Durchsatz (mittlere Zahl der fertig bearbeiteten Programme während der mittleren CPU-Rechenzeit h eines Programmes)

M Multiprogramminggrad

r_{PF} Mittlere Zahl der page-faults bezogen auf die mittlere Zahl der Seitenzugriffe je Programm (relative Häufigkeit)

$F(\leq t)$ WVF der Durchlaufzeit eines Programmes, Mittelwert t_F.

Die Untersuchung des ausführlichen Modells nach Kap. 3 erfolgt mit Hilfe eines Simulationsprogrammes. Ferner wird auf die mathematische Analyse vereinfachter Modelle mit Hilfe von Warteschlangenmodellen eingegangen.

4.1 Untersuchung mit Hilfe der Simulation

4.1.1 Simulationsprogramm

Das Simulationsprogramm [30] gestattet die Nachbildung des ausführlichen Modells und der darin ablaufenden Vorgänge auf einem Rechner. Es arbeitet nach der "zeittreuen Methode" [27], bei welcher von Zustandsänderung (Ereigniszeitpunkt) zu Zustandsänderung gesprungen wird (event by event simulation). Die Zeitintervalle zwischen zwei Zustandsänderungen werden entsprechend der vorgegebenen WVF mittels Pseudo-Zufallszahlen ermittelt. Bei jeder Zustandsänderung werden die den Zustand charakterisierenden Größen entsprechend der Änderung berichtigt sowie die Meßzähler für die statistische Auswertung auf den neuesten Stand gebracht. Funktionsmäßig gliedert sich das Simulationsprogramm in ein Kernprogramm, welches das eigentliche Modell nachbildet und die Kalenderorganisation vornimmt, sowie in ein Rahmenprogramm, welches die äußere Überwachung des Simulationsablaufs (Beginn, Ende von Teiltests bzw. Gesamttest), sowie statistische Auswertungen (am Teiltestende, Gesamttestende) vornimmt.

Das Simulationsprogramm ist in der Sprache ALGOL geschrieben. Aus Übersichtlichkeits- und Änderungsgründen wurde ein stark in Funktionsblöcke gegliederter Aufbau mit klaren Schnittstellen gewählt. Es gestattet aufgrund der in Kap. 3 angegebenen Eingabegrößen sämtliche interessierenden Mittelwerte und Verteilungsfunktionen zu ermitteln.

4.1.2 Ergebnisse der Simulation

Die Bilder 8 bis 14 zeigen die Abhängigkeiten der Kenngrößen Y_{CPU}, Y_{DTU}, D, M, r_{PF}, und t_F von den Einflußgrößen h_T/h, t_V/h, p, σ^2, L_A/L, S sowie den Seitenersetzungsstrategien FIFO, RANDOM und LRU. Die einzelnen Parameter sind jeweils in den Bildern bzw. Bildunterschriften festgehalten.

Bilder 8,9: Y_{CPU}, Y_{DTU}, D, M, t_F/h = $f(h_T/h)$

Bei steigender Transportzeit je Seite h_T bildet die DTU den Engpaß, wodurch der CPU im Mittel gleichzeitig weniger ablauffähige Programme zur Verfügung stehen. Hierdurch sinkt die Auslastung der CPU bzw. der Durchsatz. Gleichzeitig steigt die Auslastung der DTU sowie die mittlere Durchlaufzeit, was im wesentlichen auf die erhöhte Warte- bzw. Bedienungszeit in der DTU zurückzuführen ist. Infolge der hohen DTU-Auslastung durch Nachladungen bzw. Ausspeicherungen in Verbindung mit dem Prioritätsmechanismus zwischen WS2 und WSO kommen seltener neue Programme in die CPU, so daß der Multiprogramminggrad fällt.

Bild 10: Y_{CPU}, D = $f(t_V/h)$

Das Bild zeigt die für zunehmende Verwaltungszeiten t_V sich öffnende Schere zwischen CPU-Auslastung durch die Anwenderprogramme (Durchsatz D) und der gesamten CPU-Auslastung Y_{CPU}. Die Differenz $Y_{CPU,V}$ = Y_{CPU} - D ergibt die CPU-Auslastung durch Systemprogramme.

Bild 11: r_{PF}, D = f(p)

Bei steigender Wahrscheinlichkeit p für sequentielle Zugriffe wird die Lokalität eines Programmes schneller verlassen. Infolgedessen wird weniger oft auf die Seiten zugegriffen, welche schon im Arbeitsspeicher stehen, d.h. die page-fault-Häufigkeit steigt bzw. der Durchsatz fällt. Die niedrigere Zahl der page-faults bei dem Ersetzungsalgorithmus LRU gegenüber FIFO (in Bild 11 z.B. für p < 0,9) liegt darin begründet, daß der LRU-Algorithmus aufgrund seines besseren Gedächtnisses die Lokalität eines Programmes vollständiger im Arbeitsspeicher halten kann.

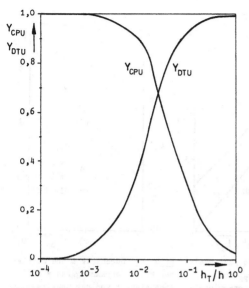

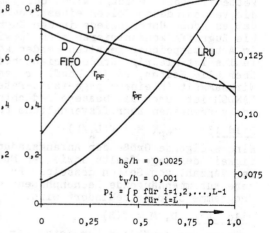

Bild 8. CPU-Belastung Y_{CPU} und DTU-Belastung Y_{DTU} in Abhängigkeit von der Transferzeit h_T pro Seite

Bild 9. Durchsatz D und mittlere Durchlaufzeit t_F in Abhängigkeit von der Transferzeit h_T pro Seite

Parameter der Simulation in Bild 8,9:

1	= 20,5	1_{max} = 40	h_S/h = 0,01	h	= 1,0	δ^2 = 8	p_i = 0, i=1,2,...,L
L_A/L = 0,4		S = 40	t_V/h = 0,001			r_W = 3	Ersetzungsstrategie: LRU

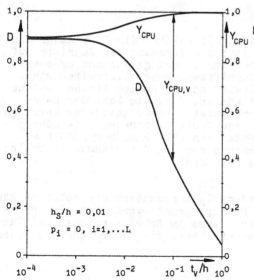

Bild 10. Durchsatz D und CPU-Belastung Y_{CPU} in Abhängigkeit von der Verwaltungszeit t_V

Bild 11. Durchsatz D und relative Häufigkeit der page-faults r_{PF} in Abhängigkeit von der Wahrscheinlichkeit für sequentiellen Zugriff p

Parameter der Simulation in Bild 10,11:

$$1 = 20,5 \qquad 1_{max} = 40 \qquad h = 1,0 \qquad \delta^2 = 8$$
$$L_A/L = 0,4 \qquad S = 40 \qquad r_W = 3$$

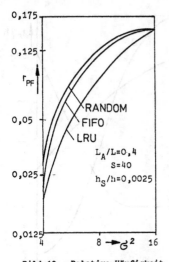

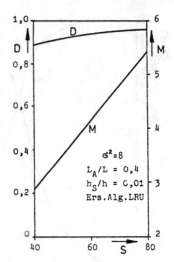

Bild 12. Relative Häufigkeit der page-faults r_{PF} in Abhängigkeit von der Varianz σ^2 der Hüllkurve der Zugriffswahrscheinlichkeiten

Bild 13. Relative Häufigkeit der page-faults r_{PF} und mittlerer Multiprogramminggrad M in Abhängigkeit von der Anfangsladung L_A

Bild 14. Durchsatz D und mittlerer Multiprogramminggrad M in Abhängigkeit von der Arbeitsspeichergröße S

Parameter der Simulation in Bild 12,13,14:

$l = 20,5$ $h_T/h = 0,01$ $h = 1,0$ $r_W = 3$
$l_{max} = 40$ $t_V/h = 0,001$ $p_i = 0$, $i=1,2,\ldots,L$

Bild 12: $r_{PF} = f(\sigma^2)$

Die Varianz σ^2 der Normalverteilung, mit welcher die Seitenzugriffskette im Modell erzeugt wird, bestimmt die Streuung der Zugriffe auf die verschiedenen Seiten eines Programmes. Geringe Varianz bedeutet, daß es große Unterschiede in den Zugriffswahrscheinlichkeiten gibt. Die Zugriffe konzentrieren sich vorwiegend auf wenige Seiten, welche im Arbeitsspeicher gehalten werden können, d.h. die Zahl der page-faults ist niedrig. Große Varianz bedeutet stärker gestreute Zugriffe über alle Seiten, so daß häufiger page-faults auftreten. Die höhere Wirksamkeit (kleinere page-fault-Rate) von LRU gegenüber FIFO bzw. RANDOM ist durch das bessere Gedächtnis des LRU-Algorithmus bezüglich des vergangenen Zugriffsverhaltens begründet.

Bild 13: r_{PF}, M = $f(L_A/L)$

Eine steigende Größe der Anfangsladung L_A/L reduziert die relative Häufigkeit der page-faults sowie den Multiprogramminggrad, da eine grössere Anzahl von Seiten desselben Programms im Arbeitsspeicher auf längere zusammenhängende Rechenphasen führt bzw. die Einspeicherung neuer Programme stärker behindert wird.

Bild 14:   D, M = f(S)

Infolge der gewählten Parameter für Anfangsladung und Seitentransferzeit können neue Programme entsprechend häufig geladen werden, wodurch der Multiprogramminggrad bei Zunahme der ASP-Größe steigt. Dadurch steigt auch der Durchsatz entsprechend an. Bei der gewählten Parameterkombination kann allerdings der Durchsatz durch den größeren Arbeitsspeicher nur noch wenig erhöht werden.

4.2 Untersuchung mit Hilfe der Warteschlangentheorie

4.2.1 Überblick über zyklische Warteschlangenmodelle

Zur mathematischen Analyse wird von den beiden in Abschn.2.2.1 angegebenen Warteschlangenmodellen ausgegangen. Derartige offene bzw. geschlossene Warteschlangenmodelle (cyclic queuing models) haben in der
Literatur eine häufige Behandlung erfahren. Bei der größten Gruppe von
Arbeiten werden negativ-exponentielle Bedienungsphasen in CPU und DTU
zugrundegelegt. Unter den Voraussetzungen von Poisson-Ankünften für
neue Programme sowie einfacher ungesättigter Warteschlangen lassen sich
die Lösungen i.a. durch Anwendung der zwei grundlegenden Lösungen von
J.R.JACKSON [40] für offene sowie von W.J.GORDON und G.F.NEWELL [39]
für geschlossene Warteschlangenmodelle ableiten. Eine größere Zahl von
Arbeiten, welche sich nur in der Anzahl der Bedienungseinheiten (CPU,
DTU), der Art und Weise der Zuführung neuer bzw. Abzweigung fertig be-
arbeiteter Programme unterscheiden, gehören zu dieser Gruppe [31-35,
44-46]. Bei einer zweiten Gruppe von Arbeiten wird entweder von einer
gesättigten Zugangswarteschlange oder begrenztem Wartespeicher ausgegangen, wodurch die Lösungen von JACKSON bzw. GORDON und NEWELL entweder gar nicht oder nur mehr teilweise gelten. Zur exakten Lösung ist
i.a. die Auflösung eines linearen Gleichungssystems für die mehrdimen-
sionalen Zustandswahrscheinlichkeiten erforderlich [32]. Eine dritte
Gruppe von Arbeiten zeichnet sich dadurch aus, daß eine der Bedienungseinheiten eine allgemeine Bedienungszeit-VF besitzt. Die Lösung wird
hier mittels einer eingebetteten Markoffkette oder durch Approximation
gewonnen [33,36-38,41-43].

4.2.2 Warteschlangenmodelle

Aus den vorgegebenen Parametern des Simulationsmodelles sollen zunächst
entsprechende Parameter für die vereinfachten Warteschlangenmodelle
(siehe Bild 2a,b) abgeleitet werden.

- Ankunftsprozeß neuer Programme (offenes Modell)

  Beschreibung der zufälligen Ankunftsabstände T_A durch WVF

  $$A(t) = P\{T_A \leq t\} = 1 - \exp(-\lambda t), \quad t \geq 0, \quad E[T_A] = 1/\lambda. \tag{6}$$

  (Die Berechnung erfolgt für den Grenzfall der gesättigten Zugangswarteschlange WSO).

- CPU-Belegungsphasen T_{H1}

  $$H_1(t) = P\{T_{H1} \leq t\} = 1 - \exp(-\mu_1 t), \quad t \geq 0, \quad E[T_{H1}] = h_1 = \frac{1}{\mu_1} = h_1' + t_V. \tag{7}$$

  Der Mittelwert einer CPU-Belegungsphase setzt sich aus dem Mittelwert
  h_1' der CPU-Rechenphase sowie der Verwaltungszeit t_V bei Ende der CPU-
  Belegungsphase zusammen (page-fault bzw. Programmende). h_1' kann durch

$l_A \cdot h_S$ abgeschätzt werden, wenn angenommen wird, daß der Arbeitsspeicher voll ist, d.h. jedes Programm im Mittel l_A Seiten im Arbeitsspeicher hat, und jede Seite pro Belegungsphase im Mittel einmal referiert wird. Schließlich wird noch angenommen, daß die aus den nacheinander ablaufenden Seitenrechenzeiten (welche zu einem hyperexponentiellen Verhalten neigen) zusammengesetzten CPU-Belegungsphasen negativ-exponentiell verteilt sind.

- Verzweigungswahrscheinlichkeit p_o

$$p_o = 1/(1 + h/h_1').\qquad (8)$$

p_o ergibt sich aus der Rechenzeitbilanz $h = (1/p_o-1)h_1'$, wobei $(1/p_o-1)$ die mittlere Zahl der CPU-Phasen eines Programmes ist.

- DTU-Belegungsphasen T_{H2}

$$\qquad (9)$$

$$H_2(t) = P\left\{T_{H2}\leq t\right\} = 1-\exp(-\mu_2 t),\ t\geq 0, E\left[T_{H2}\right] =h_2=\frac{1}{\mu_2}=2h_T\left[l_A p_o+1-2p_o\right].$$

Der Mittelwert einer DTU-Phase errechnet sich aus einem Mix von DTU-Belegungen, gebildet aus Eintransfer der Anfangsladung ($l_A \cdot h_T$) sowie Austransfer der Arbeitsspeicherladung bei Programmende ($\approx l_A \cdot h_T$) sowie insgesamt $1/p_o-2$ Nachladungen, wobei angenommen wird, daß vor jeder Nachladung die zu ersetzende Seite ausgespeichert werden muß. Die einzelnen konstanten DTU-Phasen des Mixes treten alternativ auf, so daß die WVF der DTU-Phasen ebenfalls mit einer negativ-exponentiellen WVF angenähert werden können.

- Multiprogramminggrad M (geschlossenes Modell)

$$M < S/l_A .\qquad (10)$$

Der (konstante) Multiprogramminggrad M kann durch (12) nach oben abgeschätzt werden, da sich die Programme im ASP i.a. etwas ausdehnen und der ASP auch nicht immer voll belegt ist.

- Warteschlangenorganisation

Die Abfertigung innerhalb der Warteschlangen erfolge nach FIFO. Beim offenen Modell erhalten Anforderungen der Warteschlange WS2 nichtunterbrechende Priorität gegenüber Anforderungen zwecks Neuladung in Warteschlange WS0.

4.2.3 Analyse der Warteschlangenmodelle

4.2.3.1 Geschlossenes Modell

Das geschlossene Modell nach Abschn.2.2.1 enthalte konstant M aktive Programme. Der Lösungsansatz nach GORDON und NEWELL [39] für die zweidimensionale Zustandswahrscheinlichkeit $p(x_1,x_2)$ liefert

$$p(x_1,x_2) = \frac{1 - a}{1-a^{M+1}}\cdot a^{x_1},\ \text{mit } a = (1-p_o)\frac{\mu_2}{\mu_1},\ x_2 = M - x_1.\qquad (11)$$

Dabei bedeuten in Gl.(11) x_1 bzw. x_2 die Zahl der Anforderungen in CPU und WS1 bzw. DTU und WS2 (vergl. Bild 2b). Aus den Zustandswahrscheinlichkeiten gewinnt man ferner die Auslastungen und den Durchsatz

$$Y_{CPU}= a\cdot\frac{1-a^M}{1-a^{M+1}}\quad (12),\quad Y_{DTU}= \frac{1-a^M}{1-a^{M+1}}\quad (13),\quad D = \frac{Y_{CPU}}{1+(\frac{1}{p_o}-1)\cdot\frac{t_V}{h}},\qquad (14)$$

sowie die mittlere Durchlaufzeit eines Programmes

$$\frac{t_F}{h} = \frac{M}{Y_{CPU}} \cdot \left[1 + (\frac{1}{p_o} - 1) \frac{t_V}{h} \right]. \tag{15}$$

4.2.3.2 Offenes Modell

In dem offenen Modell nach Abschnitt 2.2.1 (Bild 2a) wird angenommen, daß die Zugangswarteschlange WSO stets gesättigt sei. Die Zahl der Warteplätze in WS1 bzw. WS2 sei begrenzt $s_1 = s_2 = s$. Anforderungen von WS2 werden gegenüber Neuankünften (WSO) mit nichtunterbrechender Priorität abgefertigt. Ein neues Programm aus WSO kann dann und nur dann die DTU belegen, wenn noch mindestens ein Platz in WS1 verfügbar ist. In diesem offenen Modell stellt sich der Multiprogramminggrad M dynamisch ein.

Zur Analyse werde die Zustandswahrscheinlichkeit $p(x_1, x_2)$ definiert, wobei x_1 bzw. x_2 die Zahl der Anforderungen in CPU und WS1 bzw. DTU und WS2 bedeuten. Die Zustände und deren Übergangswahrscheinlichkeitsdichten sind in einem Zustandsdiagramm in Bild 15 dargestellt.

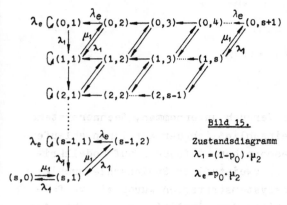

Die Zustandswahrscheinlichkeiten $p(x_1, x_2)$ werden durch Auflösung des entsprechenden Zustandsgleichungssystems gewonnen, welches für den Fall des statistischen Gleichgewichts gilt. Hieraus folgen dann:

$$Y_{CPU} = \sum_{x_1 > 0} p(x_1, x_2) \tag{16}$$

$$Y_{DTU} = \sum_{x_2 > 0} p(x_1, x_2) \tag{17}$$

$$t_F = (\frac{1}{p_o} - 1) \frac{E[X_1]}{Y_{CPU} \mu_1} + \frac{1}{p_o} \cdot \frac{E[X_2]}{Y_{DTU} \mu_2} \tag{18}$$

$$M = E[X_1 + X_2] \tag{19}$$

(D nach Gl.(14)).

Bild 15.
Zustandsdiagramm
$\lambda_1 = (1 - p_0) \cdot \mu_2$
$\lambda_e = p_0 \cdot \mu_2$

4.2.4 Vergleich von Rechnung und Simulation

Bild 16 und Bild 17 zeigen einige Ergebnisse nach Abschn. 4.2.3 im Vergleich mit den entsprechenden Simulationsergebnissen für Y_{CPU}, Y_{DTU}, D, $t_F/h = f(h_T/h)$. Die Rechnungen aufgrund beider Warteschlangenmodelle zeigen eine relativ gute Übereinstimmung mit den Simulationsergebnissen, wenn der Multiprogramminggrad (bei geschlossenen Modellen) bzw. der maximale Multiprogramminggrad (bei offenen Modellen) passend festgelegt werden. Obwohl die Warteschlangenmodelle das Programmverhalten bzw. die speziellen Seitenersetzungsstrategien nicht berücksichtigen und die einzelnen Bedienungsphasen nur durch negativ-exponentielle WVF beschreiben, können sie offenbar zur Abschätzung der grundsätzlichen Eigenschaften des Rechnermodells herangezogen werden.

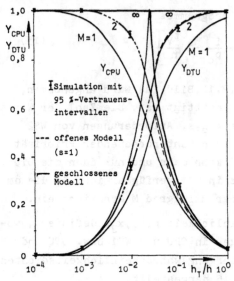 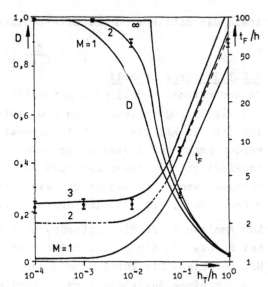

Bild 16. CPU-Belastung Y_{CPU} und DTU-Belastung Y_{DTU} in Abhängigkeit von der Transferzeit h_T pro Seite

Bild 17. Durchsatz D und mittlere Durchlaufzeit t_F in Abhängigkeit von der Transferzeit h_T pro Seite

Parameter der Simulation bzw. Rechnung in Bild 16,17:
Simulation: siehe Bild 8,9
Rechnung : $h_1/h = 0,083$ $h_2/h = 2,94\ h_T/h$ $p_0 = 0,0758$

5. ZUSAMMENFASSUNG UND AUSBLICK

Im vorliegenden Beitrag wurde der Versuch unternommen, Rechnersysteme mit Multiprogramming und Paging einschließlich der auf ihnen ablaufenden Programme durch Modelle zu beschreiben. Aufbauend auf Modellkriterien für Rechnersysteme mit einer zweistufigen Speicherhierarchie, für Programmverhalten und Betriebssystemstrategien wurde ein verfeinertes Modell entwickelt und mit Hilfe der Simulation untersucht. Ausserdem wurde eine mathematische Analyse für vereinfachte Warteschlangenmodelle vorgenommen. Die Ergebnisse zeigen den prinzipiellen Einfluß der einzelnen Modellparameter auf die Leistungsfähigkeit derartiger Rechnersysteme. Der Vergleich zwischen Simulation und Rechnung ergibt, daß die prinzipiellen Charakteristika wie Auslastungen, Durchsatz und Durchlaufzeiten relativ genau mit Hilfe von Warteschlangenmodellen abgeschätzt werden können. Genauere Aufschlüsse z.B. über die Einflüsse des Lokalitätsverhaltens von Programmen sowie der Ersetzungsstrategien im Zusammenspiel mit den anderen Systemkomponenten können jedoch nur mit Hilfe der Simulation gewonnen werden.

Weitere Untersuchungen auf der Grundlage des vorgestellten Modells befassen sich mit dem Einfluß global wirkender Seitenersetzungsstrategien sowie vorausschauender Seitenholstrategien.

SCHRIFTTUM

1. Allgemeines

[1] Coffman, E.G., Denning, P.J.: Operating systems theory. Prentice-Hall, Inc. Englewood Cliffs, New Jersey, 1973.

[2] Denning, P.J.: Virtual Memory. Computing Surveys $\underline{2}$,153-189 (1970).

[3] Herzog, U., Kühn, P., Zeh, A.: Klassifizierung und Analyse von Verkehrsmodellen für das Ablaufgeschehen in Rechnersystemen. NTF $\underline{44}$, 181-198 (1972).

[4] Kuck, D.J., Lawrie, D.H.: The use and performance of memory hierarchies - A survey. In: Software Engineering (Vol.1), Academic Press, New York, 45-78 (1970).

[5] Kümmerle, K.: Charakteristische Größen zur Beschreibung der Leistungsfähigkeit und Effektivität von EDV-Anlagen. Elektron. Rechenanl. $\underline{14}$, 12-18 (1972).

[6] Randell, B., Kuehner, C.J.: Dynamic storage allocation systems. Comm. ACM $\underline{11}$, 297-306 (1968).

[7] (Autorenteam): Der virtuelle Speicher. IBM Deutschland (1972).

2. Programmeigenschaften und Betriebsstrategien

[8] Aho, A.V., Denning, P.J., Ullman, J.D.: Principles of optimal page replacement. J. ACM $\underline{18}$, 80-93 (1971).

[9] Alderson, A., Lynch, W.C., Randell, B.: Thrashing in a multiprogrammed paging system. In: Operating Systems Techniques. A.P.I.C. Studies in Data Processing. No.9, 152-167 (1971).

[10] Belady, L.A.: A study of replacement algorithms for a virtual-storage computer. IBM Syst. J. $\underline{5}$, 78-101 (1966).

[11] Belady, L.A., Kuehner, C.J.: Dynamic space sharing in computer systems. Comm. ACM $\underline{12}$, 282-288 (1969).

[12] Chu, W.W., Opderbeck, H.: The page fault frequency replacement algorithm. Proc. AFIPS Conf. (FJCC) $\underline{41}$, 597-609 (1972).

[13] Coffman, E.G., Ryan, T.A.: A study of storage partitioning using a mathematical model of locality. Comm. ACM $\underline{15}$, 185-190 (1972).

[14] Coffman, E.G., Varian, L.C.: Further experimental data on the behavior of programs in a paging environment. Comm.ACM $\underline{11}$,471-474(1968).

[15] Denning, P.J.: The working set model for program behavior. Comm. ACM $\underline{11}$, 323-333 (1968).

[16] Denning, P.J., Schwartz, S.C.: Properties of the working set model. Comm. ACM $\underline{15}$, 191-198 (1972).

[17] Denning, P.J., Savage, J.E., Spirn, J.R.: Some thoughts about locality in program behavior. Proc. Symp. on Comp. Comm. Networks and Teletraffic. Polytechn. Press of the PIB, New York, 101-112 (1972).

[18] Fischer, K.: Zum Konzept des virtuellen Speichers. Vortrag Informatik-Kolloquium, Universität Stuttgart, 5.12.1972.

[19] Hatfield, D.J.: Experiments on page size, program access pattern, and virtual memory performance. IBM J. Res. Develop. $\underline{16}$,58-66 (1972).

[20] King, W.F.,III: Analysis of paging algorithms. IFIP Conf. Proc., Ljubljana, TA-3-155-159 (1971).

[21] Mattson, R.L., Gecsei, J., Slutz, D.R., Traiger, I.L.: Evaluation techniques for storage hierarchies. IBM Syst.J. $\underline{9}$, 78-117 (1970).

[22] Morrison, J.E.: User program performance in virtual storage systems. IBM Syst. J. $\underline{12}$, 216-237 (1973).

[23] Oliver, N., Chu, W.W., Opderbeck, H.: Measurement data on the working set replacement algorithm and their applications. Proc. Symp. on Comp. Comm. Networks and Teletraffic. Polytechn. Press of the PIB, New York, 113-124 (1972).

[24] Pomeranz, J.E.: Paging with fewest expected replacements. IFIP Conf. Proc., Ljubljana, TA-3 160-162 (1971).

[25] Thorington, J.M., Irwin, J.D.: An adaptive replacement algorithm for paged-memory computer systems. IEEE Vol.$\underline{C-21}$, 1053-1061 (1972).

3. Simulation

[26] Boote, W.P., Clark, S.R., Rourke, T.A.: Simulation of a paging computer system. The Computer J. 15, 51-57 (1972).

[27] Kampe, G., Kühn, P., Langenbach-Belz, M.: Simulation in der Nachrichtenverkehrstheorie: Problemstellungen und Programmiersprachen. GI-Workshop über Methodik der rechnergestützen Simulation, Karlsruhe (1973).

[28] Kümmerle,K.: Simulation of the performance of computer systems. Elektron. Rechenanl. 12, 324-328 (1970).

[29] Shedler, G.S., Yang, S.C.: Simulation of a model of paging systems performance. IBM Syst. J. 10, 113-128 (1971).

[30] Wizgall, M.: Simulation eines Verkehrsmodells für Rechnersysteme mit Multiprogramming und Paging unter Berücksichtigung verschiedener Seitenersetzungsstrategien. Diplomarbeit D410, Inst. für Nachrichtenverm. und Datenverarb., Universität Stuttgart, 1973.

4. Zyklische Warteschlangenmodelle

[31] Adiri, I.: Queuing models for multiprogrammed computers. Proc. Symp. on Comp. Comm. Networks and Teletraffic. Polytechn. Press of the PIB, New York, 441-448 (1972).

[32] Adiri, I., Hofri, M., Yadin, M.: A multiprogramming queue. IBM Res. Rep. RC-3566 (1971).

[33] Avi-Itzhak, B.; Heyman, D.P.: Approximate queuing models for multiprogrammed computer Systems. Techn. Memor. Bell Teleph. Lab. MM-7k-1713-15 (1971).

[34] Brown, J.C., Chandy, K.M., Hogarth, J., Lee,C.C.-A.: The effect on throughput of multiprocessing in a multiprogramming environment. IEEE Vol. C-22, 728-735 (1973).

[35] Buzen, J.P.: Queuing network models of multiprogramming. Thesis Harvard Univ., Cambridge, Mass. (1971).

[36] Chen, Y.C., Shedler, G.S.: A cyclic queue network model for demand paging computer systems. IBM Res. Rep. RC-2398 (1969).

[37] Gaver, D.P.: Probability models for multiprogramming computer systems. J. ACM 14, 423-438 (1967).

[38] Gaver, D.P., Shedler, G.S.: Processor utilization in multiprogramming systems via diffusion approximations.Opns.Res.21,569-576(1973).

[39] Gordon, W.J., Newell, G.F.: Closed queuing systems with exponential servers. Opns. Res. 15, 254-265 (1967).

[40] Jackson, J.R.: Networks of waiting lines. Opns.Res. 5,518-521(1957).

[41] Lewis, P.A.W., Shedler, G.S.: A cyclic queue model of system overhead in multiprogrammed computer systems. J.ACM 18, 199-220 (1971).

[42] Shedler,G.S.: A cyclic queue model of a paging machine. IBM Res. Rep. RC-2814 (1970).

[43] Shedler, G.S.: A queuing model of a multiprogrammed computer with a two-level storage system. Comm. ACM 16, 3-10 (1973).

[44] Smith, J.I.: Multiprogramming under a page on demand strategy. Comm. ACM 10, 636-646 (1967).

[45] Spies, P.P.: A queuing model analysis of the multiplexed use of a central processor unit and an I/O-channel. Proc. ACM Intern. Comp. Symp., Bonn, 282-299 (1970).

[46] Wallace, V.L., Mason, D.L.: Degree of multiprogramming in page-on-demand systems. Comm. ACM 12, 305-318 (1969).

EINE METHODE ZUR UNTERSUCHUNG VON PROGRAMMEN BEZÜGLICH EINES BETRIEBSSYSTEMS MIT VIRTUELLEM SPEICHER - ANWENDUNG ZUR VORHERSAGE DES PROGRAMMVERHALTENS

P. Wolf, IBM Böblingen

Zusammenfassung:

Ziel der Arbeit war es, Aussagen über die Struktur von Programmen zu gewinnen, um daraus das Verhalten der Programme in Abhängigkeit vom zur Verfügung stehenden Hauptspeicher abschätzen zu können. Die hier beschriebene Methode ist ein Ansatz in dieser Richtung. Der Grundgedanke ist folgender:

Das Programm läuft in einem geeignet modifizierten System mit simuliertem Seitentausch und zwar unter extremen Bedingungen, d.h. in einem relativ kleinen (simulierten) Hauptspeicher. Dabei wird die gesamte Verweilzeit jeder einzelnen Seite im Hauptspeicher ermittelt und durch die Laufzeit des Programms dividiert. Diese (relative) Verweilzeit ist ein Maß für die"Wichtigkeit" einer Seite. Trägt man für jede Seite die Verweilzeit auf, wobei man zweckmäßigerweise die Seiten so umordnet, daß die Verweilzeiten monoton abnehmen, so erhält man eine Art "Profil" des Programmes. Aus diesem Profil läßt sich nicht nur der Paracore schätzen, sondern in gewissem Umfang sogar das Verhalten des Programms bei vorgegebener Hauptspeichergröße vorhersagen.

Die im folgenden beschriebenen Arbeiten wurden von Herrn Dr. Piepenbring, Herrn Schmengler und dem Verfasser im Testlabor des Bereichs Entwicklung und Forschung der IBM in Böblingen in der Zeit von November 71 bis etwa März 72 durchgeführt.

1. Einführung

Um das Ziel der Arbeit zu motivieren, möchte ich von einer analogen Problemstellung ausgehen: Bezüglich der Hardware einer EDV-Anlage läßt sich ein Programm durch seinen Instruktionsmix charakterisieren. Je größer die relative Häufigkeit einer Instruktion, desto "wichtiger" ist sie für die schnelle Ausführung des Programms. Das "Profil" des Programmes ist also durch die relativen Häufigkeiten der Instruktionen gegeben. Ähnlich sollte es möglich sein, ein Programm bezüglich seiner Eigenschaften in einem System mit virtuellem Speicher zu charakterisieren. Gesucht ist eine Art Profil, in dem für jede Seite ihre "Wichtigkeit" aufgetragen ist, wobei "wichtig" in dem Sinne gemeint ist, wie notwendig es für eine schnelle Ausführung des Programms ist, daß diese Seite im Hauptspeicher steht. Aus einem solchen Profil könnte man auf einen Blick abschätzen, in wieviel Speicher das Programm gut, akzeptabel oder nur noch sehr langsam liefe.

Naheliegend und auch in der Literatur beschrieben (siehe $\begin{bmatrix} 4 \end{bmatrix}$, Literaturverzeichnis) ist der Ansatz, die Häufigkeit des Zugriffs auf eine Seite als Maß zu nehmen. Diese Methode ist jedoch nicht nur relativ aufwendig, sondern hätte auch bei einem großen Teil der Programme, die wir untersuchen wollten, zu irreführenden Ergebnissen geführt, und zwar aus folgendem Grund: Diese Programme, vorwiegend aus dem kaufmännischen Bereich, sind meist Ein-/Ausgabe-intensiv (Ein-/Ausgabe wird im folgenden mit E/A abgekürzt). Sie arbeiten häufig mit mehreren Dateien auf Magnetplatte. Um die Transporte zwischen Hauptspeicher und Platte zu optimieren, werden meist zwei relativ große E/A-Bereiche pro Datei benutzt, die auch über Seitengrenzen reichen können. Bis zu 80% der Seiten der von uns untersuchten Programme waren ganz oder teilweise von E/A-Bereichen überdeckt. Solche Seiten müssen während eines E/A-Vorganges im Hauptspeicher festgehalten ("gefixt") werden. Sie können für den schnellen Ablauf des Programms wichtig sein, auch wenn relativ selten (verglichen mit Code) auf sie zugegriffen wird. Daher wären diese Seiten auf Grund der Zugriffshäufigkeit u. U. nicht als "wichtig" genug erfaßt worden.

2. Meßmethode

Der Grundgedanke ist, das Programm in einem simulierten und geeignet modifizierten System mit virtuellem Speicher ablaufen zu lassen und zwar unter extremen Bedingungen und dabei festzuhalten, wie lange jede Seite dabei insgesamt im Hauptspeicher bleibt. Zur Erläuterung betrachte man das Verhalten einer (auch zeitweise "gefixten") Seite, das in Fig. 1 dargestellt ist. Die Länge V_i eines Verweilzeitintervalles für eine Seite x hängt nicht nur von der Häufigkeit des Zugriffs oder der in ihr enthaltenen "Fixzeit" F_j ab, sondern auch vom verfügbaren Hauptspeicher und vom Seitentauschalgorithmus. Läßt man das Programm in einem hinreichend kleinen Speicher laufen, so verschwinden selten zugegriffene oder selten gefixte Seiten hinreichend rasch. Häufig zugegriffene Seiten können zwar durch einen weniger

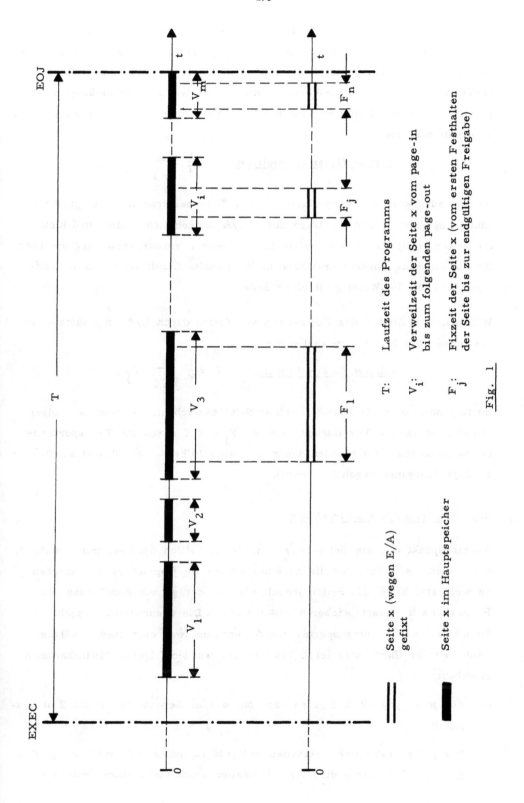

T: Laufzeit des Programms

V_i: Verweilzeit der Seite x vom page-in bis zum folgenden page-out

F_j: Fixzeit der Seite x (vom ersten Festhalten der Seite bis zur endgültigen Freigabe)

Fig. 1

‖   Seite x (wegen E/A) gefixt

▉   Seite x im Hauptspeicher

intelligenten Algorithmus ebenfalls rasch verschwinden, also kurze Verweil-
zeitintervalle haben; sie haben aber eine ihrer Wichtigkeit entsprechende und
vom speziellen Algorithmus weitgehend unabhängige Gesamtverweilzeit. Man
bildet daher die Summe der Verweilzeiten V_i und dividiert zweckmäßigerweise
durch die Laufzeit T des Programms (um Programme vergleichen zu können).
So erhält man die

$$\underline{\text{relative Gesamtverweilzeit}} \quad V = \frac{1}{T} \sum_{i=1}^{m} V_i \; ,$$

im folgenden kurz als Verweilzeit V einer Seite bezeichnet. V ist groß für
häufig zugegriffene und für lange durch E/A festgehaltene Seiten und klein
für selten zugegriffene oder selten gefixte Seiten, vorausgesetzt der Speicher
für die Messung wurde hinreichend klein gewählt. Damit ist V ein vernünf-
tiges Maß für die Wichtigkeit einer Seite.

Will man den Einfluß des Festhaltens von Seiten durch E/A im Hauptspeicher
abschätzen, so bildet man analog die

$$\underline{\text{relative Gesamtfixzeit}} \quad F = \frac{1}{T} \sum_{j=1}^{n} F_j \; ,$$

im folgenden kurz als Fixzeit F einer Seite bezeichnet. (Störend bei obigen
Definitionen ist die Verfälschung von V_i, F_j und T durch die Transportzeiten
für Seitentausch. Wir messen daher mit einer "Uhr", die während solcher
Transportvorgänge angehalten wird).

3. Implementierung der Meßmethode

Ausgangspunkt war ein Betriebssystem, das virtuellen Speicher nur simuliert,
wobei man als Parameter die zu simulierende Hauptspeichergröße angeben
konnte, tatsächlich alle Seiten jedoch während der ganzen Ausführung des
Programms im Hauptspeicher gehalten wurden. Die ursprünglich eingebaute
Simulation des Seitentransportes wurde entfernt (was dem oben erwähnten
"Anhalten der Uhr" entspricht). Statt dessen wurden folgende Modifikationen
eingebaut:

o   Für jeden page-in und jeden page-out wurden Seitennummer und Zeit fest-
     gehalten.

o   Für jedes erstmalige Festhalten und jede darauffolgende vollständige Frei-
     gabe bei E/A wurde dieselbe Information gesammelt. (Eine Seite kann

mehrere E/A-Bereiche enthalten!)

Diese Information wurde im Hauptspeicher gesammelt und erst bei Überlauf des vorgesehenen Bereichs auf Band ausgegeben. Die weitere Verarbeitung wurde in speziellen Auswertungsprogrammen durchgeführt.

4. Beispiel

Die Auswertungsprogramme geben im wesentlichen das Profil der Verweilzeiten geordnet nach abnehmender Verweilzeit aus. Daneben liefern sie das Profil der Verweilzeiten nach aufsteigenden Seitennummern (die aus technischen Gründen bei 15 beginnen), die entsprechenden Profile für die Fixzeiten und eine Reihe zusätzlicher Informationen. Fig. 2 zeigt das kombinierte Profil der Verweil- und Fixzeiten für das Programm X17. Das Programm hat 34 K Bytes (= 17 Seiten; 1 Seite = 2 K Bytes). Das Profil wurde in einem Lauf in einem simulierten Hauptspeicher von 14 K gewonnen. Es zeigt 7 Seiten mit einer Verweilzeit von weniger als 25%. Als Schätzwert für den Paracore nehmen wir (mit etwas Erfahrung im Auswerten solcher Profile) 20 K. In diesem Fall wurde die Genauigkeit des Schätzwerts durch zusätzliche Läufe mit verschieden großem simulierten Hauptspeicher geprüft, in denen die Gesamtzahl der pagefaults gezählt wurde (nur theoretischer Wert, da kein Seitentransport stattfand!). Das Ergebnis in Fig. 2a zeigt, daß der Schätzwert von 20 K etwa 7 pagefaults/sec. entspricht und erstaunlich gut ist. Das Beispiel zeigt die Vorteile der Methode: Der Aufwand ist gering (1, gegebenenfalls 2 Läufe für ein Profil gegenüber 6 Läufen für eine halbwegs vollständige Kurve) und auch Seiten, die lange wegen E/A festgehalten werden, sind korrekt berücksichtigt.

5. Übersicht über die Ergebnisse

Die von uns untersuchten Programme ließen sich grob in vier Gruppen einteilen, von denen ich je einen Vertreter vorstellen möchte.

5.1 Kleine technisch-wissenschaftliche Programme

Ein typisches Beispiel hierfür ist das Programm X03 (Berechnung von Diodenhennlinien, codiert in FORTRAN, Größe 22 K). Im Profil (keine Abbildung) zeigen alle Seiten Verweilzeiten von mindesten 50%. Der Paracore entspricht

Programm X17

Verteilung der Verweilzeiten

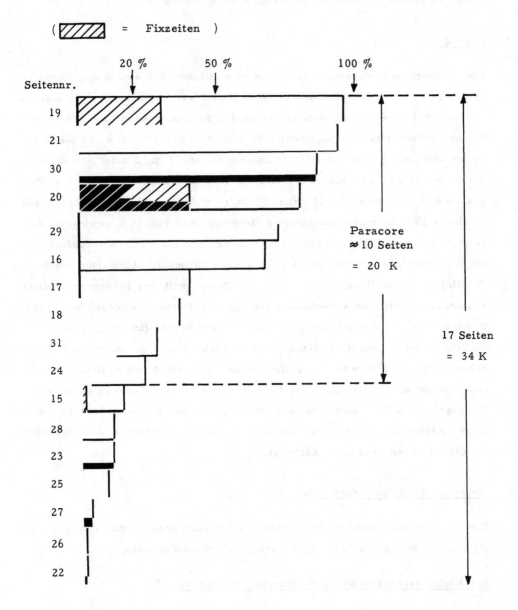

Fig. 2

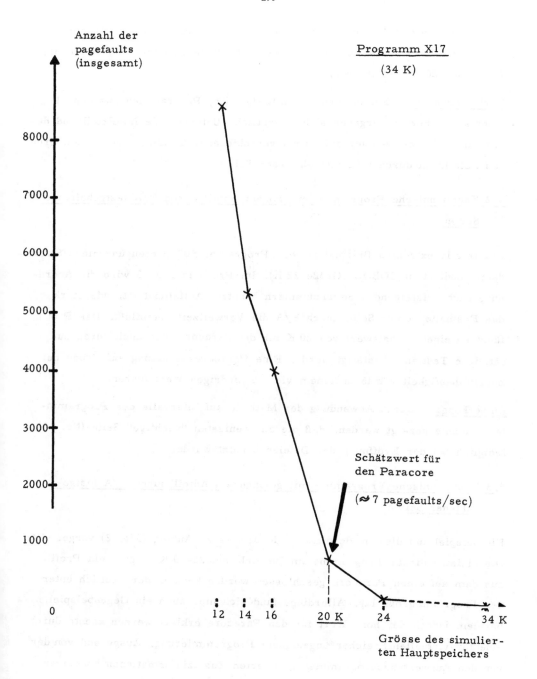

Fig. 2a

also praktisch der Programmgröße. Auch diese Annahme wurde überprüft: Die Wegnahme einer Seite im Hauptspeicher führte zu dem (theoretischen!) Wert von 120 pagefaults/sec.

Vorbemerkung: Bei (kleinen bis mittelgroßen) Programmen aus dem kaufmännischen Bereich ergeben sich wesentliche Unterschiede im Profil und damit im Verhalten weniger auf Grund verschiedener Größen, sondern auf Grund des Anteils an durch E/A festgehaltenen Seiten.

5.2 Kaufmännische Programme mit hohem Anteil durch E/A festgehaltener Seiten

Ein relativ extremes Beispiel ist das Programm X07 (Erzeugung einer Stammdatei, codiert in COBOL, Größe 22 K). Im Profil in Fig. 3 wird die Anordnung nach aufsteigenden Seitennummern benutzt. Auffallend ist, wie stark das Festhalten einer Seite durch E/A die Verweilzeit beeinflußt. Das Profil führt zu einem Schätzwert von 20 K für den Paracore, der auch durch zusätzliche Testläufe bestätigt wurde. Eine Paracore-Schätzung auf Grund der Zugriffshäufigkeit würde zu einem viel zu niedrigen Wert führen.

Anmerkung: Durch Anwendung der Methode auf Intervalle des Programmlaufs konnte gezeigt werden, daß die am wenigsten "wichtige" Seite (Nr. 15) lediglich bei der Eröffnung der Dateien benutzt wurde.

5.3 Kaufmännische Programme mit geringerem Anteil durch E/A festgehaltener Seiten

Ein Beispiel aus diesem Bereich wurde bereits zu Anfang (Fig. 2) vorgestellt. Die meisten dieser Programme im Bereich von 28-50 K zeigten ein Profil, aus dem auf einen Paracore geschlossen werden konnte, der deutlich unter der Programmgröße lag. Allerdings fand sich hier auch ein Gegenbeispiel, bei dem jedoch der hohe Wert für den Paracore erklärt werden konnte durch eine für virtuellen Speicher ungeeignete Programmierung. Ausgehend von der von den Auswertungsprogrammen gelieferten Zusatzinformationen konnte ermittelt werden, daß der zur normalen Verarbeitung eines Datensatzes nötige Code auf 24 K zerstreut war. Es wäre interessant, Verbesserungen am Programm in dieser Richtung mittels der hier beschriebenen Methode zu verfolgen.

Programm X07

Verteilung der Verweilzeiten

(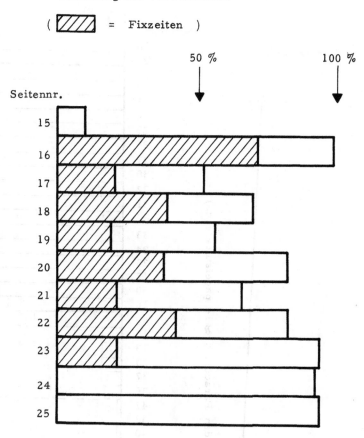 = Fixzeiten)

Fig. 3

5.4 Mittlere bis größere technisch-wissenschaftliche Programme

Ein typisches Beispiel ist das Programm X23 (Lösung des Transportproblems nach Ford und Fulkerson, codiert in PL/I, Größe 72 K). Fig. 4 zeigt nicht nur das Profil der Verweilzeiten, sondern auch die Ergebnisse einer Messung des Programms in verschiedenen Speichergrößen, die zu Vergleichszwecken durchgeführt wurde.

Aus dem Profil schätzt man den Paracore auf etwa 40 K; außerdem kann man annehmen, daß im Bereich von 40 - 50 K nur mäßig viele, von 50 - 72 K fast

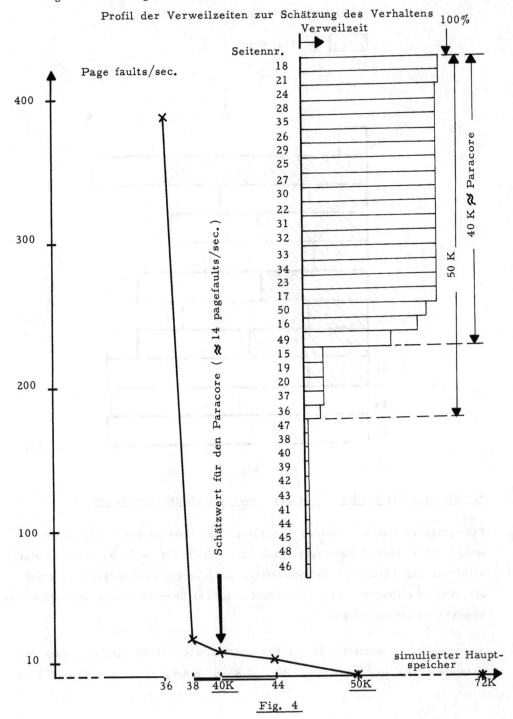

Fig. 4

keine Seitentransporte auftreten.

Die Meßkurve zeigt, daß der Schätzwert für den Paracore nur um 1 Seite
zu hoch ist. Der Knick in der Meßkurve und damit der exakte Wert des Para-
cores liegt bei 38 K, wobei der Anstieg von 23 pagefaults/sec. bei 38 K auf
384 pagefaults/sec. bei 36 K (theoretischer Wert!) ziemlich ausgeprägt ist.
Auch das Verhalten in den Bereichen 40 - 50 K (14 - 0.4 pagefaults/sec.) und
50 - 72 K (0.4 - 0 pagefaults/sec.) wurde gut vorhergesagt. (Dabei wurde für
das Profil nur 1 Lauf des Programms benötigt!).

6. Folgerungen und Anwendungen

Zum Abschluß möchte ich auf Folgerungen aus den Ergebnissen und auf mögliche Anwendungen der Methode eingehen.

6.1 Modelle bzw. Theorien für das Programmverhalten im virtuellen Speicher

Die Untersuchung kaufmännischer Programme hat gezeigt, daß E/A-Vorgänge
erheblichen Einfluß auf das Programmverhalten, speziell auf den Speicherbedarf haben können. Dies gilt aber praktisch für den gesamten Bereich der
immer mehr an Bedeutung gewinnenden nichtnumerischen Datenverarbeitung.
Man sollte daher E/A-Vorgänge durchaus in entsprechende Modelle oder
Theorien miteinbeziehen.

6.2 "Tuning" und Test von Betriebssystemen

Um die Leistung von Betriebssystemen mit virtuellem Speicher gezielt testen
zu können, braucht man eine wohldefinierte Arbeitslast. Profile der oben beschriebenen Art erleichtern es, Programme zu einer Arbeitslast zusammen-
zustellen, von der man tatsächlich weiß, welche Speicheranforderungen sie
stellt. (Die Programmgröße ist hierfür nur eine sehr unvollkommene Information.)

Ein solches Hilfsmittel ist vor allem dann interessant, wenn man z.B. die
Parameter für den Steuerungsmechanismus einstellen oder testen will, der
das System gegen Überlastung schützen bzw. auch das Ende einer Überlas-
tungsperiode erkennen soll.

6.3 "Tuning" der Belastung eines Betriebssystems

Bei vorgegebenem System kann die Methode auch benutzt werden, um die
Verteilung der Arbeit zu optimieren, indem mach sich z.B. von häufig benutzten oder kritischen Programmen Profile verschafft und auf Grund dieser
Kenntnisse Engpässe, aber auch zu niedrige Auslastung des Systems von
vornherein vermeidet. Auf Grund von Profilen kann man auch entscheiden,
ob es sinnvoll ist, Programme auf eine z.B. als Backup-System dienende
Anlage mit kleinerem Speicher zu übernehmen.

6.4 "Tuning" von Programmen bzw. Übersetzern

Die Hauptanwendung einer Methode wie der oben beschriebenen dürfte darin
bestehen, Programme bezüglich ihres Verhaltens in einem System mit virtuellem Speicher zu optimieren. Die Profile sind ein gutes Hilfsmittel um
Änderungen im Quellprogramm bzw. auch in der Codeerzeugung des Über-
setzers hinsichtlich ihrer Auswirkungen auf den Speicherbedarf zu verfolgen.
Dabei wäre es vorteilhaft, wenn man die Weite des verwendeten Seitenrasters
dabei variieren könnte.

[1] Denning, P.J.:   Virtual Memory

[2] MacGowan, J.M.:   Univac 1108 Instrumentation

[3] Hatfield, D.J. and Gerald, J.:   Program Restructuring for
                                      Virtual Memory

[4] Yang, S.C. and Chen, Y.C.:   Simulation of Programs Operating
                                  in a Demand Paging Environment

SIMULATION UND RECHNUNG BEI DER DURCHSATZOPTIMIERUNG FÜR GEMESSENE, TECHNISCH-WISSENSCHAFTLICHE AUFGABENPROFILE *)

Bernhard Walke

Mitteilung aus dem AEG-TELEFUNKEN Forschungsinstitut Ulm.

1. Einleitung

Der Durchsatz ist für Rechenanlagen im Stapelbetrieb ein allgemein anerkanntes Leistungsmaß. Er gibt an, wieviele Programme pro Zeiteinheit im Mittel fertiggestellt werden. Bei gegebener Anlagenkonfiguration und bekanntem Aufgabenprofil der Benutzer hängt der Durchsatz u. a. stark von den Strategien der Rechnerkern- und Arbeitsspeicherplatz-Zuteilung ab. Das gilt, solange der Arbeitsspeicher nicht unendlich groß ist. Je kleiner der Arbeitsspeicher ist, umso größer ist die Abhängigkeit des Durchsatzes von den genannten Strategien. Bei kleinem Arbeitsspeicher lohnt sich deshalb der Einsatz besonders ausgesuchter Strategien am meisten.

Diese Arbeit beschäftigt sich mit dem Problem, den Durchsatz einer gegebenen Rechnerkonfiguration gestützt auf statistische Kenntnisse über das Aufgabenprofil der Benutzer zu optimieren. Dabei beschränken wir uns auf die drei wichtigen Betriebsmittel Rechnerkern, Arbeitsspeicher und Transportkanal zwischen Arbeits- und Hintergrundspeicher. Es handelt sich hier um ein System mit zwei durch einen begrenzt großen Puffer gekoppelten Bedienstellen.

Der Bearbeitungsablauf eines Programmes (Aufgabe) hängt stark von Betriebssystem und Dateiorganisation einer Rechenanlage ab. Messungen bei technisch-wissenschaftlichem Aufgabenprofil zeigen jedoch eine erstaunlich gute Übereinstimmung im Charakter der Programmbearbeitung bei verschiedensten Anlagen (IBM-OS/360 [1, 2], SDC-Q32 [3], TC-TR440 [4], PDP-6 [5], GE-265 [6], CDC 6600 [7, 9], ATLAS [8]): Typisch ist, daß wegen des jedem Programm zur Bearbeitung zugeteilten begrenzten Arbeitsspeichers die Rechenarbeit an jeder Aufgabe mehr oder weniger oft wegen notwendiger Ergänzungstransporte zwischen Arbeits- und Hintergrundspeicher unterbrochen werden muß (in Systemen mit demand paging spricht man von page-faults). Zwischen zwei solchen Transporten kann der Rechnerkern für die Dauer einer Teilaufgabe an der Aufgabe arbeiten. Man mißt im statistischen Mittel viele (z. B. 200) Teilaufgaben pro Aufgabe.

*) Zu 50 % gefördert aus dem DV-Programm der Bundesrepublik.

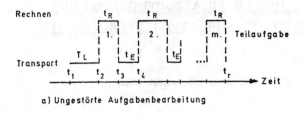

a) Ungestörte Aufgabenbearbeitung

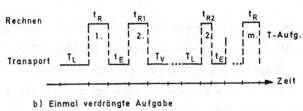

b) Einmal verdrängte Aufgabe

Bild 1. Transport-Rechenzeitfolge einer Aufgabe

Bild 1a beschreibt die Transport-Rechenzeitfolge einer Aufgabe für den Fall, daß keine weiteren Aufgaben im Rechensystem vorhanden sind. Zum Zeitpunkt t_1 existiert ein bearbeitbares Programm im Hintergrundspeicher. Seine gesamte Rechenzeitforderung ist bei m Teilaufgaben

$$T_R = \sum_{i=1}^{m} t_{Ri} \qquad (1.1)$$

Zunächst ist ein Ladetransport des Programms der Dauer T_L notwendig, um bis zum Zeitpunkt t_2 das rechenfähige Programm mit seiner 1. Teilaufgabe in den Arbeitsspeicher zu laden. Dort kann bis zum Zeitpunkt t_3 ununterbrochen für die Dauer t_R an der ersten Teilaufgabe gerechnet werden, dann ist ein Ergänzungstransport der Dauer t_E notwendig, um Daten oder Befehle vom/zum Hintergrundspeicher zu transferieren. Zum Zeitpunkt t_4 kann die 2. Teilaufgabe gerechnet werden, bis nach der Zeit t_R ein weiterer Ergänzungstransport t_E notwendig ist. Nach Fertigstellung der letzten Teilaufgabe zum Zeitpunkt t_r ist kein Transport mehr nötig. Die Aufgabe ist fertiggestellt und verläßt das Modell ohne weitere Transportzeitforderungen.

Konkurrieren mehr Aufgaben um Rechenzeit, als im Arbeitsspeicher gleichzeitig Platz haben, so kann es notwendig werden, eine unfertige Aufgabe aus dem Arbeits- in den Hintergrundspeicher zu verdrängen (Bild 1b). Die unterbrochene Teilaufgabe wird später weiterbearbeitet, es entstehen also nicht aus einer jetzt zwei Teilaufgaben. Das Verdrängen der Befehle und Daten einer unfertigen Aufgabe benötigt die Transportzeit T_V. Soll die Aufgabe in den Arbeitsspeicher zurückgeladen werden, so ist, wie vor Rechenbeginn für jede Aufgabe, die Ladetransportzeit T_L notwendig. Eine ungestört (ohne Verdrängung) abgearbeitete Aufgabe benötigt bei m Teilaufgaben pro Aufgabe die gesamte Transportzeit

$$T_H = T_L + \sum_{i=2}^{m} \cdot t_{Ei}. \qquad (1.2)$$

Für jede Verdrängung kommt ein Anteil $(T_V + T_L)$ hinzu. Während also die Rechenzeit T_R einer Aufgabe konstant bleibt, ist die insgesamt verbrauchte Transportzeit von der Zahl der Verdrängungen einer Aufgabe abhängig. Die Unterscheidung von verschiedenen Transportzeiten t_E, T_L, T_V wurde eingeführt, weil Messungen an Rechensystemen gezeigt haben, daß der Erwartungswert für Ergänzungstransporte $E(t_E)$ in der Regel wesentlich kleiner ist, als die Erwartungswerte $E(T_L)$, $E(T_V)$. Die Definition der Aufgabe aus Teilaufgaben ist hier so erfolgt, daß bei gegebenem Datensatz eines Programmes und konkurrenzloser Bearbeitung die Folge aus Transporten und Teilaufgaben reproduzierbar erhalten bleibt.

Gemessene Summenhäufigkeiten von Teilaufgabenrechenzeiten $[1 - 9]$ lassen sich gut durch stückweise negativ exponentielle Funktionen annähern $[10]$. In der Regel reichen zwei Anteile aus $[11]$, so daß die Rechenzeitverteilung von Teilaufgaben angenähert werden darf durch

$$P(t_R \leq t) = \begin{cases} 1 - e^{-\mu_1 t} & 0 \leq t \leq t_g \\ 1 - e^{-(\mu_1-\mu_2)t_g-\mu_2 t} & t_g < t \end{cases} \quad (1.3)$$

Erwartungswert $\quad E(t_R) = 1/\mu_1 + e^{-\mu_1 t_g} \cdot (1/\mu_2 - 1/\mu_1)$ $\qquad (1.4)$

Streuung $\quad \sigma^2 = 1/\mu_1^2 + 2(1/\mu_2-1/\mu_1)e^{-\mu_1 t_g}[t_g+1/\mu_2+(1/\mu_2-1/\mu_1)e^{-\mu_1 t_g}]$ $\quad (1.5)$

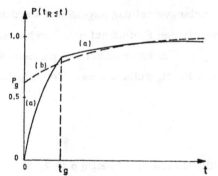

Bild 2. **Stückweise (a) und entartet(b) negativ exponentielle Verteilungen**

Bild 2 zeigt ein Beispiel der Verteilung Gl.(1.3) (Kurve a). Für die analytische Berechnung komplizierter Modelle hat sich anstelle von Gl.(1.3) eine einfachere Näherung durch eine entartet negativ exponentielle Verteilung bewährt $[12, 13]$ $P(t_R \leq t) = 1 - (1-P_g) e^{-\mu t}$ $\qquad (1.6)$ Bild 2 zeigt auch diese Verteilung (Kurve b). Erwartungswert und Streuung lauten $E(t_R)=(1-P_g)\mu^{-1}$ $\quad (1.7)$ $\quad \sigma^2=(1-P_g^2)\mu^{-2}$ $\quad (1.8)$ Messkurven für die Summenhäufigkeit der Rechenzeiten t_R von Teilaufgaben unterscheiden

sich untereinander durch den Variationskoeffizienten VK $= \sigma/E(t_R)$ $\qquad (1.9)$. Beispielsweise haben Stapelaufgaben im Testbetrieb einen kleineren Variationskoeffizienten als die rechenintensiven Aufgaben im Nachtschicht-Betrieb eines Großrechners. In beiden Fällen ist der Variationskoeffizient deutlich größer als 1. Wir gehen, um Aussagen für ein breiteres Spektrum von Teilaufgaben-Rechenzeitverteilungen zu ermöglichen, von zwei bei der TC-TR 440 gemessenen Summenhäufigkeiten aus $[14]$, nähern durch stückweise exponentielle Verteilungen an, und kennzeichnen die Näherungen durch ihren kleinen bzw. großen Variationskoeffizienten.

Verteilung	$\mu_1 \, [\, s^{-1} \,]$	$\mu_2 \, [\, s^{-1} \,]$	$t_g \, [\, s \,]$	$E(t_R) \, [\, s \,]$	VK
VK-G	18.4	0.066	0.25	0.2	10.6
VK-K	22.35	0.949	0.175	0.065	3.4

Tabelle 1. Parameter zweier Verteilungen (Gl. (1.3)).

Tabelle 1 enthält Parameter und einige typische Kennzeichen der beiden Verteilungen VK-K und VK-G. Die Parameter der entsprechenden entartet negativ exponentiellen Verteilungen (Gl. 1.6) kann man so wählen, daß Erwartungswert und Streuung eingehalten werden. Aus $[\,13\,]$ ist jedoch bekannt, daß der Durchsatz bei <u>optimaler Rechnerkernzuteilung</u> und entartet negativ exponentieller Rechenzeitverteilung nur vom Erwartungswert abhängt, so daß $\{\mu, \, P_g\}$ in Gl. (1.6) nur über Gl. (1.7) paarweise festgelegt sind.

Die Transportzeiten t_T für Laden (T_L) und Verdrängen (T_V) von Programmen sowie für Ergänzen (t_E) zur Aufbereitung der nächsten Teilaufgabe dürfen, gestützt auf Messungen $[\,14\,]$, durch negativ exponentielle Verteilungen angenähert werden

$$P(t_T \le t) = 1 - e^{-t/E(t_T)} \tag{1.10}$$

Die Zeiten t_E könnten noch besser durch eine 2-Erlangverteilung angenähert werden, diese Feinheit hat jedoch nach $[\,13\,]$ keinen wesentlichen Einfluß auf den Durchsatz. Die Zahl m der Teilaufgaben ist laut Messungen $[\,14\,]$ in guter Näherung geometrisch verteilt, d.h. die Wahrscheinlichkeit p_o, daß nach Fertigstellung einer Teilaufgabe eine weitere nachfolgt ist in etwa konstant.

2. Rechnermodell und Strategien

Der Arbeitsspeicher des Simulationsmodells (Bild 3) kann gleichzeitig n (= 2, 3) Programme aufnehmen, so daß maximal n Teilaufgaben zur Bearbeitung beim Rechnerkern anstehen. In <u>Warteschlange 1</u> stehen unbearbeitete Aufgaben, in WS 3 unbearbeitete und in WS 2 und WS4 teilweise bearbeitete Teilaufgaben verschiedener Aufgaben. Auf dem gestrichelten Weg werden Ergänzungstransporte veranlaßt. Während WS1 und WS2 unendlich werden können, sind in WS3 und WS4 zusammen höchstens n Plätze

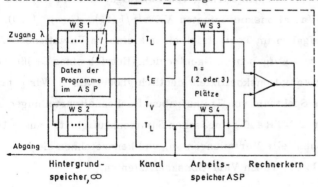

Bild 3. Simulationsmodell

besetzt. Simulationsergebnisse sind leichter überschaubar, wenn nur wenige Parameter vorhanden sind. Wir klammern deshalb Peripheriegeräte aus, denn ihr Einfluß auf den Durchsatz kann getrennt betrachtet werden. Die Berücksichtigung einer
Speicherhierarchie mit Hintergrundspeichern unterschiedlicher Zugriffs- und Über-
tragungscharakteristiken würde viele Parameter beitragen. Wir wollen Arbeits-
speicherbelegungs-Strategien untersuchen und brauchen dabei keine Rücksicht auf
die Datenorganisation in Hintergrunspeichern zu nehmen. Es reicht aus, die Leistungsfähigkeit der in Wirklichkeit vorhandenen vielen Kanäle zu erfassen. Das Modell besitzt einen "Ersatz"-Kanal mit entsprechender Transportleistung.

Wir nehmen eine geometrische Verteilung für die Zahl m von Teilaufgaben pro Aufgabe an. Der Erwartungswert pro Aufgabe ist $E(m) = (1-p_o)^{-1}$ (2.1)
Unter der Voraussetzung, daß das System der Zufallsvariablen "Zahl der Teilaufgaben pro Aufgabe" und "Rechenzeiten t_R aller Teilaufgaben" vollständig unabhängig
ist, gilt für den Aufgaben-Rechenzeiterwartungswert $E(T_R)=E(m)\cdot E(t_R)$ (2.2)
Unbearbeitete Aufgaben treffen (Bild 3) im Hintergrundspeicher mit der Zugangsrate λ ein. Das Angebot A von Aufgaben an den Rechnerkern ist

$A = \lambda \cdot E(T_R)$, bzw. mit Gl. (2.2) $A = E(m) E(t_R)\cdot\lambda$ (2.3)

A ist gleich der Wahrscheinlichkeit, daß der Rechnerkern Arbeit hat. Normiert man
den Durchsatz D (Aufgaben pro Zeiteinheit) auf den Aufgaben-Rechenzeiterwartungswert $E(T_R)$, dann kann man schreiben $D E(T_R) = A_{max}$ (2.4)
wobei A_{max} das Angebot ist, bei dem mindestens eine der Bedienstellen im Modell
(Kanal oder Rechnerkern)   jeweils arbeitet (dann ist λ in Gl. (2.3) gleich D).
Im Modell sind die Transportzeiterwartungswerte für Laden und Verdrängen gleich-
groß angenommen $E(T_L) = E(T_V)$, während für Ergänzungstransporte, gestützt auf
Messungen $\lceil 14 \rfloor$, zwei Fälle untersucht werden

$$E(T_L) = E(T_V) = \begin{cases} E(t_E) & (2.5a) \\ 12\ E(t_E) & (2.5b) \end{cases}$$

Alle Transportzeiten sind negativ exponentiell verteilt angenommen. Die Verteilungen sind nach Ersetzen von $E(t_T)$ durch $E(T_L)$, $E(T_V)$ bzw. $E(t_E)$ aus Gl. (1.10) gegeben. Die kleinstmögliche mittlere Transportzeit einer Aufgabe ist entsprechend
Gl. (1.2, 2.2) $E(T_H) = E(T_L) + \{E(m) - 1\} \cdot E(t_E)$, (2.6)
wenn eine Aufgabe niemals aus dem Arbeitsspeicher verdrängt wird. Für einen mittleren Transport einer Teilaufgabe gilt $E(t_H) = E(T_H)/E(m)$. (2.7)
Strategien: Der Kanal muß einen einmal angefangenen Transport fertigbearbeiten.
Welchen Transport vom/zum Hintergrundspeicher der Kanal jeweils auszuführen hat,

soll untersucht werden. Der Rechnerkern kann jederzeit die Bearbeitung einer Teilaufgabe zugunsten einer anderen im Arbeitsspeicher ohne Zeitverlust unterbrechen
und später weiterrechnen. Sowohl für den Fall des unbegrenzt großen $[15]$,wie
auch für einen auf 2 Programmplätze begrenzten Arbeitsspeicher in einem speziellen Modell $[16]$ ist bewiesen, daß bei einer stückweise negativ exponentiellen Rechenzeitverteilung (Gl. 1. 3) folgende Bearbeitungsstrategie durchsatzoptimal ist:
Unbearbeitete Teilaufgaben haben unterbrechende Priorität gegenüber solchen, die
schon die Zeit t_g verbraucht werden und noch nicht fertig sind (Langrechner). Eine
Teilaufgabe mit bisher verbrauchter Rechenzeit $t_R < t_g$ darf den Rechnerkern behalten, bis $t_R = t_g$ ist, auch wenn andere unbearbeitete Teilaufgaben warten. Langrechner dürfen in beliebiger Reihenfolge bearbeitet werden. Offensichtlich ist diese Strategie auch bei entartet negativ exponentieller Rechenzeitverteilung optimal. Für un-
ser Modell fehlt der Nachweis der Optimalität dieser Strategie; sie ist jedoch plausibel optimal und wird PO abgekürzt.

3. Durchsatz bei der Strategie FCFS

In den meisten Betriebssystemen ist es üblich, einmal in den Arbeitsspeicher geladene Stapelaufgaben bis zu ihrer Fertigstellung dort zu belassen. Vorübergehende
Verdrängungen mit dem Ziel, den Durchsatz zu optimieren, sind nicht vorgesehen.
Wir bezeichnen diese Arbeitsspeicherbelegungsstrategie FCFS (first come first
served). Bei stückweise exponentieller Rechenzeitverteilung und begrenzter Zahl
n > 1 von Plätzen im Arbeitsspeicher kann der Durchsatz bisher nur durch Simulation bestimmt werden.

Es treten keine Verdrängungen auf, also gibt es im Hintergrundspeicher des Modells
(Bild 3) nur die Warteschlange 1. Dort muß immer ein Platz mit einer unbearbeiteten
Aufgabe belegt sein. In WS 4 treffen nur Aufgaben ein, die wegen eines Zeitverbrauchs
$t_R = t_g$ der aktuellen Teilaufgabe aus WS 3 ausgesondert werden. Der Durchsatz hängt
nur vom Verhältnis der Mittelwerte der Aufgabentransport- und Rechenzeit ab. Deshalb ist die hier vorgenommene Vereinfachung $E(T_L) = E(t_E) = E(t_H)$ (3. 1)
ohne Belang. Nach Simulation der Fertigstellung einer genügend großen Zahl Z von
Aufgaben wird mit Hilfe der währenddessen verstrichenen Systemzeit SZ eine Stichprobe für den Durchsatz genommen D = Z/SZ (3. 2)
Unter der Voraussetzung, daß die Rechen- und Transportzeiten der Teilaufgaben voneinander unabhängig sind, kann man das Transport-Rechenzeitverhältnis durch die
Erwartungswerte für Teilaufgaben $E(t_H)/E(t_R)$ oder für Aufgaben $E(T_H)/E(T_R)$ be-

schreiben. Es ergibt sich sowohl bei 2 als auch bei 3 Plätzen im Arbeitsspeicher, daß der Durchsatz für die Teilaufgabenrechenzeitverteilung VK-G im untersuchten Bereich $0.5 \leq E(T_H)/E(T_R) \leq 1.5$ (vgl. Bild 4) geringfügig größer als für die Verteilung VK-K ist. Der Einfluß des Variationskoeffizienten auf den Durchsatz ist klein. Der normierte Durchsatz bei n = 1, ∞ vielen Plätzen kann berechnet werden

$$DE(T_R)/_{n=1} = \frac{E(T_R)}{E(T_H)+E(T_R)} \; ; \; DE(T_R)/_{n=\infty} = \begin{cases} 1 & E(T_R) \geq E(T_H) \\ \dfrac{E(T_R)}{E(T_H)} & \text{für} \quad E(T_R) < E(T_H) \end{cases} \qquad (3.3)$$

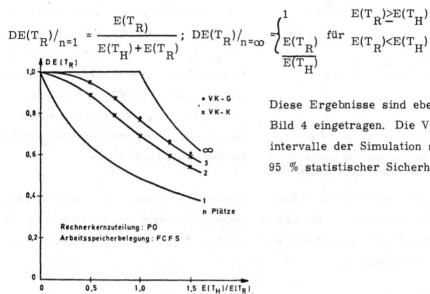

Diese Ergebnisse sind ebenfalls in Bild 4 eingetragen. Die Vertrauensintervalle der Simulation sind bei 95 % statistischer Sicherheit $\leq$ 3 %.

Bild 4. Normierter Durchsatz für zwei Verteilungen

3.1 Durchsatz bei stückweise und entartet exponentieller Verteilung

Die stückweise exponentielle Verteilung ist für die Rechnung bei begrenztem Arbeitsspeicher zu unhandlich. Die etwas gröbere Näherung an die Summenhäufigkeit von Teilaufgabenrechenzeiten durch eine entartet negativ exponentielle Verteilung erlaubt dagegen die Durchsatzberechnung bei n Plätzen im Arbeitsspeicher [13]. Es ist unter den hier gemachten Voraussetzungen

$$D\,E(T_R) = \left[\left\{ \frac{E(T_H)}{E(T_R)} \right\}^n - 1 \right] \bigg/ \left[\left\{ \frac{E(T_H)}{E(T_R)} \right\}^{n+1} - 1 \right] \qquad (3.4)$$

Für n = 1, ∞ stimmen die Gln. (3.3, 3.4) überein, denn dann spielt die Verteilung keine Rolle. Uns interessiert, wie sehr sich der für entartet exponentiell verteilte Teilaufgabenrechenzeiten berechenbare (Gl. (3.4) von dem für stückweise exponentiell verteilte Rechenzeiten simulierte Durchsatz unterscheidet. Man stellt fest (Bild 5), daß für die entartete Verteilung ein etwas kleinerer Durchsatz als für die stückweise Verteilung herauskommt. Das ist plausibel: Es gibt wegen der hohen Wahrscheinlichkeit $P(t_R = t_g)$, daß Teilaufgaben kurze Re-

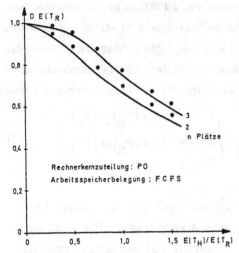

Bild 5. Normierter Durchsatz für entartet (Kurven) u. stückweise (Punkte) expon. Verteilungen

chenzeiten haben (Bild 2), immer wieder Zeiten, während denen keine Langrechner-Teilaufgabe im Arbeitsspeicher ist. Solange die mittlere Transportzeit $E(T_H)$ größer als Null ist, wirkt sich in solchen Situationen eine Auslastung des Rechnerkerns durch Teilaufgaben mit Rechenzeiten $0 < t_R < t_g$ durchsatzsteigernd aus, denn Kanal und Rechnerkern können gleichzeitig arbeiten. Bei t_g = 0 (Gl. 1.6) fällt diese Überlappungsmöglichkeit weg, also muß dann bei gleichem Verhältnis $E(T_H)/E(T_R)$ der Durchsatz kleiner sein.

Man kann sagen, daß durch die Annahme einer entartet negativ exponentiellen Verteilung als Näherung an eine stückweise exponentielle Verteilung ein kleiner Fehler mit bekanntem Vorzeichen auftritt. Die einfachere Näherung (Gl. (1.6) liefert ausreichend gute Ergebnisse.

4. Durchsatz bei verdrängenden Strategien

Es soll jetzt untersucht werden, welchen Einfluß verschiedene Strategien zur Belegung eines Arbeitsspeichers mit bearbeitbaren Programmen auf den Durchsatz haben. Der kritischste Fall ist ein Arbeitsspeicher mit n = 2 Programmplätzen, denn hier unterscheiden sich verschiedene Strategien am stärksten bezüglich des Durchsatzes. Mit zunehmender Zahl n > 2 wird der Unterschied abnehmen, denn bei n = ∞ sind alle Strategien gleichwertig.

4.1 Entscheidungszustände im Modell und ihre Beschreibung

Die bekannte Rechnerkernzuteilungs-Strategie ermöglicht die Einteilung aller auf Bearbeitung wartenden Teilaufgaben mit Hilfe ihrer verbrauchten Rechenzeit in zwei Klassen: unbearbeitete und schon mindestens die Zeit t_g bearbeitete (Langrechner). Eine feinere Unterscheidung innerhalb jeder der Klassen ist nicht notwendig, denn weitergehende Kenntnisse über eine Teilaufgabe sind nach [16] für die Durchsatzoptimierung nicht nötig. Die Belegung des Arbeitsspeichers kann nur verändert werden, wenn der Kanal für einen Transport frei ist. Entscheidungen über eine eventuelle Änderung der Belegung sind also nur bei unbelegtem Kanal und nicht während

Transporten möglich. Jeder Arbeitsplatz kann entsprechend seiner Belegung vier Zustände annehmen:

* N, ein Programm mit einer unbearbeiteten (neuen), oder jedenfalls noch nicht t_g gerechneten bearbeitbaren Teilaufgabe ist geladen

* L, ein Programm mit einer bearbeitbaren Langrechnerteilaufgabe ist geladen

* F, ein Programm, dessen aktuelle Teilaufgabe fertigbearbeitet ist, liegt dort, während die Daten für die nachfolgende Teilaufgabe noch im Hintergrundspeicher liegen

* 0, es ist kein Programm geladen, der Platz ist leer.

Wegen der Einteilung von bearbeitbaren Teilaufgaben in nur zwei Klassen (N, L) sind trotz freien Kanals Entscheidungen über die Änderung der Belegung des Arbeitsspeichers nur dann notwendig, wenn sich der Zustand eines Platzes (N, L, F, 0) gerade verändert hat. Solche Änderungen sind einerseits auf Grund der Arbeit des Rechnerkerns möglich, nämlich von N → L oder F und von L → F, der Kanal andererseits erzeugt Zustandsänderungen eines Arbeitsspeicherplatzes von 0 → N oder L, F → 0, L → 0, (N → 0 wird ausgeschlossen). Jede der von Rechner und Kanal erzeugten Änderungen führt zu einem Entscheidungszustand, in dem festzulegen ist, welche Politik jetzt vom Kanal auszuführen ist. Mit dem Begriff Politik wird die Menge der Möglichkeiten des Kanals, in einem Entscheidungszustand Transporte auszuführen, bezeichnet. Als Strategie wird dagegen die Summe der Politiken (eine je Zustand) aller möglichen Entscheidungszustände zusammengefaßt. Demnach legt eine Strategie für jeden möglichen Entscheidungszustand die durchzuführende Politik des Transportkanals fest. Die Angaben über die Belegung der einzelnen Arbeitsspeicherplätze reichen nicht zur Beschreibung des Modellzustandes aus. In vielen Fällen ist es notwendig, zu wissen, ob und was für Teilaufgaben (mit zugehöriger Aufgabe) im Hintergrundspeicher auf Bearbeitung warten. Das Problem der Bestimmung von günstigsten Strategien zur Platzzuteilung kann durch Simulation nicht so fein untersucht werden, daß neben dem Typ von im Hintergrundspeicher wartenden Teilaufgaben auch noch die jeweilige Anzahl über je eine Politik eingeht. Im Rahmen der in [16] beschriebenen Arbeiten ist nachgewiesen, daß für eine optimale Strategie die Anzahl der im Hintergrundspeicher wartenden jedes Typs (N und L) berücksichtigt werden muß. Jedoch führt die Vernachlässigung solcher Feinheiten zu in guter Näherung gleichwertigen Ergebnissen für das Optimierungsziel, so daß dann "praktisch optimale" Strategien vorliegen. Die Zustandsbeschreibung des Hintergrundspeichers kann also sehr vereinfacht werden und zwar auf die Angabe: mindestens eine/keine Teilaufgabe der Klasse N und ebenso der Klasse L ist vorhanden.

4. 2 Politiken in Entscheidungszuständen und Strategiebeschreibung

Die Zustandsbeschreibung des Arbeitsspeichers mit seinen zwei Plätzen erfolgt durch das Zweitupel (A, B) mit A, B $\in$ (0, F, N, L). Es gibt 10 verschiedene Zustände, die in Entscheidungszeitpunkten vorliegen können: FF, F0, 00, 0N, FN, 0L, FL, LL, NL, NN. Wir suchen hier für jeden Entscheidungszustand die jeweils günstigste Politik zur Belegung des Arbeitsspeichers und bezeichnen sie durch eine Anweisung an den Transportkanal. Die nebenstehenden Anweisungen an den Kanal sind nötig. Die Politiken LAN und LAL müssen als Anweisungen betrachtet werden, die "falls möglich" auszuführen sind. Diese Interpretation zusammen mit der Unterscheidung zwischen VER, VERN und VERL macht die Zustandsbeschreibung ohne Angabe darüber möglich, welche Teilaufgaben

WAR	Warte auf den nächsten Entscheidungszeitpunkt, nicht transportieren
VER	Verdränge eine Langrechner-Teilaufgabe mit zugehöriger Aufgabe aus dem Arbeitsspeicher
LAN	Lade eine unbearbeitete (neue) Teilaufgabe aus dem Hintergrund- in den Arbeitsspeicher
LAL	Lade eine lange Teilaufgabe (mit zugehöriger Aufgabe) aus dem Hintergrund- in den Arbeitsspeicher
VERN	Verdränge eine Langrechner-Teilaufgabe aus dem Arbeitsspeicher, wenn eine unbearbeitete (neue) Teilaufgabe im Hintergrundspeicher wartet
VERL	Verdränge eine Aufgabe ohne Teilaufgabe (F), wenn im Hintergrundspeicher eine lange wartet

im Hintergrundspeicher warten. Es gilt als vereinbart, daß die Angabe mehrerer Politiken z. B. LAN/LAL heißen soll: bevorzugt die erste Politik ausführen, ist das nicht möglich, dann die nachfolgende, falls möglich. Der Kanal muß warten (WAR), wenn die als letzte angegebene Politik nicht ausführbar ist (LAN/LAL ist gleichwertig zu LAN/LAL/WAR oder LAL ist gleichwertig zu LAL/WAR). Die hier beschriebene Einbeziehung des Hintergrundspeicherzustandes in die Transportanweisungen hat sich für eine übersichtlichere Darstellung als vorteilhaft ergeben.

Durch Vorüberlegungen gelingt es, für eine ganze Reihe von Arbeitsspeicherbelegungszuständen die einzig mögliche, bzw. die optimale Politik anzugeben. Das Verfahren ist ähnlich wie in $\lceil 16 \rceil$. Faßt man in der Strategiebeschreibung die Belegungszustände F0, 00 und FL, 0L zu je einem zusammen (hier sind bezüglich des Zustands F und 0 nur gleiche Politiken sinnvoll), so bleiben nach einer langwierigen Ausscheidungsprozedur 50 Strategien übrig, über deren Einfluß auf den Durchsatz nur durch Simulation in einem Rechnermodell Aussagen möglich sind. Bild 6 zeigt 4 Strategien, die sich als besonders interessant erwiesen haben und die Strategie

FCFS. Der Zustand FF ist weggelassen worden, weil er nicht vorkommt.

4.3 Durchsatz-Abschätzung für verdrängende Arbeits-speicher-Belegungsstrategien

Es sollen Strategien gefunden werden, die trotz nur $n = 2$ Plätzen den Durchsatz des unbegrenzten Arbeitsspeichers bestmöglichst erreichen. Nach Bild 4 sind die Durchsatzunterschiede von $n = 2$ zu $n = \infty$ in der Gegend $E(T_H) \approx E(T_R)$ am größten. Dort werden sich verschiedene Strategien also am stärksten unterscheiden. Bei $E(T_H) \ll E(T_R)$ und $E(T_H) \gg E(T_R)$ sind kleinere Unterschiede für den Durchsatz verschiedener Strategien zu erwarten. Wir vergleichen bei $E(T_H) = 0,9 \; E(T_R)$.

Für Platzzuteilungs-Strategien, bei denen teilweise durch den Rechnerkern bearbeitete Aufgaben vorübergehend aus dem Arbeits- in den Hintergrundspeicher verdrängt werden dürfen, ist das bei Gl. (3.2) geschilderte Verfahren zur Durchsatzbestimmung durch Simulation nicht verwendbar. Man müßte durch eine entsprechend hohe Zugangsrate λ im Modell (Bild 3) dafür sorgen, daß in Warteschlange 1 immer Aufgaben warten, dann wird jedoch WS 2 möglicherweise unendlich lang und der vom Simulationsprogramm benötigte Arbeitsspeicher wird ebenfalls unendlich groß. Deshalb ist man auf die Simulation der Aufgabenbearbeitung bei Angeboten (vgl. Gln. 2.3, 2.4) $A < A_{max}$ beschränkt. Ist $A = A_{max}$, dann verstreicht im Mittel eine unendlich lange Zeit zwischen Eintreffzeitpunkt in WS1 und Abgang der fertiggestellten Aufgabe. Solange diese "mittlere Antwortzeit" endlich ist, weiß man, daß das zugehörige Angebot $A < A_{max}$ ist. Der Durchsatz D (Gl. 2.4) kann umso genauer nach unten abgegrenzt werden, wie es durch Simulation gelingt, in die Nähe von A_{max} vorzurücken. Man kann sich ein Hilfsmittel im Simulationsprogramm schaffen, um A_{max} zu schätzen: Neben der tatsächlichen Rechenzeit für die Aufgaben einer Stichprobe und die vom Modell dafür benötigte Bearbeitungszeit BZ muß man die Zeit LZ (Leerzeit) festhalten, während der weder "gerechnet" noch "transportiert" wird. Die Zeit LZ ist solange größer als Null, wie das Angebot A kleiner als A_{max} ist (für $A \rightarrow A_{max}$ geht $LZ \rightarrow 0.0$). Für die Fertigstellung einer Stichprobe verstreicht im Modell die Systemzeit

$$SZ = BZ + LZ \qquad (4.1)$$

Für $A \rightarrow A_{max}$ geht $BZ \rightarrow SZ$. Für $A = A_{max}$ kann der Durchsatz aus der verstrichenen Systemzeit und der Zahl Z der dabei fertiggestellten Aufgaben nach Gl. (3.2) bestimmt werden. Mit Gl. (2.4) gilt

$$A_{max} = ZE(T_R)/SZ \qquad (4.2)$$

Man kann überlegen, daß man aus Simulationsergebnissen bei $A < A_{max}$ Schätzungen für die Polstelle A_{max} abgeben kann, die im Grenzfall $A = A_{max}$ in Gl. (4.2) übergehen. Die geschätzte Polstelle A_{max}^* ergibt sich dabei aus $A_{max}^* = ZE(T_R)/BZ$ (4. 3)

Für die hier betrachteten Modelle erhält man auf Grund von umfangreichen Untersuchungen, daß der Schätzwert A_{max}^* von einem Angebot $A_1 < A_2$ aus immer kleiner ist, als der von A_2. Nebenbedingung ist dabei, daß die Leerzeit LZ kleiner
gleich 10 % der Systemzeit ist (LZ < 0. 1 SZ). Ein Nachteil des Verfahrens ist, daß
man nicht weiß, wie weit man mit seinem Schätzwert A_{max}^* noch unterhalb der Polstelle A_{max} liegt.

In Abschnitt 3 konnte der Durchsatz (ohne Verdrängungen) sehr genau bestimmt werden. Wendet man stattdessen das obige Schätzverfahren an, so stellt man fest, daß
die Schätzung A_{max}^* schon auf wenige Prozent genau mit A_{max} übereinstimmt, wenn
das Angebot A noch etwa 5 % kleiner als A_{max}^* ist. Das Schätzverfahren liefert also
erstaunlich gute Resultate für den erreichbaren Durchsatz.

Die durchsatzgünstige Strategie könnte sowohl vom Variationskoeffizienten der stückweise exponentiellen Verteilung, wie vom Verhältnis $E(T_L)/E(t_E)$ Gl. (2. 5) abhängig sein. Wir haben deshalb sowohl unter der Bedingung Gl. (2. 5a) wie auch Gl. (2. 5b)
bei E(m) = 50 Teilaufgaben pro Aufgabe für verschiedene Verteilungen (Tabelle 1)
alle möglicherweise durchsatzgünstigen Strategien (Abschnitt 4. 2) durch Simulation
verglichen. Anstelle von 50 Strategien bei Bedingung Gl. (2. 5b) sind bei Bedingung
Gl. (2. 5a) nur 32 Strategien in Konkurrenz. Obwohl sich, je nach Transportzeitbe-
dingung (Gl. 2. 5) und Variationskoeffizient eine unterschiedliche Rangfolge der Strategien ergibt, kommt man zu einer für den praktischen Gebrauch wichtigen Erkenntnis:
Es gibt Strategien, die weitgehend unabhängig vom Variationskoeffizienten und vom
Verhältnis $E(T_L)/E(t_E)$ einen besonders großen Durchsatz erreichen. Bild 6 ent-

Zustand	Strategien				ohne
	mit Verdrängungen				
NN	WAR	WAR	WAR	WAR	WAR
NL	WAR	WAR	WAR	WAR	WAR
OO	LAL/LAN	LAL/LAN	LAN/LAL	LAN/LAL	LAN
FN	LAN	LAN	LAN	LAN	LAN
ON	LAL/LAN	LAL/LAN	LAL/LAN	LAL/LAN	LAN
OL	LAN/LAL	LAN	LAN/LAL	LAN	LAN
LL	VERN	VERN	VERN	VERN	WAR
Name	SO	-	-	-	FCFS

Bild 6. Vier "praktisch optimale" Strategien und Strategie FCFS

hält 4 solche verdrängende
Strategien. Ihr wesentliches
Merkmal ist, daß nie zwei Programme mit je einer Langrechnerteilaufgabe im Arbeitsspeicher bleiben dürfen, wenn im
Hintergrundspeicher noch unbearbeitete Aufgaben warten.
In dieser Situation (und nur in
dieser) wird die Verdrängung
eines der zwei Programme veranlaßt. Eine verdrängte Aufgabe mit ihrer aktuellen
Langrechnerteilaufgabe wird wieder geladen, wenn im Arbeitsspeicher eine Aufgabe
mit unbearbeiteter Teilaufgabe steht und der andere Platz frei ist. Wählt man

$E(T_L) = E(T_V) = 12\ E(t_E)$, dann erhält man für die Verteilung VK-K (Tabelle 1) mit den günstigsten verdrängenden Strategien (Bild 6) etwa denselben Durchsatz, wie ohne Verdrängungen (FCFS). Wird $E(T_L)/E(t_E) < 10$, dann lohnen sich die verdrängenden Strategien zunehmend.

Für die Verteilung VK-G sind verdrängende Strategien schon bei $E(T_L) = 12\ E(t_E)$ der Strategie FCFS deutlich überlegen: Bild 7 zeigt Ergebnisse der Strategie FCFS

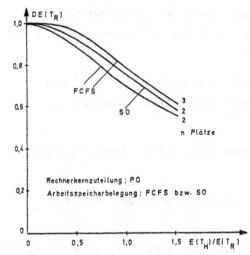

und SO (Bild 6). Der mit der Strategie SO erzielbare Durchsatz ist vermutlich noch größer als der in Bild 7 eingetragene Schätzwert, denn das Schätzverfahren liefert systematisch zu kleine Werte. Bei 2 Plätzen im Arbeitsspeicher sind abhängig vom Transport-Rechenzeitverhältnis $E(T_H)/E(T_R)$ durch die Strategie SO Durchsatzsteigerungen um bis zu mehr als 10 % gegenüber der Strategie FCFS möglich. Der Durchsatz der Strategie SO bei 2 Plätzen nähert den der Strategie FCFS bei 3 Plätzen an. Es

Bild 7. Durchsatzvergleich für verdrängende (SO) u. nicht verdrängende (FCFS) Strategien

ist durchaus möglich, daß noch günstigere Strategien existieren, allerdings sind keine weiteren spektakulären Durchsatzsteigerungen zu erwarten. Messungen an Universitätsrechenzentren im Nachtschichtstapelbetrieb $\lceil 14 \rfloor$ zeigen, daß durchaus größere Variationskoeffizienten als bei der Teilaufgaben-Rechenzeitverteilung VK-G vorkommen. Es sind also nicht besonders ausgefallene Verteilungen untersucht worden. Als Faustformel kann man sich merken, daß verdrängende Strategien den Durchsatz steigern können, sobald der Transportzeitbedarf für das Umbelegen des Arbeitsspeichers von LL in irgendeinen anderen Zustand mit nur einem Langrechner kleiner ist, als der Restrechenzeitbedarf $E(t_R/t > t_g) = 1/\mu_2$ von Langrechnerteilaufgaben. Es muß also die Bedingung

$$E(T_V) + E(T_L) < E(t_R \mid t_R > t_g)$$

erfüllt sein. Der im Arbeitsspeicher belassene Langrechner muß im Mittel den Rechnerkern so auslasten, daß der ohne Verdrängung sonst leerstehende Kanal seine Verdrängungs- und Wiederladearbeit ausführen kann, ohne daß der Rechnerkern deshalb leersteht.

Zum Schluß soll nochmals darauf hingewiesen werden, daß in den Simulationsunter-
suchungen eine besonders günstige Rechnerkernzuteilungsstrategie PO verwendet
wurde. Eine ungünstigere Strategie verkleinert den Durchsatz u. U. erheblich.

Literatur

/ 1 / Scherr, A. L., Time sharing measurements, Datamation, 4/1966, S. 22 - 26

/ 2 / Moll, W. L., Measurement analysis and simulation of computer center
operations, Nat. Techn. Inform. Serv. U. S. Dep. of Commerce, AD 711 293,
1970

/ 3 / McIsaac, P. V., Job descriptions and scheduling in the SDC-Q 32 time
sharing system, Nat. Bureau of Standards, U. S. Dep. of Commerce,
AD 636 839, 1966

/ 4 / EDV-Gesamtplan für die Wissenschaften im Land Berlin 1972 - 76, Teil I,
S. 58 - 60

/ 5 / Bryan, G. E., Joss: 20 000 hours at a console a statistical summary
AFIPS, FJCC 1967, S. 769 - 777

/ 6 / Rehman, S. L., Gangwere, S. G., A simulation study of resource managment
in a time sharing system, AFIPS, FJCC 1968, S. 1411 - 1430

/ 7 / Schwetman, H. D., DeLine, J R., An operational analysis of a remote control
system, AFIPS, SJCC 1969, S. 257 - 264

/ 8 / Boote, W. P., Clark, S. R., Rourke, T. A., Simulation of a paging computer
system, The Computer Journal 15, No. 1, S. 51 - 57

/ 9 / Baskett, F., Browne, J. C., Raike, W. M., The management of a multi-level
non-paged memory system, AFIPS, SJCC 1970, S. 459 - 465

/ 10 /Walke, B., Entwicklung optimaler Zuteilungsstrategien für Rechnerkern und
Arbeitsspeicher durch Simulation und Rechnung, Elektron. Rechenanlagen,
voraussichtlich 16, (1974), H. 1

/ 11 /Walke, B., Küspert, H. J., Teilnehmerrechensysteme: Mittlere Verweilzeiten
bei optimaler Rechenzeitzuteilung, Elektron. Rechenanlagen 13 (1971) H. 5
S. 193 - 199

/ 12 /Marte, G., Zur Synthese von Teilnehmerrechensystemen, Wiss. Berichte
AEG-TELEFUNKEN 44, Nr. 3 (1971), S. 114 - 123

/ 13 /Walke, B. , Durchsatzberechnung für Modelle mit begrenztem Arbeitsspeicher bei einem und zwei Rechnerkernen sowie einem und zwei Transportkanälen Elektron. Rechenanlagen 15, (1973), H. 5

/ 14 /Persönliche Mitteilung von Herrn G. Mersmann TELEFUNKEN COMPUTER G. m. b. H.

/ 15 /Olivier, G. , Kostenminimale Prioritäten in Wartesystemen vom Typ M/G/1 Elektron. Rechenanl. 14 (1972), H. 6. S. 262 - 271

/ 16 /Küspert, H. J. , Optimalitätsbedingungen für Strategien der Betriebsmittelzuteilung - eine Beweismethode, (in diesem Tagungsband enthalten).

Ein mathematisches Modell zur Bestimmung der Ausnutzung und des Durchsatzes eines Betriebsmittelvergabesystems

G.ZEISEL, IBM Laboratorium Wien

1. EINLEITUNG

Dieser Bericht beschreibt ein mathematisches Modell eines Betriebsmittelvergabesystems (resource allocation system). Die Untersuchung solcher Systeme ist notwendig in Hinblick auf die Entwicklung neuer leistungsstärkerer Rechenanlagen. Systemelemente (resources), die von einem Prozess zu dessen erfolgreichem Ablauf benötigt werden, sind in diesem Fall Speicherblöcke, Prozessoren, Ein-Ausgabeeinheiten etc. Diese Systemelemente sind im Betriebsmittelsystem zusammengefasst. Benutzer verlangen nun Systemelemente aus diesem System. Da die Anzahl der verschiedenen Systemelemente endlich ist, können nicht alle Benutzer gleichzeitig in ihren Wünschen befriedigt werden. Das Modell erlaubt die Berechnung der Ausnutzung der Systemelemente verschiedenen Typs und die Bestimmung des Durchsatzes. Im besonderen wird dabei die Ausnutzungsminderung in bezug auf Resteverluste (fragmentation) und zusätzlich in bezug auf die Existenz paralleler Forderungen für verschiedene Systemelementtypen behandelt. Weiters wird die Frage behandelt wieviele Benutzer (Prozesse) durch das Betriebsmittelsystem gleichzeitig befriedigt werden können. Diese Frage ist interessant bei Betrachtung von Modellen mit einem variablen multiprogramming level (Coffman-Ryan /1/). Diese Ergebnisse können als geeignete Masse für die Leistung eines Betriebsmittelvergabesystems angesehen werden.

2. DAS MODELL

Das Modell besteht aus zwei Teilen, der Prozessbeschreibung und dem Betriebsmittelsystem (resource system) bestehend aus Systemelementen verschiedenen Typs (siehe Bild 1) und dem Vergabealgorithmus.

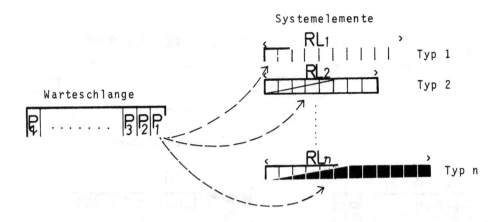

Bild 1: Betriebsmittelvergabesystem mit n Typen von Systemelementen

Das System besitzt n verschiedene Typen von Systemelementen. Jede Type wiederum besteht aus einer endlichen Anzahl von Elementen, genannt die Länge der Systemelemente (resource length), RL_i für die i-te Type.

Ein Prozess ist charakterisiert durch seinen Wunsch nach Systemelementen für die einzelnen Typen. Diese werden beschrieben durch ein geordnetes n-Tupel von unabhängigen, diskreten Zufallsvariablen (Feller /3/) $\langle Z^1, \dots Z^i, \dots Z^n \rangle$. Die Wahrscheinlichkeitsverteilung für Z^i ist gegeben durch

(1) $P(Z^i = r) = z_{i,r}$ wo   r = ganze Zahl $0 \leq z_{i,r} \leq 1$

und

(2) $\sum_r P(Z^i = r) = 1$ und $P(Z^i = r) = 0$ für $r > RL_i$

Die Vergabe der Systemelemente an die Benutzer wird durch den Vergabealgorithmus (allocation algorithm) beschrieben, der in Bild 2 für ein Betriebsmittelsystem mit einer Systemelementtype dargestellt ist.

318

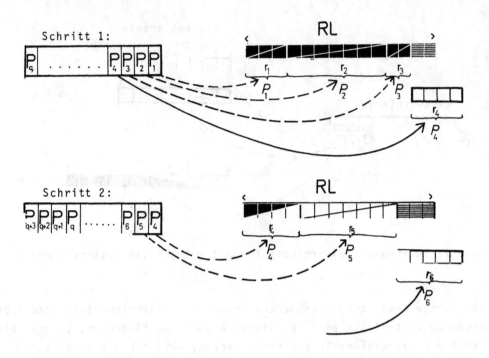

Bild 2: Betriebsmittelvergabealgorithmus für System mit einem Typ von
Systemelementen

Die Prozesse befinden sich in einer Warteschlange und die Zahl der
Prozesse, q, beschrieben durch die Länge der Schlange, wird konstant
gehalten. Die Prozesse erhalten Systemelemente nach der Abfertigungs-
strategie first in - first out (FIFO). Wenn die Wünsche eines Prozesses durch das System vollständig befriedigt werden können, erhält dieser Prozess die Elemente für eine Zeiteinheit und verlässt dann das
System. Eine teilweise Befriedigung der Wünsche ist nicht möglich.
Gleichzeitig mit der Vergabe wird die Warteschlange wieder auf ihre
normale Länge q aufgefüllt. Im Beispiel ist die Vergabe von Systemelementen an die ersten 3 Prozesse möglich, während der vierte Prozess P_4 nicht befriedigt werden kann. Diese k Prozesse (k = 3 in
Schritt 1), die gleichzeitig bedient werden, verlassen das System
nach einer Zeiteinheit. Die nicht befriedigten Prozesse in der Warteschlange rücken nach, und die Warteschlange wird wieder auf die Maxi-
malzahl von q Elementen aufgefüllt (Schritt 2 in Bild 2). Die Zahl der
Prozesse, k, die gleichzeitig befriedigt werden können, wird als der
Durchsatz des Systems bezeichnet.

Der oben beschriebene Vergabealgorithmus beeinflusst die ursprünglich
angenommene Wahrscheinlichkeitsverteilung des jeweilig ersten Elementes in der Warteschlange. Diese Erscheinung wird als Nachwirkungseffekt (aftereffect) bezeichnet. Dieser Einfluss kann vermieden werden,
indem zusätzlich zu den das System verlassenden Prozessen noch das
erste Element der Warteschlange gestrichen wird. Dieses Modell ist un-
realistisch, mathematisch aber leichter behandelbar und wird im folgenden als Modell 1 bezeichnet. Als Modell 2 wird das Modell mit Nachwirkungseffekt bezeichnet. Die Berechnung dieses Modells basiert auf
den Werten die unter den vereinfachenden Annahmen berechnet wurden.
Unter der Annahme des oben genannten Vergabealgorithmus und mit der
Bedingung, dass die Wünsche eines Prozesses nach Systemelementen nur
vollständig oder gar nicht erfüllt werden können, erlaubt das Modell
die Berechnung der Verteilungsfunktion der Ausnutzung der Systemelemente verschiedenen Typs im statischen Gleichgewicht. Weiters kann die
Verteilungsfunktion des Durchsatzes des Betriebsmittelvergabesystems
unter derselben Annahme bestimmt werden.

Das Modell wird in 2 Schritten entwickelt.

1. Betriebsmittelsystem mit einem Typ von Systemelementen. Erlaubt
   die Beschreibung des Einflusses der Restverluste (fragmentation).
   Ein Beispiel für diesen Effekt findet man in Bild 2, wo 2 Elemente
   in Schritt 1 unbenutzt bleiben.

2. Erweiterung auf mehrere Typen von Systemelementen. Zusätzliches
   Auftreten von Verlusten durch parallele Vergabe von Systemelementen. Ein typisches Beispiel wird in Bild 3 gezeigt.

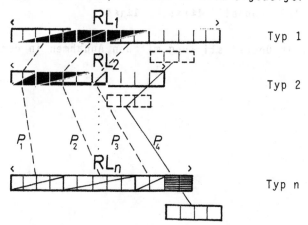

Bild 3: Verluste durch parallele Vergabe von Systemelementen

Prozess P_n könnte mit Systemelementen des Typs 1 und 2 befriedigt werden, jedoch nicht mit denen von Typ n. Daher werden Systemelemente nur an die ersten drei Prozesse vergeben und es bleiben zusätzliche Systemelemente frei.

Für den Rest des Papieres gilt folgende Notation:

X^i bezeichnet eine diskrete Zufallsvariable mit Wahrscheinlichkeitsverteilung

(3) $\quad P(X^i=j) \quad$ mit $\quad 0 \leq j \leq RL, \quad 1 \leq i \leq n,$

die die Verteilung der Ausnutzung von Systemelementen von Typ i beschreibt.

Y^i bezeichnet eine diskrete Zufallsvariable mit Wahrscheinlichkeitsverteilung

(4) $\quad P(Y^i=k) \quad$ mit $\quad 0 \leq k \leq q, \quad 1 \leq i \leq n,$

die die Verteilung des Durchsatzes beschreibt. Bei nur einer Type von Elementen (Kapitel 3) werden die Indizes weggelassen.

Zur Demonstration wird ein Beispiel für 1, 2 und 4 Systemelementtypen berechnet, wobei alle Typen gleiche Länge, RL_i, besitzen, die zwischen 8 und 32 variiert. Die Forderung der Prozesse wird durch eine Gleichverteilung beschrieben:

(5) $\quad P(Z^i=r) = 1/8 \quad$ wobei $\quad 1 \leq r \leq 8, \quad 1 \leq i \leq 4$

Das Beispiel ist in Übereinstimmung mit den Annahmen in der Arbeit von Kudielka /2/.

3. MODELL FÜR EINE TYPE VON SYSTEMELEMENTEN

Vorerst wird Modell 1 ohne Nachwirkungseffekt berechnet. Mit Hilfe
dieser Resultate wird dann Modell 2 entwickelt. Diese Modelle beschreiben den Einfluss der Restverluste (fragmentation).

Die Wahrscheinlichkeitsverteilung für den Durchsatz des Systems ist
durch die Verteilung der Anzahl der Prozesse, die gleichzeitig befriedigt werden können, definiert. Die k-fache Faltung der Zufallsvariablen Z mit sich selbst ist S_k:

$$(6) \quad S_k = Z_1 + \ldots + Z_k$$

$P(S_k \leq RL)$ beschreibt die Wahrscheinlichkeit, dass k Prozesse durch RL
Systemelemente befriedigt werden können. Jedoch nur diese Fälle sollten einen Beitrag für den Wert an der Stelle k geben, die bei k+1
nicht befriedigt werden können. Die Faltung von S_k nochmals mit Z
muss daher grösser als die vorhandene Zahl von Systemelementen RL
sein. Die Wahrscheinlichkeitsverteilung für den Durchsatz für Modell 1
ergibt also

$$(7) \quad P(Y=k) = P(S_k + Z > RL \,\, \& \,\, S_k \leq RL)$$

Um zu zeigen, dass Formel (7) eine Wahrscheinlichkeitsverteilung beschreibt, muss

$$(8) \quad \sum_{k=0}^{q} P(Y=k) = 1$$

gelten, wobei q die Länge der Warteschlange ist. Dies geschieht durch
Induktion über die Länge q. Im Bild 4 sind die Verteilungen für
RL = 16 zu sehen.

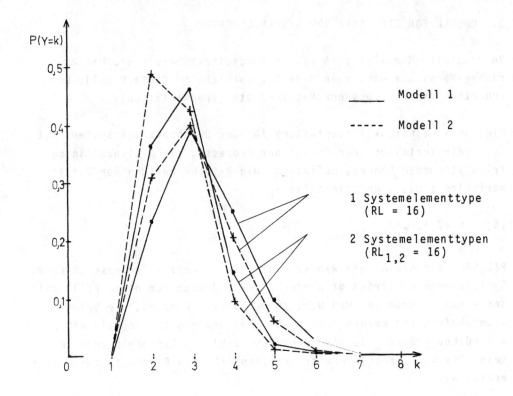

Bild 4: Wahrscheinlichkeitsverteilung des Durchsatzes

Aus Formel (7) erhält man durch Umordnung in Bezug auf die Ausnutzung für jedes k, die Verteilung für die Ausnutzung der Systemelemente

$$(9) \quad P(X=j) = \sum_{k=0}^{q} P(S_k + Z > RL \ \& \ S_k = j \ \& \ j \leq RL)$$

Da dieses Resultat nur durch Umordnung gewonnen wurde, ist die Summe der Wahrscheinlichkeiten wieder 1.

Um von diesen Ergebnissen des Modells 1 die Resultate für das realistische Modell 2 abzuleiten, ist es notwendig die Zufallsvariable der Forderung des jeweils ersten Prozesses in der Warteschlange Z' zu bestimmen. Z' weicht vom ursprünglichen Z ab, da das Element bereits betrachtet wurde und der Prozess nicht befriedigt werden konnte.

Bei Benutzung von Formel (9) ergibt sich

$$(10) \quad P(Z'=r) = \sum_{k=0}^{q} P(Z=r \ \& \ S_k+Z>RL \ \& \ S_k \leq RL)$$

Da uns Z' im statistischem Gleichgewicht interessiert, muss der Wert iterativ berechnet werden. Dabei muss jeweils Z' die ursprüngliche Zufallsvariable ersetzen, bis sich keine weitere Änderung mehr ergibt. Das bedeutet, dass die Verteilung unempfindlich gegenüber dem Vergabealgorithmus ist.

$$(11) \quad P(Z'=r) = \sum_{k=0}^{q} P(Z'=r \ \& \ S_k' \ Z'>RL \ \& \ S_k' \leq RL)$$

In den meisten Fällen genügen wenige Schritte. Um die Genauigkeit des gewonnenen Resultates zu überprüfen kann die folgende Gleichung herangezogen werden

$$(12) \quad E(X) = E(Y) \ . \ E(Z)$$

die erfüllt sein muss, wobei E (..) den jeweiligen Mittelwert bezeichnet. Bild 5 zeigt die Verteilung der Ausnutzung der Systemelemente für Modell 2. Die Verteilung für Modell 1 fällt mit der dargestellten Verteilung für Modell 2 praktisch zusammen und wurde daher nicht getrennt gezeichnet.

4. MODELL FÜR n-TYPEN VON SYSTEMELEMENTEN

Die Forderungen eines Prozesses nach Systemelementen verschiedenen Typs werden als stochastisch unabhängig angenommen. Die Verteilung der Forderungen und die Anzahl der Systemelemente können von Typ zu Typ verschieden sein.

Die beiden charakteristischen Verteilungen (3) und (4) werden in 3 Schritten hergeleitet:

1. Für jede einzelne Betriebsmitteltype werden die beiden Verteilungen wie in Kapitel 3 beschrieben berechnet.

2. Unter Verwendung der einzelnen Verteilungen des Durchsatzes wird

der Gesamtdurchsatz des Betriebsmittelvergabesystems bestimmt. Die
modifizierte Verteilung für eine Systemelementtype wird berechnet
in Hinblick auf die Ausnutzungsminderung infolge gleichzeitiger
Forderungen.

3. Basierend auf den obigen Resultaten wird die Verteilung der Gesamtausnutzung einer Systemelementtype berechnet.

4.1 Durchsatz eines Betriebsmittelsystems mit n-Typen

Die Wahrscheinlichkeitsverteilung für den Durchsatz eines Modells mit
einer Type von Elementen muss modifiziert werden in Hinblick auf die
gleichzeitigen Forderungen nach Systemelementen der anderen Typen.
Dieser Einfluss muss für jede einzelne Betriebsmitteltype in bezug
auf alle übrigen berücksichtigt werden.

Die Wahrscheinlichkeit, dass die Type i jemals die Forderungen von
k-Prozessen erfüllt, ist gegeben als die Wahrscheinlichkeit, dass
auch die restlichen Systemelementtypen die Forderung der k-Prozesse
erfüllen:

$$(13) \quad h_{i,k} = \prod_{l \neq i} (1 - P(Y^l < k))$$

Daraus folgt für die Wahrscheinlichkeit, dass die Forderung von
k-Prozessen durch Typ i erfüllt ist

$$(14) \quad g_{i,k} = P(Y^i = k) \cdot h_{i,k}$$

Durch Normalisierung von $g_{i,k}$ erhält man die Verteilung für die Zahl
der Prozesse deren Forderungen durch Typ i befriedigt werden kann
unter Berücksichtigung der übrigen Systemelementtypen.

Durch Summieren der $g_{i,k}$ über alle i erhält man die Verteilung des
Gesamtdurchsatzes des Betriebsmittelvergabesystems. Diese folgende
Formel gilt sowohl für Modell 1 als auch 2 des vorigen Kapitels,
durch geeignetes Einsetzen der jeweiligen Werte für Y^i und Y^l.

$$(15) \quad P(Y^{tot}=k) = \sum_{i=1}^{n} g_{i,k} = \sum_{i=1}^{n} P(Y^i=k) \cdot \prod_{l \neq i} (1-P(Y^l<k))$$

Durch Induktion kann gezeigt werden, dass die Summe der Wahrscheinlichkeiten 1 ergibt und somit Formel (15) eine Wahrscheinlichkeitsverteilung beschreibt.

4.2 Ausnutzung der Systemelemente

Zur Berechnung der Verteilung der Ausnutzung der Systemelemente vom
Typ i müssen 2 Fälle getrennt betrachtet werden. Zuerst muss die Wahrscheinlichkeit für den Fall, dass Prozesse die Maximalanzahl von Elementen des Typs i fordern, bestimmt werden. Dies ergibt für einen
Durchsatz j durch Umordnen von (14) in bezug auf den Durchsatz

$$(16) \quad \sum_{k=0}^{q} h_{i,k} \cdot P(S_k^i + Z^i > RL_i \, \& \, S_k^i = j)$$

In n-1 Fällen wird jedoch Typ i nicht die Maximalanforderung erfüllen
müssen. Für diese ergibt sich für Ausnutzung j:

$$(17) \quad \sum_{k=0}^{q} P(S_k^i = j) \cdot g_{1,k} \qquad\qquad 1 \neq i$$

Um die Gesamtausnutzung der Type i zu berechnen, müssen die beiden
Ausdrücke (16) und (17) addiert werden.

$$(18) \quad P_j^i = \sum_{k=0}^{q} h_{i,k} \cdot P(S_k^i + Z^i > RL_i \, \& \, S_k^i = j) + \sum_{1 \neq i} \sum_{k=0}^{q} P(S_k^i = j) \cdot g_{1,k}$$

Aus (18) folgt durch Normierung die Verteilung der Ausnutzung für Typ i
mit

$$(19) \quad P(X_{tot}^i = j) = \frac{P_j^i}{\sum_j P_j^i}$$

Eine Bestimmung der Gesamtausnutzung des Systems erscheint nicht sinnvoll, da dabei über Elemente verschiedenen Typs gemittelt würde. Auf
der folgenden Seite zeigt Bild 5 die entsprechenden Kurven für Modell 2.

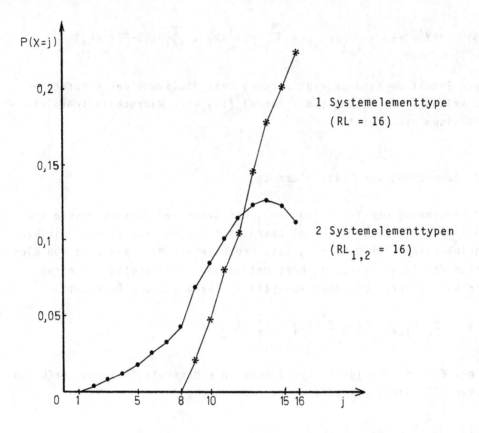

Bild 5: Wahrscheinlichkeitsverteilung der Systemelementausnutzung

5. BERECHNUNG EINES BEISPIELS

Mittels eines Programmes wurden die Resultate für das in Kapitel 2
angegebene Beispiel berechnet. Um die Richtigkeit und Nützlichkeit
des Modells zu zeigen, wurde dessen Verhalten simuliert. Der Unterschied der Ergebnisse zwischen simuliertem Verhalten und dem analy-
tischen Modell war kleiner als 1%. Einige der Ergebnisse des Modells,
die Wahrscheinlichkeitsverteilungen, wurden bereits in den vorigen
Kapiteln mit den Annahmen des Beispiels gezeigt.

Da das Betriebsmittelvergabesystem mehrere Parameter hat, kann man
das Verhalten des Modells in bezug auf diese untersuchen. Im wesentlichen kann man dabei zwei verschiedene Verhaltensweisen betrachten,
einerseits in bezug auf die Ausnutzung, andererseits in bezug auf den
Durchsatz. Diese beiden Masse stehen in enger Beziehung, wie ihre Her-

leitung gezeigt hat. Um verschiedene Systeme in bezug auf die Ausnutzung der Systemelemente vergleichen zu können, verwendet man am besten den Ausnutzungsgrad, η,

$$(20) \quad \eta = \frac{E(X)}{RL}$$

wobei E(X) den Mittelwert (Feller /3/) der Ausnutzung beschreibt. Bild 6 zeigt die Abhängigkeit des Ausnutzungsgrades von der Anzahl der Systemelemente für 1, 2 und 4 Systemelementtypen.

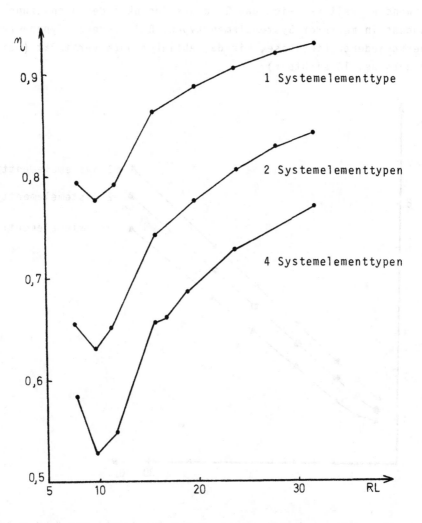

Bild 6: Abhängigkeit des Ausnutzungsgrades von der Anzahl von Systemelementen für 1, 2 und 4 Typen

Auffallend ist das Absinken des Ausnutzungsgrades bei multiplen von 8 Systemelementen. Das beruht auf der Annahme der Gleichverteilung für Z^i von Formel (5). Im wesentlichen zeigen die Kurven, dass eine Vergrösserung der Anzahl der Systemelemente einer Vergrösserung des Ausnutzungsgrades entspricht, der einem Sättigungswert zustrebt. Eine beliebige Vergrösserung der Zahl der Systemelemente scheint daher aus diesem Grund nicht sinnvoll. Um die optimale Anzahl von Systemelementen für einen bestimmten Zweck abzuleiten, muss jedoch auch die Frage der Kosten berücksichtigt werden. Es erscheint also nicht immer sinnvoll, die dem Sättigungswert entsprechende Anzahl von Systemelementen zu verwenden. Weiters zeigt das Bild das Absinken der Ausnutzung beim Vorhandensein mehrerer Systemelementtypen. Bei mehreren Typen werden die verschiedenen Einflüsse, wie das Absinken noch verstärkt (bei 4 Typen auch bei 16 sichtbar).

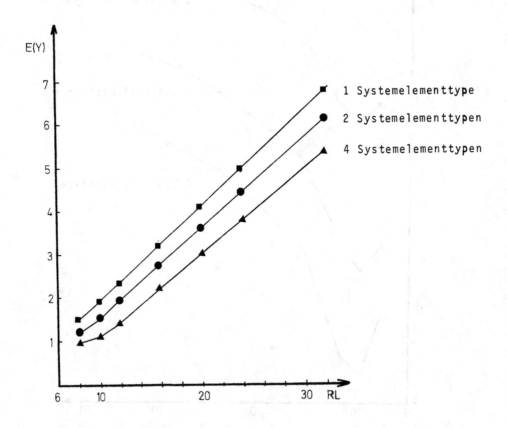

Bild 7: Abhängigkeit des Durchsatzes von der Anzahl von Systemelementen für 1, 2 und 4 Typen

Das zweite Charakteristikum eines Betriebsmittelvergabesystems ist der Durchsatz, oder die Anzahl der Benutzer, die gleichzeitig bedient werden können. Bild 7 zeigt die Abhängigkeit des Mittelwertes des Durchsatzes, $E(Y)$, von der Anzahl der Systemelemente für 1, 2 und 4 Typen. Der Zuwachs ist abgesehen von kleinen Anzahlen von Systemelementen linear, jedoch abhängig von der Zahl der Typen.

6. SCHLUSSBEMERKUNG

In diesem Bericht wurde das Modell eines Betriebsmittelvergabesystems für mehrere Typen von Systemelementen entwickelt. Das Modell basiert auf einigen vereinfachenden Annahmen, die man bei dessen Anwendung im Auge behalten muss:

1. Fixe Anzahl von Benutzern im System, d.h., Anzahl der Prozesse in der Warteschlange konstant.

2. Ein Benutzer erhält die verlangten Systemelemente nur für eine Zeiteinheit und verlässt dann das System.

3. Die Forderung des Benutzers ist die Maximalforderung, und sie variiert nicht mit der Zeit.

Einschränkung 2 und 3 verhindern das Auftreten einer Blockierung des Systems, wie sie in der Arbeit von Kudielka /2/ untersucht werden. Weiters wurde angenommen, dass die Wünsche eines Prozesses voneinander unabhängig sind. Wenn man diese Einschränkung fallen lässt, kann man aus diesem Modell Schlüsse ziehen, wie sich die verschiedenen Leistungsmasse ändern müssen, und die maximalen möglichen Abweichungen sind abhängig von der Korrelation zwischen den Zufallsvariablen Z^i (Formel (1)).

Trotz der oben genannten Einschränkung erweist sich das Modell als nützlich zur Untersuchung von Engpässen eines Betriebsmittelvergabesystems und dessen Beeinflussung durch Änderung der Konfiguration. Die als Leistungsmasse verwendeten Wahrscheinlichkeitsverteilungen für den Durchsatz und die Ausnutzung können leicht berechnet werden und führen zu einem besseren Verständnis dieser Systeme.

LITERATURVERZEICHNIS

/1/   COFFMAN, E.G.Jr., RYAN, T.A.Jr.: A Study of Storage Parti-
       tioning Using a Mathematical Model of Locality.-
       ACM, Third Symposium on Operating Systems Principles,
       Stanford University, Oct 1971.

/2/   KUDIELKA, V.: Ausnützungsminderung bei Vermeidung gegenseitigen
       Blockierens von Prozessen.-
       Nachrichtentechnische Fachberichte Band 44 1972, pp.199-206
       Rechner- und Betriebssysteme: Analyse, Simulation und
       Entwurf, Darmstadt, April 1972.

/3/   FELLER, W.: An Introduction to Probability Theory and its
       Applications - Vol.I.-
       Math.Statistics Series, Wiley, New York/London, 1957,
       2nd Ed., 5th Print 1960.

OPTIMALITÄTSBEDINGUNGEN FÜR STRATEGIEN DER BETRIEBSMITTELZU-TEILUNG - EINE BEWEISMETHODE

Hans-Jürgen Küspert

Mitteilung aus dem AEG-TELEFUNKEN Forschungsinstitut Ulm.

Bei Organisationsproblemen innerhalb von Rechenanlagen trifft man häufig auf Situationen, die sich als Verallgemeinerungen bzw. Erweiterungen des folgenden Grundmodells darstellen lassen: Eine Menge von Aufgaben verlangt Bearbeitung durch ein bestimmtes Betriebsmittel. Gesucht wird die Strategie, die das Betriebsmittel den Aufgaben so zuteilt, daß ein bestimmtes Betriebsziel erreicht wird. Als Betriebsziel werden hier die beiden Ziele Maximierung des Durchsatzes und Minimierung der mittleren Verweilzeit betrachtet.

Der Nutzen eines solchen Grundmodells wird häufig in Frage gestellt, weil einfach die optimale Strategie in dem Modell nicht für die Praxis verwertbar ist. Sehen wir uns etwa die Verweilzeitoptimierung in dem Modell an, in dem die Servicezeiten der Aufgaben unbekannt aber hyperexponentiell verteilt sind. Die optimale Strategie geht so vor, daß alle noch nicht fertiggestellten Aufgaben zu jedem Zeitpunkt schon die gleiche Servicezeit verbraucht haben. Die Bearbeitung einer Aufgabe muß also, solange mehrere Aufgaben vorhanden sind, jeweils nach einem infinitesimalen Zeitintervall unterbrochen werden; ein Verfahren, das für die Praxis unbrauchbar ist, da ja eine Unterbrechung auch wieder eine gewisse Zeit in Anspruch nimmt. Führt man aber solche Unterbrechungszeiten in das Modell ein, mit dem Ziel, für die Praxis verwertbare Strategien zu berechnen, so scheitert die Berechnung der optimalen Strategie einfach daran, daß die Menge der Strategien, die in den Vergleich einbezogen werden müssen, zu mächtig ist. Andererseits können bestimmte Anpassungen des Grundmodells an die Wirklichkeit, die wegen der Einfachheit des Grundmodells noch berechenbar sind, optimale Strategien liefern, die einfach nicht mit der Praxis übereinstimmen. So ist für die Verweilzeitoptimierung in dem Grundmodell mit unbekannten exponentiell verteilten Servicezeiten die Strategie ohne Belang (bis auf die triviale Forderung, daß keine Pausen in der Bearbeitung auftreten dürfen). Fügt man in dieses Modell Unterbrechungszeiten ein, dann bestimmen allein diese Unterbrechungszeiten die optimale Strategie. Man muß ganz einfach so wenig Unterbrechungen wie möglich, also gar keine vornehmen, eine Strategie, die in realen Rechnern zu sehr großen Verweilzeiten führt. Hier soll zunächst ein Grundmodell vorgestellt werden, das einerseits schon praktisch verwertbare Strategien bei der Verweilzeitminimierung liefert (für die Durchsatzmaximierung ist in solchen "Grundmodellen" die Strategie ohne Belang), andererseits es aber noch erlaubt, optimale Strategien für kompliziertere Modelle zu berechnen.

Nach Olivier / 1 / ist für dieses Grundmodell die verweilzeitoptimale Strategie zu errechnen, die durchsatzoptimale Strategie ist trivial. Bei Kenntnis der optimalen Strategie für dieses Grundmodell leuchtet sofort ein, daß für kompliziertere Modelle nur noch eine endliche Anzahl von Strategien auf ihre Optimalität hin überprüft werden muß. In dieser Arbeit soll an zwei speziellen Beispielen etwas komplizierterer Modelle aufgezeigt werden, daß der Beweis für diese Vermutung sehr viel komplizierter werden kann als der Beweis der optimalen Strategie im Grundmodell und wie man bei diesem Beweis in etwa vorzugehen hat.

Das Grundmodell

Im Grundmodell verlangt eine bestimmte Anzahl von Aufgaben jeweils für eine Zeit T_R von einem Betriebsmittel (z. B. dem Rechnerkern) bearbeitet zu werden. Die Bearbeitungszeiten sind vollständig unabhängige identisch verteilte Zufallsvariable, die Verteilung sei eine stückweise exponentielle Verteilung n-ter Ordnung, d. h.

$$P(T_R \leq t) = 1 - \exp\left[-\sum_{i=1}^{j} t_{gi} \left(\mu_i - \mu_{i+1} \right) - \mu_{j+1}\, t \right]$$

$$\text{für } t_{gj} \leq t \leq t_{gj+1};\ j = 0,\, 1,\, \ldots, n;\ 0 = t_{g0} < t_{g1} < \ldots < t_{gn+1} = \infty$$

wobei ich mich auf den Fall $\mu_1 < \mu_2 < \ldots < \mu_{n+1}$ beschränke. Andere Fälle komplizieren die Darstellung, bringen aber keine zusätzlichen Erkenntnisse. Es ist klar, daß sich ohne diese letzte Einschränkung jede Verteilungsfunktion von positiven Zufallsvariablen beliebig gut durch eine solche Funktion annähern läßt.

In diesem Grundmodell ist die Durchsatzmaximierung, d. h. genau gesagt die Maximierung des Erwartungswertes der Anzahl von Aufgaben, die je Zeiteinheit fertiggestellt werden, gleichwertig der Minimierung des Erwartungswertes der Zeit, nach der die letzte Aufgabe fertiggestellt ist. Da die Gesamtbearbeitungszeit der Aufgaben feststeht und für diese Zeit mindestens das Betriebsmittel beschäftigt ist, ist die durchsatzoptimale Strategie die Bearbeitung in beliebiger Reihenfolge mit beliebigen Unterbrechungen der Bearbeitung einzelner Aufgaben aber ohne Pause für das Betriebsmittel.

Für die Minimierung des Erwartungswertes der Verweilzeiten der Aufgaben hat Olivier / 1 / für beliebige Bearbeitungszeitverteilungen folgendes gezeigt: Optimal ist diejenige Strategie, die zu jedem Zeitpunkt eine von den Aufgaben bearbeiten läßt, die das größte Leistungssupremum haben.Dabei ist die Leistung $L(\Delta)$ einer Aufgabe definiert durch den Quotienten aus der Wahrscheinlichkeit, daß die Aufgabe noch höchstens für die Zeit Δ Bearbeitung verlangt, und dem Erwartungswert der Zeit, die die Aufgabe noch von einer Bearbeitungszeit Δ wahrnehmen kann. Das Leistungssupremum ist definiert durch das Supremum über Δ aller Leistungen einer Aufgabe.

Ganz kurz sollte hier die Hauptbeweisidee angeschnitten werden, damit klar wird, daß diese Idee bei komplizierten Modellen versagen muß. Es wird angenommen, daß ein genereller Rechenplan vorliegt, der allen Aufgaben bestimmte Zeitabschnitte zuweist. Bei Nichtausnutzung dieser "Fristen" (durch vorherige Fertigstellung) wird der Plan jeweils um die nichtausgenutzte Zeit verschoben. Bei einem optimalen Rechenplan kann die Vertauschung zweier aufeinanderfolgender Fristen an verschiedene Aufgaben nichtdie Folge haben, daß die Verweilzeit kleiner wird. Die Auswirkung einer solchen Fristenvertauschung ist aber einfach zu berechnen, da nur die Verweilzeiten der betroffenen Aufgaben sich ändern und auch diese nur dann, wenn die Aufgabe in der betrachteten Frist fertiggestellt wird. So sind von einem beliebigen Rechenplan ausgehend Fristvertauschungen vorzunehmen bis man schließlich die optimale Strategie erhält. Für stückweise exponentielle Bearbeitungszeitverteilungen ist nun das Leistungssupremum eine monoton fallende Truppenfunktion von der schon erhaltenen Bearbeitungszeit. Für eine Aufgabe, die schon t_{gi} aber noch nicht t_{gi+1} bearbeitet ist, beträgt das Leistungssupremum u_{i+1}. Damit geht die verweilzeitoptimale Strategie so vor, daß jeweils einer Aufgabe das Betriebsmittel zugeteilt wird, deren bisherige Bearbeitungszeit unterhalb des niedrigstmöglichen t_{gi} liegt. Sofort taucht auch die Vermutung auf, daß bei komplizierten Modellen Unterbrechungen höchstens an diesen Knickstellen t_{gi} der Verteilung erlaubt sein können. Für zwei Beispiele wird dies gezeigt und die dabei erforderliche Beweismethode erläutert.

1. Verallgemeinerung

Für die Verallgemeinerung des Grundmodells beschränke ich mich auf stückweise exponentielle Verteilungen 1. Ordnung, sie reichen aus, um die auftretenden Probleme zu erläutern. Die auffallendste Abweichung des Grundmodells von der Realität ist, daß das Unterbrechen der Bearbeitung von Aufgaben zugunsten anderer Aufgaben keine Verzögerung verursacht. Deshalb wird als erste Verallgemeinerung des Grundmodells eine "Transportzeit" eingeführt, eine Zeit, für die jedesmal das Betriebsmittel nicht zur Verfügung der Aufgaben steht, wenn die bearbeitete Aufgabe gewechselt wird. Man kann sich diese "Transportzeit" in der Realität vorstellen als reine Verwaltungszeit, die ein Rechner benötigt, um den Bearbeitungszustand einer Aufgabe zu konservieren und den konservierten Zustand der nächsten Aufgabe wieder herzustellen oder aber auch als Transportzeit, die benötigt wird, um die gerade bearbeitete Aufgabe in den Hintergrundspeicher zu transportieren und die nächste Aufgabe von dort zu holen. Die Transportzeiten sollen wiederum vollständig unabhängige (auch von den Bearbeitungszeiten unabhängige) identisch verteilte Zufallsvariable sein, deren aktuelle Werte nicht vorher bekannt sind. Die Verteilung dieser Zufallsvariablen ist beliebig, aber bei den Transporten ist keine Unterbrechung erlaubt.

Die durchsatzoptimale Strategie in diesem Modell ist, wie leicht einzusehen ist, die Bearbeitung in beliebiger Reihenfolge ohne Unterbrechungen und ohne unnötige Pausen in der Bearbeitung. Nun zur verweilzeitoptimalen Strategie in diesem Modell: Der Beweis der Tatsache, daß eine Aufgabe höchstens dann unterbrochen werden darf, wenn sie gerade für die Zeit t_g bearbeitet worden ist, läßt sich auf die optimale Strategie im Grundmodell zurückführen. Die Unterbrechung einer Aufgabe, die schon mehr als t_g bearbeitet wurde, kann nicht sinnvoll sein, da die Aufgabe sonst schon vorher hätte unterbrochen werden müssen. Alle Aufgaben, die schon mindestens die Zeit t_g bearbeitet wurden, haben nämlich die gleiche exponentielle Restbearbeitungsdauerverteilung mit dem Parameter μ_2. Zur restlichen Beweisführung wird die Gesamtverweilzeit in einen Bearbeitungsanteil und einen Transportzeitanteil aufgespalten. Von den Unterbrechungen einer Aufgabe, die erfolgen, bevor sie für die Zeit t_g bearbeitet ist, verkleinert lediglich die letzte den Bearbeitungsanteil, aber alle vergrößern den Transportzeitanteil, so daß nur diese letzte Unterbrechung sinnvoll sein kann. Sowohl Bearbeitungsanteil als auch Transportzeitanteil werden aber kleiner, je später (vor t_g) diese Unterbrechung erfolgt. Damit ist dann bewiesen, daß eine Aufgabe höchstens dann unterbrochen werden darf, wenn sie gerade für die Zeit t_g bearbeitet wurde. Zur optimalen Strategie sei hier nur noch angemerkt, daß ein allgemeiner Algorithmus angegeben werden kann / 2 /, nach dem die Entscheidung gefällt wird, ob die Unterbrechung vorgenommen werden soll oder nicht.

Es leuchtet ein, daß die Beweisidee des Grundmodells, die auf Vertauschung von

Fristen beruht, hier nicht mehr anwendbar ist, da eine Vertauschung zusätzliche Transportzeiten verursacht und damit die Verweilzeiten aller Aufgaben beeinflußt.

2. Verallgemeinerung

Aus der Interpretation der Transportzeiten als Zeiten für den Transport zwischen Haupt- und Hintergrundspeicher heraus ist die zweite Verallgemeinerung des Grundmodells entstanden. Von der Praxis her entsteht nämlich bei dieser Interpretation sofort die Frage, warum man nicht mehrere Aufgaben in den Hauptspeicher lädt. Ich beschränke mich hier wiederum auf den einfachsten Fall, daß zwei Aufgaben im Hauptspeicher Platz haben, der sich im Modell so darstellt: Damit die Aufgaben vom Hauptbetriebsmittel bearbeitbar werden, müssen sie von einem zweiten Betriebsmittel (Transportkanal) in einen anderen Zustand versetzt werden, der nach der Bearbeitung wieder aufgehoben werden muß. Jeder solche Transport belegt das zweite Betriebsmittel für eine konstante Zeit (die hier wegen der Vereinfachung größer oder gleich t_g angenommen wird), und höchstens eine Aufgabe kann jeweils von diesem Betriebsmittel bearbeitet werden. Als zusätzliche Forderung ist zu stellen, daß höchstens zwei Aufgaben sich in bearbeitbarem Zustand oder auf dem Transport befinden. Es ist klar, daß die Beweismethode des Fristentausches nicht mehr möglich ist. Ebenso ist es aber auch nicht mehr möglich, eine Aufteilung der Gesamtverweilzeit in Bearbeitungsanteil und in Transportanteil vorzunehmen, da die beiden Betriebsmittel gleichzeitig aktiv sein können. Aus diesem Grunde wurde eine ganz neue Art des Beweises erstellt, die hier dargestellt werden soll. Es hat sich herausgestellt, daß man zunächst eine Beschreibung für alle möglichen Zustände braucht, die das Modell annehmen kann. Diese Beschreibung geschieht durch die Angabe der Bearbeitungszustände aller Aufgaben. Wenn man eine Politik als Anweisung an die beiden Betriebsmittel definiert, welche Aufgabe sie bearbeiten sollen, dann ist eine Strategie eine Abbildung von der Menge der Modellzustände in die Menge der möglichen Politiken. Die Aufgabe, die gestellt wird, lautet dann, unter allen möglichen Strategien diejenige zu finden, die entweder den Durchsatz maximiert oder aber die Verweilzeit minimiert. Hier wird lediglich aufgezeigt, wie bewiesen werden kann, daß die optimale Strategie nur unter endlich vielen der möglichen Strategien zu suchen ist, womit dann auf jeden Fall eine numerische Lösung des Problems möglich ist. Die genaue Beweisführung und die weitere Ermittlung der optimalen Strategie ist in / 3 / angegeben.

Als erstes kann relativ einfach gezeigt werden, daß das Hauptbetriebsmittel während Transporten tätig sein muß, sofern das möglich ist. Es wird nämlich auf diese Weise notwendige Arbeit geleistet, ohne irgendetwas zu verzögern.

Um die Darstellung zu verkürzen, werden jetzt für den Zustand von Aufgaben und Politiken folgende Verabredungen getroffen:

1. Vom Hauptbetriebsmittel unbearbeitete Aufgaben heißen neu, zu Ende bearbeitete heißen fertig, nocht nicht t_g (und nicht fertig) bearbeitete heißen kurz und schließlich heißen schon mindestens t_g (aber nicht fertig) bearbeitete Aufgaben lang.

2. Die Tätigkeit des Hauptbetriebsmittels heißt Rechnen, die Versetzung einer Aufgabe in den bearbeitungsfähigen Zustand heißt Laden, die Umkehrung Verdrängen.

Mit diesen Verabredungen können jetzt die folgenden Sätze bewiesen werden, die leicht einsehbare Aussagen über die optimale Strategie machen.

Satz 1: Mindestens ein Betriebsmittel soll aktiv sein.

Satz 2: Ist es optimal an einer langen Aufgabe zu rechnen und nicht zu transportieren, so ist es optimal, die Aufgabe fertig zu rechnen.

Satz 3: Ist eine fertige und eine lange Aufgabe geladen, so ist es nicht optimal, zu rechnen und nicht zu transportieren.

Satz 4: Ist nur genau eine bearbeitbare Aufgabe geladen, so ist es nicht optimal, diese zu verdrängen.

Satz 5: Ist eine fertige und eine bearbeitbare Aufgabe geladen, so ist es nicht optimal, die bearbeitbare Aufgabe zu verdrängen.

Satz 6: Ist eine fertige und eine kurze Aufgabe geladen, so ist es nicht optimal, zu rechnen und nicht zu transportieren.

Satz 7: Zustände, in denen zwei fertige oder zwei kurze Aufgaben geladen sind, können nicht erreicht werden.

Die folgenden vier Sätze machen die eigentlich wesentlichen Aussagen darüber, daß an kurzen Aufgaben bevorzugt gerechnet werden muß und daß die Bearbeitung nicht unterbrochen werden darf, bevor sie die Zeit t_g gedauert hat. Weil hier klar wird, daß die stückweise exponentielle Verteilung die Beweisführung ermöglicht, wird zu diesen Sätze jeweils in Klammern der Beweisgang geschildert.

Satz 8:   Ist nur genau eine kurze Aufgabe geladen, und ist die Politik rechnen und nicht transportieren optimal, so ist es optimal, diese Politik beizubehalten bis die Aufgabe fertig oder lang ist.

(Die einzig andere Politik, die in diesem Zustand noch optimal sein könnte, ist zu rechnen und zu laden. Nehmen wir an, es sei ungünstiger, sofort zu laden als nach einer Zeit t zu laden, falls dann die Aufgabe noch kurz ist. Dann läßt sich zeigen, daß es günstiger ist, eine Zeit t + dt (mit infinitesimalem dt) statt der Zeit t zu wählen.)

Satz 9:   Ist eine kurze und eine lange Aufgabe geladen, so ist es nicht optimal, an der langen Aufgabe zu rechnen und nicht zu transportieren.

(Man kann zeigen, daß es günstiger ist, die kurze statt der langen Aufgabe fertigzustellen.)

Satz 10:   Ist eine kurze und eine lange Aufgabe geladen, und ist es optimal, an der kurzen Aufgabe zu rechnen und nicht zu transportieren, so ist es optimal, diese Politik beizubehalten bis die kurze Aufgabe fertig oder lang ist.

(Als erstes wird gezeigt, daß Gesamtverweilzeit und Verweilzeit der letzten Aufgabe eine stetige Funktion f(t) von der Zeit t sind, für die diese Politik beibehalten wird, falls nicht die Aufgabe eher fertiggestellt wird. Gibt es ein t*, für das diese Funktion ein Minimum annimmt, so muß es ein t' und ein t" geben mit t' < t* < t" und f(t') = f(t"), wobei die Aufgabe auch nach t" noch nicht lang sein soll. Daraus folgt aber, daß es nach t' optimal ist, die Politik für t" - t' fortzusetzen, falls nicht die Aufgabe vorher fertiggestellt wird. Damit ist es auch im ursprünglichen Zustand optimal, die Politik gegebenenfalls bis t" beizubehalten, was der Annahme eines Minimums widerspricht.)

Satz 11:   Ist eine kurze und eine lange Aufgabe geladen, so ist es nicht optimal, an der langen zu rechnen und die kurze zu verdrängen.

(Ein Zustand, in dem eine kurze und eine lange Aufgabe geladen sind, kann nur von einem Zustand aus erreicht werden, in dem nur eine bearbeitbare Aufgabe geladen ist und zwar vermittels der Politik rechnen und kurze Aufgabe laden. Es gelingt, zu zeigen, daß es nicht günstig ist, eine kurze Aufgabe zu laden und anschließend gleich wieder zu verdrängen. Also kann der in Frage stehende Zustand entweder nicht erreicht werden, oder die Politik rechne und verdränge kurze ist nicht optimal, womit der Satz bewiesen ist.)

Mit diesen Sätzen ist die optimale Strategie nur noch in solchen Zuständen zu bestimmen, in denen nicht transportiert wird und in denen die Aufgaben nur die Zustände neu, lang oder fertig haben können, wobei höchstens zwei der Aufgaben geladen sein können. Da in jedem dieser Zustände höchstens **zwei** Politiken auf ihre Optimalität untersucht werden müssen, sind bei der Suche nach der optimalen Strategie nur noch endlich viele Strategien zu untersuchen, womit die hier behandelte Aufgabe gelöst ist.

Es sollte zum Schluß noch angemerkt werden, daß die Ermittlung der optimalen Strategie wirklich nur numerisch gelungen ist, wobei rekursiv über die Zahl der wartenden Aufgaben vorgegangen werden mußte.

In diesem Modell ist auch zum ersten Mal nicht mehr die Bearbeitung ohne Unterbrechungen durchsatzoptimal, es können sogar für die Durchsatzmaximierung Verdrängungen nötig werden.

Literatur

/ 1 / Olivier, G. (AEG-TELEFUNKEN), Optimale Zeitzuteilung für wartende Rechenaufgaben. Elektron. Rechenanl. 9 (1967), H. 5, S. 218 - 224

/ 2 / Küspert, H. -J. und Marte, G. (AEG-TELEFUNKEN), Optimale Rechenzeitzuteilung bei einem Teilnehmerrechensystem mit jeweils einer Aufgabe im Arbeitsspeicher. Elektron. Rechenanl. 12 (1970), H. 3, S. 155 - 162

/ 3 / Küspert, H. -J. (AEG-TELEFUNKEN), Über optimale Zuteilung der Betriebsmittel in einem Rechnermodell, Dissertation, TU Braunschweig, 1973

Diese Arbeit wurde zu 50 % vom Bundesministerium für Wissenschaft und Forschung gefördert.

AUTORENVERZEICHNIS

Bohnen, E.-L., Deutsches Elektronen-Synchroton DESY, 2 Hamburg 52,
(Gr. Flottbek), Notkestieg 1

Ege, Dipl.-Ing. A., 8 München 25, Karl-May-Strasse 17a

Feißel, Dipl.-Phys. W., Siemens AG., Zentrallaboratorium für
Datentechnik, 8 München 7o, Hofmannstrasse 51

Hartenstein, Dr. R.W., Universität Karlsruhe, Institut für Informatik IV, 75 Karlsruhe 1, Zirkel 2

Hellerman, Dr.L., IBM-Corporation, Poughkeepsie, N.Y. 126o2, Box 39o,
USA

Herzog, Dr.-Ing. U., Universität Stuttgart, Institut für Nachrichtenvermittlung und Datenverarbeitung, 7 Stuttgart 1,
Seidenstrasse 36

Hofmann, Dr. J., AEG-Telefunken, Forschungsinstitut, 79 Ulm,
Elisabethenstrasse 3

Iliffe, J.K., Manager, Language & Processor Department, International
Computers Limited - ICL - Research and Advanced Development
Centre, Argyle Way, Stevenage, Herts SG1 2BD, England

Johnson, R.R., Vice-President-Engineering, Burroughs Corporation,
Burroughs Place, Detroit, Michigan 48232, USA

Karlowsky, Dipl.-Ing. I., Technische Universität Braunschweig,
Institut für Datenverarbeitungsanlagen, 33 Braunschweig,
Schleinitzstrasse 23

Krämer, Dipl.-Ing. W., Universität Stuttgart, Institut für Nachrichtenvermittlung und Datenverarbeitung, 7 Stuttgart 1,
Seidenstrasse 36

Kudielka, Dr.V., IBM Österreich, Laboratorium Wien, Parkring 1o,
1o1o Wien, Austria

Kühn, Dr. P., Universität Stuttgart, Institut für Nachrichtenvermittlung und Datenverarbeitung, 7 Stuttgart 1, Seidenstrasse 36

Küspert, Dr., H.-J., AEG-Telefunken, Forschungsinstitut, 79 Uml,
Elisabethenstrasse 3

Lawrenz, Dipl.-Ing.W. Technische Universität Braunschweig, Institut
für Datenverarbeitungsanlagen, 33 Braunschweig, Schleinitzstr. 23

Leilich, Prof.Dr.-Ing. H.-O., Technische Universität Braunschweig,
Institut für Datenverarbeitungsanlagen, 33 Braunschweig,
Schleinitzstr. 23,

Mell, W.D., Rechenzentrum der Universität Heidelberg, 69 Heidelberg 1,
Friedrich-Ebert-Platz 2

Muntz, R.R., Associate Professor, Computer Science Department,
University of California, Los Angeles, 3732 Boelter Hall,
California 9oo24, USA

Nehmer, **Dr.J.**, **Kernforschungszentrum Karlsruhe**, Institut für Datenverarbeitung in der Technik, 75 Karlsruhe 1, Weberstrasse 5

Rensch, V., Siemens AG., Zentrallaboratorium für Datentechnik,
8 München 7o, Hofmannstrasse 51

Regenspurg, G., Telefunken-Computer GmbH., 775 Konstanz, Max-
Strohmeyer-Strasse 116

Sandner, P., Rechenzentrum der Universität Heidelberg, 69 Heidelberg 1,
Friedrich-Ebert-Platz 2

Schecher, H., Mathematisches Institut der Technischen Universität
München, 8 München 2, Barer Strasse 23

Schreiber, Dipl.-Phys. H., Institut für Mathematische Maschinen und
Datenverarbeitung der Friedrich-Alexander-Universität Erlangen-
Nürnberg, 852 Erlangen, Martensstrasse 1

Swoboda, Dr.J., AEG-Telefunken, Bereich Forschung und Entwicklung,
79 Ulm, Elisabethenstrasse 3

Theissen, W., Telefunken-Computer GmbH., 775 Konstanz, Max-Stroh-
meyer-Strasse 116

Thomas, Dipl.-Ing.B., Rechenzentrum der Friedrich-Alexander-Universität
Erlangen-Nürnberg, 852 Erlangen, Martensstrasse 1

Walke, Dipl.-Ing.B., AEG-Telefunken, 79 Ulm, Elisabethenstrasse 3

Wizgall, Dipl.-Ing.M., Institut für Nachrichtenvermittlung und
Datenverarbeitung der Universität Stuttgart, 7 Stuttgart 1,
Seidenstrasse 36

Wolf, Dr.rer.nat.F., Rechenzentrum der Universität Erlangen-Nürnberg,
852 Erlangen, Martensstrasse 1

Wolf, P., IBM Laboratorium Böblingen, 7o3 Böblingen, Schönaicher Str.22o

Zeidler, Dipl.-Ing. H-Ch., TU Braunschweig, Institut für Datenverarbeitungsanlagen, 33 Braunschweig, Schleinitzstr. 23

Zeisel, Dr.G., IBM Österreich, Parkring 1o, 1o1o Wien, Austria

Lecture Notes in Economics and Mathematical Systems

This series aims to report new developments in computer science research and teaching – quickly, informally and at a high level. The type of material considered for publication includes:

1. Preliminary drafts of original papers and monographs

2. Lectures on a new field, or presenting a new angle on a classical field

3. Seminar work-outs

4. Reports of meetings, provided they are

    a) of exceptional interest and

    b) devoted to a single topic.

Texts which are out of print but still in demand may also be considered if they fall within these categories.

The timeliness of a manuscript is more important than its form, which may be unfinished or tentative. Thus, in some instances, proofs may be merely outlined and results presented which have been or will later be published elsewhere. If possible, a subject index should be included. Publication of Lecture Notes is intended as a service to the international computer science community, in that a commercial publisher, Springer-Verlag, can offer a wider distribution to documents which would otherwise have a restricted readership. Once published and copyrighted, they can be documented in the scientific literature.

Manuscripts

Manuscripts should comprise not less than 100 pages.

They are reproduced by a photographic process and therefore must be typed with extreme care. Symbols not on the typewriter should be inserted by hand in indelible black ink. Corrections to the typescript should be made by pasting the amended text over the old one, or by obliterating errors with white correcting fluid. Authors receive 75 free copies and are free to use the material in other publications. The typescript is reduced slightly in size during reproduction; best results will not be obtained unless the text on any one page is kept within the overall limit of 18 x 26.5 cm (7 x 10½ inches). The publishers will be pleased to supply on request special stationary with the typing area outlined.

Manuscripts in English, German or French should be sent to Prof. G. Goos, Institut für Informatik, Universität Karlsruhe, 75 Karlsruhe/Germany, Zirkel 2, Prof. J. Hartmanis, Cornell University, Dept. of Computer-Science, Ithaca, NY/USA 14850, or directly to Springer-Verlag Heidelberg.

Springer-Verlag, D-1000 Berlin 33, Heidelberger Platz 3
Springer-Verlag, D-6900 Heidelberg 1, Neuenheimer Landstraße 28–30
Springer-Verlag, 175 Fifth Avenue, New York, NY 10010/USA

ISBN 3-540-06677-2